COMMODITY PRICE VOLATILITY AND INCLUSIVE GROWTH IN LOW-INCOME COUNTRIES

经济学前沿译丛 / 主编 王宇

〔法〕拉巴赫 · 阿尔扎基
〔美〕凯瑟琳 · 帕蒂罗
〔比〕马克 · 昆汀
朱民 编
王宇 等译

大宗商品价格波动与低收入国家的包容性增长

COMMODITY PRICE VOLATILITY AND INCLUSIVE GROWTH IN LOW-INCOME COUNTRIES

商務印書館
创于1897 The Commercial Press
2016年 · 北京

图书在版编目(CIP)数据

大宗商品价格波动与低收入国家的包容性增长/(法)阿尔扎基等编;王宇等译.—北京:商务印书馆,2016
(经济学前沿译丛)
ISBN 978-7-100-12186-6

Ⅰ.①大…　Ⅱ.①阿…　②王…　Ⅲ.①商品价格—物价波动—关系—发展中国家—经济增长—研究
Ⅳ.①F714.1　②F112.1

中国版本图书馆CIP数据核字(2016)第079374号

大宗商品价格波动与低收入国家的包容性增长
〔法〕拉巴赫·阿尔扎基　〔美〕凯瑟琳·帕蒂罗
〔比〕马克·昆汀　朱民　编
王宇　等译

商 务 印 书 馆 出 版
(北京王府井大街36号　邮政编码100710)
商 务 印 书 馆 发 行
北 京 冠 中 印 刷 厂 印 刷
ISBN 978-7-100-12186-6

2016年6月第1版　　开本880×1230　1/32
2016年6月北京第1次印刷　　印张16 5/8
定价:45.00元

推荐者序

大宗商品价格波动是周期性的。这一方面是因为大宗商品生产的资源垄断性质和投资的长周期性；另一方面也是因为企业和市场追逐利润，市场交易进一步放大了噪音。我们的研究进一步表明，受大宗商品价格周期性波动的影响，大宗商品生产国往往会经历一个更大波幅的投资波动以及受投资波动推动的经济增长波动。换言之，在大宗商品价格周期的上升阶段，大宗商品生产国往往会经历一个比大宗商品价格上涨更大波幅的投资上升，以及受投资推动的更强劲的经济增长上升。而在大宗商品价格周期的下降阶段，大宗商品生产国往往会经历一个比大宗商品价格下降更大波幅的投资调整和下降，以及受投资下降影响的更大的经济增长下滑。以往的国际经验表明，发展中国家中的大宗商品生产国尤其会经历典型的和扩大的过热和衰退周期。我们的研究进一步表明，这两个波动，特别是投资和经济增长的大幅波动显然不利于经济和金融的宏观稳定，更不利于长期可持续的经济增长，也不利于财富的积累和分配。

受全球金融危机的冲击，2008 年大宗商品价格大幅下跌，但随着新兴经济市场的经济增长强劲反弹，大宗商品的价格又开始反弹，眼见一个周期又在形成。有感于历史的经验和教训，2011 年 9 月，由我推动，国际货币基金组织在华盛顿举办了“大宗商品价格波动与低收入国家的包容性增长”的理论研讨会，诺贝尔经济学奖获得者斯蒂格利茨和阿克洛夫等都参加了研讨。我希望会议能引发全球机构、各国政府和学者对即将发生的大宗商品价格波动的周期，及其可能引起的发展中国家大宗商品生产国的更大波幅的投资和经济增长的周期的关注。我也希望我们的会议能够推动相关机构在进行经济研究和经济政策制定时不仅从经济视角，也更多的从人文视角出发，关注大宗商品价格波动对经济增长和波动及民生的影响，关注低收入国家可持续和包容性的经济增长。会后我将有关会议论文进行了收集整理，本书的许多章节就来源于此次会议，这就是本书《大宗商品价格波动与低收入国家的包容性增长》（*Commodity Price Volatility and Inclusive Growth in Low-Income Countries*）的成因。

这本书是由众多经济学家共同完成的，其中一些是我在国际货币基金组织的同事。本书分为五大部分。

第一部分讨论了国际大宗商品价格波动及其对各国政府带来的短期和长期挑战。其中包括对“资源诅咒”问题的分析，以及大宗商品价格波动对低收入国家贸易平衡与财政平衡的影响分析等。

第二部分讨论了各国政府应对大宗商品价格波动的宏观经济政策。其中包括对低收入国家储蓄与投资失衡问题的分析，对智利经验的研究。

第三部分回答了低收入国家如何实现包容性增长。说明如果一个国家拥有更加公平的收入分配政策，就会有更加持久健康的经济增长；收入分配与经济增长的“双赢”政策是存在的。为了应对国际大宗商品价格波动，各国政府必须为贫困群体构建社会安全网，利用经济上行期的财政盈余来弥补经济下行期的财政缺口。

第四部分研究了低收入国家如何通过包容性增长应对大宗商品价格波动所带来的挑战。其中侧重分析了中东及北非地区的实践，研究了墨西哥的成功经验，说明了墨西哥政府如何利用多种金融工具来应对国际石油价格波动。

第五部分探讨了国际社会和国际组织应当如何发挥作用。总结了与粮食安全和粮食价格波动相关的国际政策。说明了在低收入国家中，增加政策透明度，提高政府履职能力，是保证将有限的公共资源用于全体国民的前提条件。

本书讨论了三个与大宗商品生产和周期密切相联，也富有哲理的命题：一是国际大宗商品市场的波动；二是“自然资源诅咒”；三是低收入国家的包容性增长。

一、大宗商品价格波动及其对世界经济的影响

近年来，大宗商品市场波动更加频繁。2008 年国际大宗商品价格一路飙升，35 个国家因食品短缺而发生社会动荡，全世界约有 1.15 亿人陷入饥饿。2011 年国际粮食价格再次大幅上涨，使世界 4,400 万人重回贫困线之下。很明显，粮食价格上涨会使全球贫困人群的营养不良状况更加严重。贫困家庭通常要将其收入的 60% 甚至 80% 用于食品支出，粮食价格波动会给他们带来更多的伤害。历史表明，如果一个国家长期得不到足够的粮食供给将会走向衰落甚至灭亡。粮食安全是无法谈判的；如果忽视粮食安全，必将是一场人道主义的灾难。

"这就是我们必须提供粮食给最需要的家庭，必须保护最脆弱的贫困人群的原因。这是人道主义的责任。"实际上，当我们强调粮食安全及帮助贫困人群恢复生产和生活时，我们所面临的挑战主要来自各国政府。当政府将"消除饥饿"作为首要目标时，饥饿就会结束。

今天大宗商品市场仍在波动中。从2014年7月起，国际大宗商品价格大幅下跌，到2015年11月布伦特原油价格从每桶107美元大幅下跌至每桶40美元，创2009年以来最低纪录。在即将到来的冬天里，一些石油生产国会格外寒冷，持续下跌的石油价格就是最凛冽的寒风。乔治·阿克洛夫先生是2001年诺贝尔经济学奖获得者，也是我在国际货币基金组织的同事，他在本书中提出，大宗商品价格波动会给世界带来许多不确定因素，影响各国经济长期增长，为此，各国政府和国际组织需要采取行动也必须采取行动，尽职尽责地向全球最贫困和最脆弱的人群提供帮助。

二、"自然资源诅咒"的成因和对策

"自然资源诅咒"最早出现于奥蒂的《丰富的资源与经济增长》一书中。1993年在研究产矿国经济发展问题时，他提出了"自然资源诅咒"假说。此后，萨克斯和沃纳于1995年、1997年和2001年连续发表论文，对"自然资源诅咒"假说进行了实证检验。他们的研究为发展经济学做出了贡献。在本书中，当我们深入研究大宗商品价格波动及其对世界经济的影响时，也会遇到"自然资源诅咒"问题。"自然资源诅咒"是指在长期内那些自然资源丰富的国家的经济增长率要低于自然资源贫乏的国家。一些自然资源丰富的国家长期处于经济停滞状态，一些自然资源严重匮乏的国家或地区却经历了较长时期的经济高速增长。前者的主要代表是尼日利亚和委内瑞拉，后者的典型案例是瑞士、日本和亚洲“四小龙”。

关于“自然资源诅咒”的成因主要有三个方面。一是产业结构单一。在自然资源丰富的国家中，产业结构通常较为单一，经济增长过分依赖于自然资源的开采和出口。当大宗商品价格上涨时，经济可能出现较快增长，并会积累起大量的贸易顺差；当大宗商品价格下跌时，经济可能陷入严重衰退，并伴随着贸易逆差、货币贬值和债务违约等。同时，单一的产业结构还会造成为了追求经济高速增长而对自然资源的掠夺性使用，当自然资源被消耗殆尽时，经济的停滞和衰败将不可避免。二是对制造业发展的挤出效应。一般来说，自然资源丰富的国家，制造业通常比较落后。一方面通过资源开采和出口就能获取巨额收入，政府和企业缺少发展制造业的内在激励；另一方面，国内需要的工业品可以通过进口来满足。为此，自然资源丰富国家的产业政策大都向不可贸易部门倾斜，结果不仅造成了国内的通货膨胀或资产价格泡沫，而且抑制了制造业发展。三是制度原因。毫无疑问，对于经济的长期发展来说，制度至关重要。就目前已有案例来看，“自然资源诅咒”大都发生在制度质量和治理水平相对低效的国家——丰富的自然资源往往沦为政府寻租的工具，引发腐败和集权，阻断了现代化经济发展的道路。

然而，在本书中，有更多的经济学家认为，自然资源贫富与一国经济兴衰之间并不存在必然联系。他们用案例分析表明，许多自然资源丰富的国家也保持了长期经济增长，比如美国、加拿大、澳大利亚、智利、挪威和博茨瓦纳等。本书作者认为，自然资源贫富与一国经济兴衰的相关性主要取决于自然资源是用于攫取租金（寻租），以增加消费，还是用于生产性活动（寻利），以增加产出，这一博弈主要取决于一国的制度质量和治理水平。也就是说，制度缺失或治理低效是一个国家出现“自然资源诅咒”的根本原因。

三、低收入国家的包容性增长

对于低收入国家来说，包容性增长是打破“自然资源诅咒”的成功之道。包容性增长的概念指“有效的包容性增长战略需集中于能创造出生产性就业岗位的高增长、能确保机遇平等的社会包容性以及能减少风险”。从理论上讲，包容性增长可以区分为两个领域：国内领域与国际领域。在国内领域，包容性增长主要涉及制度、政策、权利三个方面。逐步打破城乡二元结构，跨越中等收入陷阱是包容性增长在制度方面的目标；增加公共政策制定和执行的公正和透明是包容性增长在政策方面的任务；全民参与，包括企业和企业家参与，是包容性增长在权利方面的规划。正如阿尔蒙德所说，“如果说现代世界正在进行一场革命的话，我们或许可以把这场革命称作参与革命”。在国际领域，包容性增长包括加强国际经济合作，推进贸易和投资自由化，提升发展中国家参与全球化的能力，推动经济全球化朝着均衡、普惠和共赢的方向发展。包容性增长的理念正被越来越多的地区、国家和国际组织所接受。

从2011年9月到2015年11月，整整4年过去了。我们在4年前讨论的国际大宗商品周期，正在形成一个“超级国际大宗商品周期”。这个周期的上升阶段对投资和经济增长的影响已经又一次地被证实，而下降阶段对经济衰退的影响也正在并将进一步显现。看来，要逆市场波动不是一件容易的事，政策制定者往往受到理解、视野、利益和制度框架的多重局限，而在今天重读本书也就更有借鉴意义。本书的主要目的是帮助各国政策制定者，通过宏观政策调整和经济体制改革来熨平大宗商品价格波动，破解“自然资源诅咒”之谜，推动低收入国家的包容性增长。我很高兴本书的中文版即将付印，希望这本书能为中国经济和金融改革提供理论和实践的借鉴，也希望有兴趣的读者能在本书中找到有趣的探索。

感谢本书的译者王宇和她的团队。王宇是我在中国人民银行的同事，我们相识多年，时有工作往来，常有学术探讨。她工作认真，待人诚恳，在人民银行工作已近20年，工作之余的爱好是翻译。多年来，她耕耘不辍，先后翻译了诺贝尔经济学奖获得者阿马蒂亚·森的《伦理学与经济学》、《贫困与饥荒》，诺贝尔经济学奖获得者加里·贝克尔的《家庭论》，冯·诺伊曼的《博弈论与经济行为》，乔治·索罗斯的《开放社会——改革全球资本主义》，威廉·戈兹曼、哥特·罗文霍斯特的《价值起源》，以及维托·坦茨的《政府与市场》等重要著作。翻译是一项非常严谨的工作，要翻得准确，译得流畅，是一件很不容易的事。译者既要对作者负责，又要对读者负责。王宇牵头把关，我就很放心了。想来读者也会在阅读此书时享受字里行间的认真和仔细。

朱民
2015年11月于华盛顿

译者序：大宗商品价格波动与政府责任

在我翻译过的二十多本经济学著作中，这本译著的书名最长、作者最多。仅书名中就包含了本书所要研究的三大问题，即大宗商品价格波动、"自然资源诅咒"与低收入国家的包容性增长。作者中包括了众多国际顶级经济学家，比如，诺贝尔经济学奖获得者约瑟夫·斯蒂格利茨和乔治·阿克洛夫；国际货币基金组织总裁克里斯蒂娜·拉加德，国际货币基金组织副总裁朱民，著名经济学家乔塞特·希兰、杰弗里·弗兰克尔、拉巴赫·阿尔扎基、凯瑟琳·帕蒂罗和马克·昆汀等。本书将大宗商品价格波动、"自然资源诅咒"与低收入国家的包容性增长这三个人类社会正面临的重大问题结合在一起，进行综合研究。旨在帮助各国政策制定者通过宏观政策调整和经济体制改革来熨平大宗商品价格波动，破解"自然资源诅咒"之谜，推动低收入国家的包容性增长。

一、大宗商品价格波动与政府责任

从理论上讲，大宗商品市场缺少供给弹性和需求弹性，任何外部冲击都有可能使其价格大幅波动，以实现市场出清。正是大宗商品价格的周期性波动所引起的生产要素在资源开采业、资源出口业与制造业之间的频繁流动，造成了交易成本的上升和摩擦性失业的增加。政府在应对大宗商品价格波动方面负有责任。

一是减贫政策。与高收入群体相比，低收入群体的大部分收入都用于食品支出。如果粮食价格大幅上涨，低收入群体可能选择减少饮食，或者消费那些缺少营养的廉价食品。而且，贫困者缺少应对风险的工具，不能有效利用资本市场，银行借贷能力普遍较弱。粮食价格上涨会造成全球贫困人群营养状况恶化，对他们的健康造成永久性伤害。饥饿和营养不良还会减少个人潜在收入和国家人力资本，相关资料表明，营养不良问题会导致一个家庭减少 50% 左右的收入，致使一个国家损失 6%—11% 的国内生产总值。为此，通过宏观政策调整，尤其是财税政策调整，保护低收入群体是各国政府应当承担也必须承担的责任。

二是再分配政策。大宗商品价格剧烈波动会从多个方面影响到公众生活和社会福利。比如，粮食价格大幅上涨，粮食消费者可能陷入贫困；粮食价格大幅下降，粮食生产者可能收入下降。同样，石油价格大幅上涨，石油生产者和出口者可能获得更多收益，石油消费者和进口者可能面对通胀压力；石油价格大幅下跌，石油消费者和进口者可能从中获益，石油生产者和出口者可能蒙受损失。更为重要的是，在大宗商品价格波动中，受益一方不可能自动补偿受损一方，因此，需要各国政府通过再分配政策进行干预，以保持国内经济正常运行和国内市场基本稳定。

三是逆周期政策。大宗商品价格的周期性波动，强化了宏观经济的周期性波动。比如，国际大宗商品价格的大幅上涨可能带来本国公共部门过度开支、私人部门储蓄不足、杠杆率上升、资产价格泡沫、本币汇率升值等问题；国际大宗商品价格的持续下跌可能造成本国公共部门支出减少、经济衰退、公司倒闭、失业率上升、政府债务违约、本币汇率贬值等问题。通过宏观经济政策的逆周期调节，熨平宏观经济波动，实现宏观经济目标，是各国政府应尽的职责。

二、“自然资源诅咒”与破解之道

从理论上讲，自然资源是重要的生产要素，是经济增长的源泉。丰富的自然资源不仅在一国国民财富的初始积累中具有重要作用，而且通常蕴含着更大的发展潜力。但是，长期以来，“资源诅咒”阴影始终笼罩着世界。一些自然资源丰富的国家曾经出现过经济严重萎缩，比如 17 世纪的西班牙、19 世纪的俄罗斯、二战后的尼日利亚和委内瑞拉；而另外一些资源贫乏国家或地区却出现过经济强劲增长，比如 17 世纪的荷兰、19 世纪的瑞士、20 世纪 60 年代的日本和 20 世纪 80 年代的亚洲“四小龙”。

（一）关于“自然资源诅咒”的根源分析

一是税基效应。从理论上讲，自然资源丰富的国家，政府通过对本国资源的控制就能够获得巨大收益，通过对本国石油和矿业的开采和出口就可以获取到丰厚收入。因此，税基问题通常被忽视，政府缺乏发展本国制造业的激励。同时，在自然资源丰富的国家和地区，政府获得租金相对容易。如果缺少制度约束，丰富的自然资源可能诱发政府的寻租行为，从而弱化制度质量，阻碍经济增长。相反，在自然资源相对匮乏的国家，政府收入主要源于向企业或居民征税。为了获诅咒。制度不合理、产权不保护、法律不完善是寻租和腐败的根源，是制造业不能发展的根源，是自然资源被破坏的根源，也是“自然资源诅咒”的根源。通过改革开放减少政府的寻租与腐败，大力发展制造业、鼓励市场竞争和多元化发展，是许多自然资源丰裕的国家破解“自然资源诅咒”的成功之道。

换言之，对于一个国家来说，丰富的自然资源是福音还是诅咒，主要取决于其制度质量和治理水平。制度质量和治理水平较高的国家，能够吸引更多的生产要素进入高效率部门，通过提高劳动生产率水平，促进经济增长。制度质量和治理水平较低的国家，生产要素会大量流向低效率部门，削弱企业家创新能力，降低人力资本积累动力，抑制经济增长。同时，当一国制度和治理低效、经济衰退、市场混乱时，不仅国外投资者不会来投资，国内企业也会去国外寻求发展机会，与此相伴随的一定是制造业衰败、企业倒闭、工人失业、经济动荡。其结果会使政府更加依赖自然资源的采掘和出口部门，并由此形成恶性循环。

三、包容性增长的三个维度及其路径选择

与单纯追求经济增长速度不同，包容性增长的内涵包括机会平等增长、共享增长和可持续增长等多个方面。包容性增长的核心是公平公正，使每一个人都能够获得平等发展的机会；包容性增长的要义是要让人们在为经济增长做出贡献的同时，分享经济增长成果；包容性增长的目标是社会与经济协调发展和可持续发展。

（一）包容性增长的三个维度

第一个维度：包容性增长是机会平等的增长。包容性增长的核心

是公平公正，让社会成员拥有更加公平的发展机会。机会平等是现代市场经济意义上公平正义的重要理念，不管人们在社会体系中的最初地位是什么，亦即不管他们生来属于什么样的收入阶层，对每个具有相似动机和禀赋的人来说，都应当享有大致平等的机会。机会平等原则包括竞争权利平等、竞争条件平等和竞争机会平等。机会平等是现代社会公平正义的体现，机会不公则是对人类天赋的浪费。包容性增长是使每一个人都能够获得平等发展的机会。每个社会公民都享有平等进入各社会领域，凭借自身能力、按照共同认可的规则进行竞争并获得相应收益的权利。凡是具有同样潜能的社会成员都应当拥有同样的发展起点，以争取同样的发展前景。机会平等为每一个人都提供了广阔的选择余地和有效的发展空间，通过激发每一个人的积极性、创造性和发展潜力，促进一国的经济发展和社会繁荣。

第二个维度：包容性增长是共享增长。包容性增长的原则是非排他性，即经济增长不能以牺牲一部分群体（弱势群体）、一部分因素（环境因素）、一部分社会资本（公共道德）为代价，因此，包容性增长是一种普惠的共享增长，是一种环境友好的可持续增长。包容性增长强调经济增长要给每一个人带来利益，尤其是要让低收入人群受益。由于受到禀赋、家庭、所处地区的自然条件等先天因素的制约，以及分配政策、制度障碍和不完全竞争等后天因素的影响，每一个国家和地区都会有人处于相对贫困或绝对贫困状态。但是，贫困者在参与经济活动和分享发展成果方面不应受到政策、制度和权力的歧视。在当代社会，贫困不仅包括收入水平，还包括发展能力，包容性增长就是要提高人们主动参与和自由发展的能力，按照人人参与、人人尽力、人人享有的要求，注重机会公平，保障基本民生。

目 录

序　言

我担任国际货币基金组织（IMF）的客座学者已经两年多了，在此期间，我发现了国际货币基金组织研究经济问题的独特方法。许多人告诉我，“经过国际货币基金组织的工作历练，就会发现，书本中的理论与现实的世界是如此不同”。本书主要基于实践经验，与现实世界紧密相连。本书的研究也表明，国际货币基金组织的研究方法是基于实践的经验方法。

本书关注了一个非常现实的问题，也是国际货币基金组织研究的一个重要问题，即国际大宗商品价格及其波动。通过最直观的观察，我们会发现，如果国际粮食价格大幅上涨，可能会将部分粮食消费者推入贫困之中；如果国际粮食价格大幅下降，可能会将部分粮食生产者推入贫困之中。本书有两个重要议题：一是如何熨平大宗商品价格波动，二是如何应对大宗商品价格波动。当然，不只是国际粮食价格具有较大波动性，所有低收入国家生产和消费的商品价格也都具有较大的波动性。如何应对这些价格波动，以避免人们突然陷入贫困，这绝不仅仅是一个微观层面的问题。

大宗商品价格波动会给其生产国和消费国带来许多不确定性，从而影响经济的长期稳定增长。我们的常规应对方法是在经济增长与收入公平之间进行权衡。但在本书中，我们将着重研究两者之间的相互促进关系。很明显，更公平的收入分配会带来更快的经济增长。"自然资源诅咒"（resource curse）会给那些拥有丰富自然资源的国家提供一个检验经济增长与收入公平之间关系的机会。本书关于"自然资源诅咒"等问题的研究，有助于我们积累在推进全球经济可持续增长方面的经验。

本书是一项重要研究成果。作者对那些具有全球意义的重大问题进行了细致入微的分析，这些研究成果均处于全球经济发展的前沿位置。

乔治·阿克洛夫

2001年诺贝尔经济学奖获得者

国际货币基金组织客座学者

前　言

在过去十余年中，低收入国家经历了艰难的经济转型，此后强劲的经济增长帮助数百万人摆脱了绝对贫困。目前低收入国家也正在从全球金融危机的阴影中复苏，并在 2011 年实现了 5% 的经济增长。

近年来，发展中国家取得的经济成就令人振奋，这部分归功于政策制定者的努力。许多国家的政策制定者们一直致力于削减财政赤字和公共债务，降低通货膨胀率，增加外汇储备。总体而言，他们构建了宏观经济的缓冲带，为经济发展打下了坚实的基础。

但是，严峻的挑战依然存在。在低收入国家中，收入分配不公平、缺少就业机会、年轻人很难找到工作等问题依然存在。尤其是 2008 年的食品危机、能源危机以及此后的全球金融危机，给低收入国家的贫困人群造成了很大伤害。2011 年，国际大宗商品价格再次快速上涨，很有可能使全球 4,400 万人再次陷入贫困之中。

同时，全球经济下行的风险增大，在连续经历了美国次贷危机和全球金融危机之后，低收入国家应对外部冲击的能力有所下降。

低收入国家又一次处在历史的转折点上。为了应对目前的各种挑战，政府需要制定什么政策？为了应对未来的外部冲击，政府需要构建什么样的缓冲系统？面对更加不确定的国际经济环境，低收入国家的政策制定者——与其他国家的政策制定者一样——需要从本国的实际情况出发，制定更具针对性的政策措施。

当低收入国家发生经济衰退时，最重要的事情是稳定投资支出、减少危机对经济的影响，保护国民经济中最脆弱的部分。从目前情况看，财政政策的实施空间已经非常有限了。在保持较低通胀率的前提下，各国货币政策及汇率政策应当发挥更多的作用。

要想让低收入国家经济恢复并推动其持续增长，我认为需要优先考虑以下三个问题：一是在经济上行时期，建立“自我保护”（self-insurance）机制，即当经济增长较快和外部环境比较有利时，削减财政赤字，增加国民财富积累，为未来可能到来的困难时期提前构建缓冲带，保护国内最脆弱的人群。同时，低收入国家在面对外部冲击时，还需要得到其他国家和国际社会的帮助。

二是加强社会保护网的建设。只有建设好社会保护网，在危机来临时，才能快速而有效地帮助国内最脆弱的人群。当国际食品价格大幅上升时，有许多贫困人群急需政府的帮助，这时，加强社会保护网建设的重要性就会空前凸显出来。

三是调整经济结构，促进经济恢复，提升经济长期增长潜力。为了更好地抵抗外部冲击，低收入国家不能只依赖为数不多的出口产品或贸易伙伴，而应当更充分地利用国内资源，包括金融深化和扩大税基。一般来说，那些更具多元化的经济体拥有更强大的内生增长动力，这意味着，经济增长为更多的人创造了工作机会，并且在更大范围内使本国人民分享了经济增长成果。从近期的实践经验中，我们认识到，一个国家经济增长的多维度和多元化，是其经济长期稳定发展的关键。

在近年的大宗商品价格上涨中，大宗商品出口国获益颇多，对它们而言，主要的挑战是如何更有效地利用出口收益，保持宏观经济稳定，并在社会各阶层和代际之间更合理、更公平地分配自然资源收益。

近些年，低收入国家取得了不俗的经济增长成就，它们理应得到表扬。但是，当前它们也面临重大挑战。包括国际货币基金组织在内的国际经济机构，也必须做好相应的准备，以帮助低收入国家实现内生经济增长。我们一定要履行有关经济援助的承诺，支持贸易开放，鼓励私人投资，以帮助低收入国家应对中期的经济增长挑战。

我们必须努力做好自己的工作，切实履行自己的职责。如果我们能够尽职尽责地向全球最贫困和最脆弱的人群继续提供帮助，我相信，低收入国家一定能够应对后危机时代的挑战。

克里斯蒂娜·拉加德

国际货币基金组织总裁

致 谢

本书是许多国家的政策制定者、经济学家及世界银行和国际货币基金组织专家的共同研究成果。书中的大部分章节来自国际货币基金组织的一个理论研讨会——“大宗商品价格波动与低收入国家的包容性增长”。2011 年 9 月 21 日，这一会议在华盛顿召开，本书的大部分内容都来自这次理论研讨会。

本书的主要目的是，帮助我们理解当低收入国家面临大宗商品价格剧烈波动时，政策制定者（包括大宗商品进口国和大宗商品出口国）应如何通过相关政策调整来降低或分散风险。本书还探讨了，哪些政策能够促进惠及全体国民的经济增长，即包容性增长。

非常感谢国际货币基金组织副总裁朱民博士，他具有卓越的领导力和深刻的洞察力，给了我们许多启示性的指引，从而使本书顺利出版。作为本书的编者之一，朱民博士对本书的多方支持，保证了本书的高质量并在国际经济金融研究中处于最前沿。非常感谢国际货币基金组织副总裁助理费达翰（Tarhan Feyzioglu），他也为本书的出版提供了许多帮助。

致　谢

非常感谢国际货币基金组织对外关系部的乔安妮·布莱克（Joanne Blake）和迈克尔·哈勒普（Michael Harrup）。非常感谢杰里米·马克（Jeremy Mark）、安妮塔·奥瑞卡－泰丝（Anneta Orraca-Tetteh）、纳萨莉·克尔比－莱赫纳尼（Nathalie Kerby-Lachnani）、桑德林·阿尔滨－维克特（Sandrine Albin-Weckert）、格洛丽亚·阿迪迪（Gloria Adidi）、努尔·阿卜杜勒·拉赫曼（Noor Abdul Rahman），他们都为本书的出版付出了辛勤努力。最后，感谢国际货币基金组织的同事们，感谢他们在此次理论研讨会上以及本书出版过程中所提出的宝贵意见和建议。

拉巴赫·阿尔扎基（Rabah Arezki），
凯瑟琳·帕蒂罗（Catherine Pattillo），
马克·昆汀（Marc Quintyn）

论大宗商品价格波动与包容性增长

乔塞特·希兰

我们都还记得，2008 年国际食品价格和能源价格一路飙升，35 个国家因食品短缺而发生社会骚乱，全世界有超过 1.15 亿人不得不忍受饥饿。这是一场人道主义的灾难，一场给人类带来饥饿的无声海啸，这就是我们所看到的 2008 年。

在国际粮食危机和全球金融危机爆发三年之后，在国际大宗商品市场上，粮食价格再次大幅上涨，根据世界银行的数据，这将再一次使全球数百万人陷入贫困。目前仍处在衰退中的世界经济可能会抑制食品需求，即使不考虑这一点，与 2010 年相比，2011 年世界银行的食品价格指数也高得多。联合国粮食与农业组织（Food and Agriculture Organization，FAO）价格指数已经接近 2007—2008 年

乔塞特·希兰（Josette Sheeran）是联合国世界粮食计划署执行总干事，本文根据他在一次研讨会上的评论改写而成。此次研讨会是于2011年9月在世界银行集团和国际货币基金组织的年会期间召开的，会议的名称即为“大宗商品价格波动与低收入国家的包容性增长”。

峰值的两倍左右。

根据我们的观察，粮食价格大幅波动，不只是在最近几个月才显示出巨大的破坏力，持续上涨及大幅波动的粮食价格始终是一个非常严峻的挑战，它超过了任何单个国家或数个国家的应对能力，因此，需要建立协调各国政府合作的国际应对体系。正如我们已经看到的，任何单个国家所发生的系统性风险，都会很快地传染至整个地区，甚至整个世界。

许多国家，特别是发展中国家和新兴市场经济体的政府一直在努力应对粮食价格上涨，致力于解决贫困和通货膨胀以及国际收支平衡问题。

2008 年，国际货币基金组织估计，有 43 个低收入国家成为粮食的净进口国，用于粮食的进口支出高达 73 亿美元，约占其国内生产总值的 1%。2011 年，联合国粮食与农业组织估计，发展中国家的粮食进口支出将大幅上升至 4,600 亿美元，与 2010 年相比，增幅达到 25%。

这场“完美风暴”（perfect storm）* 冲击了世界各国。从多米尼加共和国到吉尔吉斯斯坦共和国，主要粮食价格已经翻番。在其他国家或地区，例如非洲之角，主要粮食价格也上涨 50% 以上。粮食价格大幅波动，不仅会对各国经济产生影响，也会对国际组织的救助计划产生冲击。

世界粮食计划署（World Food Programme, WFP）采购的大部分粮食（超过 80%）来自发展中国家，因此，世界粮食计划署能够感受

* 指全球金融危机。——译者注

到国际粮食价格上涨的直接冲击。国际粮食价格的波动给世界粮食计划署的预算以及为目标群体提供粮食援助的能力带来了一定负面影响，例如，2010年，世界粮食计划署为全球75个国家、1.09亿饥饿人口提供了粮食和营养援助。国际粮食价格每上涨10%，世界粮食计划署的粮食采购计划每年将增加2.2亿美元的支出。

国际粮食价格的上涨在一定程度上抵消了世界粮食计划署的努力，与此同时，需要粮食援助的人数却在不断增加。如何为最需要帮助的人群提供足够的粮食供给，这是我们面临的严峻挑战。通过影响分析和定位分析，世界粮食计划署监控着60多个国家的主要粮食价格。150名粮食安全专家携手工作，以确保世界粮食计划署获得必要的信息，并以有效的方式做出及时应对。其中，所涉及的信息主要包括为最需要帮助的家庭提供粮食援助的最新成本数据。分析表明，在没有建立粮食安全网的国家中，大约有80%的人口直接面对环境、社会、政治和经济的风险。

粮食价格的上涨使全球贫困人群的营养不良状况更加严重。因为贫困人群要么会选择减少饮食数量，要么会选择从那些较有营养但价格较贵的食品转为那些较少营养但价格较便宜的食品，而这一转变会给那些最脆弱的人群造成永久性伤害，特别是2岁以下的孩子和处于怀孕期或哺乳期的母亲。对于那些日收入低于2美元的家庭来说，因为他们要将其收入的60%甚至80%用于食品支出，粮食价格的波动会给他们带来更多的伤害。相比于富裕人群，贫困人群受到的负面冲击更大。例如，在发生粮食价格冲击时，妇女和女孩首先被迫减少饮食，一些家庭被迫吃掉未来能够带来收入的牲畜，他们不得不让年幼的孩子去工作，通过牺牲未来的发展来换取当前的生存。

历史表明，如果一个国家长期得不到足够的粮食供应，这个国家将会衰落甚至灭亡，数以百万计的民众会在饥饿中死去。粮食安全是没有谈判余地的，如果忽略粮食安全，必将是一场重大的灾难。这不但解释了为什么我们必须提供粮食给需要的人群，也解释了为什么我们必须保护最脆弱的人群，帮助他们建立抵御粮食价格冲击的能力。这是人道主义的责任。

过去四年中，世界粮食计划署致力于将政府救助转为市场引导，引导受助人群加强与市场的联系，以帮助最脆弱的人群提高抵御粮食价格冲击（包括其他大宗商品价格波动）的能力。

世界粮食计划署与许多国家的基层部门展开合作，并且不断尝试推出与饥饿斗争的新方法（尝试新方法的范围在进一步扩大）。例如在喀麦隆，有 280 万人无法得到粮食安全的保障，由于喀麦隆北方的歉收季节要持续三到四个月，最脆弱的贫困人群每年都会面临粮食危机。为打破丰收与歉收之间的恶性循环，世界粮食计划署与欧盟合作，为每一个社区的粮库一次性捐赠了 10 吨谷物，同时培训农民的粮食储存管理知识和财务会计知识。社区居民可以在丰收季节将一些粮食储存起来；在歉收季节使用粮库中储存的粮食，并支付利息。各个社区的粮库管理委员将使用利息收入和更新存货的收入，以保障本地居民在整个年度的粮食安全。

在全世界的范围内，世界粮食计划署一直在帮助农户，尤其是农户中的妇女，以降低农村妇女抵抗粮食价格波动风险的脆弱性。通过世界粮食计划署在本地市场采购的带动作用，妇女们成为解决粮食安全问题的重要力量。平均而言，妇女占发展中国家农业劳动力的 43%。从 2010 年至 2011 年，联合国粮食与农业组织的粮食和农业年度报告表明，通过给予女性农民更多的资源，缩小农业生产的性别差异，可使全球饥饿人数下降1亿—1.5亿。

在理论上，粮食价格上涨对农民来说是好消息。但事实上，在发展中国家中，只有很小一部分农户拥有足够的土地和资本，以产出更多粮食从而获得粮食价格上涨的收益。而且，大部分小农户远离粮食交易市场。为了增加粮食产出，获得粮食价格上涨的收益，小农户需要耕种更大面积的土地，播种更多的作物。但是，在扩大生产规模时，小农户会面临很多约束，例如面积较小的土地，不菲的化肥价格，不可预知的降雨量，缺乏储存粮食的知识和能力，不能获得必要的贷款，距离粮食交易市场的路途较远。世界粮食计划署开发的“购粮发展计划”（Purchase for Progress）项目，旨在通过提供技术技能培训、提供更多的信贷支持、增加播种面积、提升农产品深加工机会等方式来扩大小农户的生产规模。

在21世纪，“购粮发展计划”项目正在对小农户（特别是妇女）发挥着越来越重大的作用，包括将他们纳入到世界粮食计划署的粮食供应链中，帮助他们进入更大的市场，推动地方经济发展等。目前已经有超过10万农民（1/3以上为妇女）、仓库经营者和粮食交易商获得了有关提高农业生产效率、粮食收割后的处理及其他方面的农业技术培训。“购粮发展计划”项目已经创造了超过6,800万美元的收益。

世界粮食计划署还帮助一些国家扩大社会安全保护网，例如，为母亲和孩子提供营养食品，为在校学生提供营养午餐，增加社会就业机会，帮助最贫困群体增强抵抗粮食价格冲击的能力。社会安全保护网，不仅是保护最贫困群体的工具，而且会产生积极的长期影响。以学校营养午餐为例，很多国家都将其视为一项重要的社会安全保护措施，该项目已经产生了较大的直接社会收益。《美国经济评论》（*American Economic Review*）、世界银行及其他机构的研究表明，有32个非洲国家在第一年提供学校免费午餐之后，女孩的入学率提高了近30%，如果女孩多上一年学，婴儿的死亡率将下降5%—10%，同时，这些女孩在未来的收入将上升10%—20%。这就是世界粮食计划署坚持每年为2,200万儿童（其中半数为女孩）提供学校午餐和家中口粮的原因。

上述事实表明，保护最贫困群体免受粮食价格波动的冲击，从而避免饥饿和营养不良问题，不仅仅是人道主义问题，更是各国总理和财政部部长应该考虑的宏观政策问题。

要实现低收入国家的包容性增长，必须首先满足人们的最基本需求。正如马歇尔——现代经济学的奠基人之一——所说，“在所有资本中，最有价值的是投资于人本身的那部分资本”。

饥饿和营养不良是一个长期的经济问题，它会减少个人的收入潜力和整个国家的人力资本。拉丁美洲和加勒比经济委员会（Economic Commission for Latin America and Caribbean）和世界粮食计划署等组织的研究结果表明，营养不良问题会导致一个国家6%的国内生产总值的损失，有些国家的损失甚至高达11%。同时，令人震惊的统计数据表明，用于解决营养不良问题的政府投资会带来巨大的回报。根据世界银行的估计，如果36个营养不良问题最严重的国家每年能够得到103亿美元的援助，那么，有3,000万儿童将正常发育，有110万儿童将避免死亡，营养不良情况将减少一半以上。研究表明，营养较充足的儿童在成年之后，其收入将提高50%左右。因此，饥饿与营养不良问题不仅仅是人道主义问题，也涉及投资与回报的经济问题。

我们之前引用的例子表明，政府应当为最贫困人群建立缓冲区，以应对粮食价格上涨的冲击，提高对下一代的人力资本投资。但是，当我们强调粮食安全及帮助最贫困人群恢复生产时，我们所面临的挑战却主要来自于政府。当政府将“消除饥饿”（Zero Hunger）作为国家的首要目标时，饥饿就会结束。比如，巴西前总统卢拉启动了“消除饥饿”计划（卢拉和其他国家领导人将饥饿视为政府亟待解决的首要问题），巴西的饥饿问题就得到了一定程度的解决。

是发生在伦敦和纽约的全球金融危机抬高了达喀尔和内罗毕的粮食价格，为此，我们需要一个全球性的解决方案。新的挑战需要新的解决方法，需要单个国家、地区及国际层面上的协同、互助、合作，正如世界银行的“全球粮食危机应对项目”（Global Food Crisis Response Program）所采取的行动。但是，我们必须看到，无论是粮食危机还是金融危机，各国政府在危机之后的应对工作，要么准备不足，要么效率不高。大宗商品价格的风险管理、应对贫困问题，以及构建国家和地区社会保护网，是低收入国家应对粮食危机的重要内容。

2011 年 11 月，在戛纳举行的二十国集团会议曾经发表了一项联合声明，支持为最贫困群体建立人道主义的粮食保护系统。二十国集团决定，为用于人道主义目的的世界粮食计划署粮食采购计划，解除粮食出口限制和附加关税，并做出永久免征的承诺。世界粮食计划署致力于推动多边国家的粮食互助协议，到目前为止，世界粮食计划署已经解除了从二十国集团国家进口粮食的限制，从而为需要粮食的贫困人群提供更快捷、更有效的帮助。众所周知，二十国集团占全球粮食出口的最大份额。在2008年的粮食危机中，二十国集团的出口限制曾经给世界粮食计划署的援助计划造成了很大制约。二十国集团达成的协议解除了对世界粮食计划署的出口限制和额外关税，迈出了为最需要粮食的贫困人群提供人道主义救援的重要一步。

二十国集团的决定是一揽子粮食保护行动中的一部分，其中包括对西非国家经济联盟（Economic Community of West African States）的支持。西非国家经济联盟是一个粮食储备组织，按照世界粮食计划署的可行性研究、成本收益分析、对粮食安全网的支持、有效而灵活的粮食援助计划（包括迅速的粮食购买）的要求，致力于帮助小农户提升市场份额（降低粮食价格波动对最贫困人群的影响）。

2007—2008年的粮食危机震惊了整个世界。各国政府必须立即行动起来，共同帮助那些最贫困人群来应对粮食价格波动的风险。国际货币基金组织、各国政府部门、各国智囊机构及高等教育机构，在帮助最贫困人群应对日益增长的风险和脆弱性方面，应当更多地发挥作用。今天，我们所面临的挑战不仅仅是暂时性的紧急救助，而是共同的社会责任。现实世界已经具备了我们所需的知识和工具，现在可以开始行动了。

约瑟夫·斯蒂格利茨

当我们讨论包容性增长时，首先会想到稳定和增长，它们的确很重要。但与此同时，在包容性增长中，还有另外一个重要问题，即收入分配不公平。

为什么我们会对收入分配不公平问题感兴趣？首先，我们必须认识到，经济增长的目的并不仅仅是国内生产总值增长，我把专注于国内生产总值增长的情况称为"国内生产总值崇拜"（GDP fetishism）。我们不能为增长而增长。我们之所以需要经济增长，是因为它常常是改善社会福利的重要基础。尽管国内生产总值并不是社会福利水平的最佳度量指标，但目前各国政策制定者和经济学家还是将国内生产总值增长率作为社会福利水平的替代变量。

我们需要改进衡量社会福利水平的方法，否则将难以制定有效

约瑟夫·斯蒂格利茨（Joseph E. Stiglitz）是哥伦比亚大学教授，2001年诺贝尔经济学奖获得者。2011年9月，世界银行和国际货币基金组织在年会中召开"大宗商品价格波动与低收入国家的包容性增长"研讨会，本文改编自此次研讨会中的评论。

的宏观经济政策。我曾接受法国总统萨科齐（Nicolas Sarkozy）的邀请，担任了“经济表现和社会进步度量国际委员会”（International Commission on the Measurement of Economic Performance and Social Progress）的主席，该委员会由一些非常杰出的专家组成。2010 年，我们完成了一份报告——《生活水平的错误估量：为什么国内生产总值是不合理的》（Fitoussi，Sen and Stiglitz，2010），这份报告解释了，为什么国内生产总值不能完全反映社会福利水平和经济发展的可持续性；2008 年的全球金融危机也给出了生动的诠释。即使不考虑全球金融危机，分析一国社会福利水平时，国内生产总值指标也是不合适的。国内生产总值不仅没有反映经济发展的稳定性，更重要的是，它没有反映收入分配的公平性。

在很长时期内，人们相信，水涨船高（a rising tide lifts all boats），即国民经济中存在着扩散效应。在整体经济向好的形势下，几乎所有国民都能从经济增长中受益。扩散效应的分析表明，如果人均国内生产总值保持较快增长，无论收入分配如何进行，即使有些人会获益更多一些，但最终人人都会从中受益。当然，目前还没有理论或经验支持这种观点。全球金融危机和大萧条从反面证明了这种观点是一种谬误。举例来看，美国的经济数据显示，在最近数十年内，美国的人均国内生产总值每年都在上涨（2009 年除外），但是，大部分美国人的收入水平却没有随之增长。2010 年，美国中产家庭的收入低于 1997 年。甚至在全球金融危机的 2008 年之前，中产家庭的收入水平都没有能够回升到 2000 年的水平，[1] 当前，一个全职男性工人的收入中值甚至低于 1968 年的水平。美国工人的工资收入水平已经停滞了 30 多年。这清楚地表明，在经济增长的同时，美国大部分国民的收入水平却在下降。因此，衡量经济发展状况的合理指标必须能够反映大部分国民的生活改善情况。

我们关注不公平的另一个原因是：它可能引起社会不稳定。不公平性和不稳定性之间存在联系，而保持社会稳定是国际货币基金组织的主要职能之一。国际货币基金组织重新阐述了自己的观点，并在2011年的春季会议中，将不公平问题列为最重要的问题之一。国际货币基金组织原总裁卡恩曾经提到，“最终，就业和公平构建了经济发展与市场繁荣、政治稳定与世界和平的坚实基础。这是国际货币基金组织的关键职能，必须置于所有政策制定的核心位置”[2]。

不公平性和不稳定性之间的联系，还来自于国际货币基金组织的另一项研究成果："我们发现，更加公平的收入分配伴随着更加健康的经济增长……从更长时期来看，减小收入分配的不公平性与促进经济增长的长期稳定性是同一枚硬币的两面。"（Berg and Ostry，2011）[3]

国际货币基金组织对不公平性和不稳定性之间关系的认识，是与其对两者之间相互影响的不断强化的认识一致的。联合国的一个专家委员会在一份报告中有较为清晰的表述（United Nations，2010），该专家委员会分析了大萧条的形成原因及补救措施。他们指出，高收入人群比低收入人群的消费更少（最高收入人群的储蓄率为15%—25%，而最低收入人群的储蓄率一般在0附近[4]），从最低收入人群向最高收入人群的财富转移会降低消费需求，从而降低社会总需求。由于国民经济中的总需求水平往往低于总供给水平，这意味着失业的产生。此次全球金融危机之前，美国维持经济增长的办法就是放松管制，以及实施扩张性的货币政策，最后形成房地产泡沫。泡沫的破裂是不可避免的，随之而来的灾难性后果也是不可避免的。[5]

由于社会不稳定会在很多方面影响经济增长，而不公平对不稳定具有一定的内在推动作用；不公平也会对经济增长产生直接或间接的负面影响。要想清晰地辨别出，具体是哪些类别的不公平会影响到不稳定，是有一定困难的，因为一些传导渠道是相互矛盾的。但是，我们必须认清收入分配不断恶化的原因。长期以来，收入分配问题一直困扰着许多国家，我们需要研究如何采取更有效的政策措施，来应对这一挑战。

市场在决定收入分配方面一直发挥着重要作用，同时市场也受政策（包括法律和管制）的影响。宏观政策的各个方面都有可能产生不同的分配结果。财政政策的分配结果是显而易见的：削减支出对低收入群体和中产阶级的影响最大。贸易政策同样会有很强的分配结果，特别是在全球化的进程中。削减工作机会的速度往往快于创造工作机会的速度，由此而产生的失业也会对收入分配不公平产生直接影响，同时，也会对工资水平下降产生间接影响。当我们设计促进经济增长的政策时，必须考虑这样一个问题：该政策有利于低收入人群的收入增长吗？也就是说，我们不仅要有反贫困的增长政策，我们还要有包容性的增长政策。

早些年间，我注意到了收入分配不公平与经济增长之间的关系。如果收入分配不公平影响社会稳定性和长期增长率，那么，我们必须密切关注政策对收入分配不公平的影响。同时，我们还必须注意到，在经济冲击中，通常最低收入群体会受到最大的伤害。

大宗商品价格波动与收入分配不公平之间也存在内在联系。以农产品价格或粮食价格为例，与高收入群体相比，贫困者的大部分收入都用于食品支出，粮食价格波动对贫困者的影响更大，而贫困者应对风险的方法往往较少，因此，他们对大宗商品价格波动的感受更为深刻。比如，贫困者很少利用资本市场，他们的借贷能力很弱，储蓄也很少。在最低收入人群中，即使在美国这样的富裕国家中，超过一半人的平均储蓄率接近于零，他们的实际收入波动更大。

同时，大宗商品价格波动还会产生间接影响。大宗商品价格波动会对宏观经济产生重要影响，政府为了维护宏观经济稳定而采取的政策措施通常会加剧收入分配的不公平。当大宗商品价格下降时，政府通常会削减支出，在所有领域中，对公共支出的削减是最大的。同时，许多国家仍然保留着能源补助，当能源价格上涨时，能源补助就会吞噬政府预算，压缩支出空间。简而言之，如果我们关心收入分配的不公平性，就应该关心国际大宗商品价格的波动。

相比于其他地区，粮食价格和大宗商品价格波动对撒哈拉以南的非洲地区影响更大。主要原因有两点：其一，在这一地区，许多国家依赖自然资源出口，自然资源出口构成这些国家出口收入和政府收入的绝大部分。其二，这些国家的居民收入水平很低，粮食支出和石油支出占消费支出的比例很高。

大宗商品价格波动的影响是不均衡的，将给政府带来额外的负担。比如，粮食价格上涨可能对农民有利，对城市工人不利。但是，从粮食价格波动中获利的一方并不会自动补偿受损的一方，只能由政府补偿受损的一方，政府必须从其他方面获得更多税收，才能实现收支平衡。由此可见，大宗商品价格波动会对政府预算施加额外负担。

大宗商品价格的波动也是导致“自然资源诅咒”的重要原因之一。相比于其他国家，自然资源丰富、依赖大宗商品出口的国家并没有得到相应的经济发展。“自然资源诅咒”国家的另一个重要特征是收入分配的不公平性。这似乎是一个悖论，因为一般人会认为，自然资源丰富的国家由于缺乏自然资源出口的供给弹性，可以获得更多的出口收益，应该有利于收入分配。如果我们对工人征税，他们可能工作得更少，因此，为了收入分配而对劳动力征税是有限制的。但是，如果我们对石油征税，石油并不会消失，自然资源也不会消失（很明显，需要对开采自然资源的工人进行补偿，但石油市场的收益是巨大的，其他自然资源也是如此，所以对自然资源征税并不会导致负面的结果）。自然资源丰富的国家获得资源收益后，政府应该有更多的公共支出。但实际上，这些国家的收入分配不公平状况可能更加严重。

大宗商品价格波动的确给包容性增长带来了一系列问题，这也是我们进行研究和讨论的原因。这些问题的特殊性主要表现在，经济增长动力的缺乏、普遍的社会不稳定、持续的收入分配不公平等会被相关政策加剧和恶化。研究大宗商品价格波动的根源也很重要，尽管受篇幅所限，不允许我们讨论更多的细节。无论大宗商品价格波动的根源是什么，不适当的政策都会加重波动的后果。

例如，顺周期的财政政策和货币政策，会加剧大宗商品价格波动引起的宏观经济波动。通常来看，顺周期的通货膨胀目标制会加剧这些问题。在 2008 年全球金融危机的余波中，一些政策制定者认为，应当继续实行通货膨胀目标制，这让我有点惊讶。我本以为这场全球金融危机最重要的教训是，通货膨胀目标制并没有实现政策设计的初衷。但是，许多人坚持认为，通货膨胀目标制对于经济稳定来说不仅是必要条件，甚至是充分条件。然而，尽管货币政策可以用于实现较低且稳定的通胀率，但较低且稳定的通胀率并不会带来较快且稳定的经济增长，它并没有能够帮助欧洲和美国免受全球金融危机的巨大冲击。实际上，支持通货膨胀目标制的模型主要考虑了次要因素而忽略了主要因素。这些模型主要考虑了通货膨胀对相对价格的扭曲，而严重的价格扭曲将会阻碍一国的经济发展。

事实是，全球金融危机造成的产出缺口要远远大于通货膨胀带来的损失。全球金融危机造成的潜在产出与实际产出的缺口是万亿级别的，而与通货膨胀相关的损失远远达不到这个级别。如果政府只关注通货膨胀目标制，将会对政策的制定产生误导，并分散人们对真正重要问题的关注。2011 年春季，国际货币基金组织曾就这一问题召开会议，邀请了很多学者和政策制定者参会。[6] 会议强调，要将我们的注意力从通货膨胀目标制转移到其他更重要的问题上，与会代表在会上达成了广泛共识。这并不是要忽略通货膨胀问题，失去控制的通货膨胀是非常危险的。但是，通货膨胀并非是我们的唯一关注点。即使对中央银行而言，财政稳定也同等重要，在某种程度上甚至更重要。就目前的情况看，许多国家的通货膨胀率较低并且相对稳定。

通货膨胀目标制可能导致其他风险，例如，可能加剧收入分配的不公平。考虑到收入分配不公平对社会稳定的影响，通胀目标制会直接影响到国民经济的最薄弱部分，这个传导次序是很清晰的。试想一个非洲小国，国内通货膨胀来自粮食和石油进口，该国提高国内利率不会对国际粮食价格和石油价格产生任何影响，因此，提高国内利率不会改变国内的通胀水平。在这种情况下，如何降低国内的通胀水平？如果将加息作为唯一选择，将引起大量失业，从而给国内居民带来更大的伤害。国内居民已经经受了粮食价格和石油价格上涨的冲击，还要再次受到失业的冲击。很明显，国内失业率的大幅上升在政治上是不可接受的，在经济上同样也是不可接受的。这样的政策措施会加剧收入分配的不公平，使失业工人受到最多的伤害。

全球化和收入分配不公平之间存在着较强的关系。两者之间的直接联系来自贸易政策，来自不公平且不合理的贸易协定，例如农业补贴。以棉花补贴为例，为了压低棉花价格，美国每年对数以千计的棉农补贴数十亿美元。如果没有这些补贴，美国的棉农将不会出口棉花；正是因为这些补贴，美国成为全球最大的棉花出口国之一。很明显，国际棉花价格下降将会减少撒哈拉以南非洲国家的棉花出口，导致非洲的棉农更加贫困。

还有许多其他的例子。全球化对收入分配不公平的影响渠道之一是全球化（自由化）的非对称性。我们启动了资本市场自由化而非劳动力市场自由化，这意味着资本在全球的流动比劳动力更自由。这削弱了劳动力的谈判力量，降低了工人的工资水平，从而进一步加剧了收入分配的不公平。资本的全球自由流动迫使许多国家降低对资本的税收，削弱了政府的收入再分配能力。贸易协定和贸易政策会在很多方面引起新问题，它们会限制一个国家的风险管理能力，包括对大宗商品价格波动风险的管理。例如，由于国际大宗商品价格的不稳定，哥伦比亚最近引入浮动关税，该国政府希望通过稳定国内收入，来应对国际大宗商品价格波动的冲击。美国不赞同浮动关税，并严厉指责了哥伦比亚的浮动关税政策。

另外一个例子是，贸易自由化政策与削减贸易配额（也称为“关税化”）的影响。事实上，如果一个国家将贸易配额转为关税，将会给该国带来更多的不稳定。贸易配额在一定程度上隔离了国际大宗商品市场的价格波动。如果一国拥有完善的风险管理市场，贸易配额的削减是无关紧要的。但是，很多国家并没有完善的风险管理市场，特别是发展中国家和最贫困的国家。这是国际贸易协定带来不稳定的又一例证。基于一些假设，在全球市场波动不断加剧的情况下，国际贸易协定加剧了最不发达国家中最贫困人群的风险。[7]

金融市场全球化对社会不稳定和收入分配不公平的影响还表现在多个方面。是否应该解除对短期资本流动的限制？短期资本流动在很多方面与外商直接投资（FDI）不同。以中国为例，很早以前中国就开放了外商直接投资，并且成为最大的外商直接投资输入国，数百亿美元以直接投资的方式进入中国市场。从目前的情况看，外商直接投资已经成为中国获得国际新技术的重要方式。但是，与外商直接投资相比，短期资本的跨境流动是完全不同的，我们不能忘记13年前亚洲金融危机的教训。

我们必须认识到，增加经济不稳定的短期资本流动并不总能带来更快的经济增长。一个国家不可能依靠流动迅速的短期资本来建立工厂、修筑铁路，因此，短期资本流动不能带来长期的经济增长。短期资本只关注短期的赢利机会，而长期的经济增长才是一个国家经济发展的关键。

另一个共识是，发生在美国的金融危机向全球扩散时，多国资本市场的联动扮演了重要角色。发生在美国的次贷危机，通过多种渠道迅速扩散到世界各国，其中的一个重要渠道就是资本与金融市场的紧密结合。此次全球金融危机的一个教训是，我们需要严格监管金融市场，因为造成这场危机的一个重要原因就是金融监管失灵。银行没有很好地管理风险，没有合理地配置资本，这些问题在资本主义发展的历史中不断重演。20世纪30年代的大萧条之后，金融监管发挥了重要作用。20世纪80年代放松管制之前，国际金融市场基本保持稳定。

金融监管放松之后，银行业重回大萧条之前的轨道，于是，更剧烈的金融市场波动和更频繁的金融危机开始出现。

放松金融管制，其中一部分是放松对跨国资本流动的管制。发展中国家的经济不稳定，在很大程度上来自不稳定的跨国资本流动。发展中国家应当采取有效措施避免本国遭受短期资本流动的冲击，因为那里的最贫困人群最有可能受到冲击，应对经济衰退的能力也较差。由资本市场自由化引发的经济危机，带来了新的收入分配不公平。这里指出了国内生产总值的缺陷——不能衡量社会稳定性和安全性。当我还在世界银行工作时，曾经参加过一个名为“贫困者声音”（The Voices of the Poor）的研究团体，当时，我们曾经采访了1万名贫困者，询问什么因素对其幸福的影响最大？一个答案是缺少足够的收入，另外一个答案是缺乏必要的安全感。

大部分发展中国家都缺少较为完善和健全的社会保障体系。事实上，甚至很多发达国家保险市场也很不完善。相比于发达国家，发展中国家中的保险市场问题更为严重。发展中国家既没有应对外部冲击的缓冲体系，也没有社会保障安全网，在面临风险冲击时，国内居民无法求助于政府公共部门、私人部门或非政府部门。发展中国家的政府在维护本国社会稳定方面，负有特殊的责任。发展中国家的政府在实施资本市场自由化之类的政策时，需要格外慎重——这些政策可能带来更大的不稳定性。

金融自由化和全球化给贫困者带来了一定的负面影响。伴随着金融自由化，发展中国家需要向国际银行和其他国际金融机构开放本国的金融市场，而国际银行已经在许多国家收购了本土银行或者直接进入了该国金融市场。最常见的情况是，国际银行击败了本土银行。许多储户认为，国际银行比本土银行更安全。为什么会有这样的看法，原因尚不明确。银行家就知道如何管理风险吗？全球金融危机之后，我们对此提出疑问。举例来说，正如许多人所想象的那样，花旗银行是不是比本土银行更安全？可能很多人相信是这样，因为当花旗银行陷入困境时，美国政府会出面解救——当然，这样的事情已经在全球金融危机中发生过。不管原因如何，许多储户还是认为国际银行更安全。

储户如何安排储蓄是非常重要的事情，因为它将影响到信贷市场。银行业是与借贷行为相关的。部分银行的业务是投机性的，但是银行业不应该是投机性的。银行业的主要功能是为企业提供资金，这在发展中国家特别重要。银行的借款是小型企业和中型企业正常运转的保证。银行的信贷行为需要多方面的信息，相比于国际银行，本土银行和本土金融机构更具信息优势。通常国际银行向政府、跨国企业和本土企业放贷，当储蓄从本土银行转移到国际银行之后，本土银行需要从其他渠道融资，融资的来源通常是不稳定的，这可能造成中小企业的贷款数量更少且更加不稳定。这是需要关注的问题，无论在哪个国家，中小企业都是创造就业岗位的主要来源。金融自由化会间接地削弱劳动力市场，对工人就业和收入分配产生负面影响，同时，也会对经济增长和社会稳定产生负面影响。

有几个要点需要特别关注。第一，国家或国际层面的政策对社会不公平的影响，需要更多关注。政策对社会不公平的负面影响，不仅在于政策本身的影响，还在于它导致了社会、政治和经济的不稳定，从而间接地影响了经济增长（采用适合的估算方式）。第二，经济波动会带来很大的社会成本，我们不仅要降低波动幅度，还要对波动进行管理，只有这样才能减轻波动性的经济和社会后果，由经济波动而引起的问题才不会向其他国家（或是国家内部的其他区域）蔓延。第三，一些政策，比如通货膨胀目标制、金融自由化及资本市场自由化，可能加重经济的不稳定和收入分配的不公平，间接或直接地降低经济增长率。虽然经济学家们还没有就这些问题达成共识，但是，2008 年的全球金融危机至少证明了，这些政策无益于经济增长和社会稳定。更深入的研究，则需要进一步分析产生负面影响的背景因素。

最后，一些改善收入分配不公平和增强社会稳定的政策措施会被国际贸易协议削弱，因此，我们必须警惕国际贸易协议可能引起的不平等与不稳定问题。面对大宗商品价格的大幅波动，要想推动经济的包容性增长，我们仍需做出很多努力。

最后的总结如下：在许多时候，我们或多或少地忽视了政府及其政策措施对收入分配的影响，比如，到目前为止，这一问题还没有纳入到相关宏观经济模型中（这些模型还没有涉及收入分配不公平问题）。其实，收入分配的公平与否不仅影响宏观经济和政策效果，而且影响社会稳定性和经济可持续性。因此，在我们的研究中，宏观经济政策对收入分配的影响不能缺位。

参考文献

Berg, A.G., and J. D. Ostry, 2011, “Inequality and Unsustainable Growth: Two Sides of the Same Coin,” IMF Staff Discussion Note I 1/08（Washington: International Monetary Fund）. Available via the Internet: http://www.imforg/external/pubs/ft/sdn/201 i/sdn1108.pdf.

Dasgupra,P., and J. E. Stiglitz, 1977, “Tariffs versus Quotas as Revenue Raising Devices under Uncertainty,” *American Economic Review*, Vol. 67, No. 5, pp. 975-81.

Dynan,K. E., J. Skinner, and S. P. Zeldes, 2004, “Do the Rich Save More?” *Journal of*

Political Economy, Vol. 112, No. 2, pp. 397-444.

Fitoussi, J.-P., A. Sen, and J. E. Stiglitz, eds., 2010, *Mismeasuring Our Lives: Why GDP Does not Add Up*（New York: New Press）.

Newbery, D., and J. E. Stiglitz, 1984, “Pareto Inferior Trade,” *Review of Economic Studies*, Vol. 51, No. 1, pp. 1-12.

Stiglitz, J. E., 2008, “Capital Market Liberalization, Globalization, and the IMF,” in *Capital Market Liberalization and Development*, ed. by J. E. Stiglitz and J. A. Ocampo（New York: Oxford University Press）, pp. 76-100.

United Nations, 2010, *The Stiglitz Report*（New York: New Press）.

第一章　引　言

拉巴赫·阿尔扎基　凯瑟琳·帕蒂罗　马克·昆汀　朱民

全球金融危机爆发四年之后，低收入国家，特别是在大宗商品价格上涨中获益的国家，已经恢复增长。但另外一些低收入国家却正面临着粮食价格和能源价格持续上涨的严峻挑战。不断上涨的粮食价格和能源价格，给低收入国家的贫困人群带来了直接冲击，加剧了国内收入分配的不公平。2011 年，大宗商品价格大幅上涨带来了灾难性的结果——大约有 4,400 万人重回贫困线之下。各国政府和国际组织需要采取行动，以有效地应对大宗商品价格上涨的冲击，同时，也不能忽略经济改革和结构调整任务。事实上，如果低收入国家不能有效地应对上述挑战，其经济增长率有可能长期低于潜在经济增长率。

全球金融危机、中东及北非的地缘政治冲突等都带来了许多冲击，政策制定者要将改善社会福利水平作为政策制定的首要目标。通常认为，低收入国家推动经济快速增长，是摆脱贫困和解决收入分配不公平问题的唯一道路。但实践经验表明：在长期内，经济增长有助于消除贫困；短期内，低收入国家的经济高速增长不一定能够缓和收入分配的不公平，相反，有时还会加剧收入分配的不公平。近期的研究表明，如何实现经济增长速度与收入分配政策之间的平衡，取决于当前的经济发展水平（Racallion，2010）。更进一步地说，让贫困者参与国家的社会经济政策制定，有助于削减贫困。

本书的目的是帮助宏观政策的制定者通过宏观经济政策的制定和调整来消除大宗商品价格波动的影响，同时推动低收入国家的经济增长。2011 年 9 月 21 日，国际货币基金组织在华盛顿举办了“大宗商品价格波动与低收入国家的包容性增长”理论研讨会，本书的许多章节来源于此次理论研讨会的发言。

本书汇集了全球顶级学者、政策制定者、核心智库、非政府组织及国际组织的重要研究成果。主要通过科学研究和跨地区的经验来说明，什么政策是有用的，什么政策是无用的，从而为解决低收入国家的经济增长问题提供了一个新视角。本书将大宗商品价格波动问题与低收入国家的包容性增长问题结合在一起，进行综合研究，这是一种新的尝试。

解决短期内大宗商品价格波动问题，与实现中期经济包容性增长问题是紧密相连的。本书将这些复杂并相互交织的问题分为五个部分。第一部分，概述低收入国家作为大宗商品进出口国，面对大宗商品价格波动时的短期问题和长期挑战。第二部分，比较各国政府应对大宗商品价格波动的宏观经济政策。第三部分，分析大宗商品进口国和出口国在追求包容性增长时面临的多种挑战。第四部分，提出低收入国家如何解决大宗商品价格波动及包容性增长问题，并尝试提供新视角和新方法。第五部分，总结相关政策建议，概述国际社会、国际组织和各国政府应当如何应对大宗商品价格波动，推动低收入国家的包容性增长。

本书的第一部分证明了大宗商品价格波动性的传导机制取决于一国的进出口情况。一些低收入国家出口石油和矿藏等自然资源，另一些低收入国家进口粮食等大宗商品，这些国家均面临大宗商品价格波动的风险。只是大宗商品的进口国与出口国之间的风险差别，不如之前那样明显。此外，一些低收入国家，包括自然资源出口国，没能通过提升农业现代化水平，满足快速增长的人口对粮食的需求。因此，它们既是自然资源出口国，也是粮食进口国。自然资源开采新技术的应用，使越来越多的低收入国家进入自然资源出口国的行列，这些国家需要对国内的宏观政策进行调整和重新定位，以应对新的挑战。

在第二章，弗兰克尔对相关文献进行了认真梳理。其研究结果表明，与自然资源贫乏的国家相比，一些拥有丰富自然资源的国家的潜在增长率可能更低。用于稳定宏观经济的货币政策与财政政策，也给大宗商品出口商带来了特殊的挑战。弗兰克尔还提出，应当把主要出口商品作为汇率的名义锚（nominal anchor）。在第三章，罗斯分析了“政治诅咒”（political curse）问题，即在一些拥有丰富自然资源的低收入国家中所存在的寻租现象（rent seeking），因此，需要对政府和政府机构（例如石油基金）进行制度改革。在第四章中，布雷登坎普和伯奇分析了大宗商品价格波动对低收入国家的贸易平衡与财政平衡的影响，并提出了务实性的应对政策，包括对贫困人群的财政补贴、应对大宗商品价格初期冲击的货币政策、建立缓冲手段的中期措施等。

本书的第二部分分析了应对大宗商品价格波动的宏观经济政策

选择。在应对粮食价格和能源价格上涨时，一些低收入国家受到财政收入的限制，使用财政政策的空间非常有限，因此，在应对通货膨胀时，关于货币政策的职能问题又引起了新的争论。在第五章中，阿南德和普拉萨德分析了如何选择核心通胀率。他们在通胀指数中剔除了粮食价格和能源价格，并以此作为低收入国家中央银行的通胀目标。他们还研究指出，低收入国家的社会民众普遍面临信贷约束，食品支出和燃料支出在消费支出中占有较大比重。

科利尔详细评估了一些拥有丰富资源的低收入国家由于储蓄与投资失衡所造成的短期问题和中期问题。在第六章，科利尔提出，一个国家需要面对三个不同速度的“政策时钟”（policy clock），即自然资源的消耗、公共投资能力的强化、大宗商品价格波动缓冲措施的建立。政府需要综合考虑这三个方面的问题和对策。施密特－赫布尔在第七章研究了智利的经验，他分析了智利的财政制度和财政政策，以及在大宗商品价格波动中，政府如何保护大宗商品出口商的经验。

本书的第三部分回答了如何实现低收入国家的包容性增长。在中期内，低收入国家需要维持宏观经济稳定和较快的经济增长，并且通过更加完善的收入分配政策让更多人受益。在第八章中，扬科维奇娜和伦德斯特罗姆·盖布尔分析了包容性增长的定义问题。他们认为，包容性增长是能够快速且持续减少贫困的经济增长，是社会公众能够广泛参与并从中获益的经济增长。在第九章中，沃纳从一些自然资源丰富的国家的实际情况出发，讨论了包容性增长，并给出了有关自然资源丰富的国家中包容性增长不足的一些实证数据。在第十章中，博格和奥斯特里认为，收入分配政策更公平的国家，会有更持久的经济增长，他们希望以此证明，平衡收入分配与经济增长的“双赢”（win-

win）政策是存在的。例如，目标更明确的财政补助、更多的教育机会、更活跃的劳动市场，都是“双赢”政策。在十一章中，布吉尼翁提出，政府面临大宗商品价格波动时，最紧急的任务是，通过加快经济转型，为最贫困群体构建社会安全网。由于很多低收入国家难以有效地利用国际市场融资，因此，利用经济上行期的财政盈余来弥补经济下行期的财政支出缺口是非常重要的。

本书的第四部分研究了包容性增长与大宗商品价格波动之间的关系，并且提供了一些地区和国家的经验。在第十二章中，阿尔扎基和纳布里分析了中东及北非地区的实践经验，他们的研究表明，处在该区域的一些自然资源丰富的国家经济增长率却很低，宏观经济波动较大，增长成果没能惠及多数国民。尽管这些国家的医疗条件和教育情况已经得到了改善，但还必须重点关注其医疗和教育问题。他们认为，该地区的经济改革能否成功，取决于是否能够建立一个促进包容性增长的制度，以及公共部门的人才培养。在接下来的第十三章，加西亚－韦尔度、塞拉西和托马斯通过对社会整体福利水平、收入分配、就业和产出等指标的分析，研究了撒哈拉以南非洲国家近期的经济高速增长，尤其是这些国家的大多数国民如何在增长中获得收益。通过使用样本国家的家庭调查数据，他们发现，较高的人均收入增长率的确有利于实现更公平的收入分配，强劲的消费增长与更高的农业就业率密切相关。在第十四章中，杰哈和李昌镛提供了亚洲发展中国家的经验。他们研究了大宗商品价格波动对收入分配的影响，其中包括转移支付体系和社会安全网。亚洲发展中国家的经验表明，更高的农业部门生产率、不断改善的供应链及地区合作、管理良好的谷物储存等，是应对粮食价格波动的有效工具。在第十五章中，迪克洛和加西亚使用墨西哥石油出口的实际经验，详细分析了墨西哥的石油对冲项目。在该项目中，墨西哥政府使用多种金融工具来应对石油价格波动。

本书的第五部分探讨了国际社会和国际组织应当如何发挥更大的作用，并对全书进行了总结。在第十六章中，雅凯分析了与粮食安全和粮食价格波动相关的国际政策。他提出，为了实现粮食安全目标，低收入国家需要将公共政策与产权制度改革联系起来。在低收入国家中，成功的公共政策必须包含有多个利益相关体的参与，其中政府扮演着协调者和催化剂的角色。他还提出，在粮食储存、地区合作及政策制定等方面，国内层面及国际层面均需要进行更多的沟通与合作。在第十七章中，马丁和安德森认为，与贸易保护主义相比，国际贸易合作能够产生更多的收益，特别是在国际粮食价格飙升时期。最后，在十八章中，厄蒂研究了政策透明度和政府职责。他认为，在低收入国家中，增强政策的透明度和政府的履职能力，是保证将有限的公共资源用于全体国民的前提条件。

希望各国政府官员和国际组织的政策制定者们能够阅读此书，从而进一步深化关于低收入国家的经济稳定增长和包容性增长的政策讨论。本书的结论是清晰的，但具体政策制定却是复杂的。针对乔塞特·希兰和斯蒂格利茨在学术研讨会上的评论，政策制定者们需要采取相应的宏观经济政策，加快结构性改革，以避免另外一场“完美风暴”（比如 2008 年的全球金融危机），促进全球经济的长期稳定增长，让所有国家和所有国民分享经济增长的收益。

第一部分
大宗商品价格波动：挑战

第二章　自然资源诅咒：问题与对策

杰弗里·弗兰克尔

从理论上讲，石油、矿产和农业资源丰富的国家，能给其所有者带来巨大的财富。但实际上，自然资源丰富的国家的经济发展情况却并不乐观。在这些国家中，制造业受到多方挤压——不仅包括自然资源部门的扩张，还包括政府部门与非贸易部门的扩张。为什么相对价格变动（比如货币升值）、政府支出增加会推动自然资源部门、政府部门和非贸易部门的扩张？一种解释是，大宗商品价格的周期性变化带动了相关部门扩张与收缩的周期性变化。另一种解释是，拥有丰富自然资源的国家，更容易形成专制的社会结构；一些腐败的政治精英通过控制本国的自然资源，谋求更大的收益，造成经济的长期波动。对相对缺乏自然资源的国家而言，它们别无选择，只能通过发展分散

杰弗里·弗兰克尔（Jeffery Franlel）是哈佛大学资本形成和发展专业的哈伯尔教授。对哈佛大学魏海德国际事务研究中心的支持，作者在此表示感谢。

决策的、民主的、多元化的市场经济来促进本国制造业的发展。

关于“自然资源诅咒”的例子还有很多。日本、韩国、新加坡、中国香港和中国台湾，几乎都是缺乏自然资源的岩石岛（半岛）。但是，这些国家和地区却进入了发达经济体的行列。许多非洲、中东和拉美国家拥有丰富的石油、矿产和其他自然资源，但是，这些国家的经济表现远远低于人们的预期。

图 2–1 给出了过去 40 年一组样本国家的情况，其中，横轴为燃料、矿石和金属出口占商品出口总额的百分比，纵轴为经济增长率。中国、韩国和其他亚洲国家是经济增长率较高但自然资源占有水平较低的国家；加蓬、委内瑞拉和赞比亚是经济增长率较低，但自然资源占有水平较高的国家。从整体来看，经济增长率与自然资源出口量之间存在着负相关关系。不过，这一负相关关系并不十分明显。换句话说，在占有等量的自然资源时，一个国家的经济增长率是不确定的。正如图中数据所表明的，自然资源拥有量与经济增长率之间确实没有较强的正相关关系。

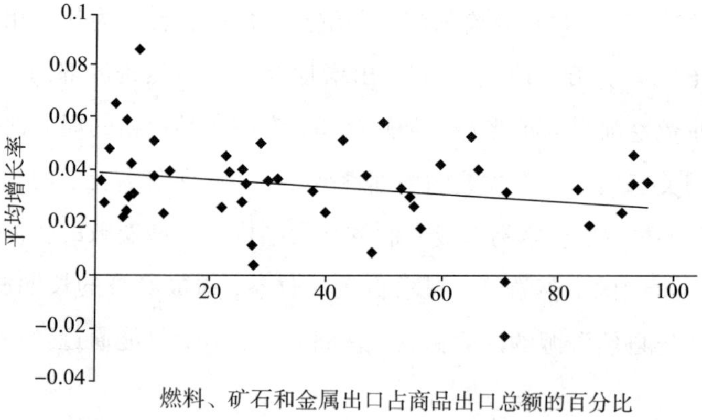

图 2–1　1970—2008 年，矿产品出口与经济增长

数据来源：World Bank, *World Development Indicators*。

奥蒂（1993，2001）是第一个使用“自然资源诅咒”的学者，他试图解释这种令人困惑的现象。萨克斯和沃纳（1995）的研究发现，单纯依赖石油和矿产资源的经济体一般都会伴随着较低的经济增长率。萨克斯和沃纳（2001）总结并发展了此前的研究成果，他们认为，与自然资源贫乏的国家相比，自然资源丰富的国家的经济增长率相对较低。用其他变量或自然资源的不同测量方法，很难解释这个结果。他们认为，几乎没有任何直接证据可以表明，用地理因素或气候因素能够解释“自然资源诅咒”现象。也或者存在其他一些难以观测的影响经济增长的因素，造成了分析结果的偏差。卡尔多、卡尔和赛德（2007），高斯（2001），萨拉·马丁和萨马纳姆（2003），史密斯（2004）等人的研究也发现，丰富的石油资源有可能对一国的经济增长产生负面影响。

为了应对“自然资源诅咒”，各国政府在制定宏观经济政策之前，首先要对这一问题进行全面分析。丰富的石油、矿产资源和农产品资源是如何成为“诅咒”的？又是如何造成了经济增长相对较差的表现？“自然资源诅咒”这一有悖于人们直觉的现象，其背后的原理是什么？对此，我们提出以下六种可能的解释：

1. 大宗商品价格的长期运行趋势；

2. 大宗商品价格的波动性；

3. “溢出效应”（spillover effect）及其对制造业的“挤出效应”（crowding out）；

4. 专制或寡头的社会结构；

5. 无序的政治、经济制度，例如无法界定和保护的财产权、不可持续的自然资源消耗，以及内战；

6. 由“荷兰病”（Dutch disease）引起的非贸易部门的周期性繁荣。

与主要工业化国家相比，大多数发展中国家是规模较小的经济体，这些发展中国家更可能专注于石油之类的初级产品出口。因此，发展中国家更可能适合小型开放经济模型：它们被视为价格的接受者，不仅是进口商品的价格接受者，而且是出口商品的价格接受者。这意味着，在国际市场上，这些国家的进出口商品的价格是给定的。“价格接受者假说”（price-taking assumption）一般需要三个条件，即垄断势力较弱，贸易壁垒较低，国内外产品的替代性较强。在一般情况下，初级产品可以满足这三个条件，但是，工业制成品和服务部门却很少能够满足这些条件。不是每一桶石油都是相同质量的，而且并非所有的石油都在竞争市场中交易。例如，沙特阿拉伯是石油出口国，但由于其在国际石油市场中具有举足轻重的地位，因此，沙特阿拉伯无法满足“价格接受者假说”的三个条件。不过，对于大多数石油生产国而言，“价格接受者假说”是成立的。

近似地看，本地的石油价格等于国际市场的美元价格乘以即期汇率。例如，本国货币贬值，会按一定比例推高本地的石油价格（不考虑交易或出口限制）。相反，本国货币升值，会按一定比例地降低本地的石油价格。在本章中，我们假定，以外币计价的出口商品价格被视为给定。

国际大宗商品价格的长期趋势

劳尔·普雷比什（1950）和汉斯·辛格（1950）曾经提出如下假设：与工业产品价格和其他产品价格相比，矿产品和农产品价格具有长期下行的趋势。这个假设的理由是，从全球总收入水平来看，初级产品的国际需求是缺乏弹性的。也就是说，如果收入增加1%，初级产品需求的增幅将小于1%。恩格尔定律也表达了这一含义，即随着收入持续增加，人们在食品和其他生活必需品上的消费将相对减少。

如果这个假设成立，我们就可以推断出，一个国家仅仅专注于自然资源的开采是错误的。因为不实现工业化，仅仅依靠自然资源出口，这个国家将会一直处在贫困之中。普雷比什的研究成果表明，为了发展本国的制造业，发展中国家应该利用关税政策和贸易壁垒政策，保护本国制造业；而不是按照古典经济学的自由贸易原理，出口那些本国拥有比较优势的自然资源产品。从20世纪50年代到20世纪70年代，大多数发展中国家采纳并实施了进口替代的工业化政策。不过，在随后的几十年中，进口替代政策被放弃了。

一种具有说服力的理论是，从长期看，石油和其他矿产资源的价格会不断上升。这一理论假定，我们分析的是不可再生的自然资源。在地壳中存放的自然资源的总量是固定的、有限的，并且总有一天会被我们消耗殆尽。

另一种观点认为，石油公司或其他企业对自然资源的所有权意味着永远占有，除非将所有权出售给其他人，当然，新的买主同样拥有永恒的所有权。[1] 这个假设排除了私人石油公司所面临的风险，比如，合同可能被废除，资产可能被国有化等。这个假设也避免了军方与自然资源拥有者之间的内讧。在所有权不被保护的预期下，所有者具有强烈的激励去尽快开采石油或矿产，因为他们明白，其所有权一旦丧失，就不可能再从自然资源中获利。例如，从1973年至1979年，国际石油价格曾经出现了大幅上涨。一个重要原因是，在此前的20年中，私人石油公司预期，那些刚刚获得独立的发展中国家会将石油资源国有化。因此，一些私人石油公司以更快的速度开采石油，从而压低了国际石油价格。1973—1979 年间的石油价格上涨是对此前过低价格的纠正。

更简化地看，假设地壳中固定的石油储备可以被完全开采，并且相对石油价值来说，石油勘探、开采及提取的成本很小。霍特林（1931）从该假设中演绎出的理论是：在长期内，石油价格上涨幅度等于利率水平。

下面介绍霍特林的推导逻辑。他认为，在任意时间点上，无论是私人石油公司，还是国有石油公司，石油所有者决定着石油开采的速度。按照“价格接受者假说”，所有的石油开采量，都能以当期价格卖出，获得的收益可以投资于银行储蓄或美国国债，以获得利息收入。如果人们预期，地下储存的石油在未来不会升值或升值速度较慢，那么，石油公司将倾向于尽快开采出更多的石油，以获得储蓄或国债的利息收入。如果所有的石油公司都倾向于尽快开采更多的石油，那么，国际石油价格将会持续走低，低于长期预期价格。当国际石油价格低于长期预期价格时，人们将预期，未来的石油价格一定会上涨，只有国际石油价格的预期升幅等于利息收入时，国际石油价格才会达到均衡。换句话说，只有石油公司的开采速度接近均衡点时，国际石油市场的供给与需求才能达到均衡。

如果石油开采和储存都需要付出固定的成本，那么与利率水平相比，石油价格增值部分将低于该固定成本；如果持有石油存货能够获得固定收益，那么与利率水平相比，石油价格增值部分将高出该固定收益。

自然资源的供给总量是固定的，随着自然资源储备量的下降，在长期内，自然资源价格一定会上涨。这一观点在霍特林之前早就存在，比如托马斯·马尔萨斯（1798）的理论，以及他对自然资源（不考虑利率作用）的担忧。如果自然资源需求随着人口数量的增长而增加，而自然资源供给是固定不变的，那么，自然资源价格的上涨将无法避免。

事实的复杂之处在于，自然资源的供给不是固定不变的，在任何时点上，都存在发现新的石油储量的可能性。自然资源开采的传统模式是，当现有储藏消耗殆尽时，总会有新的储藏被发现。当自然资源价格上涨时，对更深的地下、水下和其他条件恶劣地区的开采，将会变得有利可图。勘探和开采等新技术的发展，为开采更多的自然资源提供了技术可行性。

在马尔萨斯之后的两个世纪中，或者说，在霍特林之后的70年中，勘探和开采等新技术已经大大提高了石油和其他自然资源的供给量，几乎能够满足人口增长和收入增加所带来的消费需求增长（Krautkraemer，1998；Wright and Czelusta，2003，2004，2008）。

在过去的时间里，自然资源的供给一直在增加，但是，这并不意味着未来也会如此。1956年，一位名叫哈伯特的石油工程师预测，在20世纪60年代后期，美国的石油供给量将达到峰值，随后可能长期下降。该预测依据的模型假设，在美国的石油储备中，被开采的比例不断上升，勘探与消费的数据被用于估计模型中的参数。该预测的如期实现，为哈伯特赢得了荣誉。地球永远要比美国国土大，但是，地球的自然资源也是有限的。大量的研究人员使用哈伯特的模型进行研究，国际石油储备的开采也将遵循同样的模式。部分研究人员强调，从 2000 年至 2011 年，国际石油价格的不断上涨，证实了上述模型所预测到的全球“哈伯特峰值”（例如，Deffeys，2005），即国际石油供给量已经或正在达到最高点。尽管过去所预言的石油供给峰值已经被证明是错误的，但是，我们仍然需要仔细观察，当前是否处于石油供给的峰值期间。

将来无论大宗商品价格是呈上升趋势还是呈下降趋势，现在都可以提供相应的理论支持。这个问题在本质上是经验主义的，还需要用事实来证明。

虽然不同的测量方法会导致部分研究细节的差别，但我们可以尝试从整体上判断大宗商品价格的走势。[2] 从大宗商品的贸易情况看，历史上大宗商品价格曾经出现反复的波动：从 1870 年到第一次世界大战，大宗商品价格曾经小幅上升；在第一次世界大战期间大宗商品价格开始下降；20 世纪 70 年代大宗商品价格又出现上升趋势；20 世纪 80 年代和 90 年代，大宗商品价格再次走低；在 21 世纪的第一个 10 年中，大宗商品价格又一次出现大幅上升趋势。由此可见，那种简单地推断大宗商品价格变动的中期趋势的做法是不明智的。我们应该重视大宗商品价格变动的长期趋势。

那么，什么是国际大宗商品价格变动的长期趋势？一些研究人员发现了小幅上升的趋势，另一些研究人员发现了小幅下降的趋势（Grilli and Yang，1988；Guddington and Urzua，1989；Cuddington，1992；Reinhart；Wickham and Pindyck，1999；Hadass and Williamson，2003；Kellard and Wohar，2006；Guddington，Ludoma and Jayasuriya，2007；Balagtas and Holt，2009；Harvey and others，2010）。与其他影响因素相比，样本的结束日期对长期趋势的判断影响最大。20 世纪 70

年代的研究，发现了大宗商品价格的上升趋势。20 世纪 80 年代的研究，又发现了大宗商品价格的下降趋势。甚至在 20 世纪早期，我们就能得到两种完全相反的研究结果。使用 2011 年的数据，一些学者可能再次发现一个上升的长期趋势。这种研究结果也很正常，因为在一定时期内，大宗商品价格变动经历了一个持续 20 年或更长时间的大循环。[3] 由于大宗商品价格的循环波动，学者对长期趋势的估计与研究时期的选择密切相关。

自然资源会不会对人类行为形成约束？无论是马尔萨斯主义（Mathusianism）的肯定回答还是丰盛主义（cornucopianism）的否定回答，都是哲学上的两极化的思维方式，我们应当尽力避免这些极端看法。一方面，尽管地球上的自然资源数量是有限的，但这并不能说明我们一定会用尽所有的自然资源。正如沙特前石油部长谢姆德·亚马尼曾经说过的名言，“石器时代不是因为缺少石头而终结的，石油时代的终结，同样不会是因为缺少石油”。马尔萨斯的错误在于没有给技术发展和科学发明以足够的重视。另一方面，尽管马尔萨斯的预测被证明是错误的也不意味着过分乐观的预测将会发生。我们应当从更加宽阔的视角，综合思考所有的理论和数据。

大宗商品价格的波动性

国际大宗商品价格是非常不稳定的。在国际市场上，石油价格和天然气价格的波动性最大，铝、香蕉、咖啡、铜、糖和其他商品的价格波动性紧随其后。

一些经济学家认为，自然资源价格的波动不利于经济增长（Hausmann and Rigobon，2003；Blattman，Hwang and Williamson，

2007；Polehekke and Vander Ploeg，2007）。大宗商品价格的周期性波动会带动矿产、农业、制造业和服务业等部门之间的生产要素流动，从而造成交易成本上升、摩擦性失业、资本闲置等额外损失，即使这些损失是暂时的。

引起大宗商品价格波动的主要原因是什么？在短期内，大宗商品的供给和需求是缺乏弹性的。在大宗商品价格上升时，其需求下降和供给增加的空间都十分有限。一方面，在短期内，资本存量与特定比例的能源或原材料产出成比例变动，导致大宗商品的需求缺乏弹性。另一方面，在短期内，调整大宗商品的产出需要较长时间，大宗商品的供给缺乏弹性。当出现减产（降低了农产品的供给）或寒冬（增加了能源产品的需求）之类的外部冲击时，大宗商品价格不得不大幅上涨，以实现市场出清。

对制造业的“挤出效应”

在古典经济学理论之外，在大多数情况下，一国经济由以初级产品出口为主转向以制造业为主的多样化发展是非常有意义的。工业化是一国经济发展的必由之路吗？发展制造业是成为高收入国家的必要条件吗？对于这两个问题，古典经济学家都持否定态度。他们认为，一个国家应当专注于生产那些自己具有比较优势的产品，无论是自然资源，还是工业制成品。按照这种19世纪的观点，巴西努力推进工业化，英国尝试在温室里种植咖啡和橘子，都是非常愚蠢的做法。

但是，另外一些经济学家认为，一些国家（暂不考虑石油富裕国）可以通过工业化获得更多的财富收入。而工业化需要政府推动，这里主要是指政府的产业政策。松山（1992）提出了一个更具影响力的理论模型，假设制造业部门是在“干中学”（learning-by-doing）的，即在发展的过程中学习并不断积累经验，但初级产品部门（在此模型中特指农业部门）并不具备这一特点。这意味着，从以初级产品为主转向以工业制成品为主的多样化指引政策是正确的。而且从长期来看，对制造业部门形成挤压的大宗商品繁荣，对国民经济的长期发展是弊大于利的。[4]

同时必须指出，松山模型并没有说明，为什么“干中学”是制造业部门的可贸易商品所特有的？我们认为，矿产品部门和农业部门也可以通过“干中学”而获益。在一些国家中，石油、矿产和农业等部门的劳动生产率已经大幅提高了。例如，在19世纪后期，美国地质调查局、科罗拉多矿产学院、政府的农业推广计划、赠地学院（美国联邦政府赠送土地，资助职业教育）等部门对知识及教育领域的大量投资提高了美国的劳动生产率（Wright and Czelusta，2003，第6页，第18—21页，第25页）。

对于自然资源部门而言，虽然运转良好的政府在提供公共物品方面可以发挥积极作用，但是，这与政府直接管理自然资源是完全不同的事情。例如，在拉丁美洲，政府垄断所有权和对国外技术或外国资本的进口限制，严重阻碍了矿产部门的发展。而且，政府尝试通过发展矿产部门来推动本国的工业化亦见效甚微。

专制或寡头制度

经济增长理论的最新研究成果表明，制度因素是一国经济能否实现良性发展的深层因素。如果宏观经济政策得不到相应的制度支持，那么，这些政策将是无效的。该理论认为，不好的制度将会导致收入分配不公平、政治专制，以及对政府掠夺自然资源的行为缺少制约。[5]

在自然资源阻碍长期经济发展的原因中，制度及政府治理水平也许是最为重要的。一些经济学家集中研究了腐败现象。[6]奥蒂（1990，2001，2007）的“循环租金理论”（rent cycling theory）认为，经济增长所需要的租金应当由市场提供而不是由权力决定。在租金较高的国家，丰富的自然资源引发了人们对其所有权的争夺。在租金较低的国家，政府必须鼓励人们创造财富，利用比较优势，提倡公平原则，培育民主社会。

关于自然资源与民主的理论，被认为很适用于中东地区的石油出口国。该地区的国家主要通过石油出口来获取收益，政府可以不依靠向公众征税而获得丰厚的收入。相应地，他们也就没有推行民主制度的激励（Mahdavy，1970；Luciani，1987；Vandewalle，1998）。“没有代表权，就不得征税”（no taxation without representation），一国征税的需求与本国的民主进程密切相关。在研究中东以外的发展中国家时，通过分析石油出口国的自然资源收入，亨廷顿（1991）也得出了同样的结论。

该理论与恩格曼和索科洛夫（1977，2000，2012）的观点是相关的。为什么工业化在西半球的北部兴起，而不是在西半球的南部兴起？恩格曼和索科洛夫给出了以下解释，即在工业革命初期，与拥有北美殖民地的欧洲国家相比，拥有拉丁美洲殖民地的欧洲国家（拉丁美洲生产更多的黄金和白银）被认为更具有优势。事实上，在布列达协议（1650）中，荷兰将新尼德兰（纽约）交给英国，以交换南美洲的苏里南。一个世纪以后，法国为了保住瓜德罗普岛的甘蔗种植地，放弃了加拿大殖民地（Parker，2011，第138页，第305页）。

两名经济史学家证实，采掘工业较为发达的地区，倾向于发展奴隶制、不公平、专政及国家控制的经济制度。其长期影响，可以在政府关于选举、教育、土地所有权及移民制度等政策中观察到。一般来说，采掘工业是"集中型"（point-source）自然资源部门的代表，所谓"集中型"自然资源部门是指自然资源分布比较集中的部门，包括石油、矿产、农产品种植。相比之下，拉丁美洲的自然资源较为集中。其他地区倾向于发展个人主义、平均主义及资本主义的经济制度。当工业革命来临时，后者能更好地抓住机会而前者则不能。因为前者主要依赖政治专政，而不是个人激励和分散化的决策机制。在这里，其他地区是指那些适宜发展渔业和小型农业的地区，例如北美地区等。

多部门的跨国统计数据也表明了寻租与民主制度之间的关系。许多研究发现，依赖石油或矿产的经济体，通常伴随着专制政治。[7]

更准确地说，哪些自然资源不利于经济发展？萨拉·马丁和苏布拉马尼（2003），布尔特、达玛尼和迪肯（2005）发现，那些削弱制度质量，从而影响经济增长的自然资源，包括石油和某些特定的矿业不利于经济发展。需要注意的是，这里所说的自然资源不包括农业资源。艾沙姆等（2005）研究发现，"集中型"自然资源部门对良好的制度建设具有负面作用；除了石油之外，这些资源还包括矿产、种植园、咖啡和可可豆。

不可持续的自然资源消耗与无政府状态

与专制政治或寡头政治相对应，另一种失败的制度安排是无政府状态。这种失败的制度中隐藏着三个相互联系的隐患——不可持续的自然资源消耗、不能有效保护产权和内战。

自然资源消耗

两百年以前，位于南太平洋的瑙鲁的许多岛屿由富含磷酸盐的海鸟粪构成，这是一种可用于化肥工业的重要原料。从20世纪60年代后期到70年代后期，凭借磷酸盐出口的高额收益，瑙鲁的人均收入位居全球首位，但是，当磷酸盐储备最终耗尽时，非常富裕的热带乐园就不复存在了。因为在经济繁荣时期，瑙鲁政府没有进行必要的财富积累，更没有进行合理的投资。并且，由于长期的过度开采，岛屿的环境不断恶化，曾经富饶的磷酸盐储地，变得一片荒芜。所以，当自然资源收入快速减少时，整个国家都陷入到贫困之中。

当一个国家的自然资源耗尽后，接下来会发生什么呢？这不仅是环保人士关心的问题，也是政府应当关注的问题。同时，我们也可将自然资源耗尽看作是一种激励力量，激励那些自然资源丰富的国家突破自然资源部门的限制，积极推动制造业等部门的发展，实现本国经济的多样化。因此，我们主张储存来自可耗竭自然资源的部分收入，以应对后期的财富枯竭和消费下降（Hartwick，1997；Solow，1986）。

与瑙鲁的案例相类似，有时一国政府会控制本国的自然资源。在这种情况下，自然资源的过度消耗反映了政府失灵。在一般情况下，政府对未来发展漠不关心，他们更倾向于快速开采和使用自然资源，以讨好选民，争取在下一次的选举中获胜（Rabinson，Torvik and Verdier，2006）。

如果自然资源的财产权可以自由转让，私有化可能是解决自然资源过度消耗的有效方法。因此，激励自然资源的私人所有者有效地保护自然资源，应当成为政府首先要考虑的问题。但是，由于自然资源的特殊性质或者其他政治经济原因，私有化方案常常是不现实的。对于一些不可再生自然资源来说，由于无法有效地界定和保护产权，结果形成了“自然资源诅咒”。

无法界定和保护的产权

有一种理论认为，政府对本国矿产财富的实际占有，可能会削弱政府界定和保护产权的动力。另一种理论认为，无论政府是否拥有自然资源的产权，都会存在自然资源的产权关系难以界定的问题。例如，过度捕捞、过度放牧、浪费用水等都是“公地悲剧”的经典案例，尤其是那些没有准入限制的自然资源。即使鱼类、牧草或水资源将被耗尽，单个的渔民、农场主或农民也不会限制自己的捕捞和放牧行为。当自然资源在较大的范围内使用时，明晰和保护产权的确是一件困难的事情。甚至，作为“集中型”资源的石油也存在同样的问题，尤其是在不同地点通过油井钻探来争抢同一块地下资源储藏时。

不能有效保护产权就是市场失灵。那些没有准入限制的自然资源案例动摇了新古典经济学的标准理论。因为当产权无法界定和保护时，自然资源就会以更快的速度被消耗。[8] 在这种情况下，自由贸易可能会带来灾难性的后果，因为自然资源的自由出口会使其过度消耗问题进一步恶化。[9]

在一般情况下，公共资源具有三个特征：（1）可以被消耗（类似于私人物品）；（2）阻止他人消费的成本非常高（类似于公共物品）；（3）排除其他使用者也是可能的（Ostrom and Ostrom，1997）。在一些尚待开发的区域，界定和保护产权更加困难。[10] 从 19 世纪后期到 20 世纪前期，美国的西部荒原出现了黄金热和白银热，当时这一地区自然资源的产权关系没有能够得到界定和保护。即使今天，在亚马孙、加里曼丹岛及刚果的热带雨林区域，无法保护产权的无政府状态仍然存在。

内战

国内社会冲突，特别是暴力活动，对于一国的经济发展是极其有害的。由于石油或钻石等自然资源具有较高价值，采掘成本又相对较低，为争夺这些高价值、低成本的自然资源，一些部落之间或群体之间进行了残酷的争斗。经济学家研究发现，那些严重依赖石油和矿产资源的国家与内战之间存在着内在联系。[11] 例如，安哥拉和苏丹等都是拥有丰富石油资源的国家，都长期存在着内部的武装冲突；反过来，内战又破坏了这些国家的经济发展前景。

“荷兰病”

最后一个假设，我们分析宏观经济的商业循环。“荷兰病”是指石油、矿产或农产品的繁荣可能带来负面作用（该名称来源于历史事件，即20世纪50年代后期，荷兰国内储量丰富的石油和天然气被意外发现，结果造成经济混乱和发展停滞[12]）。短期内，出口商品价格大幅上涨，会带来下列部分或全部负面影响，即“荷兰病”的症状。

- 实际汇率上升（对实行浮动汇率制的国家，表现为本币升值；对实行固定汇率制的国家，表现为资本流入或国内通货膨胀[13]）。
- 支出增加（特别是政府部门的支出增加，相应地，税收也会增加）。
- 与贸易商品相比，非贸易商品的价格大幅上涨（例如，作为非贸易商品和服务业部门的住房部门）。
- 出口部门的收益率上升，吸引非出口部门的劳动力和土地资源流入。

• 造成经常账户逆差（尽管出口收入增加）。当出口商品繁荣周期结束时，可能引起国际债务危机。[14]

"荷兰病"为何会成为这样一种"病症"？当经济周期没有被预测到时，一个有影响力的解释是，出口商品价格的回落，将逆转经济的发展进程。在这种情况下，"荷兰病"表明了出口商品价格波动的成本。另外一种解释是，在长期内，即使证明出口部门的价格上涨预期是正确的，对于非出口部门来说，也会产生"挤出效应"，而制造业部门的长期增长（"反工业化"）有较大的外部性（Vanwijnbergen，1984；Mastuyama，1992；Gylfason，Herbertsson and Zoega，1999）。在这种情况下，对制造业的"挤出效应"，问题在于出口商品的价格上涨，而非价格的周期性波动。

贸易部门的资源重新配置（例如，从制造业到石油部门）可能是基于国际经济状况，而非本国的经济状况。但是，非贸易部门的资源重新配置则是基于本国的经济状况，并且需要货币当局的深思熟虑。简单地"让市场自动调节"，并不是太合适的政策导向。

非贸易部门扩张，有时会出现经济过热现象（比如通货膨胀和资产价格泡沫），不仅因为本国实际汇率升值，有时扩张性的财政政策也会起到推波助澜的作用。经济学家的研究证明，与发达国家相比，发展中国家的财政政策大都具有顺周期的特征（Guddington，1989；Gavin，1997；Tornell and Lane，1999；Reinhart and Vegh，2004；Talu and Vegh，2005；Alesina，Campante and Tabellini，2008；Mendoza and Oviedo，2006；Ilzetski and Vegh，2008；Medas and Zakhaiova，2009）。在发展中国家，财政政策呈现顺周期特征的一个重要原因是，在经济繁荣时期，政府的税收收入增加，同时，政府不能抵抗同比例或超比例增加支出的经济诱惑或政治压力，因此，获得自然资源收入越多的国家，财政政策顺周期的特征越明显。[15] 在石油繁荣时期，政府投资（Gelb，1986）和政府工资支出（Medas and Zakharova, 2009）在政府新增支出中占据了较大份额。

质疑

一些经济学家质疑，是否真的存在“自然资源诅咒”。他们认为，一些表现良好的出口导向型国家，证明了自然资源禀赋不一定意味着经济落后。众所周知，作为石油生产国，挪威在政府绩效与经济表现的国际排名中一直名列前茅。[16] 博茨瓦纳和刚果民主共和国都拥有丰富的钻石资源，令人惊讶的是，博茨瓦纳在民主、稳定和收入增长方面是非洲大陆国家中表现最好的，[17] 而刚果民主共和国的表现则是最差的。[18]

另一些经济学家对“自然资源诅咒”持怀疑态度。例如，德拉克洛瓦（1977）、戴维斯（1995）、赫布（2005）、阿列克谢耶夫和康拉德（2009）都提出，他们并没有发现“自然资源诅咒”的统计证据。

为什么会得出如此不同的结论？一种解释是，自然资源财富在提高单位资本回报率的同时，并不能提高本国居民的收入水平（从样本初期到样本末期的变动）（Rodriguez and Sachs，1999；Alexeev and Conrad，2001），如果相关的研究数据不能追溯到石油或矿产被发现之前，那么研究结果可能产生差异。引起争论的一个重要问题是，当石油或矿产被发现时，这些国家是否已经建立起良好的制度安排，在拥有良好制度的案例中，丰富的自然资源会用于提高国家的整体福利水平，而非仅仅用于提高精英阶层的福利水平。[19] 阿尔扎基和范德普卢（2010, 2011）的研究证明，自然资源对经济增长的负面影响，是与外生的、低水平的制度密切相关的，特别是与外生的、低层次的贸易密切相关。

另外一些经济学家认为，“自然资源依赖”和大宗商品繁荣都不是外生变量。在某些情况下，一个重要的差别是，在计算一国自然资源的丰富程度时，采用真实所有量（自然资源财富）还是出口量（自然资源依赖）。这些经济学家认为，大宗商品出口是高度内生的，[20] 丰富的石油资源并不是必然原因，甚至制度安排也不是必然原因，还存在其他影响因素。

大宗商品出口会受许多因素的影响。比如，工业化可能决定大宗商品的出口，但是，工业化与大宗商品出口之间也可能存在一种反向的因果关系——在常规情况下，在大宗商品出口方面，制造业落后的国家拥有比较优势。两者的反向因果关系也许是一个积极的信号：制度优势和技术进步，对自然资源部门和其他经济部门的发展都是有益的，正如美国、加拿大、澳大利亚和智利等国家的经济都有良好的表现一样。[21]

如何避开陷阱?

一个重要的结论是，一国拥有丰富的自然资源，并不能够成为该国经济发展和政治进步的必然保障。我们最好将大宗商品的繁荣看作一把双刃剑，它能同时带来收益和风险，福祸相倚，好事也能转化为坏事。即使我们不夸大负面影响，丰富的自然资源也不能保证一国宏观经济的良好表现。对于所有国家而言，首要任务是明确方向，避开影响本国经济发展的陷阱，找到成功之道。

一些国家经常以平抑价格波动的名义，来制定相应的政策措施，但是，一些政策根本就不起作用，甚至是有害的。这些政策包括商品交易管制政策、出口管制政策、价格管制政策、卡特尔集团化和禁止发展衍生品市场。只有实行经济改革和制度创新，才能避免“自然资源诅咒”，丰富的自然资源才能真正成为自然的恩赐。

下面我们将提出八条政策建议：其中，有三条政策是通过指数化来分散风险；另外三条政策用来减弱宏观经济政策的顺周期性；最后两条政策用来避免资金浪费，遏制腐败。

1. 石油或矿产合约与国际大宗商品价格的指数化。

2. 学习墨西哥的经验，利用期权市场对冲石油出口收入。

3. 依据出口商品的国际价格确定对外债务额。

4. 参考智利的财政准则，建立一个结构性的预算剩余，通过独立的专家委员会，依据出口商品的长期国际价格判断结构性预算。

5. 选择合适的汇率政策，通过一定的外汇市场干预，抑制本币升值压力。在通货膨胀形势严峻时，实施本币升值政策。

6. 中央银行的通货膨胀目标钉住产品价格，而不是居民消费价格指数。当前一些中央银行实施的通货膨胀目标制是钉住居民消费价格指数。

7. 增加大宗商品基金的透明度：尽管我们经常提到挪威养老基金（Norwegian Pension Fund），但博茨瓦纳的普拉基金（Pula fund）可能是更好的典范，因为挪威养老基金的投资行为经常受到政府干预。

8. 重视初次分配政策，使石油或矿产收入人均分配尽可能公平，以确保这些收入不进入腐败官员的银行账户。

下面，我们详细分析上述八条政策建议。

合约价格指数化：钉住国际价格

生产国与国外矿产公司签订合约，经常会受到“时间不一致性”（time inconsistency）的困扰。确定合约价格后，国际大宗商品价格可能上涨，因此，一些国家企图违约，它们不想让国外矿产公司独占大宗商品价格上涨的好处。问题在于，这是一个“重复博弈”（repeated game）的过程，如果一国政府存在违约的可能性，那么，国外矿产公司也会改变对这一国家的投资方案，从而减少该国的资本流入。由此可见，一国政府违约可能伴随着巨额的交易成本，包括中止贸易。相反，如果合约的价格确定之后，国际大宗商品价格下降，则国外矿产公司可能会违约。最好的做法是，让合约价格指数化，即钉住国际价格。贸易双方提前约定，如果国际价格上涨10%，国外矿产公司与该国政府按照一定的比例，共同分享增加的收益。

合约价格指数化使交易双方共同分担了国际大宗商品价格变动的风险和收益，避免了重新谈判的成本及生产国违约的名誉损失。

利用期权市场进行对冲

在国际现货市场中，出售矿产的生产者可能面对美元汇率波动的风险。通过在远期市场或现货市场卖出相应数量的美元，生产者可以对冲汇率风险。合约价格指数化之后，可以利用对冲工具有效分散风险，以适应国际大宗商品价格的变化。从政治角度看，期货市场存在缺陷。如果一国政府使用期权市场对冲出口收入，当国际大宗商品价格下降时，政府不会因为稳定出口收入而加分；相反，当国际大宗商品价格上涨时，政府有可能被指责出卖国家利益。墨西哥使用期权的对冲策略值得参考，即在获得国际石油价格上涨收益的同时，降低国际石油价格下降的风险（Duclaud and Garcra，2011）。

出口商品价格与对外债务

这条建议主要针对拥有丰富自然资源的借贷国。比如，铜生产国应该将自己的债务对铜的国际价格指数化，债务额将自动与铜的出口收入保持同向变动。相应地，石油生产国也应当根据国际石油价格的变动来确定对外债务。我们曾经有过一些经验教训。比如，当国际石油出口价格突然大幅下降时，世界曾经经历过以下事件：1982 年墨西哥爆发债务危机，1998 年厄瓜多尔、印尼和俄罗斯相继爆发债务危机。伴随着石油出口收入的下降，这些国家的偿债比率突然恶化。如果这些国家将对外债务与石油价格指数化，也许就不会发生债务危机。需要强调的是，在石油价格的波动中，对外负债会自动调整，这一观点早已被证实，但是，一些自然资源富裕的国家从未付诸实践。它们可能担心，对这种与商品价格挂钩的债券，市场上没有足够的需求。事实上，航空公司和公用事业公司对石油指数化债券有充足的需求，电力设备制造者对铜指数化债券也有充足的需求。但是，以某一特定种类石油命名的指数化债券，可能存在一定的国家信用风险，因为这类债券的市场规模太小，缺乏必要的流动性。不过，世界银行也许能够搭建这样的平台。世界银行可以以石油的形式，借给有需要的石油生产国，而非直接借贷美元；同时，世界银行根据石油借贷的情况，面向国际投资者发行与石油价格挂钩的指数化债券，帮助石油生产国克服发行特定石油债券的困难。

智利的财政规则

从 2000 年到 2009 年，大约有 1/3 的发展中国家，从传统的顺周期财政政策转向逆周期财政政策。2009 年，当世界经济发生严重衰退时，这些国家遵循逆周期的财政政策原理，大幅削减财政支出。这不仅仅是因为政策决策者做出了正确选择，更得益于在 2000 年付诸实施的制度安排，这也为其他国家提供了有益的参考（Frankel，2011b；Frankel，Vegh and Vuletin，2011）。

从本质上讲，智利的财政制度包括三条基本准则。首先，政府必须设立预算目标。其次，预算目标是结构性的，只有在下面两种情况下，才能允许财政赤字：在经济衰退时，产出增长低于潜在经济增长；铜的价格低于潜在趋势。2008 年，当巴切莱特总统执政时，结构性预算的目标被设定为零。实际上，该年有相当多的预算盈余，因为铜的价格一直处在高位，并且经济仍在扩张之中。再次，由独立专家组成两个小组，来共同确定未来十年的经济发展规划，不受政治影响。结果，在 2003—2007 年的经济繁荣期，智利持续保持财政盈余，而包括美国和欧洲在内的经济体都没有能够这样做，它们对经济繁荣的预期过于乐观，忽视了财政平衡的重要性。

经济繁荣期的汇率政策：积累外汇储备，本币逐步升值

如果没有理解一个国家的宏观经济情况，往往就不能找到适合该国的汇率制度安排。对于那些追求固定汇率或者钉住汇率的国家来说，在自然资源出口的繁荣时期，明智的做法应该是：在繁荣期的最初阶段，适度干预外汇市场，抑制本币升值，采取有效措施，抑制货币供给增长过快而可能导致的通货膨胀（包括提高法定存款准备金率），以稳定汇率锚，并且在这一过程中增加本国的外汇储备。一旦国际大宗商品价格出现逆转，规模庞大的外汇储备将发挥作用（如果中央银行具有独立性而自然资源基金没有独立性，那么，外汇储备的另外一个作用是保证自然资源基金不被目光短浅的政客掠夺）。

如果自然资源出口的繁荣期被证实是长期存在的，或者国内的通货膨胀率持续上升到可能失控，那么，就要允许本币升值。对于那些放弃汇率干预的国家，需要为本国的货币政策寻找新的名义锚。

中央银行的通胀目标：更多地关注产品价格

在过去的十年或二十年中，在一系列货币政策名义锚的选择中，通货膨胀目标制已经在很大程度上代替了汇率目标制。对于那些进出口贸易波动较大的国家来说，最近我们提出了一个替代汇率目标制的新安排，即“产品价格目标制”（product price targeting，PPT）（Frankel，2003，2005，2011a）。从某种意义上，可以将这一安排看作是对通货膨胀目标制的修正。当然，我们提出的产品价格是生产导向的，而非消费导向的。国内生产总值平减指数非常有用，但并不是每月都能得到。为此，我们应当重视为出口而生产的产品，而不是为进口而生产的产品，从这个意义上讲，居民消费价格指数是有缺陷的。

为什么这种区别是重要的？一方面，如果出口产品包含在指数中，例如产品价格目标制，货币政策将自动适应出口价格的波动：当出口产品的国际价格大幅上涨时，本币升值；当出口产品的国际价格大幅下降时，本币贬值。货币政策对出口产品价格的自动适应，恰恰是居民消费价格指数所欠缺的。另一方面，如果指数包含进口商品价格，例如居民消费价格指数，货币政策对进口商品价格的反应会不尽如人意：当进口商品价格上涨时，本币升值；当进口商品价格下跌时，本币贬值。本币汇率的变动会加大贸易波动。幸运的是，产品价格目标值并不存在这种加大贸易波动的特征。因此，与通货膨胀目标制相比，产品价格目标制的顺周期性要少一些。

一种观点认为，在汇率制度的传统争论中，产品价格目标制融合了争论双方的观点。产品价格目标制在自动调节贸易波动[22]的同时，还提供了货币政策的名义锚，像汇率目标制和通胀目标制一样。

专业化的大宗商品基金

大宗商品收入应当用于建立透明的主权财富基金，以确保资产的投资收益率高于美国短期国债（大多由中央银行持有），让后代人能够分享其红利。博茨瓦纳的普拉基金值得借鉴，该基金的来源是钻石的出口收入。由于该基金全部投资于以其他货币标价的证券资产，既能补偿钻石资源的消耗，又能熨平宏观经济的周期性波动。普拉基金的管理者都是独立的专业人士，其主要目标是为了博茨瓦纳人民的整体利益不受任何政治势力的影响。对自然资源丰富的国家而言，普拉基金是比挪威石油基金更好的榜样，尽管后者曾经广受赞誉。

大宗商品收入的人均分配

美国阿拉斯加州的永久基金，来源于阿拉斯加州石油部门的收入。阿拉斯加州法律规定，一半的投资收入必须平均分配给该州居民。这样做的理论基础是居民比政府更懂得如何花钱。的确，这一规定使该州居民感觉到，自己是基金的利益相关者。萨拉·马丁和苏布拉马尼（2003）建议，尼日利亚政府应当公平地分配石油收入。伯索尔和苏布拉马尼（2004）向伊拉克政府提出了同样的建议。马耶维奇（2011）也向乌干达政府提出过这一建议（Ross，2007）。

结论

大量的理论推导和数据分析表明，碳氢化合物能源、矿产和农业禀赋等自然资源在给一个国家带来收益的同时，也会带来负面影响。

基于自然资源假定，本章阐述了六种对经济有负面影响的可能途径，第一种是普雷比什—辛格对商品价格长期负面趋势的假定，由于积极趋势的理论与经验主义“不存在某一特定趋势”的发现不一致，从而被抵制。但其余五种有一定的正确性：

1. 如果大宗商品价格的波动性较高，则很容易带来风险，提高交易成本。

2. 如果仅仅专注于自然资源出口而挤压制造业部门，则不利于经济的可持续增长，因为制造业部门的发展具有正外部性。

3. 自然资源禀赋的特殊性可能导致专治和寡头的政治体制，产生腐败、不公平和法律准则缺失等缺陷。

4. 另一种可能性是专制制度。具有自然资源禀赋的国家可能存在内部武装冲突的倾向，产权的缺失会强化自然资源快速消耗的动机，损害经济的长期发展潜力。

5. 源于自然资源出口繁荣的“荷兰病”，会引起实际汇率升值和政府财政支出增加。本币升值和财政支出增加都扩大了非贸易部门，比如房地产市场，并且降低了出口部门的竞争力，比如制造业。如果国际大宗商品价格回落，那么由于过度的政府支出、大量的政府债务及萎缩的制造业，经济调整的难度将增大。

一些自然资源丰富的国家的经济发展情况并不理想，而一些不拥有丰富自然资源的国家则发展势头良好，这一事实是令人吃惊的。我们分析了这两类例子：挪威、博茨瓦纳和智利利用它们的自然资源禀赋（石油、钻石和铜），使本国经济得到了很好发展。与之相对应，苏丹、玻利维亚和刚果共和国的经济发展表现则较差。“自然资源诅咒”不应当成为一些国家经济失败的理由，问题是政府应当采取什么政策来促进经济增长。可以说，破坏或放弃自然资源禀赋以避免像政府腐败这样的风险，并不是我们所要倡导的政策。这样激进的政策也不可能使一国的经济状况变得更好。

最后，我们来总结一下制度方面的建议，这些关于"自然资源诅咒"的建议，可以提高经济成功的可能性。对于石油或其他自然资源丰富的国家来说，最值得考虑的建议有以下几个方面：

（1）在与国外购买者签订的合约中，加入当国际市场发生变化时自动调整价格的条款。

（2）利用大宗商品期货市场对冲出口收入。

（3）根据大宗商品价格确定对外负债额度。

（4）在经济繁荣时期，避免过度增加财政支出，只有在应对产出缺口和长期的商品价格上涨时，允许偏离盈余目标，并且由独立的专家委员会而不是由政治家决定。智利的财政制度是值得借鉴的。

（5）在应对国际大宗商品价格上涨时，起初应当抑制名义汇率上涨，增加本国外汇储备。如果经济繁荣被证明是长期且可持续的，汇率作为货币政策的名义锚，应当允许更多的浮动，以适应贸易波动。

（6）如果新的货币锚是通货膨胀目标，那么，应当更多地关注出口商品的价格，采取出口价格指数或生产者价格指数取代居民消费价格指数，我们建议使用"产品价格目标制"。

（7）大宗商品基金应当透明和专业运行，应制定严格的支出管理准则，保证管理者在追求国民福利时，不受政治压力的影响。博茨瓦纳的普拉基金就是一个成功的典范。

（8）进行石油财富分配时，应当考虑人均分配的处理方法。

无须多说，对于每一个国家来说，政策和制度的设计都必须视本国的具体情况而定，在具有良好制度的安排下，那些自然资源丰富的国家就不会成为“自然资源诅咒”的牺牲品。

参考文献

Acemoglu, Daron, Simon Johnson, and James Robinson, 2001, “Colonial Origins of Comparative Development: An Empirical Invesrigation,” *American Economic Review*, Vol. 91 , No. 5, pp. 1369-1401.

——, 2003, “An African Success: Botswana,” in *In Search of Prosperity: Analytic Narratives on Economic Growth*. ed. by Dani Rodrik（Princeton, New Jersey: Princeton University Press）.

Alesina, Alberto, Filipe Campante, and Guido Tabellini. 2008, “Why Is Fiscal Policy Often Procyclical?” *Journal of the European Economic Association*, Vol. 6（September）, pp. 1006-36.

Alexeev, Michael, and Robert Conrad, 2009, “The Elusive Curse of Oil,” *Review of Economics and Statistics*, Vol. 91 , No. 3, pp. 586-98.

Arezki, Rabah, and Markus Brückner, 2009, “Oil Rents, Corruption, and State Stability: Evidence from Panel Data Regressions,” IMF Working Paper 09/267（Washington: International Monetary Fund）.

——, 20l0a, “International Commodity Price Shocks, Democracy, and External Debt.” IMF Working Paper 10/53（Washington: International Monetary Fund）.

——, 20l0b, “Resource Windfalls and Emerging Market Sovereign Bond Spreads: The Role of Political Institutions,” IMF Working Paper l0/179（Washington: International Monetary Fund）.

Arezki, Rabah, Kirk Hamilton, and Kazim Kazimov, 2011, “Resource Windfalls, Macroeconomic Stability and Growth: The Role of Political Institutions,” IMF Working Paper 1l/142（Washington: International Monetary Fund）.

Arezki, Rabah, and Kareem Ismail, 2010, “Boom-Bust Cycle, Asymmetrical Fiscal Response and the Dutch Disease,” IMF Working Paper 10/94（Washington: International Monetary Fund）.

Arezki, Rabah, and Frederick van der Ploeg, 2010, “Trade Policies, Institutions and the Natural Resource Curse,” *Applied Economics Letters*, Vol.17, No. 15, pp. 1443-51.

——, 2011, "Do Natural Resources Depress Income Per Capita?" *Review of Development Economics*, Vol. 15, pp. 504-21 .

Auty, Richard, 1990, *Resource-Based Industrialization: Sowing the Oil in Eight Developing Countries*（Oxford, U.K.: Clarendon Press）.

——, 1993, *Sustaining Development in Mineral Economies: The Resource Curse Thesis*（New York: Oxford University Press）.

——, 2001, *Resource Abundance and Economic Development*,（New York: Oxford University Press）.

——, 2007, "Patterns of Rent-Exrracrion and Deployment in Developing Countries: Implications for Governance, Economic Policy and Performance," in *Advancing Development: Core Themes in Global Economics*, ed. by G. Mavrotas and A. Shorrocks（London: Palgrave）, pp. 555-77.

Balagtas, Joseph, and Matthew Holt, 2009, "The Commodity Terms of Trade, Unit Roots and Nonlinear Alternatives: A Smooth Transition Approach," *American Journal of Agricultural Economics*, Vol. 91, No. 1, pp. 87-105.

Barbier, Edward, 2005a, "Frontier Expansion and Economic Development," *Contemporary Economic Policy*, Vol. 23, No. 2, pp. 286-303.

——, 2005b, *Natural Resources and Economic Development*（Cambridge, U.K.: Cambridge University Press）.

——,2007, "Frontiers and Sustainable Economic Development," *Environmental and Resource Economics*, Vol. 37, pp. 271-95.

Barro, Robert, 1991, "Economic Growth in a Cross Section of Countries," *Quarterly Journal of Economics*, Vol. 106, pp. 407-44.

——, 2000, "Inequality and Growth in a Panel of Countries," *Journal of Economic Growth*, Vol. 5, pp. 5-28.

Barsky, Robert, and Lutz Killian, 2002, "Do We Really Know That Oil Caused the Great Stagflation? A Monetary Alternative," *NBER Macroeconomics Annual 2001*, Vol. 16, ed. by Ben Bernanke and Ken Rogoff（Cambridge, Massachusetts: MIT Press）, pp. 137-83.

Barsky, Robert, and Lawrence Summers, 1988, "Gibson's Paradox and the Gold Standard," *Journal of Political Economy*, Vol. 96, No. 3, pp. 528-50.

Beny, Laura, and Lisa Cook, 2009, "Metals or Management? Explaining Africa's Recent Economic Growth Performance," *American Economic Review*, Vol. 99, No. 2, pp. 268-74.

Bhattacharyya, Sambit, and Roland Hodler, 2009, "Natural Resources, Democracy and

Corruption," *European Economic Review*. Vol. 54, No. 4, pp. 608-21.

Birdsall, Nancy and Arvind Subramanian, 2004, "Saving Iraq from Its Oil," *Foreign Affairs* (July/August）, pp. 77-89.

Blattman, Christopher, Jason Hwang, and Jeffrey Williamson. 2007, "Winners and Losers in the Commodity Lottery: The Impact of Terms of Trade Growth and Volatility in the Periphery 1870-1939," *Journal of Development Economics*, Vol. 82, No. 1 , pp. 1 56-79.

Bohn, Henning, and Robert Deacon, 2000, "Ownership Risk, Investment, and the Use of Natural Resources," *American Economic Review*, Vol. 90, pp. 526-49.

Boschini, Anne, Jan Pettersson, and Jesper Roine, 2007, "Resource Curse or Not: A Question of Appropriability," *Scandinavian Journal of Economics*, Vol. 109, No. 3, pp. 593-617.

Brander, James, and M. Scott Taylor, 1997, "International Trade and Open-Access Renewable Resources: The Small Economy," *Canadian Journal of Economics*, Vol. 30, No. 3,pp. 526-52.

Broda, Christian, 2004, "Terms of Trade and Exchange Rate Regimes in Developing Countries," *Journal of International Economics*, Vol. 63, No. 1 , pp. 3 1-58.

Brunnschweiler, Christa, and Erwin Bulte, 2009, "Natural Resources and Violent Conflict: Resource Abundance, Dependence, and the Onset of Civil Wars," *Oxford Economic Papers*, Vol. 61, No. 4, pp. 651-74.

Bulte, Erwin, Richard Damania, and Robert: Deacon, 2005, "Resource Intensity, Institutions and Development," *World Development*, Vol. 33, No. 7, pp. 1029-44.

Caselli, Francesco, 2006, "Power Struggles and the Natural Resource Curse," LSE Research, London School of Economics

Chen, Yu-Chin, and Kenneth Rogoff, 2003 "Commodity Currencies" *Journal of International Economics*, Vol. 60, No. 1, pp. 133-60.

Collier, Paul, 2007, *The Bottom Billion: Why the Poorest Countries Are Falling Behind and What Can Be Done about It*（Oxford: Oxford University Press）.

——, and Benedikt Goderis, 2007, "Commodity Prices, Growth, and the Natural Resource Curse: Reconciling a Conundrum," Working Paper No. 274（Oxford, U.K.: Centre for the Study of African Economies）.

Collier, Paul, and Anke Hoeffler, 2004, "Greed and Grievance in Civil War, " *Oxford Economic Papers*, Vol. 56, No. 4, pp. 563-95.

——, 2009, "Testing the Neo-con Agenda: Democracy in Resource-Rich Societies," *European Economic Review*. Vol. 53, pp. 293-308.

Corden, W. Max, 1984, "Booming Sector and Durch Disease Economics: Survey and Consolidation" *Oxford Economic Papers*, Vol. 6, No. 3, pp. 359-80.

Cuddington, John, 1989. "Commodity Export Booms in Developing Countries," *World Bank Research Observer*. Vol. 4, pp. 143-65.

——, 1992, "Long-Run Trends in 26 Primary Commodity Prices," *Journal of Development Economics*, Vol. 39, pp. 207-27.

Cuddington, John, and Daniel Jerrett, 2008, "Super Cycles in Real Metals Prices?" *IMF Staff Papers*, Vol. 55（December）, pp. 541-65.

Cuddington, John, Rodney Ludema, and Shamila Jayasuriya, 2007, "Prebisch-Singer Redux," in *Natural Resources: Neither Curse nor Destiny*（Palo Alto, California: Stanford University Press, and Washington, D.C.: World Bank）, pp. 103-140.

Cuddington, John, and Carlos M. Urzua, 1989, "Trends and Cycles in the Net Barter Terms of Trade: A New Approach," *Economic Journal*. Vol. 99, pp. 426-42.

Dasgupta, Partha, and Geoffrey Heal, 1985, *Economic Theory and Exhaustible Resources*（Cambridge, U.K.: Cambridge University Press）.

David, Paul, and Gavin Wright, 1997, "Increasing Returns and the Genesis of American Resource Abundance," *Industrial and Corporate Change*, Vol. 6, No. 2, pp. 203-45.

Davis, Graham, 1995, "Learning to Love the Dutch Disease: Evidence from the Mineral Economies," *World Development*, Vol. 23, pp. 1765-79.

Davis, Jeffrey, Rolando Ossowski, James Daniel, and Steven Barnett, 200la, "Oil Funds:Problems Posing as Solutions?" *Finance & Development*, Vol. 38, No. 4.

——, 200lb, *Stabilization and Savings Funds for Nonrenewable Resources: Experience and Fiscal Policy Implications*. IMF Occasional Paper No. 205（Washington: International　Monetary Fund）.

Davis, Jeffrey, Rolando Ossowski, and Annalisa Fedelino, eds., 2003, *Fiscal Policy Formulation and Implementation in Oil-Producing Countries*（Washington: International Monetary Fund）.

Deffeyes, Kennech, 2005, *Beyond Oil: The View from Hubbert's Peak* (New York: Hill and Wang）.

Delacroix, Jacques, 1977. "The Export of Raw Materials and Economic Growth: A Cross-National Study," *American Sociological Review*. Vol. 42, pp. 795-808.

De Soysa, Indra, 2000, "The Resource Curse: Are Civil Wars Driven by Rapacity or Paucity?" *in Greed and Grievance: Economic Agendas in Civil Wars,* ed. by Mats R. Berdal and David Malone（Boulder, Colorado: Lynne Rienner）, pp. 113-36.

Duclaud, Javier, and Gerardo Garcia, 2011, "Mexico's Oil Price Hedging Program" （unpublished; Mexico Ciry: Banco de Mexico）.

Dunning, Thad, 2008, *Crude Democracy: Natural Resource Wealth and Political Regimes* (New York: Cambridge University Press）.

Easterly, William, and Ross Levine. 2003, "Tropics,Germs and Crops: How Endowments Influence Economic Development," *Journal of Monetary Economics*, Vol. 50, No. 1, pp. 3-39.

Edwards, Sebastian, 1986, "A Commodity Export Boom and the Real Exchange Rate: The Money-Inflation Link," in *Natural Resources and the Macroeconomy*, ed. by Peter Neary and Sweder van Wijnbergen（Cambridge, Massachusetts: MIT Press）.

Eichengreen, Barry, and Ricardo Hausmann. 1999, "Exchange Rates and Financial Fragility," *Proceedings, Federal Reserve Bank of Kansas City*, pp. 329-68.

Engerman, Stanley, and Kenneth Sokoloff, 1997, "Factor Endowments, Institutions, and Differential Paths of Growth among New World Economies: A View from Economic Historians of the United Stares," in *How Latin America Fell Behind*, ed. by Stephen Haber（Palo Alto, California: Stanford University Press）, pp. 260-304.

——, 2000, "Institutions, Factor Endowments, and Paths of Development in the New World" *Journal of Economic Perspectives*, Vol.14, pp.217-32.

——, 2012, *Economic Development in the Americas since 1500: Endowment and Institutions*（New York: Cambridge University Press）.

Englebert, Pierre, 2000, *State Legitimacy and Development in Africa*（Boulder, Colorado: Lynne Rienner）.

Fearon, James, and David Laitin. 2003, "Ethnicity, Insurgence and Civil War," *American Political Science Review*. Vol. 97, No. 2, pp. 75-90.

Findlay, Ronald and Mats Lundahl, 1994, "Natural Resources 'Vent for Surplus' and the Staple Theory," in *Classical Economics to Development Economics: Essays in Honor of Hla Myint*, ed.by Gerald Meier（New York: St. Martin's）.

——, 2001, "Natural Resources and Economic Development: The 1870-1914 Experience," in *Resource Abundance and Economic Development*, ed. by Richard Auty（New York: Oxford University Press）, pp. 95-112.

Frankel, Jeffrey, 2003, "A Proposed Monetary Regime for Small Commodity -Exporters: Peg the Export Price（'PEP'）," *International Finance*, Vol. 6, No. 1, pp. 61-88.

——,2005, "Peg the Export Price Index: A Proposed Monetary Regime for Small Countries," *Journal of Policy Modeling*, Vol. 27, No. 4, pp. 495-508.

——, 2007, "On the Rand: Determinants of the South African Exchange Rate," *South African Journal of Economics*, Vol. 75, No. 3, pp. 425-41 .

——, 20lla. "A Comparison of Product Price Targeting and Other Monetary Anchor Options for Commodity Exporters in Latin America," *Economica*, Vol. 12, No. l.

——, 20llb. "A Solution to Fiscal Procyclicality: The Structural Budget Institutions Pioneered by Chile," NBER Working Paper No.16945（Cambridge, Massachusetts: National Bureau of Economic Research）.

Frankel, Jeffrey A., Carlos A. Vegh, and Guillermo Vuletin, 2011, "On Graduation from Fiscal Procyclicality," NBER Working Paper No. 17619（Cambridge, Massachusetts: National Bureau of Economic Research）.

Gavin, Michael, and Roberto Perotti, 1997, "Fiscal Policy in Latin America," in *NBER Macroeconomics Annual*, Vol. 12, ed. by Ben S. Bernanke and Julio J. Rotemberg（Cambridge, Massachusetts: MIT Press）, pp. 11-61.

Gelb, Alan, 1986, "Adjustment to Windfall Gains: A Comparative Analysis of Oil-Exporting Countries," in *Natural Resources and the Macroeconomy*, ed. By J. Peter Neary and Sweder van Wijnbergen（Cambridge, Massachusetts: MIT Press）, pp. 54-93.

——, and Stephanie Majerowicz, 2011, "Oil for Uganda—or Ugandans? Can Cash Transfers Prevent the Resource Curse?" Working Paper No. 261（Washington: Center for Global Development）.

Gilbert, Christopher, 1996, "International Commodity Agreements: An Obituary Notice," *World Development*, Vol. 24, No. 1, pp. 1-19.

Gregory, R. G., 1976, "Some Aspects of Growth in the Mineral Sector," *Australian Journal of Agricultural Economics*, Vol. 20, pp. 71-91 .

Grilli, Enzo, and Maw Cheng Yang, 1988, "Primary Commodity Prices, Manufactured Goods Prices, and the Terms of Trade of Developing Countries: What the Long Run Shows," *World Bank Economic Review*. Vol. 2, No. 1, pp. 1-47.

Gylfason, Thorvaldur, 2000, "Resources, Agriculture and Economic Growth in Economies in Transition," *Kyklos*, Vol. 53, No. 4, pp. 545-79.

——, Tryggvi Thor Herbertsson, and Gylfi Zoega, 1999, "A Mixed Blessing," *Macroeconomic Dynamics*, Vol. 3, No. 2, pp. 204-25.

Haber, Stephen, and Victor Menaldo, 2011, "Do Natural Resources Fuel Authoritarianism? A Reappraisal of the Resource Curse," *American Political Science Review*, Vol.105, No.1, pp. 1-26.

Hadass, Yael, and Jeffrey Williamson, 2003, "Terms of Trade Shocks and Economic Performance 1870-1940: Prebisch and Singer Revisited," *Economic Development and Cultural Change*, Vol. 51, No. 3, pp. 629-56.

Hall, Robert, and Chad Jones, 1999, "Why Do Some Countries Produce So Much More Output per Worker than Others?" *Quarterly Journal of Economics*, Vol. 114, No.1, pp. 83-116.

Hardin, Garrett, 1968, "The Tragedy of the Commons," *Science*, Vol. 162, No. 3859, pp. 1243-48.

Hartwick, John, 1977, "Intergenerational Equity and the Investing of Rents from Exhaustible Resources," *American Economic Review*, Vol. 67, No. 5, pp. 972-74.

Harvey, David, Neil Kellard, Jakob Madsen, and Mark Wohar, 2010, "The Prebisch-Singer Hypothesis: Four Centuries of Evidence," *Review of Economics and Statistics*, Vol. 92, No. 2, pp. 367-77.

Hausmann, Ricardo, 2003, "Venezuela's Growth Implosion: A Neo-classical Story?" in *In Search of Prosperity: Analytic Narratives on Economic Growth*, ed. by Dani Rodrik（Princeton, New Jersey: Princeton University Press）.

——, and Roberto Rigobon, 2003, "An Alternative Interpretation of the 'Resource Curse': Theory and Policy Implications," in *Fiscal Policy Formulation and Implementation in Oil-Producing Countries*, ed. by Jeffrey Davis（Washington, D.C.: International Monetary Fund）, pp. 12-44.

Helm, Dieter, 2010, "Credibility, Commitment and Regulation," in *The Natural Resources Trap*, ed. by B. Hogan and F. Sturzenegger（Cambridge, Massachusetts: MIT Press）.

Herb, Michael, 2005, "No Representation without Taxation? Rents, Development and Democracy," *Comparative Politics*, Vol. 37, No. 3, pp. 297-317.

Hodler, Roland, 2006, "The Curse of Natural Resources in Fractionalized Countries," *European Economic Review*, Vol. 50, No. 6, pp. 1367-86.

Holmoy, Erling, 2010, "Mineral Rents and Social Policy: The Case of the Norwegian Government Oil Fund," in *Financing Social Policy: Mobilizing Resources for Social Development*, ed. by Katja Hujo and Shea McClanahan（London: United Nations Research Institute for Social Development/Palgrave MacMillan）.

Hotelling, Harold, 1931, "The Economics of Exhaustible Resources," *Journal of Political Economy*. Vol. 39, No. 2, pp. 137-75.

Hubbert, Marion King, 1956, "Nuclear Energy and the Fossil Fuels," Shell Development Company, Exploration and Production Research Division, Houston, Texas（June）, No. 95. Available via the Internet:http://www.hubbertpeak.com/ hubbert/ 1956/ 1956. pdf.

Humphreys, Macartan, 2005, "Natural Resources, Conflicts, and Conflict Resolution: Uncovering the Mechanisms," *Journal of Conflict Resolution*, Vol. 49, pp. 508-37.

Humphreys, Macartan, Jeffrey Sachs, and Joseph Stiglitz, 2007, *Escaping the Resource Curse*（New York: Columbia University Press）.

——, 2007, "Future Directions for the Management of Natural Resources," in *Escaping the Resource Curse*. ed. by Macartan Humphreys, Jeffrey Sachs, and Joseph Stiglitz（New York: Columbia University Press）, pp. 322-36.

Humphreys, Macartan, and Martin Sandhu, 2007, "The Political Economy of Natural Resource Funds," in *Escaping the Resource Curse*, ed. by Macartan Humphreys, Jeffrey Sachs, and Joseph Stiglitz（New York: Columbia University Press）.

Huntington, Samuel, 1991, *The Third Wave: Democratization in the Late Twentieth Century*（Norman, Oklahoma: University of Oklahoma Press）.

Iimi, Atsushi, 2006, "Did Botswana Escape from the Resource Curse?" IMF Working Paper No. 06/138（Washington: International Monetary Fund）.

Ilzetski, Ethan, and Carlos Vegh, 2008, "Procyclical Fiscal Policy in Developing Countries: Truth or Fiction?" NBER Working Paper No. 14191（Cambridge, Massachusetts: National Bureau of Economic Research）.

International Monetary Fund, 2005, *Chile 2005 Article IV Consultation*, IMF Country Report 05/013（September）（Washington）.

Isham, Jonathan, Michael Woolcock, Lant Pritchett, and Gwen Busby, 2005, "The Varieties of Resource Experience: Natural Resource Export Structures and the Political Economy of Economic Growth." *World Bank Economic Review*. Vol. 19, No. 2, pp.141 -74.

Jensen, Nathan, and Leonard Wantchekon, 2004, "Resource Wealth and Political Regimes in Africa," *Comparative Political Studies*. Vol. 37, No. 816-41 .

Kaldor, M. , T. L. Karl, and Y. Said, 2007, *Oil Wars*（London: Pluto Press）.

Kaminsky, Graciela, Carmen Reinhart, and Carlos Vegh, 2005, "When It Rains, It Pours: Procyclical Capital Flows and Macroeconomic Policies," *NBER Macroeconomics Annual 2004*, Vol. 19, ed. by Mark Gertler and Kenneth Rogoff（Cambridge, Massachusetts: MIT Press）, pp. 11-82.

Karl, Terry Lynn, 1997, *The Paradox of Plenty: Oil Booms and Petro-States*（Berkeley, California: University of California Press）.

Kellard, Neil, and Mark Wohar, 2006, "On the Prevalence of Trends in Primary Commodity Prices," *Journal of Development Economics*, Vol. 79, No. 1, pp. 146-67.

Killian, Lutz, 2009, "Not All Price Shocks Are Alike: Disentangling Demand and Supply Shocks in the Crude Oil Market," *American Economic Review*, Vol. 99, No. 3, pp. 1053-69.

Krautkraemer, Jeffrey,1998, “Nonrenewable Resource Scarcity,” *Journal of Economic Literature*. Vol. 36（December）, pp. 2065-2107.

Kremers, Jeroen, 1986, “The Dutch Disease in the Netherlands,” in *Natural Resources and the Macroeconomy* ed. by J. Peter Neary and Sweder van Wijnbergen（Cambridge, Massachusetts: MIT Press）, pp. 96-136.

Lederman, Daniel, and William Maloney, 2008, “In Search of the Missing Resource Curse,” *Economia*, Vol. 9, No.1, pp. 1-58.

Leite, Carlos, and Jens Weidman, 1999, “Does Mother Nature Corrupt?” IMF Working Paper 99/85（Washington: International Monetary Fund）.

Luciani, Giacomo, 1997, “Allocation versus Production States: A Theoretical Framework,” in *The Rentier State*. ed. by Hazem Beblawi and Giacomo Luciani（New York: Croom Helm）.

Mahdavy, Hussein, 1970, “The Patterns and Problems of Economic Development in Rentier States: The Case of Iran,” in *Studies in the Economic History of the Middle East*, ed. by M. A. Cook（London: Oxford University Press）.

Maloney, William, 2002, “Missed Opportunities: Innovation, Natural Resources and Growth in Latin America,” *Economia*, Vol. 3, No. 1, pp. 111-69.

Malthus, Thomas, 1798, *An Essay on the Principle of Population*（London: J. Johnson）.

Manzano, Osmel, and Roberto Rigobon, 2008, “Resource Curse or Debt Overhang” *Economia*. Vol. 9, No. l.

Matsen, Egil, and Ragnar Torvik, 2005, “Optimal Dutch Disease,” *Journal of Development Economics*. Vol. 78, No. 2, pp. 494-515.

Matsuyama, Kiminori, 1992, “Agricultural Productivity, Comparative Advantage, and Economic Growth,” *Journal of Economic Theory*, Vol. 58（December）, pp. 317-34.

McSherry, Brendan, 2006, “The Political Economy of Oil in Equatorial Guinea,” *African Studies Quarterly*, Vol. 8, pp. 23-45.

Medas, Paolo, and Daria Zakharova, 2009, “Primer on Fiscal Analysis in Oil-Producing Countries,” IMF Working Paper No. 09/56（Washington: International Monetary Fund）.

Mehlum. Halvor, Karl Moene, and Ragnar Torvik, 2006, “Institutions and the Resource Curse,” *Economic Journal*, Vol. 116, No. 508, pp. 1-20.

Mendoza, Enrique, and P. Marcelo Oviedo, 2006, “Fiscal Policy and Macroeconomic Uncertainty in Developing Countries: The Tale of the Tormented Insurer,” NBER Working Paper No. 12586（Cambridge, Massachusetts: National Bureau of Economic Research）.

Mikesell, Raymond, 1997, "Explaining the Resource Curse, with Special Reference to Mineral- Exporting Countries," *Resources Policy*. Vol. 23, No. 4（December）, pp. 191-99.

Nankani, Gobind T., 1979, *Development Problems of Mineral Exporting Countries*（Washington: World Bank）.

Neary, J. Peter, and Sweder van Wijnbergen, 1986,"Natural Resources and the Macroeconomy: A Theoretical Framework," in *Natural Resources and the Macroeconomy*, ed. By J. Peter Neary and Sweder van Wijnbergen（Cambridge, Massachusetts: MIT Press）, pp. 13-45.

Noland, Marcus, 2008, "Explaining Middle Eastern Political Authoritarianism I: The Level of Democracy," *Review of Middle East Economics and Finance*. Vol 4, No.1.

Norman, Catherine, 2009. "Rule of Law and the Resource Curse: Abundance versus Intensity," *Environmental Resource Economics*, Vol. 43, No. 2, pp. 183-207.

North, Douglass, 1994, "Economic Performance through Time," *American Economic Review*, Vol. 84, No. 3, pp. 359-68.

Okruhlik, Gwenn, 1999, "Rentier Wealth, Unruly Law and the Rise of Opposition: The Political Economy of Oil States," *Comparative Politics*. Vol. 31, No. 3, pp. 295-315.

Ossowski, Rolando, Mauricio Villafuerte, Paulo Medas, and Theo Thomas, 2008, *Managing the Oil Revenue Boom: The Role of Fiscal Institutions*, IMF Occasional Paper No. 260（Washington: International Monetary Fund）.

Ostrom, Elinor, 1990, *Governing the Commons: The Evolution of Institutions for Collective Action*（Cambridge, U.K.: Cambridge University Press）.

——, and Vincent Ostrom, 1977, "Public Goods and Public Choices," in *Alternatives for Delivering Public Services: Toward Improved Performance*, ed. by Emanuel Savas（Boulder, Colorado: Westview Press）, pp. 7-49.

Papyrakis, Eiissaios, and Rever Gerlach, 2004, "The Resource Curse and Transmission Channels," *Journal of Comparative Economics*, Vol. 32, No. 1, pp. 161-93.

Parker, Matthew. 2011, *The Sugar Barons: Family, Corruption, Empire, and War in the West Indies*（New York: Walker and Co.）.

Pindyk, Robert. 1979, "The Cartelization of World Commodity Markets," *American Economic Review*, Vol. 69, No. 2, pp. 154-58.

——, 1999, "The Long-Run Evolution of Energy Prices," *Energy Journal* Vol. 20, No.2, pp. 1-28.

——, and Julio Rotemberg, 1990, "The Excess Co-movement of Commodity Prices," *Economic Journal*, Vol. 100, No. 403, pp.1173-89.

Poelhekke, Steven, and Frederick van der Ploeg, 2007, "Volatility, Financial Development and the Natural Resource Curse," Discussion Paper No. 6513（London: Centre for Economic Policy Research）.

Prebisch, Raul, 1950, *the Economic Development of Latin America and Its Principal Problems*（New York: United Nations）.

Reinhart, Carmen, and Peter Wickham, 1994, "Commodity Prices: Cyclical Weakness or Secular Decline?" *IMF Staff Papers* Vol. 41, No. 2, pp. 175-213.

Robinson, James, Ragnar Torvik, and Thierry Verdier, 2006, "Political Foundations of the Resource Curse," *Journal of Development Economics*, Vol. 79, No. 2, pp. 446-68.

Rodriguez, Francisco, and Jeffrey Sachs, 1999, "Why Do Resource-Abundant Economies Grow More Slowly?" *Journal of Economic Growth*, Vol. 4, No. 3, pp. 277-303.

Rodrik, Dani, Arvind Subramanian, and Francesco Trebbi, 2003, "Institutions Rule: The Primacy of Institutions over Geography and Integration in Economic Development," *Journal of Economic Growth*. Vol. 9, No. 2, pp. 131-65.

Roed Larsen, Erling, 2004, "Escaping the Resource Curse and the Dutch Disease? When and Why Norway Caught Up With and Forged Ahead of Its Neighbors" Discussion Paper No. 377（Oslo: Statistics Norway, Research Department）.

Ross, Michael, 1999, "The Political Economy of the Resource Curse," *World Politics*, Vol.51, pp. 297-322.

——, 2001, "Does Oil Hinder Democracy?" *World Politics*. Vol. 53, No.3, pp. 325-61.

——, 2006. "A Closer Look at Oil, Diamonds, and Civil War" *Annual Review of Political Science*, Vol. 9, pp. 265-300.

——, 2007, "How Mineral-Rich States Can Reduce Inequality" in *Escaping the Resource Curse*, ed. by M. Humphreys, J. Sachs, and J. Stiglitz（New York: Columbia University Press）, pp. 236-55.

Rosser, Andrew, 2007, "Escaping the Resource Curse: The Case of Indonesia," *Journal of Contemporary Asia*, Vol. 37, No. 1, pp. 38-58.

Sachs, Jeffrey, 2007, "How to Handle the Macroeconomics of Oil Wealth," in *Escaping the Resource Curse*, ed. by M. Humphreys, J. Sachs, and J. Stiglitz（New York: Columbia University Press）, pp. 173-93.

Sachs, Jeffrey, and Andrew Warner, 1995, "Natural Resource Abundance and Economic Growth," in *Leading Issues in Economic Development*, ed. by G. Meier and J. Rauch（New York: Oxford University Press）.

——, 2001, "The Curse of Natural Resources," *European Economic Review*, Vol. 45, Nos. 4-6, pp. 827-38.

Sala-i-Martin, Xavier, and Arvind Subramanian, 2003, "Addressing the Natural Resource

Curse: An Illustration from Nigeria." IMF Working Paper 03/139（Washington: International Monetary Fund）.

Sarraf, Maria, and Moortaza Jiwanji, 2001, "Beating the Resource Curse: The Case of Botswana," Environmental Economics Series Paper No. 83（October）（Washington: World Bank）.

Shaw, Timothy M., 1984, "The State of Nigeria: Oil Crises, Power Bases and Foreign Policy," *Canadian Journal of African Studies*, Vol. 18, No. 2, pp. 393-405.

Singer, Hans W., 1950, "US Foreign Investment in Underdeveloped Areas: The Distribution of Gains between Investing and Borrowing Countries," *American Economic Review, Papers and Proceedings*, Vol. 40（May）, pp. 473-85.

Smith, Benjamin, 2004, "Oil Wealth and Regime Survival in the Developing World, 1960-1999," *American Journal of Political Science*, Vol. 48, No. 2, pp. 232-46.

——, 2007, *Hard Times in the Land of Plenty: Oil Politics in Iran and Indonesia*（Ithaca, New York: Cornell University Press）.

Solow, Robert, 1986, "On the Intergenerational Allocation of Natural Resources," *Scandinavian Journal of Economics*, Vol. 88, No. l, pp. 141-49.

Stevens, Paul, 2003, "Resource Impact: Curse or Blessing? A Literature Survey," *Journal of Energy Literature*. Vol. 9, No.1, pp. l-42.

Talvi, Ernesto, and Carlos Vegh, 2005, "Tax Base Variability and Procyclicality of Fiscal Policy," *Journal of Development Economics*, Vol. 78, No. 1, pp. 156-90.

Tornell, Aaron, and Philip Lane, 1999, "The Voracity Effect," *American Economic Review*, Vol. 89, No. 1, pp. 22-46.

Torvik, Ragnar, 2001, "Learning by Doing and the Dutch Disease," *European Economic Review*, Vol. 45, pp. 285-306.

Truman, Edwin, 2010, *Sovereign Wealth Funds: Threat or Salvation*?（Washington: Peterson Institute for International Economics）.

Ulfelder, Jamy, 2007, "Natural Resource Wealth and the Survival of Autocracies," *Comparative Political Studies*, Vol. 40, No. 8, pp. 995-1018.

UNDP（United Nations Development Programme）, 2010. *Human Development Report 2010*（New York）.

Van der Ploeg, Frederick, 2010, "Natural Resources: Curse or Blessing?" *Journal of Economic Literature*, Vol. 49, No. 2, pp. 366-420.

Vandewalle, Dirk, 1998, *Libya since Independence: Oil and State-Building*（Ithaca, New York: Cornell University Press）.

van Wijnbergen, Sweder, 1984, "The 'Dutch Disease' : A Disease After All?" *Economic*

Journal, Vol. 94, pp. 41-55.

Wacziarg, Romain, 2009, "The First Law of Petropolitics"（unpublished; University of California, Los Angeles）.

Wantchekon, Leonard, 2002, "Why Do Resource Dependent Countries Have Authoritarian Governments?" *Journal of African Finance and Economic Development*, Vol. 2, pp. 57-77.

Wright, Gavin, and Jesse Czelusta, 2003, "Mineral Resources and Economic Development," Conference on Sector Reform in Latin America, Stanford Center for International Development（November）, pp. 13-15.

——, 2004, "The Myth of the Resource Curse," *Challenge*, Vol 47（March-April）.

——, 2006, "Resource-Based Growth Past and Present," in *Neither Curse nor Destiny: Natural Resources and Development*, ed. by Daniel Lederman and William Maloney（Palo Alto, California: Stanford University Press and Washington: World Bank）.

第三章　关于低收入国家石油财富的政治经济学

迈克尔·罗斯

引　言

由丰富的矿产财富而产生的问题——主要指“自然资源诅咒”——主要是政治问题而不是经济问题。如果低收入国家由理性的技术专家官员管理，丰富的自然资源将是自然的恩赐。但是，与缺乏自然资源的国家相比，许多自然资源丰富的低收入国家经常面临三个问题：国内民主不够，内战不断，国内投资缺乏效率。

我在其他地方也讨论过这些问题，这主要涉及自然资源为政府创造的收入。尤其是，这部分收入具有规模大、来源于非税收入、缺乏稳定性、缺少透明度等特征。在本章中，我们主要讨论了石油和天然

迈克尔·罗斯（Michael L.Ross）是加利福尼亚大学洛杉矶分校的教授。本章最初是为国际货币基金组织研讨会准备的，“大宗商品价格波动与低收入国家的包容性增长”，华盛顿，2011年9月11日。

气的收入（占全球矿产交易规模的 90%），部分内容也适用于非燃料矿产财富。[1]

本章的第二部分介绍低收入国家的矿产资源出口。第三部分解释石油收入的异常变动。最后一部分讨论解决这些问题的政策措施。

矿产财富的重要性

在许多发展中国家的经济中，矿产财富发挥着十分重要的作用。2009 年，矿产（包括石油）占非洲出口商品总量的 64%，占中东出口商品总量的 68%，占独联体出口商品总量的 62.9%，占中南美洲出口商品总量的 38.9%。如图 3–1 所示，在过去 70 年中，国际贸易中的矿产比例一直相对稳定。

有理由相信，在接下来的数十年中，石油出口仍然十分重要。如果当前的能源政策不变，在下一个 25 年里，预计全球对石油和其他液体燃料的需求将增加 28% 左右，预计天然气的需求将增加 44% 左右。当前美国是世界主要的石油进口国，但是，大部分石油的新增需求来自以中国和印度为代表的发展中国家。

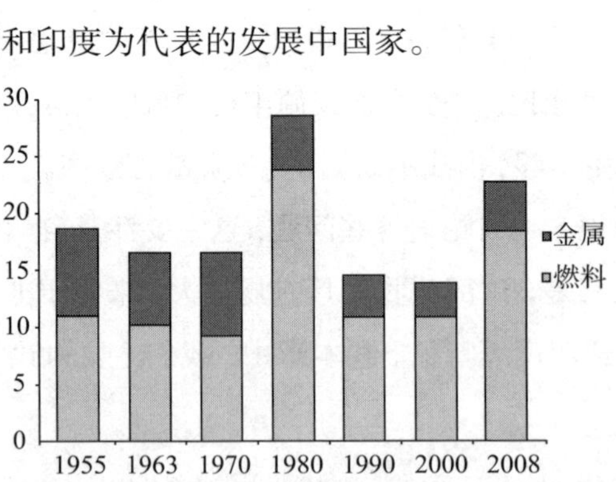

图 3–1　1995—2008 年，燃料和金属在大宗商品贸易中的份额

数据来源：WTO（2010）。

经济增长和社会发展将提升低收入国家在国际能源贸易中的地位。从历史上看，大部分石油是在经济比较发达的国家被发现。20世纪中叶以来，石油时代到来，与低收入国家相比，中高等收入国家生产的石油数量要高出70%左右，不是因为中高收入国家拥有更多的石油资源，而是因为它们有更多的资金投入到石油的勘探和提取中。如今，在矿产开采方面，富有的北美国家和欧洲国家每平方千米吸引的外商直接投资比世界其他地区高10倍（见图3–2）。

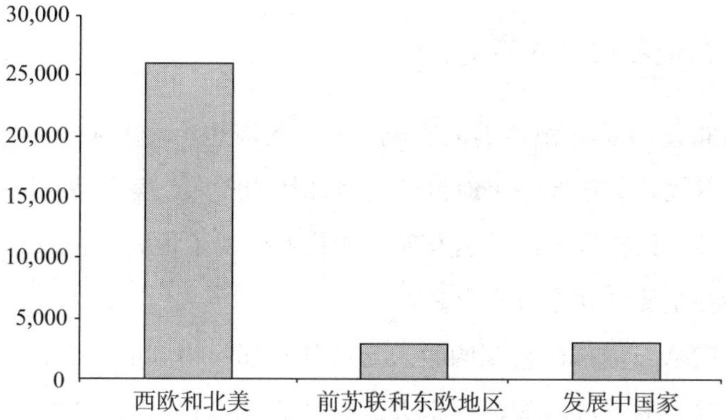

图3–2　开采工业的外商直接投资，2007年

数据来源：从UNCATD中计算得出的（2009）。
注：这些数据是在2007年以每平方千米投入美元计算的在石油、矿产和开采领域的外商直接投资总量。

但是，有迹象表明，这种情况正在发生变化。20世纪70年代，经济合作与发展组织成员国的石油投资和生产都较为稳定。此后，由于石油价格不断上涨，发达国家的企业开始增加对低收入国家的石油投资。2004年以来，伯利兹、巴西、乍得、东帝汶、毛里塔尼亚和莫桑比克都已经成为石油出口国。在接下来的数年内，至少有15个来自非洲的相对比较贫穷的国家有机会成为石油出口国。[2] 到2015年，撒哈拉以南的非洲，将有 20 个国家成为重要的石油生产国。在接下来的几十年，国际油气供给的主要国家将是发展中国家。

这表明，大量的新增收入开始流向低收入国家。如果不存在"自然资源诅咒"，这将是一个好消息。对于低收入国家来说，这是摆脱贫穷的难得历史机遇。但是，资金极度缺乏的低收入国家存在着很难逃脱的"自然资源诅咒"，除非它们能更好地管理石油生产和石油出口，否则这些石油收入最终将损害而不是帮助石油生产国的经济发展。

什么使石油收入不同？

如同人们受食物种类的影响一样，政府也会受到收入种类的影响。大多数政府年复一年地得到同样种类的收入，很容易忽视其来源的重要性。只有当政府忽然发现石油收入出现了很大变化时，石油收入的潜在重要性才会显现出来。

政府从石油部门得到的收入与从其他部门得到的收入是不同的。一个重要差异是收入规模非常大，平均而言，石油生产国的政府规模几乎要比非石油生产国大 50%。[3] 在低收入国家中，石油的新发现导致政府支出膨胀：从 2001 年到 2009 年，阿塞拜疆的政府支出增长了 600%，赤道几内亚的政府支出增长了 800%。

对大多数国家的政府而言，他们都担心石油收入太少，而不是太多。但是，石油收入增长也可能成为政府投资的难题。一个原因是政府要求过高，当一国政府收入扩张过快，以至于超出他们的管理能力时，结果是政府投资效率下降。盖尔布等（1988）曾使用 20 世纪 70 年代的大宗商品繁荣案例，证实了这一观点。

收入规模本身不是问题。与充斥着冲突、专制的自然资源出口国相比，许多欧洲民主国家是“大政府”。政府收入的来源对政府行为有重要影响，因为获得自然资源收入的政府，不需要通过税收筹集经费，他们可以直接出售属于国家财富的自然资源来筹集经费。这就解释了为什么如此多的石油生产国缺乏民主——当政府通过税收筹集经费时，其行为较多地受制于本国国民；当政府通过石油收入筹集经费时，其行为较少地受制于本国国民，他们在国内也较少遇到政治压力和经济压力。[4]此外，相比之下，一些自然资源丰富的地区的政府收入更高，但却更容易发生内战。[5]表 3–1 列举了 1960—2006 年间，石油富足地区发生的国内冲突。

表 3–1　石油生产国的内部冲突

国家	冲突时间	国家收入（亿美元）	地区
安哥拉	1975—2007	1,073	卡宾达
孟加拉国	1974—1992	243	吉大港山区
印度	1990—	317	阿萨姆邦
印尼	1975—2005	303	亚齐省
伊朗	1966—	1,053	库尔德斯坦
伊朗	1979—1980	1,747	阿拉伯半岛
伊拉克	1961—	2,961	库尔德斯坦
尼日利亚	1967—1970	267	比夫拉
尼日利亚	2004—	438	尼日尔三角洲
巴基斯坦	1971	275	孟加拉
巴基斯坦	1974—1977	280	俾路支
俄罗斯	1999—2001	1,613	车臣

（续表）

国家	冲突时间	国家收入（亿美元）	地区
苏丹	1983—2005	293	南部
土耳其	1984—	2,091	库尔德斯坦
也门	1994	443	南部

数据来源：冲突数据来自 Gleditsch and others（2002）；收入数据来自世界银行，世界发展指数。

注：1960—2010 年间，石油产出地区的武装团体为争取独立而爆发的冲突。国家收入是冲突开始的那一年，或可得数据中最接近冲突的那一年的数据。

矿产收入的稳定性也是一个需要讨论的问题。在自然资源丰富的国家，国际大宗商品价格波动和矿产储备的增减可能带来较大的收入波动。这种收入不稳定性可能带来的一个后果是政府的政策无法熨平国民收入，无法对自然资源财富进行有效投资。收入的不稳定进一步加剧了地区冲突，扩大了政府与反对派之间的分歧。

收入的不稳定会损害经济增长并且抑制私人部门投资。与高收入国家相比，资源收入波动对低收入国家的影响更为严重。因为这些国家的金融市场不完善，政府缺乏应对市场波动的经验，很难帮助投资者有效地对冲风险（Loayza，2007）。最新的研究发现，自然资源出口本应对经济增长有积极的直接影响，但由于出口收入的波动性，反而对经济增长有负面的间接影响（Vander Ploeg and Doelhekke，2009）。

收入的不稳定会缩短政府对于项目的规划时间，使政府难以有效地将自然资源收入转化为投资，从而影响一些重要的投资项目。预期到该问题的政府官员，可能会尽量避免长期规划，或在自然资源收入消失之前，以快速消费作为应对。

最后，政府收入缺乏透明度还会造成以下问题：政府与国外资源公司相互勾结进行隐蔽交易，并通过国有企业掩盖其收益和支出。收入缺少透明度是石油收入容易引发腐败的主要原因。对国内的反对派而言，既然大家都看不到政府的贪婪和执政能力低下，为什么反对派还会坚持斗争？只有一个理由，即反对派不相信政府会让全体国民公平地分享自然资源财富。[6]

矿产财富还有其他的缺点——在开采的过程中，可能产生较少的直接收益，但会给社会和环境带来较多的直接问题。石油和天然气行业有大量的沉没成本，这使它们很容易被抢夺。当一个国家大规模地开采自然资源时，自然资源财富的变动可能会影响该国的汇率走势，也不利于国内的制造业和农业发展。

关于矿产财富的重要事实以及它给发展中国家带来如此多问题的原因是，矿产财富给政府带来了规模巨大的收入，使政府的收入可以不考虑税收和税基问题，并且容易隐藏。

政策选择

石油收入能带来经济的快速增长，但也会带来重要的政治和社会问题。幸运的是，我们可以制定正确的政策来解决这些问题，例如，限制政府的收入规模，让政府的收入更加透明等。

关于政府收入的改革，不同的国家可能需要不同的政策，在一些地方行之有效的政策，在其他地方可能没有作用，这里不存在通用答案。为此，在本章中，我们将研究不同国家改善本国的石油收入规模、稳定性、隐蔽性和来源的不同选择。[7]

减少石油收入的规模

在一些国家中，规模巨大的石油收入是独裁者长期执政的基础，也成为激发内战和官僚浪费的原因。对于改革者来说，首要问题是如何降低政府的石油收入规模，至少可以考虑四种方法：（1）将石油留在地下；（2）使用“易货合约”（barter contracts），直接用石油交换公共产品；（3）将石油收入直接分配给全体居民；（4）将部分石油收入直接转让给地方政府。前两种方法可能更适合只具备初级管理能力的政府，后两种方法可能更适合具备中高级管理能力的政府。

低收入国家的最好选择是将石油留在地下，或以更慢的速度开采石油，从而使政府的石油收入不会过快增长，不超过政府的支出能力，不超过公民社会对政府的监督能力。

因为矿产资源是不可再生资源，矿产开采产生的是一次性的现金收益。理性投资可以提高后代人的生活水平，非理性投资和浪费则可能使后代人永久地失去这些资源。将石油留在地下如同银行储蓄。随着时间的推移，当世界其他地区的自然资源被消耗殆尽时，这些石油储备将会升值。

不可否认，推迟石油开采有较高的机会成本，特别是在急需食物、医疗服务和基础教育的低收入国家。保罗·科利尔（2010，第37页）指出，在全球最贫穷的国家中，生活着全球最底层的10亿居民，自然资源收入能为经济快速增长提供独一无二的机遇。低收入国家不能有效地利用自然资源收入，是丧失了“经济发展过程中的最重要机遇”。

这里，石油财富有讽刺意味：一个国家越需要额外的收入（因为贫穷和落后），其石油收入越有可能被误用或浪费。对低收入国家来说，石油开采的风险是很大的，但把石油留在地下的机会成本也很高。限制石油开采的节奏有利于避免“石油诅咒”。但是，对每一个国家而言，做出该决定都是困难的。

第二种方法是用“易货合约”取代石油出售：低收入国家可以用石油直接交换急需的公共物品。这听起来好像很难做到，但是，包括安哥拉、尼日利亚、赞比亚和津巴布韦在内的许多国家都已经使用了“易货合约”。比如，这些国家在卖给中国企业石油和其他矿产权时，不是收取使用费和税收，而是得到未来基础设施建设和服务的承诺。

对石油公司来说，通过建立辅助设施（例如工人的住房、公路、铁路和港口）来支持其在东道国的经营活动已经成为惯例。“易货合约”是更深层次的安排。“易货合约”可以规定，公司将以项目和服务而非资金的形式，支付给东道国。2006年，尼日利亚与中国签订合约，将四个沿海地区开发许可权给予中国，以交换40亿美元的投资，这些投资包括建立一座水电站、修复一条旧铁路、抵抗疟疾和禽流感。安哥拉用石油合约交换公路、铁路、桥梁、学校、医院和光纤网络（Vines，Weimer and Canpos，2009），中国公司成为非洲“易货合约”的先驱者。不过，来自印度、马来西亚和韩国的公司也在进行类似的交易（Chan-Fishel and Laswson，2007）。

目前，一些经济学家正在质疑合约的绑定。在这些合约中，一个交易（勘探或提炼权）与第二个交易绑定在一起。有时，企业会利用合约的绑定获得竞争优势。

例如，1998年，美国司法部起诉微软公司，因为该公司向购买视窗操作系统的消费者，强制绑定了一些不那么令人满意的应用程序。

如果分开执行的交易成本过高，那么，捆绑合约就能获得较高的收益。"易货合约"可以帮助能力较低的政府绕开征税过程（避免大量收入的流失和腐败）、地方政府的推诿（可能导致更多的收入流失）以及收入在政府部门之间的重新分配（更多收入流向腐败、寻租和低效率领域）。这也减轻了政府平滑收入波动的压力，因为收入平滑成为企业的责任。合约的绑定可以吸引外国基础建设企业进入低收入国家，否则这些企业会担心不能得到支付而不向低收入国家投资。合约的绑定还可以帮助政府向公众保证长期项目的执行，并且使政府难以违约，否则这些项目将难以完成。

在生产石油的国家中，"易货合约"是一个新现象，到目前为止，还没有引起太多人的注意。根据一篇关于尼日利亚的报道：

> 在过去的两三年内，仍然没有公正对待亚洲国际石油公司（"易货合约"的推动者）。至少，所有的项目都还未最后敲定。但它们的交易很可能被终止。奥马鲁·亚拉杜瓦政府总结道，整个合约从一开始就缺乏透明性，整个过程伴随着腐败问题（Wong，2008）。

尽管如此，寻找更好的方法实施"易货合约"仍是可能的。例如，合约可以通过竞争性投标来决定。在这一过程中，企业必须提供具有可比性的项目，从而更容易地确定最适合本国的项目，而且要通过诚信的第三方代理人，更加谨慎地监督合约的履行。第三方代理人拥有更严格的反腐败措施，透明度更高，对项目质量的关注更密切，但是，"易货合约"仍处在试验阶段，我们无法知道未来情况如何发展。

第三种策略是直接将石油收入分配给全体居民。美国的阿拉斯加州和加拿大的艾伯塔省就运用过这种直接分配方法。在这两个地方，存续时间更长、在 1977 年已经基本成形的阿拉斯加永久基金（Alaska Permanent Fund），被认为是一个成功的案例。该基金的来源是该州大约 1/5 的石油收入和一定额度的转移支付，并且每年分配一定比例的收益给阿拉斯加居民。2009 年，每位居民的分配收入高达 1,300 美元。阿拉斯加永久基金是如此成功，以致政治家们争先恐后地证明，他们为了维护该基金而做出了很多努力（Goldsmith，2001，第 5 页）。

一些学者认为，将石油收入直接分配给居民，至少可以帮助一些发展中国家避免“石油诅咒”，在一定程度上阻止了石油收入流向想窃取国家利益或只顾政治利益的政客；如果在事先规划方面居民能够比政府做得更好，它还有助于应对石油价格波动。另一方面，这样做会激励居民监督政府如何使用资源收入，增强抵制腐败的动力。将石油收入直接分配给居民，开始可能降低具有潜在价值的政府项目获得资金的可能性，但政府可以通过税收回收一部分资金，这反过来又会促使居民要求政府更加负责任。[8]

在阿拉斯加，将石油收入直接分配给居民的方法已经开始发挥作用，但它能在低收入国家和腐败国家发挥作用吗？低收入国家可能缺乏转移收入给符合条件居民的能力。同时，如果一个低收入国家的金融体系不完善，居民储蓄可能存在困难。目前我们还不清楚，类似的基金将如何影响一个地区的不满情绪，因为距离石油资源更近的居民，可能要求更大的分配份额，但如果某一地区的居民拥有更大的分配份额，也有可能导致过多的地区移民。[9]

我们也应该质疑基于专业基金的政策，包括直接分配基金：它们之所以有吸引力，是因为人们相信它们在保护自然资源不被滥用方面，会比政府其他部门做得更好。但是，为什么直接分配基金比政府其他部门的腐败更少呢？假如基金和创造它的政府一样低效率或具有欺骗性呢？在第六章中，我们将通过分析证明，专业基金的实际运行并没有理论上那样好。

第四种减少石油收入的方法是直接转移部分资金给地方政府。大多数中东石油生产国是单一国家制度，并且收入高度集中。[10] 但是，除中东以外，越来越多的石油出口国和矿产出口国是在中央政府与地方政府之间分配自然资源收入，无论是单一制国家（例如哥伦比亚、厄瓜多尔和哈萨克斯坦）还是联邦制国家（例如印尼、墨西哥、尼日利亚、俄罗斯和委内瑞拉）（Ahmad and Motta，2003）。

地方政府应当有权使用这些收入，这是地方政府在支持石油和天然气项目时，承担相关的社会、环境和基础设施职责的基础。[11] 同时，政府收入分散不仅会降低成本，还可以让地方政府分享自然资源收益。有两种方法可以实现这一点：一是允许地方政府直接对石油工业征税；二是中央政府可以按照一定比例，转移给地方政府一部分自然资源收入。

自然资源收入分散化有助于减少自然资源的收入规模，降低矿产丰富地区谋求独立的风险。但是，我们没有理由期望，地方政府会比中央政府更好地运用这些资金。与中央政府一样，地方政府也可能存在腐败、不透明和能力不足的问题。相比之下，地方政府的机构执政水平更低，管理收入波动的能力更低，财政纪律也更差（Ahmd and Mottu，2003；Brossio，2003）。对于地方政府来说，石油收入也会有反民主效果——以自然资源收入分散化为目的的财政分配制度一经产生，问题也相应出现了，比如阿根廷和巴西的政府效率下降，俄罗斯经济改革缓慢和投资规模减小等问题。[12]

可能在拥有相对民主、透明而有效的管理预算的国家中，石油收入分散化能更好地运行；收入分散化能否成功也取决于推进收入分散化的政策工具。政策制定者可以设计收入体系，通过改革后的收入体系降低地方政府收入的波动性。地方政府使用石油收入的目的是补充税收（而不是替代现存税收），确保新支出与对公共物品的原支出相一致，以及所有的政府收入必须完全透明，并接受审计监督。[13]

改变石油收入的来源

"石油诅咒"可以追溯到20世纪60年代和70年代的国有化，那么，今天我们能否通过私有化来解决这个问题？私有化可以改变政府石油收入的来源，来自私人（和外国）石油公司的税收收入将取代来自国有石油公司的非税收收入，可问题是，这些有作用吗？

20世纪80年代和90年代，尽管许多国有公司被私有化，但相对来说，石油领域的私有化并不普遍。只有英国（1985）、罗马尼亚（1992）、波兰（1999）和阿根廷（1999）等国家的政府完全放弃了国家石油公司的所有权。阿根廷在私有化之后，又重新将一些石油资产国有化。私有化的倡导者给出了国有企业经济低效率的证据，[14]但怀疑者认为，国家石油公司不同于其他类别的国有公司，在石油领域实行私有化是十分困难的。他们还认为，外国石油公司的规模庞大、财务复杂，造成东道国，特别是低收入的东道国，在征税和监管方面困难重重（Stiglitz，2007）。

当我们讨论石油公司的监管问题时，美国政府也有不良记录。2010年，在经历了一系列性丑闻和毒品丑闻之后，美国取消了矿产管理局。此外，英国石油公司在墨西哥湾发生的深海钻井平台灾难，也表明美国政府缺少对安全和环保的有效监管。私有化也许仅仅是用私有企业取代国有企业，但两者可能都是规模巨大、收入隐蔽和不负责任的。

私有化有可能推动民主化进程并产生积极的正面影响，但是，私有化并不是万能的。比如，私有化不能将我们带回到 1970 年以前的那个规模较小、价格较平稳的石油时代。在 20 世纪 70 年代以前，各国的石油收入相对较少，国际石油价格一直处在较低水平。这是由于石油公司的开采速度超过世界需求的增长速度，并且国际石油公司能够保留大部分收入。现在，这些情况已经发生了很大改变，并且私有化无法被逆转。如果私有化可能打造具有更高效率和更高收益的石油工业，那它可能提高一个国家的石油收入。

私有化不能使国际石油价格变得更加稳定。从第二次世界大战结束到 20 世纪 70 年代早期，国际石油价格一直非常稳定，这得益于"七姐妹"（世界七大石油公司）的价格寡头制度和布雷顿森林体系的固定汇率制度。不幸的是，在 20 世纪 60 年代和 20 世纪 70 年代早期，这两种制度都解体了。私有化并不能使它们复活甚至复兴。

最后，私有化也不能推动富裕的石油生产国采用有利于民主的税收形式。在许多低收入的石油生产国，私有化只能引起税收的一定变动——大多数这样的低收入国家都拥有国有石油公司，这些公司通过联合经营和产量分成合约，与外国石油公司紧密合作，政府从这些公司获得了大量的税收、使用费和其他收入。

一些中等收入国家，像利比亚、墨西哥和沙特阿拉伯，有自己管理的、极少依赖外国企业的国有石油公司。对于这些国家而言，私有化将导致石油收入的较大变动。但前面已经证明，只有提高社会公众对政府收入的关注度，税收才具有民主的力量。对石油部门的私有化可能只是单纯地对一些大的跨国公司征税，以取代非税收收入，而社会公众仍然很难得到政府收入规模的信息。

即使如此，通过增加政府石油收入的透明度，私有化也可以促进民主进程。在一些国家，政府用国有石油公司来掩盖对石油资金的具体使用（和滥用）。完全或部分的私有化有助于遏制这种情况的发生，如果私有化公司更加透明的话（例如，如果它们上市，就必须公开其资产负债表）。这样通过私有化就可以限制政府对石油收入的滥用，即使政府仍然是石油公司的大股东。许多国家的经验已经证明了这一点，比如巴西、哥伦比亚、马来西亚和挪威。尽管一些政府仍有可能寻找其他方法掩盖石油收入，但石油公司的公开上市是走向政府石油收入透明化的第一步。

降低石油收入的波动

石油收入的不稳定性会影响私人部门的投资、政府部门的财政政策，进而影响石油生产国的经济增长。在许多国家，政府尝试设立石油收入稳定基金，以解决石油价格波动问题。但是，如果我们追踪这些基金的历史，就会发现这些基金惨淡的运营记录，这些基金经常违反政府制定的资金流动规则，很多基金的收益甚微。对于政府来说，有没有更好的办法来稳定石油收入？

前面我们已经提到的一些政策，可能影响石油收入的稳定性。以更慢的速度开采石油，可以减少政府对石油收入的依赖，减少石油价格波动对政府预算的影响。如果设计得当，“易货合约”可以将国际价格波动的风险从政府转移给企业。直接的收入分配也能使家庭承担应对收入波动的部分责任，有助于稳定石油收入。政府收入分散化和国有石油公司私有化对石油价格波动的影响还不明确，更多地有赖于具体的规划和安排。

任何价格稳定计划都需要包括三个部分的内容：一是当国际价格上升时，减少支出的办法；二是当国际价格下降时，增加支出的办法；三是国际价格和支出之间的传导机制。通过上述三个部分的配合，政府在繁荣时期储存预算资金，在萧条时增加预算支出，并且保证两者相匹配。

收入稳定基金可以整合上述三个部分，但这种整合方法虽然在经济上是理性的，在政治上却是困难的。初始基金的建立需要政治家的牺牲和远见。当经济增长强劲，公众认为没有必要缩减开支时，政府需要力排众议地缩减开支。因为只有沿着这样的思路，繁荣时期才能累积基金，并且这部分累积基金要一直保留到萧条时期。收入稳定基金要由一个独立的政府代理机构管理，这个代理机构要坚持严格的储蓄管理和使用准则。一些投机的政客会改变规则，变更基金的监督规则或直接借贷，寻找各种方法干预收入稳定基金（Eiffert，Gelband Tallroth，2003）。即使很有远见的统治者，也很难要求其继任者一定遵守财政纪律。

在有些情况下，收入稳定基金可能发挥作用。例如，当政府的领导者是明智的，或产生于民主选举、权力制衡的制度下时；当腐败较少时；当公众能够获得较为充分的信息并对政府充满信心时；当政治选举不被金钱左右时。然而，在现实生活中，上述条件没有一条是可以轻易实现的。[15]

另外，我们尝试设计一个稳定机制，该机制可以兼容目光短浅的政客的动机。当收入稳定基金增加支出时，政客将受益；当收入稳定基金缩减支出时，政府官员的利益受损。收入稳定基金的缺陷是，使政府官员受损的政策（如缩减支出）很难推行，而使政府官员受益（如增加支出）的政策则很容易实施。关于稳定机制的更好设计是，首先考虑使政府官员受益的政策，并且强制使政府官员接受受损的政策，同时尽可能降低损失。因为支出增加之前必须进行储蓄，收入稳定基金可以有盈余和进行借贷，但不能有赤字。

还有一种可行的方法，当国际石油价格降低时，石油生产国可以向外国银行、政府或国际金融组织借贷，以稳定政府预算并刺激经济。过去，石油生产国顺周期地使用贷款，例如，在国际石油价格上涨时借贷，这样会使经济的不稳定性增大，而不是减小。为鼓励逆周期的借贷行为，世界银行或其他金融机构应该建立专门针对自然资源丰富国家的特别信贷安排——只有当石油价格低于某一基准时，这些国家才可以进行借贷。

上述贷款的主要特点是，还款方式依赖于当期的国际石油价格。政府按月以固定数量的石油出口收入偿还债权人，直到贷款全部付清。贷款的价值不变，只有还贷的速度会发生变化：如果国际石油价格持续走低，还贷速度会减缓，政府的税收也会相对减少；如果石油价格持续上涨，每月偿还固定数量石油的价值也将上涨，还贷速度将加快。

只有当国际石油价格较低时，由特殊信贷安排的以石油数量为基准的贷款才能发挥作用——在收入较少时增加支出，而在收入充裕时减少支出。

由于收入稳定基金由政府建立，因此随时可能被政府解散。与收入稳定基金不同，国际贷款由外国银行和外国政府提供，因此国际贷款的拖欠成本很高。实际上，数十年来，安哥拉的贷款一直以石油数量为标的（Vines，Weimer and Campos，2009）。由于资金出借方承担国际石油价格波动的成本，因此，资金借入方需要支付额外的费用。一些国际商业银行和外国政府愿意采用这种方法。[16]

如果一个国家的政府是明智的，石油收入的稳定性问题是能够解决的。在现实中，稳定计划经常被一些短视的政客渲染为无效的。为此，我们需要一个更好的制度设计，使稳定政策更具可持续性。

提高石油收入的透明度

石油世界的大部分内容都不为公众所知。在许多国家，关于石油公司签署的协议、签约的奖金、支付的税收、使用费及对政府的支出，关于国家石油公司的运作、石油收入的流向和石油收入的最后使用，社会公众根本不知情。这样的隐蔽性帮助了一些国家的独裁者，加剧了石油引发内战的可能性，并且使腐败问题变得更加严重。虽然提高政策的透明度并不能解决所有问题，但至少可能解决部分问题。

最近的研究表明，当政府收入的透明度增加时，腐败可能更少，经济增长更快，财政政策的力量更强，此外还有许多其他令人兴奋的结果（Bellverand Kaufmann，2005；Hameed，2005）。尽管我们不知道，这些积极的结果是否受益于石油政策透明度的提高，但大多数研究者相信，有更透明的政策就会有更好的政府。[17]

尽管提高政策透明度的收益无法衡量，但它有一个很大的好处。以前讨论的大多数政策——从“易货合约”到以石油数量为基准的贷款——发挥了很好的作用，但也存在着事与愿违的风险。一般情况下，透明度较高的政策执行成本较低，并且出错的概率较小。政策透明的第一步是信息披露，但不仅仅是信息披露。政府发布的信息必须是完整的、正确的，这意味着要经公开、透明的审计机构进行审计。信息必须以较低成本被更多的人获得，并且信息应当以普通民众能理解的形式发布。

为了将信息公开披露打造成为自然资源管理的有效工具，言论自由和民间社会团体是必不可少的。虽然许多自然资源管理的技术只有业内人士才了解，普通公众较少了解，他们在评估政策时存在困难，但这会促使公共教育的发展，这也成为提高政策透明度的一个重要组成部分。

2009 年，一个由政策专家组成的国际团体，发布了关于自然资源使用的纲领，为希望最大化本国自然资源使用效率的个人和政府提供指导。它不是一个针对特定对象的文件，而是一个针对所有国家的共同标准，无论是富裕国家还是贫穷国家都可以使用。该纲领包括十二个核心准则，为广泛存在的社会问题提供了指导原则。这些问题包括是否开采自然资源，如何进行合约谈判，如何降低社会和环境成本，如何使用石油收入。通过建立标准、普及知识，该纲领向政策制定者传递相关知识，同时帮助社会公众监督本国政府是否遵守了国际条约。如果本国政府没有遵守国际条约，应当如何改进。[18]

由于非政府组织的出色工作，从 2000 年起，许多自然资源丰富的国家在石油部门透明度方面取得了很大的进步。包括 1990 年成立的总部设在伦敦的非政府组织“国际观察”（Global Witness）在内的主要社会团体，已经呼吁各国政府关注自然资源在社会冲突和政府腐败中的角色。非政府组织联合发起了一个名为“公开支出”（Publish

What You Pay）的活动，鼓励自然资源开采部门的企业向社会公开相关的信息：它们向政府缴纳了哪些税收，政府从企业获得了什么收入。成立于2002年的“财政观察研究所”（Revenue Watch Institution），是一个非营利性的政策调查协会。该研究所提倡石油、汽油和矿产资源收入用于公共福利。2002年，英国前首相托尼· 布莱尔提出了“采掘业透明度倡议”（Extractive Industries Transparency Initiative, EITI），鼓励自然资源丰富的国家增加收入的透明度。到2007年，该倡议已经成为一个总部设在奥斯陆的独立的多元化民间组织；到2010年，该倡议已经拥有30个成员国。[19]

尽管取得了很多进展，但许多石油生产国的政府收入透明度仍不高。2010年，“采掘业透明度倡议”中的30个成员国，只有3个（阿塞拜疆、利比里亚和东帝汶）达到透明度的合格标准，另外6个国家（安哥拉、玻利维亚、乍得、赤道几内亚、圣多美和普林西比、特立尼达）因不遵守准则，而被终止了成员国资格。

提高政府支出透明度非常重要。大部分与自然资源相关的透明度倡议集中在自然资源收入是如何获得的，而不是自然资源收入是如何支出的。问题是，许多国家的石油收入的透明度有所增加，但石油支出的透明度依然很低，比如阿塞拜疆。2010年的一项研究表明，在94个被调查国家中，有74个国家的财政预算不能满足透明度的基本要求，相关的石油和汽油生产国位列最不透明国家之中。实际上，阿尔及利亚、喀麦隆、乍得、赤道几内亚、伊拉克和沙特阿拉伯没有公开财政预算的任何信息。[20]

支出透明度也许比收入透明度更为重要——如果更多的居民知道自然资源收入是如何分配的，这些收入就不会流向腐败部门。幸运的是，根据“国际预算促进会”（International Budget Partnership）的报告（2010），在发展中国家，越来越多的非政府组织已经开始关注预算和支出的透明度问题。

• 在印度，小农场主和工人的组织（Mazadar Kisan Shakartr Sangathan）通过支离破碎的预算信息揭露腐败问题，例如篡改工资单和向虚构的工作岗位支付报酬。

• 在监管地方政府支出的“乌干达债务网”（Uganda Debt Network）的督促下，乌干达官员发现了学校建设中的腐败问题和地方官员腐败的证据。

• 在菲律宾，一个名为“政府观察”（Government Watch）的非政府组织，使用预算信息监督学校课本的印刷和运送、新学校建设、其他基础设施建设及救灾资金的分配。通过与其他社会团体的共同努力，他们大幅降低了课本印刷成本，提高了课本印刷质量，减少了课本运送环节。[21]

尽管已经取得了很大进步，但要提高政策透明度，还有大量工作要做。政策透明度不可能解决自然资源丰富国家所面临的所有问题，但是，透明度是推动政策进步的最有效方法。

结论

许多低收入国家高度依赖矿产收入，在较长时间内，这种状态还将持续。为了推进本国的政治和经济发展，政策制定者们必须寻找更好的方法管理自然资源收入。

“自然资源诅咒”不是命中注定的；自然资源能给本国政府带来超大规模的收入，从而使政府收入不依赖税收。但是，自然资源收入的波动是不可预测的，而且自然资源的收入很容易逃脱社会公众的监督，因此，自然资源财富有时会带来负面影响。我们需要解决这些问题，让自然资源丰富国家的全体国民都能获得自然资源的馈赠。

参考文献

Ahmad, Ehtisham, and Eric Mottu, 2003, “Oil Revenue Assignments: Country Experiences and Issues,” in *Fiscal Policy Formulation and Implementation in Oil-Producing Countries*, ed. by Jeffrey Davis, Rolando Ossowski, and Annalisa Fedelino（Washington: International Monetary Fund）, pp. 216-42.

Ascher, William, 2009, *Bringing in the Future: Strategies for Farsightedness and Sustainability in Developing Countries*（Chicago: University of Chicago Press）.

Aslaksen, Silje, 2010, “Oil as Sand in the Democratic Machine?” *Journal of Peace Research*, Vol. 47, No.4, pp. 421-31.

Bellver, Ana, and Daniel Kaufmann, 2005, “Transparenting Transparency: Initial Empirics and Policy Applications”（Washington: World Bank）.

Birdsall, Nancy, and Arvind Subramanian, 2004, “Saving Iraq from Its Oil,” *Foreign Affairs*, Vol.83, No. 4, pp. 77-89.

Brollo, Fernanda, Tommaso Nannicini, Roberto Perotti, and Guido Tabellini, 2010, *The Political Resource Curse*（London: Centre for Economic Policy Research）.

Brosio, Giorgio, 2003, “Oil Revenue and Fiscal Federalism,” in *Fiscal Policy Formulation and Implementation in Oil-Producing Countries*, ed. by Jeffrey Davis, Rolando Ossowski, and Annalisa Fedelino（Washington: International Monetary Fund）, pp. 243-72.

Chan-Fishel, Michelle, and Roxanne Lawson, 2007, “Quid Pro Quo? China’s Investment-for-Resource Swaps in Africa,” *Development*. Vol. 50, No. 3, pp. 63-8.

Collier, Paul, 2010, *The Plundered Planet*（New York: Oxford University Press）.

——, and Anke Hoeffler, 2004, “Greed and Grievance in Civil War,” *Oxford Economic Papers*. Vol. 56, pp. 663-95.

Desai, Raj, Lev Freinkman, and Itzhak Goldberg, 2005, “Fiscal Federalism in Rentier Regions: Evidence from Russia,” *Journal of Comparative Economics*. Vol. 33, No. 4, pp. 814-34.

Dewenter, Kathryn, and Paul Malatesta, 2001, “State-Owned and Privately Owned Firms: An Empirical Analysis of Profitability, Leverage, and Labor Intensity,” *American*

Economic Review. Vol. 91, No. 1, pp. 320-34.

Eifert, Benn, Alan Gelb, and Nils Borje Tallroth, 2003, "The Political Economy of Fiscal Policy and Economic Management in Oil-Exporting Countries," in *Fiscal Policy Formulation and Implementation in Oil-Producing Countries*, ed. by Jeffrey Davis, Rolando Ossowski, and Annalisa Fedelino（Washington: International Monetary Fund）, pp. 82-122.

Eller, Stacy, Peter Hartley, and Kenneth Medlock, 2010, "Empirical Evidence on the Operational Efficiency of National Oil Companies," *Empirical Economics*. Vol.39, No.3, pp. 623-43.

Energy Information Administration, 2010, *International Energy Outlook*（Washington: Energy Information Administration）.

Fearon, James D., and David D. Laitin, 2003, "Ethnicity, Insurgency, and Civil War," *American Political Science Review*. Vol. 97, No. 1, pp. 75-90.

Frankel, Jeffrey A., 2010, "The Natural Resource Curse: A Survey," NBER Working Paper No.15836（Cambridge, Massachusetts: National Bureau of Economic Research）.

Fung, Archon, Mary Graham, and David Weil, 2007, *Full Disclosure: The Perils and Promise of Transparency*（New York: Cambridge University Press）.

Gelb, A., and Associates, 1988, *Oil Windfalls: Blessing or Curse?*（Washington: Oxford University Press）.

Gervasoni, Carlos. 2010 "A Rentier Theory of Subnational Regimes;" *World Politics*, Vol. 62, No. 2, pp. 302-40.

Gleditsch.Nils P., Peter Wallensteen, M.Eriksson, Margareta Sollenberg, and Harvard Strand 2002, "Armed Conflict, 1946-2001: A New Dataset," *Journal of Peace Research*, Vol. 39, No. 5, pp. 615-37.

Goldsmith, Scott, 2001, "The Alaska Permanent Fund Dividend Program"（unpublished）.

Hameed, Farhan. 2005, "Fiscal Transparency and Economic Outcomes," IMF Working Paper 05/225（Washington: International Monetary Fund）.

Heilbrunn, John, 2005, "Oil and Water? Elite Politicians and Corruption in France," *Comparative Politics*. Vol. 37, No. 3, pp. 277-96.

Hjort, Jonas, 2006, "Citizen Funds and Dutch Disease in Developing Countries," *Resources Policy*, Vol. 31, No. 3, pp. 183-91.

Humphreys, Macartan, Jeffery Sachs, and Joseph E. Stiglitz, 2007, *Escaping the Resource Curse*（New York: Columbia University Press）.

International Budget Partnership, 2010, "Open Budget Survey 2010"（Washington）.

Jensen, Nathan, and Leonard Wantchekon. 2004. "Resource Wealth and Political Regimes in Africa," *Comparative Political Studies*, Vol. 37, No. 9, pp. 816-41.

Kolstad, lvar, and Arne Wiig, 2009, "Is Transparency the Key to Reducing Corruption in Resource-Rich Countries?" *World Development*, Vol. 37, No. 3, pp. 521-32.

Loayza, Norman V., Romain Rancière, Luis Servén, and Jaume Ventura, 2007, "Macroeconomic Volatiliry and Welfare in Developing Countries: An Introduction," *World Bank Economic Review*, VoI. 21, No. 3, pp. 343-57.

Lujala, Paivi, 2009, "Deadly Combat over Natural Resources: Gems, Petroleum, Drugs, and the Severiry of Armed Civil Conflict," *Journal of Conflict Resolution*, Vol. 53, No.1 , p. 50.

Morrison, Kevin, 2007, "Natural Resources, Aid, and Democratization: A Best-Case Scenario," *Public Choice*, Vol 131, Nos. 3-4, pp. 365-86.

Moss, Todd, and Lauren Young, 2009, "Saving Ghana from Its Oil: The Case for Direct Cash Distribution," Working Paper No. 186（Washington: Center for Global Development）.

Reinikka, Ritva, and Jakob Svensson, 2004, "Local Capture: Evidence from a Central Government Transfer Program in Uganda," *Quarterly Journal of Economics*, Vol. 119, No. 2, p. 679-705.

Revenue Watch Institute, 2010. "2010 Revenue Watch Index—Transparency: Governments and the Oil, Gas and Mining Industries"（New York）.

Ross, Michael L., 2001, "Does Oil Hinder Democracy?" *World Politics*, Vol. 53, No. 3, pp. 325-61.

——, 2004, "What Do We Know about Natural Resources and Civil War?" *Journal of Peace Research*, Vol. 41, No. 3, pp. 337-56.

——, 2006, "A Closer Look at Oil. Diamonds, and Civil War," *Annual Review of Political Science*, Vol. 9, pp. 265-300.

——, 2007, "How Mineral-Rich States Can Reduce Inequality," in *Escaping the Resource Curse*, ed. by Macartan Humphreys, Jeffrey Sachs, and Joseph E. Stiglitz（New York: Columbia University Press）, pp. 237-55.

——, 2012. *The Oil Curse: How Petroleum Wealth Shapes the Development of Nations*（Princeton, New Jersey: Princeton University Press）.

Sala-i-Martin, Xavier, and Arvind Subramanian, 2003, "Addressing the Natural Resource Curse: An Illustration from Nigeria," IMF Working Paper 03/139（Washington: International Monetary Fund）.

Stiglirz, Joseph E., 2007, "What Is the Role of the State?" in *Escaping the Resource Curse*, ed. by Macartan Humphreys, Jeffrey Sachs, and Joseph E. Stiglitz（New York:

Columbia University Press）, pp. 23-52.

Tsui, Kevin K., 2011, "More Oil, Less Democracy? Evidence from Worldwide Crude Oil Discoveries," *Economic Journal*, Vol.121, No. 551, pp. 89-115.

UNCTAD（United Nations Conference on Trade and Development）, 2009, *World Investment Report*（New York）.

van der Ploeg, Frederick, and Steven Poelhekke, 2009, "Volatility and the Natural Resource Curse," *Oxford Economic Papers*, Vol. 61, No. 4, pp. 727-60.

Vines, Alex, Markus Weimer, and Indira Campos, 2009, *Angola and Asian Oil Strategies*（London: Chatham House）.

Wong, Lillian, 2008, *The Impact of Asian National Oil Companies in Nigeria, or "Things Fall Apart"*（London: Chatham House）.

World Trade Organization, 2010, *World Trade Report 2010: Trade in Natural Resources*（Geneva:World Trade Organization）.

第四章　大宗商品价格波动：对低收入国家的冲击和挑战

休·布雷登坎普　朱利亚·伯奇

引言

近几年，大宗商品价格如过山车般大幅波动。[1]2007 年和 2008 年上半年，国际食品价格上涨幅度超过 50%，燃料价格翻了一倍。全球金融危机爆发之后，国际食品价格和燃料价格分别骤降了 30% 和 50%，但是，在 2010 年后期和 2011 年前期，国际食品价格和燃料价格再次大幅上涨（见图 4–1）。

大宗商品价格的波动对低收入国家经济有很大的影响。[2] 与发达经济体相比，低收入国家受较大贸易冲击的频率要高六倍，部分原因是低收入国家严重依赖初级产品出口。[3] 而且，大宗商品价格波动对

休·布雷登坎普（Hugh Bredenkamp）和朱利亚·伯奇（Julia Bersch）就职于国际货币基金组织。

低收入国家的冲击更加剧烈。近期的两次冲击显示，大宗商品价格波动对低收入国家的外部均衡、财政平衡、通货膨胀和贫困有较大的影响。

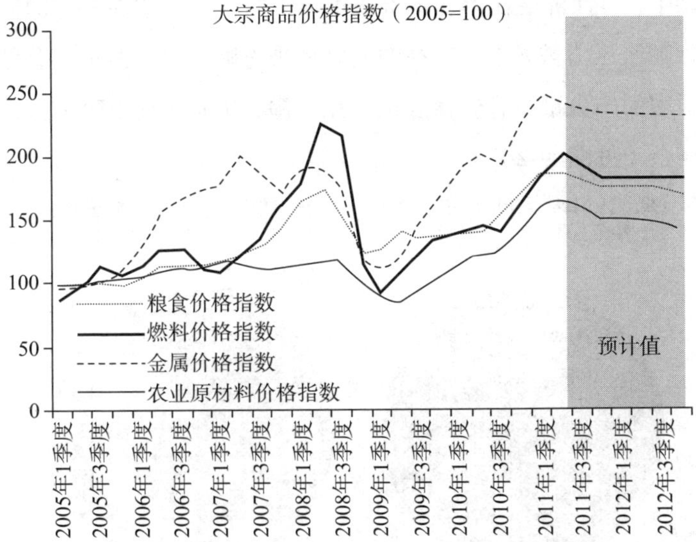

图 4–1　国际大宗商品价格在近年的连续波动

数据来源：IMF，*World Economic Outlook*；IMF 员工的估算。

大宗商品价格波动会对低收入国家的外部均衡产生严重冲击，具体的影响取决于该国的贸易结构——大约 1/3 的低收入国家过分依赖大宗商品出口。在我们的观察样本中，有 9 个国家是石油净出口国，但大部分低收入国家是粮食和燃料的净进口国。结果，大宗商品价格变动在一国内部与国家之间，会同时产生获益者和受损者。例如，国际粮食价格上涨，粮食出口国会获得更高的出口收入；粮食进口国必须支付更高的进口支出。在粮食进口国，农民发现他们的收入增加了，但城市贫困者会发现他们的购买力下降了。

除了对国际贸易的影响之外，国际大宗商品价格的波动，还会给一些低收入国家带来通货膨胀的压力。粮食价格与其他商品的价格高度相关，与经济合作与发展组织成员国不到 20% 的比例相比，在低收入国家中，粮食价格在消费者价格指数中的权重高达 50%。即使潜在的通货膨胀压力被控制，较高的通胀率被忽略，这个事实也会导致低收入国家的中央银行存在潜在的信用风险，从而使货币政策操作变得更加复杂（见图 4–2）。

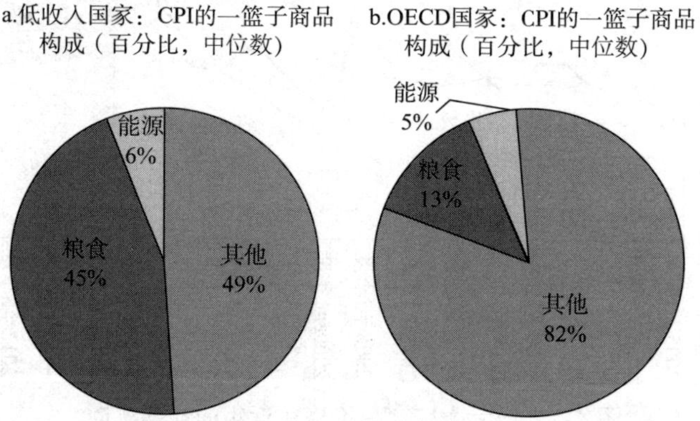

图 4-2　国际粮食价格上涨导致许多低收入国家的高通货膨胀

数据来源：IMF，*World Eocnomic Outlook*；IMF 员工的估算。

由于通货膨胀的影响，粮食价格大幅度上涨可能挤压家庭的实际收入，将数以百万计的人口推向贫困，并引发粮食安全问题和收入分配问题。

粮食和燃料价格上涨带来的潜在社会影响，会增加政府财政政策的政治压力。比如，增加社会补贴，税收减免，提高公共部门工资等。财政预算的成本非常高，并且难以调整。对财政平衡的影响，一方面取决于新增支出的规模，另一方面取决于对财政收入的影响。对于自然资源丰富的国家来说，财政收入的波动性较强，并且有可能与大宗商品价格共同波动（IMF，2011d）。尽管有时候国际大宗商品价格的波动可以增加这些国家的收入，但额外增加的收益也会加大额外支出的压力。当国际大宗商品价格再次走低时，这些额外支出却很难被削减。

与主要发达国家相比，低收入国家更容易受到国际大宗商品价格波动的影响，并且更缺少收入平滑机制，这些国家的税收制度不完善，缺乏社保制度（比如失业保险），国内信用市场不发达（在困难时期，生产者和消费者难以获得必要的贷款），进入国际资本市场时有诸多限制。一些低收入国家尝试通过增加国际储备规模的途径，来抵制国际大宗商品价格波动的冲击，但成本非常高。

在本章的剩余部分中，我们将分析在当前的宏观经济环境中，低收入国家面对大宗商品价格波动时的脆弱性，评估未来大宗商品价格波动的可能影响，讨论相关政策及结果。我们还将讨论一些国家应对大宗商品价格波动的具体政策。

低收入国家面对大宗商品价格波动时的脆弱性

宏观经济环境和大宗商品价格波动

2007—2008年，国际粮食和燃料价格开始大幅波动，低收入国家受到一系列外部冲击，当它们正在应对大宗商品价格波动时，全球金融危机爆发了，造成这些国家的出口、付汇和外商直接投资急剧下降。2009年，大多数低收入国家的国内生产总值出现了负增长，产生了一系列严重的经济和社会后果。世界银行估计，2010年年末，全球新增了6,400万极度贫困人口。

在全球金融危机的动荡时期，与发达经济体和新兴市场国家相比，大多数低收入国家的实际人均国内生产总值的增幅仍然可观。在过去的 10 多年中，低收入国家的政策调整初见成效。2009 年，当各国经济衰退时，低收入国家应对危机冲击的能力有所增强。面对危机冲击，低收入国家开始着手缩小财政赤字和经常账户赤字，降低国内通货膨胀率，增加外汇储备，寻求部分国际债务减免。在全球金融危机期间，尽管石油收入减少，大部分低收入国家仍然能够维持甚至增加政府支出。通过逆周期的宏观政策，使经济增速维持在较高的水平，并且尽可能地减弱对最贫困者的不利影响（IMF，2010）。从 2010 年年初开始，与其他大多数发展中国家同步，低收入国家的经济复苏也悄然开始。同时，来自中等收入国家的需求不断扩大，支持了低收入国家的经济复苏（见图 4–3）。

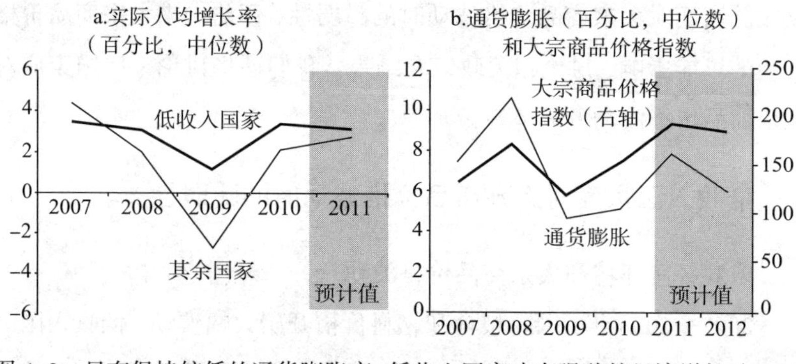

图 4–3　只有保持较低的通货膨胀率，低收入国家才有强劲的经济增长（2011）

数据来源：IMF，*World Eoconomic Outlook*；IMF 员工的估算。

从 2010 年下半年到 2011 年上半年，低收入国家的经济再次面临国际大宗商品价格波动的冲击，但在这一时期，大宗商品价格波动的影响相对可控，大多数低收入国家的通货膨胀压力小于预期。这一情况表明，相关的政策措施已经初见成效。当大宗商品价格大幅波动时，低收入国家仍处在从危机走向复苏的过程中，国际需求受到抑制，从而进一步减轻了通货膨胀压力。不过，通货膨胀已经表现出区域性差异。例如，大米的国际价格并没有像其他粮食价格那样大幅上涨，这有助于解释为什么一些亚洲国家的通货膨胀是可控的。与之相对应，在受干旱困扰的东非国家，通货膨胀率大幅上升到两位数。

在最近的经济复苏进程中，不同商品之间的价格上涨更加具有同步性，这有助于减轻价格波动对低收入国家贸易平衡的影响。与2008年相比，尽管当前国际大宗商品价格的上涨在规模上是类似的，但这次波动包含更多的商品种类。比如，石油输出国从大宗商品出口价格上涨中获益，石油净进口国的经常账户平衡虽然有所恶化，但好于2008年的情况。诸如金属、初级农产品、原材料之类的其他商品价格也在上涨，对这些商品的出口国家而言，较高的出口价格已部分地抵消了粮食和燃料进口价格上涨的负面影响。

在大多数低收入国家中，通过调整财政政策，政府减轻了大宗商品价格波动的影响，因此，这些国家的财政预算普遍高于2008年的水平。大宗商品价格波动对贫困人口的影响更大。根据世界银行的测算，在2008年的全球金融危机中，世界上大约有1.05亿人口受到影响；在2011年初期，低收入国家大约有4,400万人口重新陷入贫困（Ivanic，Martin and Zaman，2011）。

展望未来，低收入国家可能面临更多的不确定性，包括经济放缓的风险。与2007年相比，当前的财政收入仍然低于危机之前的水平，因而低收入国家应对外部冲击的准备不足。从目前情况看，最大的风险可能来自全球经济衰退，但在中期内，国际大宗商品价格仍将维持在较高的水平上，并且可能影响各国的经济复苏。关于国际大宗商品价格波动的影响，我们将在下一部分中详细讨论。

大宗商品价格波动的尾部风险

在全球化进程中，通过国际贸易和金融市场，整个世界经济已经更加紧密地联系在一起，经济波动会更快地孕育、更广泛地传播。因此，国际货币基金组织开始关注各国经济的脆弱性和经济下行风险。最近，我们首次发起了低收入国家的“脆弱性训练”（vulnerability exercise），该训练基于一系列的分析工具，这些工具可以分析国际市场的各种风险，包括低收入国家特有的制度缺陷，以及它们的政策反应等。[4]我们还运用这些分析工具，检验大宗商品价格波动对国际市场的可能影响。

基于大宗商品期货期权市场的预期，我们发现，如果大宗商品价格上涨到预期概率分布 7% 的水平，冲击将会发生。具体来说，食品价格在 2011 年上涨 31%；燃料价格在 2011 年上涨 21%，2012 年上涨 48%；金属价格在 2011 年上涨 21%，2012 年上涨 36%（见图 4–4）（这些波动大于在 2007—2008 年、2010—2011 年的水平）。这些外部冲击在不同的国家进行模拟。考虑到历史上的大宗商品价格波动及不同国家的贸易结构、部门就业和一篮子消费等，我们需要在经济增长、通货膨胀、财政平衡、公共债务、贸易平衡、储备规模和贫穷影响等方面进行特定国家的专门分析。

分析表明，国际大宗商品价格上涨不会引起经济增长率的大幅度下降，但国际大宗商品价格上涨会伴随着更高的通货膨胀率，其社会影响更大。假定从国际到国内的价格传导机制依然沿袭历史模式，到 2012 年，由于食品价格的上涨可能导致低收入国家的通货膨胀率中值翻倍，达到 16%。[5]

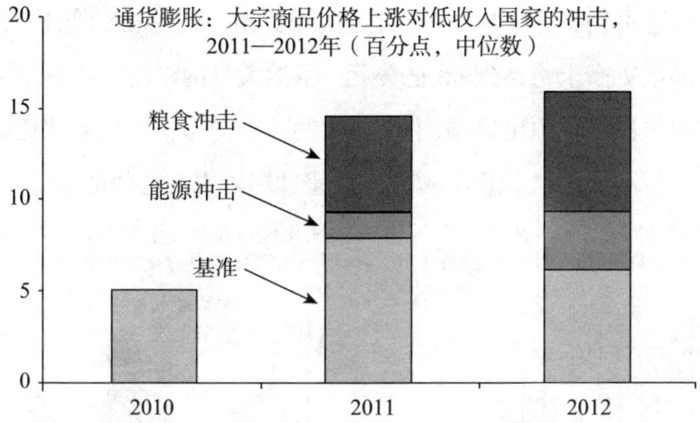

图 4-4　国际大宗商品价格上涨时，在粮食价格的推动下，低收入国家的通货膨胀率大幅上升

数据来源：IMF，*World Economic Outlook*；IMF 员工的估算。
注：该模拟是基于国际粮食价格和燃料价格上涨（与基准情况相比，在 2011 年和 2012 年，粮食价格分别上涨了 25% 和 31%，燃料价格分别上涨了 21% 和 48%）。

通货膨胀可能给财政政策带来很大的扩张压力，考虑到现有的政策措施（如石油补贴）及可能采用的新措施（比如税收减免、转移支付、补贴），财政赤字的规模可能占国内生产总值的 1%。[6]

我们使用家庭收入分配和一篮子消费的相关数据进行测算，大宗商品价格的上涨将新增 3,100 万贫困人口。大约一半的新增贫困人口分布在撒哈拉以南的非洲地区，反映出该地区在贫困线附近的人口非常多。

外部均衡的影响也很大。按照低收入国家的中值水平计算，经常账户赤字增加额将达到国内生产总值的 3%。虽然相比燃料价格，食品价格对通货膨胀有更大的影响，但燃料价格对进出口贸易的影响更大。总体来说，只有自然资源产品的出口国，尤其是石油生产国，将会从出口价格上涨中获益。对非自然资源出口国（尤其是非石油出口国）而言，外汇储备将快速下降，可能只能够满足三个月的进口量（见图

4–5）。在这种情况下，2012 年受到国际贸易波动冲击的低收入国家，新增外部融资需求将达到 90 亿美元。虽然大量的新增外部融资需求来自少数的非自然资源出口国，但是，大约一半受影响的国家将面临不利局面——新增外部融资总额的中位数超过国内生产总值的 2%。

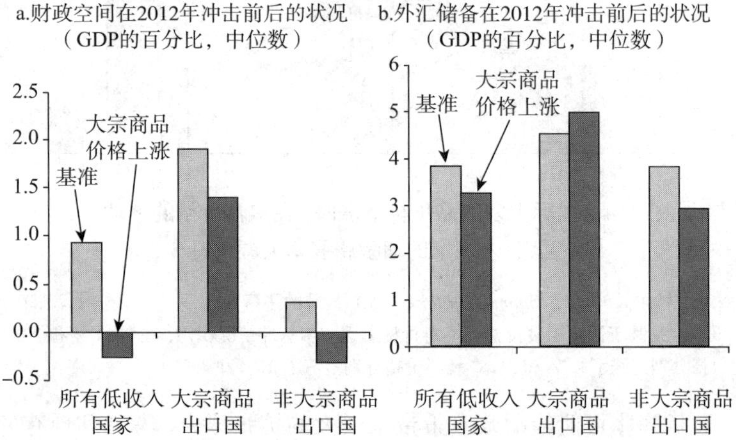

图 4–5　大宗商品价格波动将影响财政政策

数据来源：IMF，*World Economic Outlook*；IMF 员工的估算。
注：财政空间是 2012 年的财政赤字与公共债务在 2030 年达到 GDP30% 之间的差额。在国际粮食、金属（除黄金和铀）和燃料价格的上涨之后，财政空间和储备比率出现了十分相似的变动。

总体来说，一些低收入国家，特别是自然资源出口国，拥有一定的外汇储备和财政政策空间，可以帮助它们稳定宏观经济，缓冲国际大宗商品价格波动的冲击。在全球金融危机之后，低收入国家需要采取行动，重建经济缓冲区。从当前情况看，只有大约 15% 的低收入国家建立了内部和外部的缓冲区。

应对大宗商品价格波动的宏观政策

外部波动，特别是大宗商品价格波动，将会使财政政策和货币政策的实施更加困难和复杂。

面对国际大宗商品价格的上涨，最好的选择是将价格上涨传导给消费者，同时通过社会保障制度帮助贫困人口。但在现实生活中，这一政策思路是很难实施的。第一，政府提供救助的政治压力，不仅仅来自贫困者，在许多低收入国家，即使是对于高收入群体来说，粮食价格和燃料价格对家庭支出也有重要影响（见图 4–6）。第二，低收入国家通常缺乏向贫困人口提供帮助的制度激励。因此，低收入国家通常会采用财政补贴政策，不仅效率低下，而且难以持续。

特别是，对于财政政策空间有限的国家来说，它们面对的困难是一方面要节约成本，另一方面又要实现目标。2007—2008 年间，面对国际大宗商品价格的大幅波动，一些国家采取了以下应对政策措施：（1）定向的大宗商品价格补助。例如，利比里亚减免了石油进口税。（2）在粮食价格波动中，通过农业补贴提高国内产量。例如，马拉维增加了对玉米的政府补贴。（3）出台临时性的社会救助方案。例如，布基纳法索通过识别特征提供了生活食品券；[7] 塞拉利昂为在校学生制订了食品供给方案和“工作换食品”计划；加纳和肯尼亚针对弱势群体推出了有条件的现金转移支付。（4）对于特定的主要由贫困者消费的产品，实施降低关税政策。例如，塞内加尔降低了煤油进口关税。

对于货币政策而言，大宗商品价格波动也是一种挑战。对于那些经常遭受外部冲击，并且外部波动会对国内通胀产生直接影响的低收入国家来说，大宗商品价格波动会导致政策制定者陷入两难境地：一方面，如果忽视国内通货膨胀，将损害中央银行的信誉；另一方面，如果持续实行紧缩性的货币政策，将加剧国际大宗商品价格波动对国内经济的负面影响（见图 4–7）。

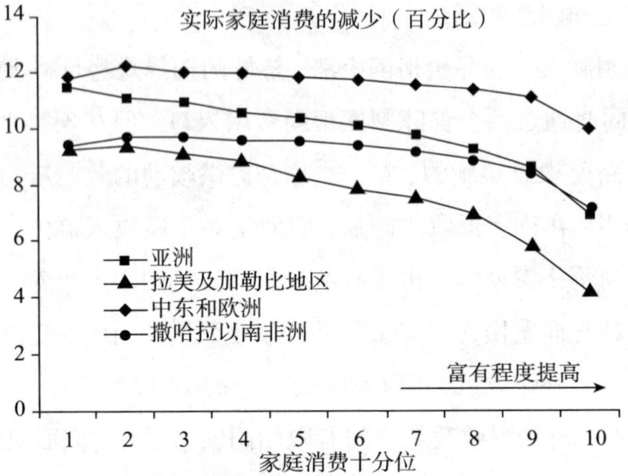

图 4-6　国际粮食价格和燃料价格上涨，
不仅影响低收入国家也影响中等收入国家的家庭

数据来源：IMF，*World Economic Outlook*；IMF 员工的估算。

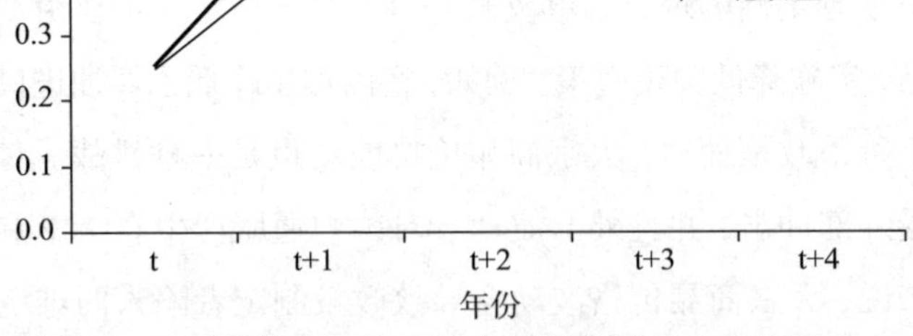

图 4-7　国际粮食价格对国内通胀有明显的直接影响，
而第二轮的影响相对有限

数据来源：IMF，*World Economic Outlook*；IMF 员工的估算。

注：总传递效应是当期和滞后期国际价格的估计系数之和 /（1- 滞后通货膨胀系数）。

与高收入国家相比，在应对大宗商品价格的直接冲击，以及之后可能出现的通货膨胀压力时，低收入国家的政策更加不明确。对低收入国家而言，由于食品在一篮子消费中占有较高权重，食品价格上涨对于通货膨胀的直接影响要比高收入国家大得多。但是，与发达经济体相比，低收入国家食品价格上涨对于第二轮通货膨胀的影响要小一些。这一现象表明，在低收入国家中，通货膨胀的惯性相对较小，大宗商品价格波动对于低收入国家的影响，可能要比高收入国家消散得更快一些。[8] 这也可以说明，为什么低收入国家不采用工资指数化和工资谈判机制。尽管适应性的货币政策通常伴随着较高的通货膨胀波动率，但不会导致通货膨胀上升的长期压力。

一些国家的外汇储备有限并且（或）在不利的外部冲击发生之前，就已经有了较高的通货膨胀率，价格调节机制可能无法发挥作用。这将增加国际收支失衡的压力，不利于外汇储备积累，并且影响人们对中央银行低通胀承诺的信任。一些国家以本币贬值促进出口，增加外汇储备，结果将加剧国内的通货膨胀。总而言之，尽管一些低收入国家可以按照教科书上的货币政策理论来应对外部价格波动的冲击，但是，另一些国家仍然需要实行紧缩的货币政策，以维护国内物价水平的稳定。

如何提高弹性

根据历史经验，对价格波动的事后处理是很重要的。但是，我们也可以采取事前措施，为应对未来的价格波动创造条件。

重要的是，在经济上行时期，低收入国家应当建立经济缓冲区，通过经济增长或贸易顺差，减少财政赤字和政府债务，逐步建立缓冲储备。国际货币基金组织指出，相比于拥有较少缓冲储备的国家来说，在全球金融危机中，那些拥有较多缓冲储备的低收入国家可以通过扩大实际支出，实施更有效的逆周期政策（见图 4–8）。[9]

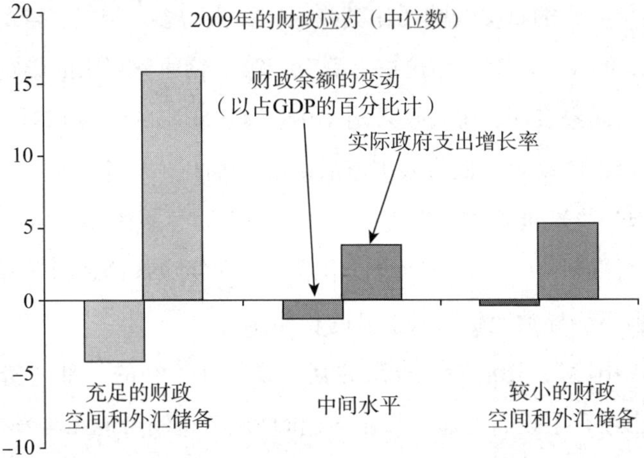

图 4–8　2009 年经济衰退时，拥有缓冲储备的低收入国家可以采取更有效的逆周期政策

数据来源：IMF，*World Economic Outlook*；IMF 员工的估算。

建立经济缓冲区的机会成本较高——留存的自然资源收益不能用于满足当前的经济发展需求。但是，通过制定和实施相关政策措施，可以在中期和长期内解决这个难题。

第一，通过改进国内收入管理制度、公共支出和债务管理制度，使低收入国家的财政预算更加稳健，例如完善关税和税收监管制度，采用更简单的增值税制度。谨慎选择、重点发展公共投资项目，以较低的预算成本，实现基础建设、健康、教育等重点领域的政府目标（IMF，2011b）。

第二，低收入国家可以采取更加灵活、稳健的社会保障制度，而不是在大宗商品价格发生波动时，根据以往的经验来采取对策。这样做的好处是，转移支付可以被快速采用，并以较低的成本有效帮助那些受价格波动影响的弱势群体（Gupta，2001；Coady，2010）。

第三，在长期内，低收入国家需要推动经济改革和金融改革，鼓励国内储蓄，帮助公共部门和私人部门以更低的成本获得更高的收益。

第四，低收入国家需要实行更加开放的经济政策和金融政策，鼓励生产和出口的多样化，减轻价格波动的负面影响（特别在生产领域）。

第五，一个国家不仅需要“自我保护或自我保险”（self-protection or self-insurance），还可以从国际金融机构（例如国际货币基金组织和世界银行）和国际金融市场那里寻求国际帮助。近年来，国际金融机构向受外部波动影响的国家提供了更多的经济援助，国际货币基金组织也在寻求更完善的援助政策。最近，世界银行和国际货币基金组织正在探索在低收入国家中使用对冲工具、灾害保险和波动偿还条款等债务工具的可能性。其目的是提高基础商品的价格稳定性，这些基础商品对发展中国家贫困人口的生存和生活来说至关重要。

参考文献

Coady, David, Robert Gillingham, Rolando Ossowski, John Piotrowski, Shamsuddin Tareq, and Justin Tyson, 2010, “Petroleum Product Subsidies: Costly, Inequitable, and Rising,” IMF Staff Position Note 10/05（Washington: International Monetary Fund）.

Gupta, Sanjeev, Gerd Schwartz, Shamsuddin Tareq, Richard Allen, Isabell Adenauer, Kevin Fletcher, and Duncan Last, 2007, “Fiscal Management of Scaled-Up Aid,” Working Paper 07/222（Washington: International Monetary Fund）.

International Monetary Fund, 2010, *Emerging from the Global Crisis: Macroeconomic Challenges Facing Low-Income Countries*（Washington）.

——, 20lla, “Managing Volatility—A Vulnerability Exercise for Low-Income Countries”

（Washington）.
——, 2011b. “Revenue Mobilization in Developing Countries”（Washington）.
——, 2011c, “Managing Volatility in Low-Income Countries—The Role and Potential for Contingent Financial Instruments”（Washington）.
——, 2011d, “Managing Global Growth Risks and Commodity Price Shocks—Vulnerabilities and Policy Challenges for Low-Income Countries”（Washington）.
Ivanic, Maros, Will Mart in, and Hassan Zaman. 2011, “Estimating the Short-Run Poverty Impacts of the 2010-11 Surge in Food Prices,” Policy Research Working Paper No. 5633:（Washington: World Bank）.

第二部分
低收入国家的宏观政策选择

第五章　中央银行如何应对大宗商品价格冲击

拉胡尔·阿南德　埃斯瓦尔·普拉萨德

引言

在过去的 20 多年中，通货膨胀目标制已经直接或间接地被大多数发达国家选择为本国的货币政策框架。许多新兴市场国家的中央银行也采用了将通货膨胀率保持在目标水平的货币政策框架。一些低收入国家的中央银行正在考虑引入该货币政策框架，逐步实现通货膨胀目标制。

通货膨胀目标制可以很好地稳定价格水平和通货膨胀预期。在新兴市场国家，这是非常有价值的，如果新兴市场国家出现了较为严重

拉胡尔·阿南德（Rahul Anand）供职于国际货币基金组织，埃斯瓦尔·普拉萨德（Eswar S.Prasad）是康奈尔大学戴森学院应用经济与管理系、布鲁金斯研究院及美国国民经济研究局的教授。

的通货膨胀，将是一件十分危险的事情，贫困人群将遭受更沉重的打击。当通货膨胀目标制的影响力越来越大时，它却在全球金融危机中遭受了猛烈抨击。主要发达国家的中央银行也受到指责，因为它们忽略了资产泡沫，而把过多的注意力放在价格稳定上，没能从源头上遏制全球金融危机的爆发和蔓延。许多新兴市场国家和低收入国家反而相对顺利地渡过了此次全球金融危机。危机后，那些采用通货膨胀目标制的中央银行面临着是否要放弃该框架的巨大压力。有评论指出，如果忽略汇率波动以及股票市场、房地产市场的周期性波动，仅仅以通货膨胀率作为货币政策目标是错误的。

我们一直认为，如果中央银行忽略资产价格泡沫，这种狭隘的通货膨胀目标制将给国民经济带来风险。全球金融危机之后，一些国家逐渐达成了共识——通货膨胀目标制的确有利于实现物价稳定，应该坚守这一点，但是，中央银行还需要综合运用审慎监管工具和其他政策工具，抑制资产价格泡沫（Committee on International Economic and Policy Reform and others，2011）。无论是否选择通货膨胀目标制作为货币政策框架，各国中央银行都必须将较低且稳定的通货膨胀水平作为货币政策目标。

在内容有限的本章中，我们将集中分析新兴市场国家和低收入国家正面临的特殊挑战。例如，一个实行通货膨胀目标制的中央银行应该将国内的居民消费价格指数设定为多少？相对于发达国家来说，中低收入国家要依据许多不同因素来回答这一问题。在中低收入国家中，食品支出占全部家庭支出的一半左右，并且经济活动大都为现金交易，很少有贫困者能够真正享受到正规的金融服务。大多数的食品价格和服务价格呈现刚性。在食品支出占家庭平均支出较大比例的国家，食品价格弹性对于货币政策的制定和实施具有重要影响。

本章我们还将讨论，在新兴市场国家和低收入国家中，中央银行应该如何应对食品价格波动，或者更宽泛地说，中央银行如何应对大宗商品价格波动的问题。从货币政策的角度来说，大宗商品价格的主要特点是不稳定性和不具有黏性。在接下来的讨论中，虽然也涉及燃料和其他最终消费商品，但是，我们讨论的重点是食品价格。

之前的研究表明（Anand and Prasad，2010），在中低收入国家中，中央银行不能仅考虑剔除食品价格和能源价格的核心通货膨胀目标，古典理论模型也证明了这一点。从理论上讲，如果食品支出占全部支出的比重较高，那么，食品价格上涨反映了工资上涨压力和通货膨胀预期。更一般地说，我们的研究表明，关注核心通货膨胀的经典结论主要依赖于完全市场假设。当一个国家的大多数人的信贷受到限制时，如果以总通货膨胀为目标而不是以核心通货膨胀为目标，那么，货币政策会提升社会总体福利水平。

在本章中，新兴市场国家应该如何设定通货膨胀目标，或面对实际汇率升值，应当如何权衡通货膨胀率与汇率问题等不在我们的讨论范围之内（Blanchard，Dell’Areccia and Mauro，2010）。

文献综述

在之前的研究中，有一种观点认为，通货膨胀总是一种货币现象。这一观点一直影响着价格指数的选择。怀恩（1999）指出，核心通货膨胀（从总体居民消费物价指数中剔除食品、能源及其他不稳定因素）是对通货膨胀的最正确度量。其逻辑为：食品价格和能源价格的波动代表总供给冲击，本质上不具有货币意义，因为这些冲击都是短暂和不稳定的，无法反映潜在通货膨胀率的变动，因此，它们不应该包含在通货膨胀目标制的价格指数中。

在之前的研究中，一些经济学家还使用价格黏性和工资黏性模型证明，选择核心消费价格指数与社会福利最大化的目标是一致的。当前的模型中，价格黏性是完全市场假设中唯一破坏社会福利最大化的因素（除垄断因素外）。如果价格不能及时调整，将会引起利润波动，也会扭曲相对价格。为了恢复价格弹性，中央银行应该制定黏性价格目标，以减少此类波动（Goodfriend and King，1997，2001）。青木昌彦（2001）使用新凯恩斯的模型证明，在完全市场假设下，使用黏性价格的通货膨胀目标制，有利于社会福利最大化和宏观经济稳定。核心通货膨胀目标制等价于稳定总产出缺口，因为在完全市场假设下，产出与通货膨胀的变动方向是一致的。

然而，近期的研究表明，食品价格上涨与核心通货膨胀有着完全不同的特点。沃尔什（2011）发现，无论是在发达国家还是在发展中国家，食品价格上涨与核心通货膨胀变动主要在以下三个方面表现出较大的差异性：

1. 从长期来看，发达国家平均食品价格与非食品价格的差别较小，但发展中国家的这种差别较大。

2. 与发达国家相比，食品价格波动对发展中国家的冲击更为持久。

3. 食品价格上涨的第二轮冲击对发达国家的影响较小，发达国家的经济恢复较快；面对食品价格上涨的冲击，低收入国家却无法快速恢复，食品价格对非食品价格也有很强的传导性。米什拉和罗伊（2011）使用印度的数据也得到了类似的结论。

此外，在标准模型中，核心消费者价格指数的适用性，在很大程度上依赖于完全市场假设（家庭可以避免非系统性风险）。这种情况下，中央银行只需要处理价格黏性的扭曲。然而，有充足的证据表明，并非所有居民都有能力平滑其消费（Campbell and Mankiw, 1989, 1990, 1991）。该发现与一系列否定持久性收入假设的研究也是吻合的。研究表明，对信贷受到限制的消费者来说，政策制定者的福利最大化目标被改变了。作为度量稳定性的标准，泰勒法则（Taylor's Rule）的作用也减弱了（Amato and Laubach, 2003；Gali, Lopez-Salido, Valles, 2004）。

一些基本事实

在与新兴市场国家和低收入国家相关的模型中，还需要引入一些重要变量，包括食品支出占家庭平均总支出的比重、食品需求的价格弹性和收入弹性、金融市场摩擦等。

在人均收入较低的国家中，食品支出占家庭总支出的比重较大。为了比较新兴市场国家与发达国家的差异，在表 5–1 中，我们列出了部分新兴市场国家与发达国家在食品支出方面的数据。正如我们所预期的，与发达国家相比，新兴市场国家食品支出占家庭总支出的比重要高得多。例如，在美国，食品支出占家庭平均总支出的 5.7%；而在印度尼西亚，食品支出占家庭平均总支出的 53%。

在表 5–2 中，我们列出了一些新兴市场国家和发达国家的食品收入弹性和斯勒茨基食品价格弹性。平均来说，新兴市场国家的食品收入弹性是发达国家的两倍。由于新兴市场国家食品支出占总支出的比例要比发达国家高得多，因此其食品价格弹性也相对较高。食品需求的低价格弹性和低收入弹性对选择消费者价格指数有重要意义。

表 5–1　食品支出占家庭总支出的比重

新兴市场国家		发达国家	
印度尼西亚	53.0	日本	14.7
越南	49.8	德国	11.5
印度	48.8	澳大利亚	10.8
中国	36.7	加拿大	9.3
俄罗斯	33.2	英国	8.8
马来西亚	28.0	美国	5.7
平均	41.6	平均	10.1

数据来源：CEIC；家庭数据调查；美国农业部，经济研究局，国际食品消费数据库；作者的计算。

注：新兴市场国家使用 2005 年的数据；发达国家使用 2006 年的数据。食品支出只包括在家庭消费的食品支出，不包括酒水和烟草支出。

为了研究新兴市场国家信贷约束程度，在表 5–3 中，我们统计了在新兴市场国家和发达国家中，可以获得正规金融服务的成年人（使用金融服务的人数）占总人口的百分比。平均来看，在新兴市场国家中，有超过一半的人口无法获得正规金融服务。

较高的食品价格弹性和食品收入弹性，较低的收入水平，均导致新兴市场国家对食品价格的波动更为敏感。这些特点表明，工资谈判中，劳资双方都会将食品价格的上涨考虑在内，食品价格上涨将成为影响通货膨胀预期的重要因素。因此，在新兴市场国家中，即使是以通货膨胀作为目标的中央银行，也会高度关注食品价格上涨。当完全市场假说不成立或个人平滑消费能力不同时，其福利水平取决于价格冲击的性质。

表 5-2　食品收入（支出）弹性及斯勒茨基食品价格弹性，1996 年

新兴市场国家	收入弹性	价格弹性	发达国家	收入弹性	价格弹性
尼日利亚	0.79	–0.32	新加坡	0.42	–0.31
越南	0.73	–0.37	新西兰	0.39	–0.29
孟加拉国	0.73	–0.37	芬兰	0.39	–0.29
巴基斯坦	0.72	–0.38	瑞典	0.36	–0.27
斯里兰卡	0.70	–0.39	荷兰	0.36	–0.27
印度尼西亚	0.69	–0.39	法国	0.33	–0.25
菲律宾	0.66	–0.39	英国	0.33	–0.25
秘鲁	0.66	–0.39	比利时	0.33	–0.25
泰国	0.65	–0.39	意大利	0.32	–0.24
委内瑞拉	0.65	–0.39	挪威	0.32	–0.24
埃及	0.64	–0.39	德国	0.31	–0.23
巴西	0.62	–0.39	澳大利亚	0.30	–0.23
俄罗斯	0.62	–0.39	日本	0.29	–0.22
土耳其	0.61	–0.39	加拿大	0.28	–0.22
墨西哥	0.59	–0.38	瑞士	0.26	–0.20
智利	0.59	–0.38	丹麦	0.25	–0.19
波兰	0.58	–0.38	美国	0.10	–0.08
平均	0.66	–0.38	平均	0.31	–0.22

数据来源：美国农业部，经济研究局，国际食品消费数据库；世界银行，世界发展指标。

注：上述国家的收入弹性数值代表了总收入增加 1% 时，食品需求变化的百分比（保持实际收入不变）。这里的食品包括在家制作并被消费掉的食品及酒水和烟草。

表 5–3　新兴市场国家能够获得金融服务的综合统计，2008 年

新兴市场	获取百分比	发达国家	获取百分比
阿根廷	28	比利时	97
巴西	43	加拿大	96
中国	42	丹麦	99
埃及	41	法国	96
印度	48	德国	97
印度尼西亚	40	卢森堡	99
马来西亚	60	荷兰	100
墨西哥	25	新加坡	98
尼日利亚	15	西班牙	95
菲律宾	26	瑞典	99
南非	46	美国	91
泰国	59	英国	91
平均	40	平均	97

数据来源：World Bank（2008）。

注：综合指标衡量的是成年人口中能够开立金融中介账户的比重。

模型

本部分，我们将主要介绍相关模型，研究不同货币政策对社会福利的影响，然后再讨论主要的结论（更多细节请参见 Anand and Prasad，2010）。我们的模型建立在动态黏性价格模型的基础上，相关文献数量众多，而且研究方法非常成熟（Woodford，1996；Rotemberg and Woodford，1997，1999；Clarida，Gali and Gertler，1999；Aoki，2001）。该模型引入了所有国家都具有的两个特征，这两个特征对于新兴市场国家来说，具有非常强的现实意义——一些消费者的信贷受到限制，同时又需要维持最低水平的食品消费。

本模型包含两个部门和两种商品：一种是价格灵活的商品，价格可以迅速调整；另一种是垄断厂商生产的价格具有黏性的商品，价格变化非常缓慢。在接下来的讨论中，我们会交替使用两个名词，即食品部门和非食品部门。我们用食品部门代表价格灵活的部门；用非食品部门代表价格具有黏性的部门。

在经济中，有 $1+\lambda$ 个无限生命期的家庭，其中，$\lambda>0$ 代表价格灵活部门（食品部门）的家庭。每个家庭拥有一个公司，该公司只生产一种商品。所有的家庭在各自的部门提供劳动力（我们假设劳动力不能跨部门流动），每个家庭都消费食品和非食品。每个消费者 i，会标注 f（价格灵活的部门）和 s（价格具有黏性的部门）。家庭 i 将效用的贴现流最大化

$$E_0 \sum_{t=0}^{\infty} \beta^t [u(C_t^i, N_t^i)], \tag{5.1}$$

其中，$\beta\in$（0，1）是贴现因子。效用函数为

$$u(C_t^i, N_t^i) = \frac{(C_t^i)^{1-\sigma}}{1-\sigma} - \varphi_n \frac{(N_t^i)^{1+\psi}}{1+\psi}, \tag{5.2}$$

C_t^i 是 t 时间家庭 i 的综合消费指数。C_t^i 包含价格灵活的商品及其他商品，它被定义为

$$C_t^i = [\gamma^{\frac{1}{\eta}} (C_{f,t}^i - C^*)^{1-\frac{1}{\eta}} + (1-\gamma)^{\frac{1}{\eta}} (C_{s,t}^i)^{1-\frac{1}{\eta}}]^{\frac{1}{1-\frac{1}{\eta}}}, \tag{5.3}$$

其中

$$C_{s,t}^i = [\int_0^1 c_t^i(z)^{\frac{\theta-1}{\theta}} \mathrm{d}z]^{\frac{\theta}{\theta-1}}。 \tag{5.4}$$

$\eta\in$ [0，∞] 表示价格灵活的商品和价格具有黏性的商品之间的替代弹

性，$\gamma\in[0,1]$ 表示食品在综合消费指数中的比重。参数 $\theta>1$ 是任意两种不同商品之间的替代弹性，N_t^i 表示在 t 时间家庭 i 提供的劳动力，σ 是风险厌恶系数（跨期替代弹性的倒数）。参数 ψ 表示弗里希弹性的倒数，φ_n 是规模因子。

因为食品是生活必需品，每个家庭必须消耗至少 C^* 的食品。我们假设，每个家庭总是有足够的收入，以购买维持生存的食品。虽然维持生存的食品消耗并不是紧约束，但通过改变食品与非食品之间的替代弹性和消费的边际效用，该约束有非常重要的作用。

在价格灵活的部门（食品部门）中，家庭无法进入金融市场，他们只能使用工资收入，因此这些家庭类似于遵守“经验法则”（rule of thumb）的消费者。食品部门的每一个家庭都拥有一个公司，该公司使用劳动力的线性技术生产食品。由于我们只对不同部门的冲击感兴趣，而不是对不同家庭的冲击感兴趣，因此，我们假定食品部门的所有家庭都面临相同的冲击。

在价格具有黏性的部门（非食品部门）中，家庭通过购买债券平滑消费。非食品部门的每个家庭都拥有一个公司，并且为本部门的公司提供劳动力。每个家庭都持有公司的股份，所有公司都使用劳动力的线性技术。我们假设，非食品部门的所有家庭都面临相同的冲击。

我们假设，食品部门中的公司都是价格接受者。卡尔沃（1983）和伍德福德（1996）假设在价格具有黏性的部门中，每个时期总有部分企业不能改变价格，以此描述价格黏性，我们将延续这个思路。

我们假设，货币当局根据简单泰勒法则（1993）设定短期名义利率（R_t）：

$$\log(R_t/\bar{R})=\rho_i\log(R_{t-1}/\bar{R})+\rho_\pi\log(\Pi_t/\bar{\Pi})+\rho_y\log(Y_t/\bar{Y}),\quad(5.5)$$

其中，$\bar{Y}$、$\bar{\Pi}$、$\bar{R}$分别是稳定状态下的产出、通货膨胀和名义利率的数值。ρ_i代表中央银行对利率平滑的偏好；ρ_π和ρ_y分别为通货膨胀和产出缺口的权重。对于我们的政策模型来说，我们将核心通货膨胀看作价格具有黏性的部门的通胀水平 $\Pi_{s,t}$，总的通货膨胀为 Π_t。

我们根据下面的货币政策框架来评估这一模型：

1. 严格的核心通货膨胀目标制：中央银行只关心利率平滑，及价格具有黏性的部门通货膨胀水平的稳定性。

2. 严格的总通货膨胀目标制：中央银行只关心利率平滑，及总通货膨胀水平的稳定。

3. 灵活的核心通货膨胀目标制：中央银行关心利率平滑，除了稳定黏性价格通货膨胀水平，还要给予产出缺口（产出对趋势的偏离）一定的权重，以稳定产出。

4. 灵活的总通货膨胀目标制：中央银行关心利率平滑，除了稳定总体通货膨胀水平，还要稳定产出。

在之前的研究文献中，食品（能源）价格冲击代表了供给冲击，从消费价格指数中剔除食品价格是非常合理的。为了与之前的模型进行对比，我们重点观察供给冲击对价格指数的影响，我们将重点放在价格灵活的部门和价格具有黏性的部门的一阶自回归（AR（1））生产率冲击上。

按照青木昌彦（2001）的设定，我们的研究主要集中在完全市场假设下价格指数的选择上。在这种条件下，所有家庭都可以通过相互保险，应对特定的收入风险。给定相同财富的情况下，所有家庭都会选择相同的消费序列。

福利评估

令我们感兴趣的是，在一系列政策措施中，选出达到最高终生效用的政策。我们根据终生效用的水平评估政策：

$$V_t^i = E_t \sum^{\infty} \beta^j U(C_{t+j}^i, N_{t+j}^i) \qquad 其中 \quad i = f,\ s。 \quad (5.6)$$

我们按一定的权重，对所有家庭的福利进行加总，计算一个国家的总体福利。总的福利水平为 $V_{\text{total}} = \lambda * V_t^f + V_t^s$，我们结合政策选择计算 V_{total}，然后找出达到最高 V_{total} 的政策。

为求解这个模型，按照施密特－高仪和乌里韦（2004）的方法，我们计算不同货币政策框架下，消费者福利的二阶值。为了得到福利函数的精确二阶近似值，我们对政策函数取二阶近似。通过使用扰动法，近似地得到政策函数。该方法引入规模参数，代表外部冲击的标准差，同时对状态变量和规模参数进行二阶泰勒展开。基于施密特－高仪和乌里韦（2004）提出的近似算法，我们进行了适当的修改。

在之前的研究成果中，严格的核心通货膨胀目标制被视为社会福利最大化的政策。因此，与严格的核心通货膨胀目标制相比较，可以评估特定政策的社会福利收益。为了评估特定政策的福利影响，我们计算消费者在面对不同政策时的无差异消费。实施不同于严格的核心通货膨胀目标制时，我们令 ω 为该政策的社会福利收益，我们将 ω 定义为一个家庭的消费水平——无论是否处于严格的核心通货膨胀目标制下。

我们在两种市场机制（完全市场与以依赖“经验法则”的消费者为特征的不完全市场）下研究理想价格指数的选择。我们在上述四种货币政策框架下，计算社会福利水平。

模型结果

现在我们讨论每个政策选择的福利收益。福利收益是指，当严格的核心通货膨胀目标制的福利水平等于待评估政策的福利水平时，需要增加的终生消费。因此，一个正的数字表明，待评估政策的福利水平高于严格的核心通货膨胀目标制的福利水平。之所以选择严格的核心通货膨胀目标制作为比较的基准，是因为之前的研究认为，严格的核心通货膨胀目标制是社会福利最大化的最佳政策选择。我们的研究涉及三种有待评估的政策——严格的总通货膨胀目标制、灵活的总通货膨胀目标制、灵活的核心通货膨胀目标制。

表 5–4 给出了在完全市场假设和不完全市场假设下不同通货膨胀目标制的福利收益。在完全市场假设下，严格的核心通货膨胀目标制是最好的政策选择。与核心通货膨胀目标制相比，严格的总通货膨胀目标制会导致消费和产出较大的波动。例如，在面对食品产出的负面冲击时，严格的总通货膨胀目标制的政策反应会更加激烈，可能导致产出进一步下降。这种结果与已有的通货膨胀目标制文献的研究结果十分接近。

表 5–4　不同通货膨胀目标制的福利收益（消费的百分比）

	完全市场			不完全市场		
	严格 总目标	灵活 总目标	灵活 核心目标	严格 总目标	灵活 总目标	灵活 核心目标
福利收益	–0.005	–0.011	–0.006	0.271	0.314	0.076

数据来源：作者的计算。

注：福利收益（$\omega*100$）被定义为，在严格的核心通货膨胀目标制的福利水平等于被评估政策的福利水平时，严格的核心通货膨胀目标制下消费需要增加的百分比。因此，一个正的数字表明待评估政策的福利水平高于严格的核心通货膨胀目标制的福利水平。

在完全市场假设下，随着通货膨胀水平的上升，中央银行会提高利率，从而减少总需求（在利率上升时，消费者会延迟消费），降低通货膨胀率。所以，在完全市场假设下，通货膨胀与产出同方向变动，稳定的通货膨胀意味着稳定的产出（Aoki，2001）。这也表明，采取灵活的通货膨胀目标制不会获得额外的福利收益。因此，在完全市场假设下，严格的核心通货膨胀目标制是中央银行的福利最大化政策。

然而，在存在信贷约束的情况下，灵活的总通货膨胀目标制似乎是更好的选择。在不同的政策框架下，面对紧缩性货币政策时，总需求会有不同的反应。在不完全市场条件下，只有使用总通货膨胀目标制，中央银行才能通过提高利率降低总需求。如果中央银行采取严格的核心通货膨胀目标制，总需求水平将上升而非下降。相比于严格的核心通货膨胀目标制，总通货膨胀目标制（严格或灵活的）表现得更好。因为存在金融摩擦，当利率上升时，通货膨胀与产出可能会反方向变动，稳定产出将获得额外的福利收益。因此，在不完全市场条件下，灵活的总通货膨胀目标制是中央银行的最佳选择。

为了说明上述结果，我们来探究不完全市场条件下总需求的性质。在存在金融摩擦的情况下，不同消费者的消费选择是不同的（在完全市场条件下，不同消费者的消费选择是相同的）。无信贷约束的消费者的消费需求与利率变动一致（这部分消费者能够跨期优化），而存在信贷约束的消费者的消费需求与利率变化相互独立（这部分消费者的选择是静态的，每期的所有收入都用于消费），只依赖于当期的工资收入。因为只有一部分总需求受到利率变动的影响，紧缩性货币政策不会自动降低总需求水平。在不完全市场的假设下，总需求的变动主要受存在信贷约束的消费者的影响。

面对食品部门劳动生产率下降的冲击，如果中央银行提高利率，会降低无信贷约束的消费者的需求（延迟消费成为更好的选择）。然而，存在信贷约束的消费者的需求与利率没有关系。在食品部门劳动生产率下降的冲击下，食品价格相对上涨，存在信贷约束的消费者的工资收入会上升，从而带动消费需求增加。因此，这两类消费者的需求将呈现不同方向的变动。

上述两种需求变动，哪一种是主要的，取决于我们对政策框架的选择。因为核心通货膨胀目标制剔除了食品价格上涨的影响，食品价格的上涨幅度（带动食品部门工资的上涨）会高于总通货膨胀目标制的价格上涨幅度。工资上涨导致存在信贷约束的消费者的消费需求增加（因为他们会花掉当期的所有工资收入），相比于无信贷约束的消费者需求的下降，存在信贷约束的消费者需求的增加是主要的，结果是总需求上升。相反，当中央银行采取总通货膨胀目标制时，食品部门的价格增长较慢，收入增长和消费需求增长不足以弥补无信贷约束的消费者需求的下降，以及总需求水平的下降。因此，中央银行只有采取灵活的总通货膨胀目标制，试图降低总需求水平的货币政策才会有效。

当存在金融摩擦时，相对价格的变化不仅会影响总供给，而且会影响总需求。换句话说，金融摩擦意味中央银行需要选择能限制存在信贷约束的消费者工资增长（带动需求增长）的货币政策框架。

本模型的一个重要结论是，当存在金融摩擦时，以核心通货膨胀（即价格具有黏性的部门的通货膨胀）作为货币政策目标或许不是最佳选择。由于无法充分利用金融市场，存在信贷约束的消费者对利率变动不那么敏感，他们的需求只依赖于实际工资，总需求与实际工资之间建立了联系。因此，当存在金融摩擦时，价格灵活的部门产品的相对价格不仅会影响总供给，也会通过实际工资影响总需求。

与完全市场假设下的研究结果相比，这个结果是不同的。例如，在青木昌彦（2001）的模型中，价格灵活的部门的相对价格只是价格具有黏性的部门的通货膨胀的一个偏移参数，没有实质性的影响。而在不完全市场条件下，如果中央银行要影响总需求，就不能忽略价格灵活的部门的产品价格变化。金融摩擦打破了通货膨胀与产出之间的同向变动趋势（现在通货膨胀与产出有可能反向变动）。稳定核心通货膨胀不足以稳定产出水平，因此，当存在金融摩擦时，以灵活的总通货膨胀为目标是更好的选择。在相关文献中，卡陶和常（2010）提出，当食品可以进口且不可替代时，如果设定货币政策目标时忽略食品价格的变动，则可能引起更大的波动，最后导致整体福利水平下降和消费减少。

敏感性分析

我们的结论是，当存在金融摩擦时，社会福利最大化的更好选择是灵活的总通货膨胀目标制。即使关键参数发生变化，这个结果也是非常稳健的，比如食品与非食品之间的替代弹性、弗里希弹性的倒数、价格黏性的程度、非食品之间的替代弹性（决定黏性价格部门的利润），还有存在信贷约束的家庭的比例。我们对泰勒法则的相关系数及不同时期和不同波动性的冲击进行了敏感性分析，不同的敏感性分析也证明我们的结论是正确的。在完全市场条件假设下，对于关键参数的大部分取值来说，核心通货膨胀目标制可能是最好的政策选择；在不完全市场条件假设下，灵活的总通货膨胀目标制可能是最好的政策选择。

关于低收入国家货币政策的总结

在本章中，我们从福利经济学的基本原理出发，通过相关分析得到如下结论：在不完全市场条件下，尤其是在食品消费占家庭平均总消费较大比重的国家中，灵活的总通货膨胀目标制要比核心通货膨胀目标制更好一些。

这只是新兴市场国家和低收入国家货币政策当局面临的众多挑战之一。受经济全球化影响，当这些国家加快对外开放时，会面临外部冲击，同时，国际资金流动为冲击的扩散提供了更多的传导渠道，使实际情况变得更加复杂。外部冲击使货币政策的选择更加困难，也就是说，中央银行在进行货币政策操作时面临越来越多的困难。例如，为实现国内经济目标而调整国内利率，但国际资金的快速流动会影响利率政策的实施，尤其是在金融体系不完善的国家。由于相比其他宏观政策灵活性更大，货币政策逐渐成为抵抗外部冲击的第一道防线。

这引发了关于货币政策的多方面讨论——货币政策的最优框架应当是什么？中央银行的职责应该是什么？如何界定中央银行的独立性？（参见 Hammond，Kanbur and Prasad，2009；Prasad，2010）此次全球金融危机的一个重要结果是，各国在关于中央银行的一些认识上达成了共识，虽然最优货币政策框架目前还不清楚。各国中央银行——无论是发达国家、新兴市场国家，还是低收入国家——都在努力思考，如何在不损害货币政策独立性的前提下应对众多挑战。

新兴市场国家和低收入国家的压力更大，因为这些国家的中央银行除了肩负着价格稳定和金融稳定的职责之外，还肩负着其他社会职责和经济职责。例如，从长期来看，稳定且透明的货币政策只关注一个目标是最优的，但现实情况并非如此，国际资本流动和本币升值都会对出口市场造成长期的负面影响，中央银行的信誉也会因此而受损。这意味着中央银行只关注单一目标的难度较大，一些次要目标

（例如汇率管理）会使货币政策操作更加复杂。一些政策工具（例如资本管制）会减弱货币政策的有效性，并引发新的问题。

在一些中低收入国家，还存在另一个问题，由于中央银行是内部管理较为完善且受公众信任的政府机构之一，因此，政府会赋予中央银行更多的职责。但这却使中央银行在其最擅长的领域——控制通货膨胀方面的有效性有所下降。同样困难的是，如果中央银行只关注少数目标，而对其他目标（例如经济增长和充分就业）置之不理，同样会影响中央银行的独立性。

中央银行承担过多职责，政府就会对中央银行的作用产生不切实际的期望。确实，人们倾向于认为货币政策是万能的。在新兴市场国家，中央银行的货币政策目标是被规定的，而不是可以选择的。在这种情况下，中央银行的职责很有可能超出其自身的能力，最终导致货币政策失败。对于那些制度建设不完善、管制能力有限、财政赤字和政府债务较高的国家来说，更是如此。即使没有上述限制条件，仅仅依靠中央银行的货币政策，也很难影响一国的长期增长潜力、降低一国的长期失业率。

从理论上讲，在经济稳定和金融稳定方面，货币政策最重要的贡献是保持较低且稳定的通货膨胀环境。有必要对中央银行职责进行界定，并说明货币政策是重要的，但其作用是有限的。目前的理论分歧主要集中在中央银行的独立性方面。

然而，中央银行独立性是一个非常复杂的问题。在传统观念中，中央银行的独立性是指其目标有限且清晰（例如保持较低且稳定的通货膨胀率），货币政策的有效性和透明度最高，并且不受政府干预。即使那些具有单一而清晰的通货膨胀目标的中央银行，为了实现该目标，在具体操作中也不会拥有完全的独立性。因为政府将决定通货膨胀目标，如果目标没有实现，也由政府制定后续政策。事实上，政府设定的通货膨胀目标缺乏公众认可的合法性。

如果政府忽视了对财政政策的管理，最终会造成财政赤字和政府债务的累积，为此需要更多的财政政策工具。如果赋予中央银行维护金融稳定、避免资产泡沫的职责，同样也需要更多的货币政策工具。中央银行的多重目标和操作独立性之间存在矛盾。赋予中央银行更多的职责就意味着更多的政府干预，中央银行维持低通胀水平的可信度也会降低。

总之，新兴市场国家和低收入国家的中央银行面临着更加复杂的环境。为构建新的货币政策框架，增加货币政策的有效性和透明度，我们还需要做出更多的努力。

参考文献

Amato, Jeffery D., and Thomas Laubach, 2003, “Rule-of-Thumb Behavior and Monetary Policy, ” *European Economic Review*, Vol. 47, No. 5, pp. 79 1-831.

Anand, Rahul, and Eswar Prasad, 2010, “Optimal Price Indexes for Targeting Inflation under Incomplete Markets,” NBER Working Paper No. 16290（Cambridge, Massachusetts: National Bureau of Economic Research）.

Aoki, Kosuke, 2001, “Optimal Monetary Policy Responses to Relative Price Changes,” *Journal of Monetary Economics*, Vol. 48, No. 1, pp. 55-80.

Blanchard, Olivier, Giovanni Dell’ Ariccia, and Paolo Mauro, 2010 “Rethinking Macroeconomic Policy, ” IMF Staff Position Note 10/03（Washington: International Monetary Fund）.

Calvo, Guillermo A., 1983, “Staggered Prices in a Utility-Maximizing Framework,” *Journal of Monetary Economics*, Vol. 12, No. 3, pp. 383-98.

Campbell, John Y, and N. Gregory Mankiw, 1989, “Consumption, Income, and Interest Rates: Reinterpreting the Time Series Evidence,” *NBER Macroeconomics Annual*, Vol.

4, ed. by Olivier Jean Blanchard and Stanley Fischer（Cambridge, Massachusetts: MIT Press）, pp. 185-216.

——, 1990, "Permanent Income, Current Income, and Consumption," *Journal of Business and Economic Statistics*, Vol. 8, No. 3, pp. 265-79.

——, 1991, "The Response of Consumption to Income: A Cross-Country Investigation," *European Economic Review*, Vol 35, No. 4, pp. 723-67.

Catão, Luis, and Roberto Chang, 2010, "World Food Prices and Monetary Policy," IMF Working Paper 10/161（Washington,International Monetary Fund）.

Clarida, Richard, Jordi Gali, and Mark Gertler, 1999, "The Science of Monetary Policy: A New Keynesian Perspective," *Journal of Economic Literature*, Vol. 37, No. 4, pp. 1661-1707.

Committee on International Fconomic and Policy Reform, 2011, *Rethinking Central Banking*（Washington: Brookings Institution）.

Eichengreen, Barry, Eswar Prasad, and Raghuram Rajan, 2011, "Central Banks Need a Bigger and Bolder Mandate," *Financial Times*（October 24）.

Gali, Jordi, David J. Lopez-Salido, and Javier Valles, 2004, "Rule-of-Thumb Consumers and the Design of Interest Rare Rules," *Journal of Money, Credit,and Banking*, Vol. 36, No. 4, pp. 739-63.

Goodfriend, Marvin. 2007, "How the World Achieved Consensus on Monetary Policy," *Journal of Economic Perspectives*, Vol. 21 , No. 4, pp. 47-68.

Goodfriend, Marvin, and Robert King, 1997, "The New Neoclassical Synthesis and the Role of Monetary Policy," in *NBER Macroeconomics Annual,* Vol. 12, ed. by Ben S. Bernanke and Julio J. Rotemberg（Cambridge, Massachusetts: MIT Press）, pp. 231-83.

——, 2001, "The Case for Price Stability;" in *The First ECB Central Banking Conference: Why Price Stability?* ed. by Alicia G. Herroro, Vitor Gaspar, Lex Hoogduin, Julian Morgan, and Bernhard Winkler（Frankfurt, Germany: European Central Bank）, pp. 53-94.

Hammond, Gill, Ravi Kanbur, and Eswar Prasad, eds., 2009, *Monetary Policy Frameworks for Emerging Market Economies*（Chelrenham, U.K.: Elgar）.

Mishkin. Frederic S., 2007, "Inflation Dynamics," speech delivered at the Annual Macro Conference, Federal Reserve Bank of San Francisco, San Francisco, March 23. Available via the Internet: www.federalreserve.gov/newsevents.

——, 2008, "Does Stabilizing Inflation Contribute to Stabilizing Economic Activity?" speech delivered as part of East Carolina University's Beta Gamma Sigma Distinguished

Lecture Series, Greenville, North Carolina, February 25.

Mishra, Prachi, and Devesh Roy, 2011, “Explaining Inflation in India: The Role of Food Prices,” presentation at the Brookings Institution-National Council of Applied Economic Research India Policy Forum, New Delhi, July.

Prasad, Eswar, 2010, “After the Fall,” *Finance and Development*, Vol. 47, No. 2, pp. 22-5.

Rotemberg, Julio J. and Michael Woodford, 1997. “An Optimization-Based Econometric Framework for the Evaluation of Monetary Policy,” in *NBER Macroeconomics Annual*, Vol. 12, ed. by Ben S. Bernanke and Julio J. Rotemberg（Cambridge, Massachusetts: MIT Press）, pp. 297-346.

——, 1999, “Interest-Rate Rules in an Estimated Sticky-Price Model,” in *Monetary Policy Rules*, ed. by John B. Taylor（Chicago: University of Chicago）, pp. 57-126.

Schmitt-Grohe, Stephanie, and Martin Uribe, 2004, “Solving Dynamic General Equilibrium Models Using a Second-Order Approximation to the Policy Function,” *Journal of Economic Dynamics and Control*, Vol. 28, pp. 755-75.

Seale, James, Jr., Anita Regmi, and John A. Bernstein, 2003, “International Evidence on Food Consumption Patterns,” Technical Bulletin No.1904（Washington: United States Department of Agriculture）.

Taylor, John B.1993, “Discretion versus Policy Rules in Practice, ” *Carnegie-Rochester Conference Series on Public Policy*, Vol. 39（December）, pp. 195-214.

Walsh, James, P., 2011, “Reconsidering the Role of Food Prices in Inflation,” IMF Working Paper 11/71（Washington: International Monetary Fund）.

Woodford, Michael, 1996, “Control of the Public Debt: A Requirement for Price Stability?” NBER Working Paper No. 5684（Cambridge, Massachusetts: National Bureau of Economic Research）.

World Bank, 2008, “Finance for All? Policies and Pitfalls in Expanding Access,” Policy Research Report（Washington）.

Wynne, Mark A., 1999, “Core Inflation: A Review of Some Conceptual Issues,” Research Department Working Paper No. 9903（Federal Reserve Bank of Dallas）.

第六章　自然资源丰富的低收入国家：储蓄与投资

保罗·科利尔

引言

一些贫穷国家仍处于困境中，因此，它们在大量出口自然资源的同时，还在不断寻找新的自然资源。从这一角度看，未来 10 年，自然资源出口收入可能替代国外经济援助和外商直接投资，为低收入国家带来前所未有的发展机遇。

从直观上看，自然资源价格上涨并不会等比例地增加政府收入。尽管目前自然资源的市场价格已经从峰值回落，但亚洲国家的经济增长率似乎仍然高于之前的水平，达到了新常态。从其他方面看，较高的自然资源价格引起了更大规模的自然资源开采。尽管非洲一直被认

保罗·科利尔（Paul Collier）供职于牛津大学经济学院非洲经济研究中心。

为是自然资源非常丰富的地区，但目前非洲每平方英里所发现的地下自然资源存量只有经济合作与发展组织成员国的 1/5。事实上，并不是非洲国家的地下自然资源存量更少，而是非洲国家的自然资源勘探和开发能力较弱。因此，我们将下一步的研究重点放在非洲国家及其他被忽略的贫困地区（例如亚洲中部）。一个合理的假设是，随着勘探和开发能力的提升，非洲地区的地下自然资源存量可能逐步达到与经济合作与发展组织成员国相近的水平，这意味着非洲国家的地下自然资源存量可能增长五倍左右。

为抓住这个机会，低收入国家需要制定和完善相应的宏观经济政策，下面我们将对此进行讨论。

关于低收入国家自然资源开采的特殊性

当自然资源丰富的低收入国家面临具有普遍性的挑战时，可能需要普适性的储蓄政策和投资政策，但这些具有普适性的政策也同时具有一定的特殊性。自然资源丰富的国家需要实行与自然资源稀缺的国家不同的政策；即使同为自然资源丰富的国家，低收入国家的政策也与高收入国家的政策不同。一个重要的提示是，并不存在适合所有经济合作与发展组织成员国的经济模型。经济合作与发展组织的成员国，不仅都是高收入国家，而且几乎都是自然资源稀缺的国家。因此，经济合作与发展组织成员国可能忽略本国的储蓄和投资政策，而这些政策对自然资源丰富的低收入国家是相当重要的。即使少数经济合作与发展组织成员国是自然资源丰富的国家，比如澳大利亚、加拿大、挪威，但这些国家却无法给低收入国家的政策制定者提供政策经验。因此，自然资源丰富的低收入国家面临的挑战是独一无二的。

由于低收入国家都面临着储蓄和投资的挑战，因此，对所有的低收入国家而言，合适的政策设计是国际公共物品（international public good），但并非全球公共物品（global public good）。作为国际公共物品，可以由国际金融组织（International Finance Institutions, IFIs）设计政策，而非单个国家独自设计：大部分自然资源丰富的低收入国家，缺少制定相应经济政策的能力。在提供经济政策建议时，国际金融组织应该注意到，那些自然资源丰富的低收入国家所需要的政策具有特殊性。适用于其他国家的政策，不一定适用于自然资源丰富的低收入国家。无论是经济合作与发展组织的研究人员，还是发展中国家的研究人员，都没能完全理解和掌握这些特殊性。

自然资源租金与政府职能

在自然资源开采的收入中，一部分是资本和劳动等生产要素的收入，另一部分是自然资源的租金。其中，一部分收入由本国居民获得，另一部分收入由外商获得。在非洲的低收入国家中，本国居民只获得很少的生产要素报酬：因为自然资源开发需要大量的资金投入，只能由跨国公司提供资金，同时跨国公司还掌握着先进的技术和设备，因此，本国居民只能获得很小部分的自然资源租金。然而，自然资源租金最初是属于自然资源开发企业的——当政府从这些企业获得各种形式的税收时，本国居民才能通过政府的转移支付来获得自然资源租金。在自然资源的开发中，政府获得收益的主要途径是对自然资源征税。

对低收入国家来说，在自然资源开发中，政府一直发挥着重要作用。因为政府必须以税收的方式获取自然资源租金，并且有责任合理地支配这部分税收。所以，自然资源丰富的低收入国家需要一个规模较大并且较为活跃的政府机构。这一点不仅与自然资源稀缺的低收入国家不同，也与自然资源丰富的高收入国家不同。自然资源稀缺的低收入国家，主要依靠工业、服务业和农业，自然资源租金的规模较为适中，并且大部分的生产要素收入都由本国居民直接获得。而对于自然资源丰富的高收入国家（如美国）来说，由于本国居民获得了大部分的生产要素收入，自然资源开采企业获得剩余的自然资源租金，因此，政府的规模和作用都相对较小。

储蓄：自然资源的开采问题

因为矿产是不可再生资源，矿产资源的开采是不可持续的。自然资源收入的合适的储蓄率取决于自然资源消耗的速度。给定开采率，预期开采时间越短，储蓄率越高。根据永久收入的分析框架：在开采率和年收入给定的情况下，可开采的时间越短，自然资源的现值越低，永久收入和当前消费越少。在自然资源收入给定的情况下，消费越少，储蓄率应该越高。

一个直接但非常重要的推论是，当开采率给定时，随着自然资源的消耗，储蓄率应该逐渐增加。随着预期开采时间缩短，储蓄率每年都应该提高。在自然资源开采的最后一年，储蓄率应该达到 100%。

把上述结论运用到非洲，由于存量较大的自然资源比存量较小的自然资源更容易被发现，因此，大宗商品价格上涨将使开采存量较小的自然资源也有利可图。很明显，相比于存量较大的自然资源来说，存量较小的自然资源的开采速度可能更快，因此，当前和以后的开采时间要比历史平均时间更短。例如，非洲的油田通常只能开采 20 年或 30 年，而中东的石油开采时间要比非洲的石油开采时间长很多。因此，非洲国家的储蓄率要高于中东地区的储蓄率。

自然资源开采率总是在变化。在一般情况下，自然资源开采率呈现山峰形状，先到达峰顶，随后下降。非常明显的是，当开采率到达峰值而开始下降时，由于自然资源的开采时间缩短，自然资源收入的储蓄率会升高。理论上，每开采一单位自然资源，都对应着一个自然资源枯竭的时间；与一单位自然资源收入对应的储蓄率也对应着一个自然资源枯竭的时间——相对于自然资源枯竭的时间，储蓄率会随时间而变化。在开采量上升的阶段，不仅单位自然资源距自然资源枯竭的时间在缩短，而且自然资源总量的下降速度也在加快，这两方面的原因都要求储蓄率加快上升。

关于自然资源消耗的储蓄率，需要强调的一点是，储蓄率与预期自然资源长期价格之间反方向变动。根据霍特林法则（Hotelling rule），自然资源价格的增长率应该等于利率。在现实中，自然资源的价格并非完全遵循霍特林法则。如果自然资源出口国坚持按照霍特林法则制定相关政策，将面临较高的风险。假设利率为2%，初始自然资源以不变的开采速率可以开采50年，在这种情况下，在第一年的开采中，自然资源收入的合适储蓄率应该是0，因为自然资源价格的上涨导致未开采自然资源的价值升高，永久性收入也在增长。按照固定的开采率，合适的储蓄率将从第一年的0上升到第50年的100%。

价格遵循霍特林法则的另一种极端情况是，假设自然资源价格在第二年下降到零，并一直保持为零。在这种情况下，合适的储蓄率应该一直是100%〔“一鸟在手法则”（“bird-in-the-hand rule”）〕。更为一般的情况是，随着自然资源的逐渐消耗，未开采的自然资源价值越来越高，永久性收入也越来越高，因此，消费水平也越来越高，储蓄率却越来越低。

霍特林法则给出了自然资源价值越来越高的理由，但历史经验表明，技术进步也会成为一种趋势，自然资源的升值过程有可能被逆转。当一种自然资源的价格升高时，对其替代品的研究就会加快。最终，霍特林法则会被推翻——那时人们都相信自然资源的价值会越来越小，然而，由于开采成本高昂，剩余的自然资源不能迅速地被开采和出售。最终，押注自然资源价格持续升高的人会遭受损失。尽管开发新技术的时间较长且内容多变，但全球都在加强技术研发，这将大大缩短技术开发的时间。

或许，在霍特林法则与技术进步之间的合理折中是，在一代人的时间内，自然资源价格变动的趋势不会有大的变化。但在更长的时间内，我们必须关注自然资源的消耗和技术进步。

储蓄：趋同的前景

一些自然资源丰富的低收入国家完全有理由相信，如果它们合理、有效地利用自然资源收入，其经济增长就会逐渐与高收入国家趋同。实际上，低收入国家通过合理的储蓄和投资收益，可以弥补初始资本的不足，从而获得高于利率的增长。

一个重要的假设是，当前的人均消费量远低于未来的人均消费量。在一般的功利主义分析框架中，该假设说明，将消费从边际效用较低的未来转移到边际效用较高的现在是合理的。换句话说，在自然资源开采的早期，相比于永久收入框架对储蓄率的要求，降低储蓄率是合理的（Collier，2010；van der Ploeg and Venables，2011）。[1]

当然，经济增长的趋同需要一定的条件，依赖于合适的储蓄率及投资率。趋同假设的一个优点是提供了有益的政策视角：一旦合理的政策被制定和实施，结果可以直接检验政策的有效性。更为谨慎的政策会假设，在储蓄政策或投资政策中，如果有一项不能实施，经济就不会趋同。在这种情况下，政府的理性选择是最初就保持较高的储蓄率。但在寻求当前收入的最优储蓄政策时，考虑到政策失误（例如，如果假设储蓄最终会被浪费）可能引起混乱，那么，更好的策略是不储蓄。为此，我们首先要解决的问题是，什么是最优政策，然后再寻求具体实施措施。

与永久性收入的储蓄率要求相比，趋同假设的自然资源收入储蓄率更低。无论如何，合适的初始储蓄率仍然是很关键的。因为较低的储蓄率是基于上述经济趋同的假设，所以投资率必须与经济趋同的要求保持一致。到目前为止，非洲国家的投资率约为 20%，低于亚洲新兴经济体 30% 以上的投资率。假如非洲国家与亚洲新兴经济体的经济趋同，由于非洲国家的投资率低于亚洲新兴经济体的投资率，因此，非洲国家需要获得高于利率的投资收益率。然而，对非洲国家而言，保持经济趋同需要采取更谨慎的措施——尽可能地将投资率提高到 30% 以上。如果自然资源收入能够令政府收入上升，那么要想提高长期消费水平，可能需要提高储蓄率。

投资：资本不足和投资能力

经济趋同取决于逐步解决资本稀缺的投资问题。这对于主要来自自然资源收入的储蓄来说，具有重要意义。在资本充裕的国家中，比如挪威，理性的选择是对外投资；在资本并不充裕的低收入国家中，理性的选择是增加本国资本。

鼓励投资的政策需要特别注意一点。储蓄具有一般意义而实物投资总是特殊的，并且需要一个设计、选择、执行的决策过程。低收入国家资本不足的一个原因是，它们没有足够的能力来管理本国投资。进一步来说，如果投资率从 20% 上升到 30% 左右，那么，投资管理能力需要提高 50% 左右。这对投资管理能力本来就不足的低收入国家是一个很高的要求；但是，如果投资管理能力无法得到相应提高，那么随着投资率上升，最终可能导致投资效率下降。换言之，如果投资管理能力不能同步提高，投资的增加可能导致投资收益下降，有限的资源反而会被浪费。这并不只是假设，从全球范围来看，投资率的突然提高不一定伴随经济的加速增长——相反，可能伴随着投资收益率的大幅下降。

因此，在增加本国投资之前，很重要的一步是增强投资管理能力。我们称之为“在投资中投资”（investing-in-investing）。它包含三部分内容。第一部分是管理公共投资过程的能力，包括投资计划的设计、评估及选择、执行和事后评估。达布拉·诺里斯等（2011）提出了新的公共投资管理指数，以评估投资管理能力。该指数为判断投资管理能力是否取得进步提供了有效的标准，同时也可以用于海外投资的决策规则中。

第二部分是改善私人投资的环境。公共投资与私人投资是互补的（例如道路和卡车），一方的投资收益依赖于另外一方的行为。世界银行每年推出的商业环境评级，可以很好地评估私人投资环境。在该项评级中，卢旺达是一个快速进步的榜样，现在该国的评级已经超过了许多欧洲国家的评级。

第三部分是在政府投资及私人投资中，降低生产资料的单位成本。在非洲，生产资料通常比较昂贵。[2] 投资成本很高是因为建设成本很高——城市土地市场有很多限制，进口商品（比如水泥）也有很多的限制，技术也非常匮乏。

从理论上看，政府应该努力将建设的供给曲线向下移动，使该曲线变得更平坦，以防止需求的大量增加（如果自然资源收入转化成国内资本，这是不可避免的），浪费高昂的生产资料。类似于公共投资管理指数和商业环境评级，建立一个比较和监控建设成本的国际指数，是非常必要的。

进口设备的成本也非常高，因为国内市场太小从而缺乏竞争力，而贸易壁垒也阻止了地区性市场的形成。贸易政策和国内政策使生产资料市场被分割，导致投资回报下降。同样，一个用于评估的基准指数会很有用。

“在投资中投资”需要一定的时间，但是，它与一系列的任务、过程及技能有关。亚洲新兴市场国家通过提高投资管理能力，避免了投资回报的下降。一旦政策制定者意识到“在投资中投资”应该在增加投资之前完成，经过数十年的不懈努力，投资管理能力一定会有很大的提高。在提升投资管理能力之前，从自然资源收入中积累的储蓄也可以投资于国外金融资产。然而，完成海外投资的时间要比建立主权财富基金的时间短得多：其目标是，保证资产的价值，在投资管理能力提高之后，将部分海外资产用于国内投资。因此，与主权财富基金相比，海外投资的资产组合应该更保守一些。

资源开采与暂时的海外储蓄

尽管投资能力问题属于微观经济领域，但当投资大幅减少时，也有可能产生宏观经济效应。在低收入国家，资本支出大部分来自国内，其对本国经济的影响大部分体现在生产建设部门。与限制需求的政策相比（例如，提高投向国外金融资产的储蓄比例），旨在打破供给约束的政策更为合适。从资产积累的角度来看，积累国外资产的初始阶段是微观经济行为，而非宏观经济行为；是供给因素，而非需求因素。

一般情况下，在制定宏观经济政策时，消费增长问题会更多地被考虑到，包括消费增长的规模及需求的构成。消费的最初增长可能是比较缓慢的——相比于可持续的收入，自然资源收入的储蓄率要高很多，因此，相应的消费增速要比投资的增速慢很多。然而，即使消费的增长很缓慢，也可能对实际汇率产生持续的影响：在很多低收入国家中，用于进口产品的消费相对较低，而自然资源收入引起的消费增长，一般是由进口满足的。公共消费尤其如此，因为它是最可能随着政府收入提高而率先提高的一类消费。

实际汇率大幅上升不利于实体经济发展。为此，推迟消费（增加储蓄），可以为增加非贸消费商品的国内生产争取时间。供给增加主要来自于投资（公共投资及私人投资）增加，这又涉及“在投资中投资”的时间表。一旦拥有足够的投资能力，可以在不降低投资效率的前提下增加本国投资。投资增加可以提升消费商品和服务的供给，并且在实际汇率不大幅上升的情况下提高国内的消费水平。

因此，对国外资产的暂时性投资，最终也将会用于国内投资，同样也将会用于国内消费。当国内投资下降时，这些暂时性的储蓄可以弥补投资不足。

与投资相关的产业政策可以用来补充投资政策，从而应对“荷兰病”问题。在一般情况下，本币升值会损害非自然资源出口商的利益。使用公共投资组合，可以降低非自然资源出口商的成本，以获得更多的自然资源收入。一个典型的例子是，马来西亚政府想要把槟城打造为电子产品出口区，在20世纪70年代中，马来西亚政府的大部分收入来源于自然资源出口，这为槟城改造提供了较为充裕的资金保障（Collier and Venables，2011）。

一个更为全面的政策组合是关于政府、企业和家庭的。根据自然资源收入的规模，政府将一定的自然资源收入转移给企业和家庭。近年来，低收入国家获得了大量自然资源收入，未来的日子里，将这些收入转移给私人部门势在必行。否则，会出现过多的公共物品与匮乏的私人商品之间的不平衡。类似的情况是，由于公共资本与私人资本之间存在着互补性，政府也应该将部分公共收入转移给私人部门。不过，我们认为，在公共基础设施和公共环境得到良好改善之后，再将部分收入转移给私人部门会更好一些。关于私人部门投资效率更高的假设很可能是错误的。例如，在哈萨克斯坦，私人银行部门曾经向存在风险隐患的国外资产大量借贷，最后导致了灾难性的资产泡沫。

我们可以采用减税的方法，实现政府部门与私人部门之间的收入转移。然而，有两种强大的政治力量反对这样做：一是政府不能干预私人部门的生产经营活动；二是政府必须建立严格的金融监管机制。事实上，对于发展中国家的政府来说，通过提升基础设施建设和优化投资环境来刺激私人部门投资，也许是更好的选择。

管理波动性

大宗商品价格的波动性较强，而且变动方向很难预测。例如，2008 年 1 月，我们预测，未来 12 个月的国际石油价格可能在 65 美元和 210 美元之间波动。这个预测有两个显著特点：一是预测范围过大，在实际预算中不能发挥任何作用；二是后来的情况表明，石油实际价格是 37 美元，远远地超出了此前的预测范围。因此，重要的不是准确地预测价格，而是在价格波动时平滑支出。

相比之下，收入的波动性甚至比大宗商品价格的波动性更高。不仅因为供给会对价格波动做出反应，还因为市场不能完全由价格出清。2008—2009年国际大宗商品市场需求的崩溃就生动地告诉了我们，价格并不能使大宗商品市场出清。

有一种情况可以避免由收入波动造成的支出波动。我们经常认为，支出波动的成本与“荷兰病”有关。然而，在面临价格波动时，平滑支出的主要原因是在微观方面而不是宏观方面。即使在最基本的单一商品框架下（不存在实际汇率变动），消费的巨大波动也是无效率的。由于消费习惯和政治成本的原因，消费大幅减少与产出大幅增加的交替出现，与两者保持不变的情况相比，降低了居民的效用水平。尽管投资波动不会遇到这些问题，但是，超过了某个临界点之后，投资大幅波动也会影响投资效率。如果投资支出面临意料之外的大幅减少，那么，投资计划可能无法完成；如果投资支出大量增加，那么，投资计划会遭到破坏。因此，管理波动的正确方法是关注总支出水平及其在消费和投资之间的分配，公共部门和私人部门都包括在内。

面对未知的收入波动，平滑支出是非常必要的，但需要付出代价。如果我们能够充分地了解收入波动的信息，平滑消费的最好方法是：当收入高于平均水平时，积累储蓄；当收入低于平均水平时，降低储蓄。不幸的是，我们并不能够较为完全地掌握收入波动的信息。平滑支出就是管理风险，管理风险的最佳方法不是储蓄而是保险。面对价格风险，政府既可以通过签署长期合同锁定价格，也可以通过对冲工具降低风险。

在很多低收入国家，政府缺乏签署长期价格合同的信誉，可行的方法是储蓄和对冲。由于在很长一段时间内，对冲市场的深度不够，所以，行之有效的方法是在短期内使用对冲工具（按照完成年度预算的最低价格），在长期内使用储蓄。对冲成本是显而易见的，而流动性储蓄的成本是放弃投资的机会成本。

因为每一种平滑支出的方法都有很高的代价，因此，我们的目标不应该仅仅是平滑公共支出，而应该是把支出的变动幅度（上升和下降）控制在政府有能力管理的范围内。从政治学的角度来说，关键是设置合理的最大变动率，最终提升公共消费和公共投资水平。按照最大变动率的要求，无论是对冲还是储蓄，超出支出上限的收入都用于平稳未来消费。对支出的管理是宏观政策的内生变量——在不损害效率的前提下，公共投资越多，流动性需求越少。公共投资潜在地被设计为有能力应对一定程度的波动。平均水平越高的投资，波动的剧烈程度越小。例如，同样是 10 个百分点的投资波动，对比投资占国内生产总值的 30%（波动范围 25%—35%）与 20%（波动范围 15%—25%）两种情况，就波动比例来看，前一种情况的波动剧烈程度更小。进一步来说，在投资水平较低的期间，投资计划可以继续准备，而当资金充足时，那些准备好的投资计划就可以付诸实施。

平滑公共支出的主要任务是废除公共支出的上下限管制。最初，所有的工作都是依照公共支出和投资的上限来完成的。公共支出的上限决定了有多少资金可以用于平滑支出，无论是购买对冲基金还是积累储蓄。没有达到支出增长上限之前，不会出现自然资源收益的下降速度快于支出的下降速度的情况。因此，回过头再看，2000—2010 年是实施平滑公共支出政策的最佳时期。

虽然一些国家失去了这次调整机会，但是，许多国家还拥有一个相同的机会，即自然资源的新发现。就像本章之前所提到的，在这种情况下，我们应该抑制消费增长，直到投资带动供给增加，满足消费需求。自然资源的新发现不仅仅是流动性的过渡工具，还可以为平滑公共支出的长期任务提供资金支持。换句话说，自然资源的新发现需要积累流动性，应对波动性，直到劳动生产力增强到足以抵抗“荷兰病”的水平。

在平稳状态下，流动性储蓄和对冲行为足以满足相关要求。因为大宗商品价格的变化是未知的，一旦流动性储蓄持续减少，可能引发潜在风险：大宗商品价格的持续低迷会导致流动性储蓄枯竭。为避免这种情况发生，应该根据流动性储蓄的使用情况，调整公共消费，同时使用对冲工具降低大宗商品价格持续下行的风险。

合意的政策组合

储蓄政策与投资政策结合的有效方法，是统筹考虑三个“政策时钟”（policy clock）。自然资源丰富的低收入国家需要了解所有的“政策时钟”，每个“政策时钟”的速度都是不一样的。

最慢的“政策时钟”是自然资源消耗：经过一代人的时间，自然资源会转化为生产资本，这意味着自然资源收益的一部分需要变为储蓄。如上所述，储蓄率由多种支出共同决定，但有一个共同的特点——在自然资源消耗的过程中，储蓄率一直上升；在自然资源开采率上升的阶段，储蓄率上升的速度加快。该“政策时钟”按年计时，其特点是，一部分自然资源收入用于长期资本积累，其余部分用于保障当前的消费。

第二个“政策时钟”是“在投资中投资”——不断增强投资管理能力，保证较高的投资回报率。该“政策时钟”要比自然资源的消耗速度快得多：实施这一政策大概需要十年的时间，以培养足够的能力应对投资要求。在这段时间内，自然资源收入的储蓄被用作长期资本积累，而且大部分储蓄被暂时地投资于国外金融资产。当具备了足够强的投资管理能力、足够多的生产性资本存量时，收回所有暂时地投资于国外的金融资产，用于国内投资。

第三个“政策时钟”是对冲大宗商品价格的波动。在这一政策时钟的开始阶段，自然资源收入用于流动性资金储备和对冲波动风险，收入的波动会引起支出的波动。在大宗商品低迷的过渡阶段，对公共支出上限的设置要足够谨慎，确保自然资源的收入能够覆盖支出。在流动性储蓄逐渐消耗的过程中，公共消费也要随之调整。

上述三个“政策时钟”同时运转，所涉及的政策内容非常复杂。有时候，我们根据其中一个“政策时钟”的要求，在一段时间内保持较高的储蓄率，而其他“政策时钟”可能要求降低储蓄率。面对如此复杂的情况，低收入国家的政策制定者有可能出错。因此，低收入国家需要一定的政策规则，同时满足现实需求。

储蓄和投资的政治经济学

关于“自然资源诅咒”问题，在经济学界一直存在着激烈的争论。此前，这一问题已经得到了较为充分的讨论（Ross，2011）。下面我们将要讨论的是有关公共投资的“自然资源诅咒”。

无论自然资源丰富的低收入国家如何处置自己的自然资源收入，有一个问题是非常清楚的：从中期来看，应该积累公共资本。当然，所有的国家都应该积累公共资本，只是一些自然资源丰富的低收入国家很难做到这一点，因为这些国家的公共资本正逐渐减少，与此同时，自然资源也在以更快的速度减少。巴特查里亚和科利尔（2011）使用公共资本存量的国际时间序列数据与相关的自然资源数据进行了大量研究，他们发现，通过控制人均收入并采用固定效应模型，自然资源租金会明显地、逐渐地降低公共资本存量。

自然资源丰富的低收入国家对合适的储蓄率和投资政策有着非常不同的看法，很明显，管理自然资源在政治方面有一定的困难。应该造福大多数居民的自然资源收入并没有加快公共资本的积累，而是被少数人掠夺。当代人也掠夺了后一代人的自然资源。

一些自然资源丰富的低收入国家为了加快摆脱贫穷，开始对自然资源收入进行更有效的管理，博茨瓦纳和马来西亚就是例证。它们已经从错误中汲取了教训，不会再犯相同的错误。在一些低收入国家，国民由于非常清楚地了解了少数人对自然资源的掠夺，从而成为政治改革的潜在支持者。

低收入国家需要建立一个长期的关于自然资源收入的储蓄与投资政策：正确的决策至少需要坚持一代人的时间，仅仅短时间内做到是不够的。尼日利亚的经验给了我们很多启示。在经历了对自然资源的长时间掠夺之后，2003 年，恩戈齐 · 伊维拉被任命为尼日利亚的财政部部长。面对尼日利亚的巨额财政赤字，她很快将形势扭转，并且积累了大量国外储蓄。但是，三年之后，她离开了财政部部长职位，在她离开后的五年中，这些国外储蓄一直无人管理。尼日利亚的失败经历说明，短期改革不足以解决长期问题。

建立符合标准的规则很不容易。首先要设计规则。适合低收入国家的规则各不相同，不能简单地复制经济合作与发展组织国家的模板。即使是精心设计的新规则，也有可能轻易地被废除。为此，更具竞争力的新规则应当具备三个特点：合法性、完善的制度、广泛的大众支持。

立法有很大的优势，因为法律很难被改变，尤其是宪法。因此，关于自然资源的政策规则应该被写入宪法。其次，将政策规则写入法律是一个政治过程，修改法律的难度较大。当前，制定自然资源政策的政治共识在越来越多的人中间达成，为自然资源立法的可行性也在增大。

就本质而言，新的法律是很脆弱的：为了保护个人既得利益，有些法律可能被轻易地拒绝、忽视或重新修订。为了战胜这些困难，我们需要有一个可信的政府组织负责实施新的法律，例如，关于自然资产的保管。最合适的政府机构应该是中央银行。

只有得到最广泛的国民支持，政策规则才能有效运行。例如，德国公民会清晰地记住1923年的超级通货膨胀，因此，长期以来，德国政府坚决反对向欧元区成员国的财政赤字提供资金支持。自然资源丰富的非洲也有着类似的自然资源被掠夺的惨痛经历，但是，社会公众并没有主动地从错误中汲取教训。经济事件需要正确的解读，向社会公众解读经济事件是一项公共事业，应该给予大力支持。低收入的小国缺乏支撑高质量信息媒体的力量，社会公众很难理解一些重大的经济社会问题，完善这项公共事业也是中央银行的职责。

主权财富基金是最接近我们需求的金融机构。很多国家希望通过建立主权财富基金，履行制定审慎的宏观政策的职责，这种做法在一些自然资源丰富的低收入国家中也越来越流行。在一般情况下，关于主权财富基金有三项规定：一项用于决定注入基金的资金规模；另一项用于保证基金的资产不受侵害；还有一项是关于国外金融资产的构成的。

对一些低收入国家来说，这样的规定可能不合适。在资本充足的国家，积累外国资产比积累本国资产要好得多，但是，对于那些资本长期匮乏的国家来说，最优的投资地区应该是本国。除了主权财富基金，还有两种基金内在地考虑了“政策时钟”。一个是主权恢复基金

（sovereign resilience fund，SRF），另一个是主权发展基金（sovereign development fund，SDF）。

主权恢复基金

建立主权恢复基金的目的是管理大宗商品价格波动。我们需要一系列的制度安排来管理主权恢复基金。一是基金的资金流入，二是基金资产的构成，三是基金的资金流出。在相对平衡的状态下，流入和流出的资金流可以相互抵消。

正如我们之前的讨论，在相对平衡的状态下，主权恢复基金的资金流入制度应该设立公共消费和公共投资的增长界限（这两个界限不能设定为相同值，因为平均来看，投资的增速要快于消费的增速）。主权恢复基金还应该用于暂时状况，避免消费需求的增速超过供给投资的增速，防止"荷兰病"的发生。

主权财富基金的资产组合应该相对保守，并且保持较高的流动性，因为该基金的主要目的是在危机出现时，保证流动性。按照这个要求，主权恢复基金应该能够自由地管理资产组合，结合流动性资产和大宗商品价格的状况，使用对冲工具满足流动性的要求。由一个公共机构专门负责该任务，会具有很大的政治优势。通常来说，虽然使用对冲工具是降低价格波动风险的最好方式，但实践中很少这样做。主要原因是对冲操作的政治成本非常高。如果财政部部长使用预算资金进行对冲操作，那么在任何特定年份里，对冲操作能够充分发挥作用的可能性都低于50%。结果，财政部部长会被指责浪费了有限的财政预算资金。由于所有的官员都有政治对手，各种批评和指责都是无法避免的。进一步说，如果坚持对冲，也存在一定的风险，因为下一次对冲操作的预算资金有可能不被批准，这会使财政部部长被批评“我早就告诉你，对冲是没用的”。管理对冲的最好方式是，将管理权从政府部门中分离出来，授权给一个专门的机构，该机构的唯一职责是使用这部分资金用于国内经济发展，其中一部分资金购买国外资产，剩余资金用于对冲。并且与政府官员相比，技术专家受到的政治批评要少一些。在任何情况下，这个专门的机构都有充分的理由来捍卫自己的职责——在困难时期保证公共支出的稳定性。

管理主权恢复基金的资金流出应依据公共投资及公共消费的最大减少幅度。如之前的讨论，我们应该不断地完善相关的政策规则，以便应对经济衰退的不利情况。

在经济形势良好的时期，自然资源收入的一部分注入主权恢复基金；在经济形势不好的时期，主权恢复基金可以提供维持投资和消费的资金。

主权发展基金

主权发展基金是主权财富基金的另外一种形式。主权发展基金的前两项规定与主权财富基金相同——管理注入基金的资金流，限制流出基金的资金规模。

主权恢复基金对自然资源收入进行周期性调整之后，将部分自然资源收入注入主权发展基金。在经济形势好的时期，主权发展基金在自然资源收入分配中处于第二位；在经济形势不好的时期，该基金从自然资源收入中获得一部分资金，从主权恢复基金获得另一部分资金。

尽管根据大宗商品周期进行了调整，用于储蓄的自然资源收益并不是固定不变的。根据之前的讨论，经历了自然资源的消耗，储蓄率应不断上升。这一点说明了主权发展基金的复杂性——太多的规则让人无所适从，为此，我们采用固定的储蓄率。储蓄率不断上升的规则对政府很有吸引力。根据“上帝赐我好运，但不是现在”的观点（God make me good but not yet），相比于遵守规则的未来政府，制定规则的当期政府所承受的压力要小一些。

所有注入主权发展基金的资金都要转化为国内资本积累。这就是要设定两个不同基金的原因——主权恢复基金可以用于公共消费，主权发展基金则禁止这样做。另外一个原因是两个基金的资产组合完全不同。

主权发展基金的主要作用是平衡国外金融资产积累和本国投资。将国外金融资产用于国内公共消费是被禁止的，但在一定条件下用于本国投资是允许的。主权发展基金进行国内外投资时必须考虑“在投资中投资”的实施速度。

对于国内投资计划，主权发展基金的主要职责是监督并评估投资计划，制定专业标准，包括计划的设计、选择、实施及评估。换句话说，主权发展基金是提高公共投资管理指数的机构。

国内投资计划要严格遵守主权发展基金的规则和宏观经济政策，一个有效方法是允许基金接受援助和捐赠。[3] 通过这种途径，大多数自然资源丰富的低收入国家能够持续接受资金援助用于国内经济发展。

中央银行的作用

我们应该把主权恢复基金和主权发展基金安排在政府的什么位置呢？反贪委员会令人失望的经历表明，在短期内，那些规模较小、新设立且只肩负特殊职责的机构是很难成功的。因此，不应该单独设置主权恢复基金和主权发展基金。

在典型的低收入小国中，政府部门很少拥有制定经济政策的独立性。到目前为止，最重要的政府部门是中央银行。主权发展基金和主权恢复基金应当设立在中央银行之下。

主权恢复基金是中央银行当前职能（法定存款准备金管理和风险管理）的自然延伸。主权发展基金也是上述作用的延伸，承担着管理政府储蓄的职能。中央银行是本国货币的管理机构，在那些自然资源成为主要资产形式的国家中，中央银行应当肩负起管理自然资源资产的职责。

进一步地讲，由于典型的低收入小国缺乏技能合格的高级公共部门官员，因此，需要更有效地利用人力资源。如果主权恢复基金和主权发展基金都隶属于中央银行，它们就可以直接利用中央银行具有较高专业知识水平的工作人员，并且保持内部的协调性。

主权恢复基金和主权发展基金应该隶属于中央银行的另一原因是，这两个基金的基础来自广大社会公众，由中央银行出面来寻求社会公众的支持是最为合适的。作为被国民信任的公共机构，中央银行有责任向国民进行政策宣讲，并且接受国民监督。在经济合作与发展组织成员国中，中央银行开始越来越多地直接与社会公众沟通。在非洲地区，社会公众却极少能获得有价值的经济信息，所以，上述路径对于非洲国家来说具有重要参考意义。

国际支持

最后，在设立国际标准方面，国际社会具有非常重要的补充作用。始于2002年的采掘业透明度倡议，很快被恩戈齐·伊维拉博士应用于尼日利亚，他们发布了尼日利亚采掘业透明度倡议。虽然采掘业透明度倡议重点关注自然资源收益的透明度是一个正确的出发点，但它却忽略了储蓄和投资的政策决定。最新的自然资源宪章（www.Naturalresourcecharter.org）包括了完整的决策环节，从发现自然资源到“在投资中投资”。自然资源宪章已经被“非洲发展新合作伙伴关系（New Partnership for Africa’s Developmet, NEPAD）”组织采用，并得到了非洲开发银行的认可和国际金融组织的支持，该宪章也是为政府官员和社会公众共同设计的。虽然采掘业透明度倡议和自然资源宪章都属于自律守则，但会对自然资源的开采起到监督作用；而卡丁· 卢格修正案（Cardin-Lugar Amendment）的全球推广自然也是二十国集团的首要任务之一。

非洲已经清楚地认识到，之前对自然资源的掠夺是错误的，是不利于经济可持续发展的。为此，勇敢的政治家、负责的中央银行、不断发展完善的国际组织应当携起手来，共同努力，寻找新的可持续的发展之路。

参考文献

Bhattacharyya, S., and P. Collier, 2011, “Public Capital in Resource-Rich Countries: Is There a Curse?” Working Paper No. 2011-14（Oxford, U.K.: Center for the Study of African Economies, Department of Economics, Oxford University）.

Collier, P., and A. Venables, eds., 2011, *The Plundered Planet: Why We Must—and How We can—Manage Nature for Global Prosperity*（Basingstoke, U.K.: Palgrave Macmillan）.

Collier, P., R. van der Ploeg, M. Spence, and A. Venables, 2010, “Managing Resource Revenues in Developing Countries,” *IMF Staff Papers*. Vol. 57, No. 1, pp. 84-118.

Dabla-Norris, E., J. Brumby, A. Kyobe, Z. Mills, and C. Papageorgiou, 2011, “Investing in Public Investment: An Index of Public Investment Efficiency,” IMF Working Paper 11/37（Washington: International Monetary Fund）.

Ross, M., 2011, *The Oil Curse: How Petroleum Wealth Shapes the Development of Nations*（Princeton, New Jersey: Princeton University Press）.

van der Ploeg, R., and A. Venables, 2011, “Harnessing Windfall Revenues: Optimal Policies for Resource-Rich Developing Countries,” *Economic Journal*, Vol.121, pp.1-30.

第七章　大宗商品出口国的财政政策：智利的经验

克劳斯·施密特－赫布尔

引言

智利是大宗商品的重要生产国与出口国，与国际大宗商品市场联系紧密。在智利市场中，铜占据了最重要的地位：智利铜产量占世界铜产量的1/3，铜的出口产值占智利出口总产值的一半（见表7–1）。由于智利拥有开放的市场经济，铜的生产主要依赖自然资源储备和私人投资而非政府投资。不过，作为智利最大的铜生产公司，智利国家铜业公司（CODELCO）却是一个国有企业。

智利的大宗商品出口价格和数量，尤其是铜的出口价格和数量，

本章内容主要基于2011年9月21日，国际货币基金组织在华盛顿举办的"大宗商品价格波动与低收入国家的包容性增长"研讨会。感谢拉巴赫·阿尔扎基及参会者的精彩评论。

克劳斯·施密特–赫布尔（Klaus Schmidt-Hebbel）就职于智利天主大学。

无论是对政府的税收收入和非税收收入均会产生重大影响。通过国内生产总值和实际汇率等宏观经济变量，还会对财政收入产生间接影响。作为一个小型开放国家，智利面临众多外部冲击和内部冲击，这些冲击可能导致经济增长及消费支出的剧烈波动。

在过去 20 年中，为实现两个重要目标——保证政府偿债能力以及增强金融稳定性，智利政府不断优化宏观经济政策。其中，独立的中央银行、通货膨胀目标制、富有弹性的汇率制度均是保障国内物价水平稳定的基础。严格的银行管理和审慎的金融监管，保证了智利国内银行业及其资本市场的健康运行。

20 世纪 80 年代早期，智利曾经发生了严重的金融危机。金融危机之后，智利政府重新实行了稳健的财政政策。20 世纪 90 年代和 2000 年以后，稳健的财政政策不断强化，智利财政的预算盈余情况可以证明这一点。随着政府债务减少和政府收入增加，政府财政的稳定性及偿债能力不断提高。政府总资产（包括主权财富基金）占国内生产总值的比重达到 17.6%，政府总债务（包括本国政府及外国政府的债务）占国内生产总值的比重仅为 9.3%，因此，智利为净债权国。

智利国内生产总值的波动和国际铜价的大幅波动，导致政府收入持续大幅波动。智利产出增长的标准差从 20 世纪 90 年代的 3.5% 下降到 2000 年的 2.2%，同期的铜价波动却从每磅 0.2 美元大幅增长至每磅 1.1 美元。

表 7–1　中央政府账目，经济增长及铜价，1990—2010 年

	1990—2001	2001—2010	2010
中央政府账目（占 GDP 的比重）			
总收入	21.7	23.1	23.0
铜业收入[1]		6.0	4.7
非铜收入[1]		18.2	18.3
总支出	20.7	21.1	23.5
政府盈余	1.0	2.0	–0.5
周期性调整盈余	0.5	0.0	–2.3
政府资产	13.7	12.6	17.6
主权财富基金		10.0	8.0
政府负债	22.0	9.4	9.3
政府净资产	–8.3	3.2	8.3
GDP 增长率（%）			
平均值	6.2	3.7	5.2
标准差	3.5	2.2	
未来增长趋势预测		4.7	5.0
铜价（美元 / 磅）			
平均值	1.00	2.04	3.40
标准差	0.19	1.12	
未来增长趋势预测		1.22	2.13
铜产出（占世界产出的百分比）	25.8	34.9	33.7
铜出口（占智利出口的百分比）	38.6	46.6	56.1

数据来源：根据预算委员会、智利铜业委员会、智利中央银行的数据由作者计算得出。

[1] 铜业收入及非铜业收入是 2005—2010 年的数据。

为解决产出与铜价大幅波动的问题，智利逐渐将财政政策的注意力转向，以避免政府支出受政府收入波动的影响。在20世纪90年代，由于智利的财政规则不够明确，短期的政府支出波动更多地表现在政府储蓄方面，而不是政府支出方面。2000年，智利政府决定采用独特的财政政策：按照永久收入方法，根据中央政府收入的预测值决定支出规模，把对收入的预测建立在对未来经济增长速度和国际铜价的预测的基础之上。政府支出与政府收入估计值之间的差额被称为"周期性调整余额"（cyclically adjusted balance，CAB），智利最初设定的目标是该差额占国内生产总值的1%。政府的事前收支平衡反映了对国内生产总值和铜价的事前预测，而"周期性调整余额"反映了国内生产总值和铜价的周期性变动对政府收入的影响。

为了配合政府预算结构和政策目标的调整，近年来，智利不断优化其财政规则，现在，财政规则已经成为智利财政制度框架的重要组成部分。近几年，财政制度框架不断得到补充和完善。例如，建立了独立的委员会，专门对国内生产总值和铜价进行预测和规划；2006年，制定了财政责任法，对财政制度框架的建设提出了更高的要求（涉及政府对财政制度框架的承诺、建立主权财富基金）；2010年，建立了独立的评估财政政策（包括财政规则）的委员会，并提出了进一步的改革建议。

在本章中，我们将对智利的财政政策和制度框架进行评估，从智利这个大宗商品出口国家的财政制度框架中总结经验。在此基础上，对智利2001年以来的财政政策和财政制度框架进行评价。最后评价该框架对智利宏观经济的影响，并提出相关政策建议。我们还将分析智利的经验对其他大宗商品出口国的启示。

智利财政制度框架的国际比较

针对财政政策和财务管理的制度框架，许多国家正在进行理论设计或者正在实施大规模的改革。从目前情况看，财政改革受多方面因素驱动。第一，学者和政策制定者达成共识——财政政策改革及其将财政规则加入财政政策的做法将为智利带来较为丰厚的收益。第二，在民主制度下实施财政政策，通过改革提升政策的透明度和问责制将为智利带来政治利益。第三，当前一些发达国家的财政规则存在很多问题，例如，一些欧盟成员国违反了《稳定与增长公约》（Stability and Growth Pact）的财政规则要求。

就现代财政制度和财务管理框架来讲，应着力解决的是公民与政府官员之间的委托—代理问题，产生委托—代理问题的原因为：政府急功近利，子孙后代缺乏有效的代理人，选举人之间的竞争，不对称且有偏见的信息（von Hagen，2005；Wren-Lewis，2010）。为解决这些结构性问题及负外部性，根据理论研究及国际经验，我们应当建立财政政策的制度框架，这一框架包含以下因素（Debrun，Haunter and Kumar，2009；Ter-Minassian，2010；IMF，2009，2010）：一部关于财政责任的法律，现代财务管理，一年以上的计划期；财政预算规则，政府资产及负债管理规则，关于政府财务管理的责任及公开信息的规定，有效的外部监管及审计；建立财政委员会或理事会。

下面，我们将研究智利的财政制度框架。

财政责任法

一些国家已经制定了关于财政责任的法律，财政责任法明确规定了预算编制程序，并且提出了要加强财政政策透明度、问责制和稳定性的相关规定。财政责任法明确规定：政策执行者要宣布短期和中期的财政政策目标；为财政拨款和财政盈余设定短期和中期目标；为立法机构提供财政预算及执行情况的详细信息；执行保证财政稳定及偿付能力的财政政策；统计财政政策的实施情况及目标的达成情况（Lienert，2010）。

财政责任法不一定能把财政制度完全描述清楚，相反，一些财政政策的实施并不在法律的管辖范围之内。例如，2008 年，德国通过修改宪法，对财政政策进行了重大调整，而不是只对财政责任法的部分条款进行修改。

财政责任法经常作为法律工具来对财政政策进行调整，其重点往往放在财政预算控制而非财政政策的有效性方面。有时，要完全达成法律目标，往往需要一个较为完善的财政制度框架，即完善的现代财政制度框架，正如智利所做的。

1988 年以来，全球共有 13 个制定财政责任法的发达国家和发展中国家，其中，有 9 个国家清楚地界定了财政制度，有 7 个国家明确定义了免责条款，有 6 个国家对过度的财政支出制定了相应的处罚措施（IMF，2009）。到目前为止，很难判断关于财政责任的法律是否成功。如果财政责任法设定的规则具有可操作性，并且拥有使用政策工具的政治支持，该法律就是成功的（例如澳大利亚和新西兰）。然而，很多新兴市场国家没有达到财政责任法设定的数量目标（例如阿根廷、哥伦比亚、秘鲁）。卡塞雷斯、科尔巴舒和麦迪娜（2010）只找到了很少的实证证据来支持财政责任法对财政行为的影响。

2006 年，智利制定了关于财政责任的第 20128 号法律，完善此前政府的财政制度框架。也就是说，财政责任法并不是用于财政制度调整的，而是用于完善财政制度框架的，用于加强财政政策、政府储蓄与主权财富基金之间的联系。下面是它的主要条款（Rodriguez, Tokman and Vega，2006）：

1. 法律要求新一届政府界定并公开本届政府四年任期内的财政制度框架，并说明其对财政收支结构平衡的影响。

2. 法律要求政府公开发布年报，详细说明政府的财务状况、财政的可持续性、财政政策的宏观经济意义和金融意义、预测财政收支的“结构”平衡（即周期性调整平衡）。

3. 每年估算政府的或有负债（需要提前确定周期性调整平衡的目标）。

4. 建立退休金储备基金（pension reserve fund, PRF），以应对未来的退休金支出责任。在退休金储备基金建立后的 10 年内，每年都积累一定规模的资金，资金规模最少为国内生产总值的 0.2%，最多为国内生产总值的 0.5%，具体规模由政府决定。该基金的资金来源还包括政府收入或政府储蓄。

5. 建立经济和社会稳定基金（economic and social stabilization fund, ESSF），该基金的初始资金包括两个部分：一是由铜收入补偿基金（现已废除）积累的国外资金，二是到 2006 年年底政府持有的国外资产。财政预算盈余（注入退休金储备基金之后）将转入社会稳定基金，可以从社会稳定基金中提取资金用于弥补财政赤字（包括注入退休金储备基金的资金）。

6. 为了使智利中央银行在 5 年内（从 2007 年至 2011 年）完成资本化，智利政府决定，每年向智利中央银行注入最高为国内生产总值 0.5% 的资金，具体金额取决于补充退休金储备基金之后的政府盈余。政府有权决定如何向社会稳定基金和中央银行分配财政预算盈余。

7. 两个主权财富基金、退休金储备基金和社会稳定基金在对外投资时，可以由财政部直接实施，也可以交由智利中央银行或中央银行雇用的私人基金经理实施。智利政府还在财政部设立了一个新的金融顾问委员会，对主权财富基金的投资、管理和决策提出意见和建议。

请注意，智利的财政责任法并没有提出特殊的财政规则，它只是通过新的财政政策来保证财政收支的稳定，同时，区分财政收支的实际平衡与周期性调整平衡。财政责任法为政府调整相关财政规则提供了充分的灵活性。从 2006 年至 2007 年，为了加强财政政策的有效性，财政责任法又重新定义了财政制度。

财政预算的财务管理

在对预算的财务管理中，智利财政部坚持以下原则（Ter-Minassian，2010），这主要是基于各国对预算管理的国际经验：

1. 财政部面临财政预算冲击而需要采取法律行动时，应给予其强有力的立法权力。

2. 财政部在制定和实施财政预算时，会涉及其他部门、地方政府、独立的政府机构及公共企业，应给予其强有力的政治权力。

3. 在制定财政预算计划时，需要具备较高的技术水平，以保证财政计划与财政政策目标相吻合。

4. 采用最新的会计准则。

5. 对财政预算进行有效的立法支持，防止法律修改与财政政策产生冲突。

6. 加强监督财政预算实施情况和获取最新信息的能力，在发现财政支出偏差时及时修改矫正。

国际经验表明，凡是达到以上要求的国家，都会取得良好的预算绩效，并且在财政政策的稳定性及可持续性方面具有较好的表现（Alesina and Perotti，1996；Stein，Talvi and Grisanti，1998；Alesina and others，1999；Ter-Minassian，2010）。

智利的总统制赋予政府制定财政预算的主动权（不与议会分享）以及对预算计划的控制权，总统可以授权政府与议会就预算计划进行谈判，政府拥有征税的主动权。议会没有逐项的否决权，只能同意或反对政府提出的预算法案。议会同样没有评估财政政策、预算法案、潜在宏观经济状况的能力。

在就预算法案进行投票之前，政府与议会之间将进行预算谈判，谈判重点是财政预算的组成（即支出项）而非税收或总收入约束。

预算计划的时间跨度

很多国家正在改进预算计划，将预算计划的时间跨度由一年改为多年。这一改变具有多方面的目标：（1）使财政政策更具透明度、一致性和可持续性；（2）降低短期财政支出的误差；（3）逐步改善不可持续的财政状况。

针对财政制度的不健全，一些国家可以通过跨期预算增强财政政策的持续性和可信度；另一些国家实行年度预算，但采用基于周期性调整的财政规则，通过区分实际的和周期性的政府收入及盈余，实现跨期财政预算。在后一种情况下，基于周期性调整的财政制度及财政目标的规划，有助于增强财政政策的可持续性和可信度，以及宏观经济的稳定性。

实际上，智利使用的是年度预算框架，但前面提到，智利在 2006 年实施的财政责任法中，有两项内容都要求采取跨年度的财政政策：（1）财政责任法要求，新一届政府提交四年期的财政制度框架，并说明该框架对财政周期性平衡的影响。（2）财政责任法要求，财政部每年上交一份中期预算计划及预算草案。

此外，根据财政周期性平衡规则，政府需要根据国内生产总值和铜价的中期预测，对下一年的财政预算提出建议。

没有人要求智利政府根据对财政可持续性的系统评估，对政府账目和盈余进行长期预测，也没有人要求智利政府对财政政策的长期结果进行评估，这一点与美国国会预算局和世界上其他国家的政府都不同。一个例外是，2006 年智利财政责任法要求政府建立一个技术研究委员会，用来评估政府养老金补贴的职责及退休金储备基金的资金需求（Pilar Pensional Solidario）。

财政规则

在过去的两年中，制定财政规则的国家数量不断增加。1990 年，全球只有 10 个国家制定了财政规则；2001 年，制定财政规则的国家增加到 30 个（智利也在该年制定了财政规则）；到 2009 年，进一步增加到 51 个（IMF，2009）。2009 年，在已经制定了财政规则的国家中，平均每个国家采用了 2.5 个有效的财政规则。

一般来讲，实行财政规则的国家都是为了实现以下目标：公共债务的可持续性，控制政府的规模，增加宏观经济的周期稳定性。不同国家对财政规则的定义千差万别。其中一类规则是由数值目标（目标、最高值、最低值）组成的，包括政府收支平衡、总收入、固定支出及对商业周期的敏感性。一个典型的例子是欧盟的《稳定与增长公约》(Stability and Growth Pact),该公约对欧盟成员国的赤字上限(国内生产总值的3%)和负债上限(国内生产总值的60%)都有明确的说明,但是,很多欧盟成员国在2008年之前就超出了上限。另一类财政规则将注意力集中在周期性盈余调整方面,允许政府的财政盈余周期性波动,目的是实施逆周期的财政政策,以应对宏观经济波动。根据国际货币基金组织的统计数据(2009),全球共有10个国家实行了周期性盈余调整的财政政策(包括智利)。在这10个国家中,只有德国、瑞典和英国的财政规则规定了实际预算的盈余目标。

2009年,国际货币基金组织总结了各种财政规则的相对优势、规则设计和与其他财政规则的协调、相关前提条件和经济决定因素,以及在设计、实施和出现偏差时如何修正。国际货币基金组织还积极地评价了财政政策对财政形势和宏观经济的影响。

我们刚才提到过,智利是实施周期性盈余调整的10个国家之一。然而,与其他国家不同,智利不仅使用该财政规则应对商业周期波动的负面影响(表现为经济增长率波动),还用其来应对国际铜价的周期性波动。2009年,国际货币基金组织强调,智利的经验是独一无二的,值得其他大宗商品出口国学习。

但是,与其他国家不同,智利既没有设立适用于特殊情况的事前免责条款,也没有制定违反财政规则的事后追责措施。

政府资产与负债的管理制度

过去10年中,大宗商品价格上涨为大宗商品出口国带来了大量的财政盈余,很多国家将财政盈余注入主权财富基金,然后进行多样性的组合投资。到2009年年底,全球共有37个国家设立了主权财富基金，总资产达到了 3.8 万亿美元。截止到 2009 年年底，智利主权财富基金的投资总额达到 147 亿美元。

设立主权财富基金的国家都制定了基金储蓄及支出制度。对于制定相关财政规则的国家来说，从主权财富基金中储蓄及支出，均要根据财政规则的要求进行。另外，很多国家建立了主权财富基金投资和管理的相关法律。

之前提到的智利主权财富基金，就是根据 2006 年颁布的财政责任法而设立的。之后，智利还建立了财政部主权财富基金财务咨询委员会，为基金投资提供建议。

与其他国家相类似，智利也缺乏政府资产和负债的管理制度，包括管理风险、收益和流动性等。智利政府的资产负债表，包括金融资产、非金融资产、金融负债、或有金融负债，一直没有得到科学有效的管理。

预算说明及财务管理的信息披露

在世界范围内，各国政府都在努力提高财政政策的公开性和财务信息的透明度。这一趋势反映了政界和学界之间的共识，即财政政策的公开性和透明度可以提高社会民主和经济效率。尽管这一共识带有一些经验主义的色彩，但是，我们不能否认其中的合理性（比如 Geraats，Eijffinnger and van der Cruijsen，2006；Geraats，2008）。

国际预算合作会（The International Budget Partnership，2010）编制了一份预算公开调查报告，对各国财政预算的透明度和公开性进行了研究，报告中的数据具有国际可比性。在调查报告中，智利在 94 个国家中排名第 8 位（图 7-1 给出了一些国家的排名情况）。

透明度与两个预算假设有关——未来的经济增长率和未来的铜

价，这两点在智利的财政政策中都得到了保证。其中，智利的两个委员会公开了对经济增长率和铜价的预测（随后我们将详细讨论）。然而，我们不能简单地将最新预测直接用于财政预算中，尤其是2008年和2009年对财政政策进行了调整后。《预算法财政报告（2010年）》（2010 Report on Public Finance for the Budget Law）的发布，优化了周期性调整盈余的计算方法，也与财政政策咨询委员会提出的建议相一致。

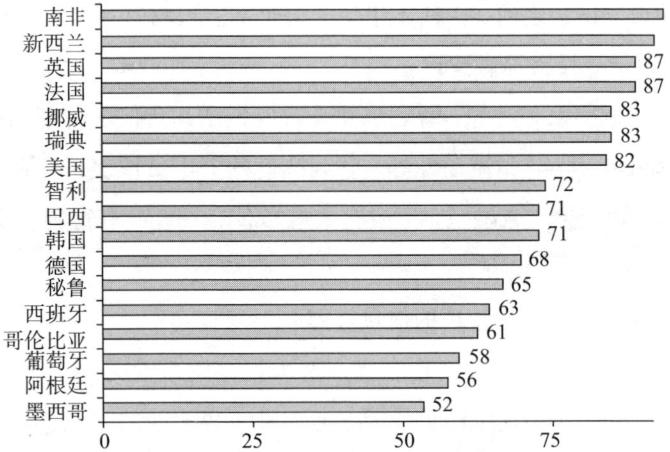

图7-1　政府预算公开性及透明度，2010年

数据来源：The International Budget Partnership（2010）。

主权财富基金管理及投资的公开性和透明度不仅存在差异，而且差异较大。在最近由主权财富基金协会（Sovereign Wealth Fund Institute）发布的主权财富基金管理透明度的排名中，智利与其他七个国家的主权财富基金排名并列第一，其中包括挪威的养老基金（见图7-2）。总体而言，智利政府财务的透明度已经有了较大提升。

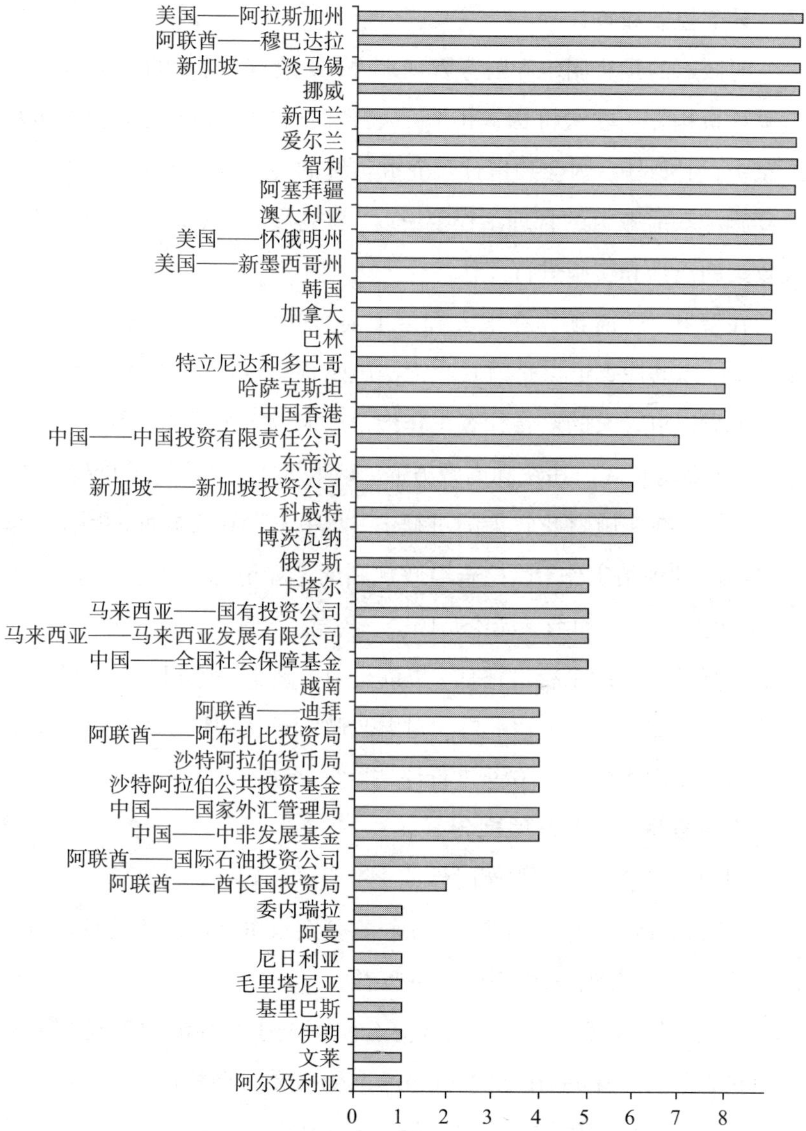

图 7-2　主权财富基金透明度，2011 年

数据来源：Sovereign Wealth Fund Institute（2011）。

外部控制和审计

对政府的预算制定和财务管理来说，一般有三个标准的外部管理与审计机构——立法机构、审计长或督察长、财政委员会。在大多数国家中，主要是由国会和审计长完成传统的会计和财务工作，以及预算实施和政府账目的管理工作。最近，智利设立了财政委员会，对财政政策的设计和实施进行评估。

在智利，政府预算在很大程度上要接受审计办公室的监督和管理，该机构的检查重点是财政政策实施及预算过程中的会计、程序及法律问题。审计长的监督检查工作涉及政府的各个层面，无论过去还是现在，在阻止政府违法和腐败方面，审计办公室都取得了卓越成效。

但是，在实施财政政策的过程中，几乎不存在实质性的事前、事中和事后的评估工作，以检查财政规则的遵守情况、政府支出、政府效率、税收等相关事宜。无论是国会、政党、智囊机构还是学术界，都缺乏对财政政策的系统性评估，也许是因为缺少一个相对独立的评估机构。目前，只有一些学术机构对财政政策进行评估研究，财政部偶尔会对财政政策的某些方面进行评估。

财政委员会和财政理事会

财政委员会是财政部暂时性或永久性的顾问团，它只负责有限的工作，比如财政规则修改或对主权财富基金投资提出政策建议。他们的建议是否被采纳，取决于政府决策者。

独立的财政理事会（和预算办公室）是永久性的政府机构或国会机构，它承担着更为广泛的任务；与财政委员会相比，独立财政理事会所提出的政策建议更有可能被政府采纳。

财政委员会与财政理事会有着不同性质的工作，理事会的工作范围包括（Debrun and Kumar，2007；Debrun，Hauner and Kumar，2009；Ter-Minassian，2010；Calmfors and Wren-Lewis，2011）：

- 对财政预算的金融和宏观经济情况进行评估和检验；
- 对财政预算和政府财务状况提出规划建议，包括正常情况和风险情况、短期情况和长期情况；
- 对财政政策和预算管理提出政策评估和建议，根据事前评估，预测财政政策能否达到目标；
- 对政府或立法机构进行评估，并提出建议，包括财政政策的立场、长期可持续性和最优性，以及宏观经济效果；
- 对政府资产负债的管理政策进行评估并提出建议；
- 监督财政预算的实施，当财政预算出现偏差时，提出相关建议；
- 分析财政政策的透明度。

在有些国家（例如智利），政府在财政部设立财政咨询委员会，以提出各种建议。

另外一些国家会在立法部门设立财政咨询办公室，为财政政策和财政预算的内容和结果提供独立分析。比如成立于1974年的美国国会预算办公室，成立于2008年的加拿大国会预算办公室，以及日本、韩国、墨西哥的相关机构。

奥地利、比利时、丹麦、爱沙尼亚、法国、德国、希腊、匈牙利、意大利、卢森堡、荷兰、波兰及英国等国家，都是设立了财政理事会的欧盟成员国。除了欧盟国家，日本和瑞典也建立了提供税收建议的财政机构。2007年，德布兰和库马尔使用统计数据证明，欧盟25个国家的财政委员会加强了该国的财政纪律。但是，一些欧洲国家最近发生的财政危机对上述观点提出了质疑。

最近，受欧洲主权债务危机的影响，越来越多的欧洲国家（包括法国和英国）设立了更强大的财政理事会，并且根据特别设立的法律，授予其更多的独立性，增强了该理事会独立评估财政政策和提出相关政策建议的能力。这种新型的财政理事会具有以下特点：

1. 独立于政府。

2. 由专门的法律设立，并由该法律来界定理事会的任务、功能、责任、内部结构、人员组成、财务管理、会计等内容，及执行任务时的透明度。

3. 国会负责选择理事会成员，包括学者及财政经验丰富的人员。

4. 当出现严重的预算偏差时，对政策制定者进行法律制裁。

智利没有设立独立的财政理事会，但有一个独立的财政委员会和专家小组，其中包括：财政部经济预测咨询委员会（Advisory Committee for Trend GDP，ACTG），财政部铜价预测咨询委员会（Advisory Committee for the Reference Copper Price，ACRCP），及财政部主权财富基金财务咨询委员会。2006 年制定的财政责任法（Fiscal Responsibility Law）分别规定了其法律责任。

经济预测咨询委员会为财政部提供关于资本增长率、劳动力和全要素生产率的预测，以帮助财政部预测经济增长率及产出缺口；铜价预测咨询委员会为财政部提供国际铜价的长期趋势。下一年度的产出缺口及铜价预测对结构性周期盈余财政规则是非常重要的信息。结构性周期盈余财政规则由财政责任法规定，对政府预算起着决定性作用。该规则为政府预算、周期性及实际政府收入、周期性及实际政府盈余设定了参考标准。

智利使用经济预测咨询委员会的 16 个委员关于资本、劳动力和全要素生产率增长率的预测，加上铜价预测咨询委员会的 12 个委员对铜价的预测，共同制定财政预算。在剔除最大预测值和最小预测值之后，对所有的预测值取平均值，得到财政部对资本、劳动力、全要素生产率增长率及铜价的官方预测。智利财政部在使用上述四个经济变量制定财政预算的方法（即方程和参数）方面，拥有很大的灵活性。尽管财政部不断公开预测方法，例如，相关的技术报告以及经济预测咨询委员会和铜价预测咨询委员会的年度总结会议，都会详细地描述相关的预测方法，但是，智利财政部仍然保留了很大的自由裁量权。

智利财政部曾经邀请上述咨询委员会的独立委员进行预算演习。财政部将委员们分为本国宏观经济学家（经济预测咨询委员会）及铜出口市场专家（铜价预测咨询委员会），他们参加每年七八月份由财政部组织的技术会议，并在接下来的几周内提交预测报告。在每年的 8—10 月，财政部会发布两份官方报告，其中一份给每个咨询委员会，说明经济增长率和产出缺口的个人预测及平均预测。上述委员会不与国会进行正式沟通或直接交流。

与经济预测咨询委员会和铜价预测咨询委员会不同，主权财富基金的财务咨询委员会是一个更为正式的官方机构。财务咨询委员会共有六个独立委员，都是由财政部从本国的经济学家及财务专家中挑选的，任期为两年。财务咨询委员会由主席、副主席及四个成员组成。财务咨询委员会的成员平均每六周见一次面，政府给予参加财务咨询委员会会议的委员一定的报酬。财务咨询委员会秘书处是财政部的国际金融理事会。国际金融理事会的理事长担任财务咨询委员会的秘书长，秘书处的工作人员为每次会议准备关于国际金融形势和主权财富基金投资情况的技术报告。财务咨询委员会负责讨论智利的金融发展情况及主权财富基金的投资表现等，评估智利中央银行对主权财富基金的管理情况；该委员会有时还与主权财富基金的管理人员碰面，对主权财富基金的投资政策、财政部的管理政策提出建议。我们要特别注意，与经济预测咨询委员会和铜价预测咨询委员会不同，财务咨询委员会的政策建议不会对财政部的财政政策产生任何实质性影响。

每次会议结束后，财务咨询委员会会公开发布会议公报。同时，财务咨询委员会也会定期发布年报，报告主权财富基金的财务情况，以及财务咨询委员会对财政部的投资政策建议。

智利的财政规则

在 2000 年，智利建立了关于中央政府财政预算的财政规则，次年由财政部部长及其团队负责实施。尽管这项规则后来经过多次修改，但其基本特征始终没变。该规则已经运行了 12 年，前后历经三任总统——拉格斯（从 2000 年至 2006 年）、巴切莱特（从 2006 年至 2010 年）、皮涅拉（从 2010 年至今），其中，皮涅拉总统的任期是从 2010 年至 2014 年。

智利政府的财政规则包括两个具体目标——财政的可持续性和宏观经济的稳定性。当政府的周期性盈余调整能够满足政府的支出需要时，才能保证财政的稳定性；当政府的支出与周期性调整的政府收入相一致时，政府收支的稳定性（或宏观经济的稳定性）才能实现。[1] 因此，为了实现政府收支稳定的长期目标，智利政府将周期性盈余调整政策与政府支出的永久性收入理论结合使用。所以，财政政策的目标是在经济增长较快阶段进行储蓄，以便为经济增长减速阶段做好准备。

智利财政收入的周期性波动，主要源于非矿产税收、矿产税、转移收入的周期性变动。但是，非矿产税收入、矿产税及转移收入的周期性变动更多地受铜价及钼价变动的影响。[2]

与其他经济合作与发展组织国家的财政支出相比，智利的财政支出对于经济周期不是那么敏感，这主要是因为智利政府支出的“自动稳定器”（automatic stabilizers）规模较小。例如，在经济下滑时期，政府发放的失业救济金或公共就业计划规模较小。因此，财政规则会对实际和周期性调整的政府收入产生影响，但对实际和周期性调整的政府支出没有影响。

下面的公式代表政府收支平衡的周期性成分，即周期性调整盈余与中央政府实际盈余的差额，我们把财政规则引入公式中。由于财政规则对政府支出没有影响，因此，该差额就是周期性调整的政府收入和实际政府收入之间的差额，它取决于这两种情况下的非矿产税收入、矿产税收、社会保障收入、国有铜和钼生产企业（CODELCO）上交财政预算的收入：

$$B_t^* - B_t = (R_t^* - G_t) - (R_t - G_t) = NMTR_t^* - NMTR_t + MTR_t^* - MTR_t + CR_t^* - CR_t + MR_t^* - MR_t, \quad (7.1)$$

其中：

B_t^* = 政府周期性调整盈余，

B_t = 中央政府实际盈余，

R_t^* = 周期性调整的中央政府收入，

R_t = 中央政府实际收入，

G_t = 中央政府实际支出，

$NMTR_t^*$ = 周期性调整的非矿产税收入及社会保障收入，

$NMTR_t$ = 实际非矿产税收入及社会保障收入，

MTR_t = 私人矿产公司上交的实际税收收入，

MTR_t^*= 私人矿产公司上交的周期性调整的税收收入，

CR_t = 国有铜生产企业上交的实际收入，

CR_t^* = 国有铜生产企业上交的周期性调整收入，

MR_t = 国有钼生产企业上交的实际收入，

MR_t^*= 国有钼生产企业上交的周期性调整收入，

t = 时间下标。

我们对公式进行简单变形，新公式表明财政政策的目标是，实际政府支出限制为周期性调整的中央政府收入减去周期性调整盈余：

$$G_t = R_t^* - B_t^* 。 \qquad (7.2)$$

我们无法观测周期性调整（即趋势或长期情况）变量，我们通过观察财政政策的实施来观测这些变量。按照之前的讨论，每年我们可以把观测的任务外包给私人部门，由它们准备并提交预算法案，最终由国会审批。在接下来的预算中，财政政策要遵循预算法案和财政规则。

财政政策有三个主要的弹性参数。第一个是非矿产税收的产出缺口弹性，这一点在公式 7.1 中有很明显的体现。直到 2008 年，财政部才把这个参数设定为 1.05，假设政府非矿产税收和国内生产总值几乎同比例变动。2009 年，该弹性参数被替换成数个不同种类税收的弹性参数，范围在 1.0 和 2.4 之间（Rodriguez，Escobar and Joratt，2009）。

第二个和第三个弹性参数是公式 7.1 中，矿产收入项的铜和钼的价格弹性。财政部没有给这两种弹性参数设定具体的数值。但是，财政部的预算办公室每年会对矿产税收做预测，并报告每一种矿产的实际价格和预测价格。

财政规则实施及财政预算执行

现在我们来分析财政规则是如何实施的，财政规则的制定和实施会发生什么变动，以及财政预算的执行情况。

自 2001 年 1 月起，智利的财政规则开始实施，其间有数次修改及完善（Velasco and others，2010；Advisory Committee on Fiscal Policy，2011）。在开始阶段，进行了如下改进：

• 邀请财政部的经济咨询委员会对经济增长率进行预测（2001 年 8 月）。

• 公布周期性调整盈余的计算方法（2001 年 9 月）。

• 邀请财政部的铜价预测咨询委员会对长期铜价进行预测（2004 年 8 月）。

• 根据国际货币基金组织在 2001 年提出的方法，自 2004 年起，政府的统计方法从现收现付制转为权责发生制（2004 年 2 月）。

财政规则针对矿产收入进行了如下改进：

• 对私人矿产税收进行周期性调整（2005 年 8 月）；

• 对国有矿产企业税收进行周期性调整（2005 年 12 月）；

• 对新的官方矿产税收进行周期性调整（2006 年 1 月）；

• 对矿产附加税进行周期性调整（2006 年 12 月）；

• 对官方矿产税收入（考虑暂时的月度税收）进行修正（2007 年 12 月）；

对财政规则进行完善，将周期性调整扩展到其他变量（除经济增长率和矿产价格）及暂时性税收：

• 对政府资产的利息收入进行周期性调整（2008 年 9 月）；

• 对与暂时性减税相关的非矿产税收入进行调整（2009 年 1 月）;

• 对政府非金融资产中的经营收入和财产收入进行周期性调整（2010 年 1 月）。

按照财政政策咨询委员会的建议（2010，2011），智利政府在 2010 年撤销了后三个调整措施。智利政府试图部分地从以周期性调整为主的财政规则，调整到以永久性收入为主的财政规则，但撤销三个调整措施后，又回到了 2001—2007 年一直使用的财政规则。也就是说，智利从经济合作与发展组织、国际货币基金组织及欧盟委员会的财政规则中，选择了最适合本国情况的以周期性调整为主的财政规则。然而，与大多数国家不同，智利不仅对周期性变量（比如国内生产总值）进行周期性调整，还对重要的大宗商品（比如铜和钼）的价格进行周期性调整。

财政部的经济预测咨询委员会每年都会对生产要素的增长率进行预测，然后，财政部根据这些预测对潜在经济增长率及产出缺口做出判断。[3] 图 7–3 中，我们列出了财政部对近期潜在经济增长率及产

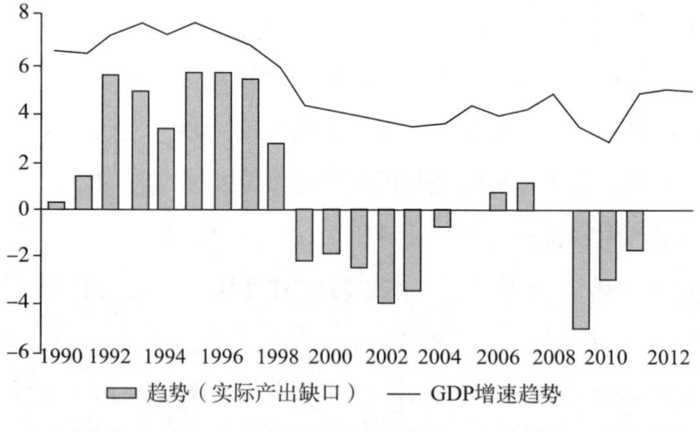

图 7–3　财政部在 2010 年对 GDP 增长趋势及产出缺口的预测，1990—2015 年（%）

数据来源：财政政策咨询委员会对 GDP 趋势的预测报告。

出缺口的预测，这些预测决定了 2011 年的财政预算。值得注意的是，这些数据都是事前预测值（2010 年 8 月），而不是前几年（2001—2010 年）实施财政政策时使用的实际估计值。例如，2010 年，我们对 2001—2009 年潜在增长率的预测值比之前财政部的预测值要低很多，差值在 5% 以上。这意味着对产出缺口的向上修正和对政府预算支出的向下修正，即相比于实际情况，政府预算支出过于保守，类似于紧缩性的财政政策。

在图 7-4 中，我们给出了每一年的经济增长情况、经济预测咨询委员会对长期经济增长率的预测，同时标明了预测误差。从 2005 年到 2009 年，经济预测咨询委员会对经济增长率的预测误差一直在增加。

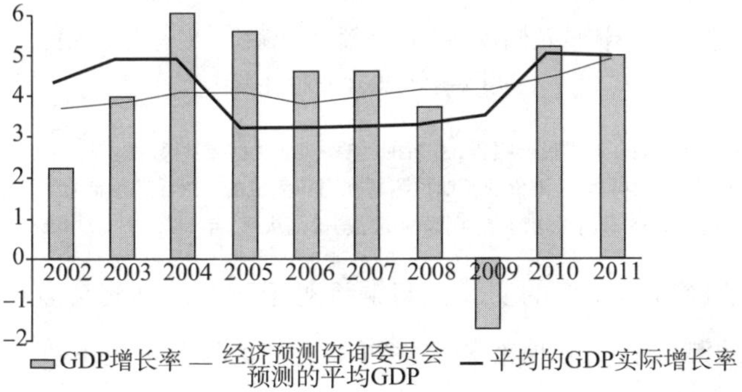

图 7-4　经济预测咨询委员会的预测，GDP 增长率预测值，GDP 实际增长率 2002—2010 年（%）

数据来源：经济预测咨询委员会 2011 年报告，作者的计算。

注：该委员会预测的平均 GDP 增长率是该委员会当年预测的平均值。平均实际增长率是国内生产总值增长率的移动平均数，时间从第 t 年到第（t+4）年。

之前我们提到，财政部的铜价预测咨询委员会对未来数年的国际铜价进行预测。在图 7-5 中，我们给出了每一年的铜价、铜价预测咨询委员会对铜价的预测，同时标明了预测误差。随着铜价上涨，铜价预测咨询委员会大幅提高了其预测值，但是，预测误差仍然存在。对铜价上涨的预测意味着政府预算支出的提高，在其他条件不变的情况下，这意味着政府须实行扩张性财政政策。

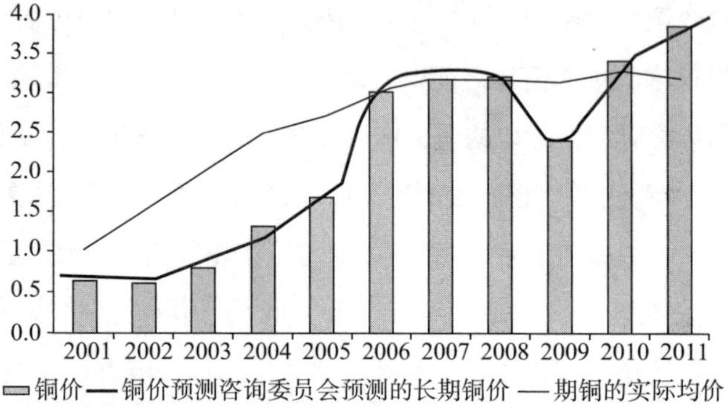

图 7-5　铜价预测咨询委员会预测的铜价、平均实际铜价、实际铜价 2001—2011 年

数据来源：铜价预测咨询委员会报告，作者的计算；智利中央银行数据。
注：铜价预测咨询委员会对铜价的长期预测是在当年完成的。PCu 是各年的平均铜价，其中 2011 年的数据是 1—8 月的平均铜价。期铜的实际均价是从第 *t* 年到第（*t*+4）年的平均值。

当前经济增长率的实际值与铜价对于我们的预测会有什么影响呢？从预测值和实际值的相关性可以看出，两者相关系数在 0.63 和 0.77 之间（见表 7-2），这表明相关程度较高。

表 7-2　铜价预测咨询委员会预测值和实际价格之间的相关性，1990—2010 年

实际铜价（*t*–1）和预测的铜价（*t*）	0.77
实际铜价（*t*）和预测的铜价（*t*）	0.63
实际 GDP 增长（*t*）和预测的 GDP 增长（*t*）	0.64
实际 GDP 增长（*t*–1）和预测的 GDP 增长（*t*）	0.76

数据来源：GDP 趋势及铜价预测咨询委员会的相关报告；智利中央银行。

一个重要的政策变量是政府周期性调整盈余（B^*）的目标值。在实施财政规则的前七年，周期性调整盈余被设为国内生产总值的 1%。原因是中央政府储蓄必须保证对政府退休金负债的资金支持，智利中央银行资本化的要求，以及对政府或有负债的资金支持（其中包括政府退休金补贴）。

2008 年，根据财政可持续性方面的研究成果，周期性调整盈余被降低到国内生产总值的 0.5%（Engel，Marcel and Meller，2007；Velasco and others，2007）。面对 2009 年 1 月由全球金融危机所导致的世界性经济衰退，智利在 2009 年进一步把周期性调整盈余降低到 0。两次调整分别基于 2008 年 9 月和 2010 年 1 月的修正方法，但随后，对周期性调整盈余的调整被取消。

如果财政规则使用当前的调整方法（回到 2001—2007 年），则 2008 年的周期性调整盈余占国内生产总值的 -0.6%，2009 年该比例为 -3.0%。2010 年的新一届政府制定了财政政策的中期框架，目的是逐渐弥补 2009 年的周期性调整赤字。2010 年，周期性调整赤字恢复到国内生产总值的 -2.0%。新一届政府承诺，进一步完成财政调整，争取在 2014 年，将周期性调整盈余恢复到国内生产总值的 -1.0%。

在图 7-6 中，我们给出了周期性调整盈余及实际盈余占国内生产总值的百分比，及 20 世纪 90 年代（没有财政规则）到 21 世纪第一个 10 年（开始实施财政规则）之间的误差。[4] 通过分析相关数据，我们得出了以下结论：

- 财政预算受到的周期性冲击非常大（反映在周期性盈余占国内生产总值的比例上）。

- 财政预算受到的周期性冲击主要来源于铜价波动，而不是国内生产总值增长率的波动，集中反映在 2001—2010 年周期性因素的变动上。

• 在周期性繁荣阶段，财政规则允许大量的政府储蓄。

• 即使没有财政规则，在 20 世纪 90 年代，财政政策也是非常保守的。但是，在国内经济下行阶段（1998 年和 2009 年的经济衰退），财政规则没有足够的政府储蓄来实施逆周期政策，结果导致周期性调整盈余的大幅下调。2008 年，财政规则被废除，因为按照财政规则，最初周期性调整盈余占国内生产总值的 0.5% 下降为 –0.6%，2009 年进一步下降到国内生产总值的 –3.0%。

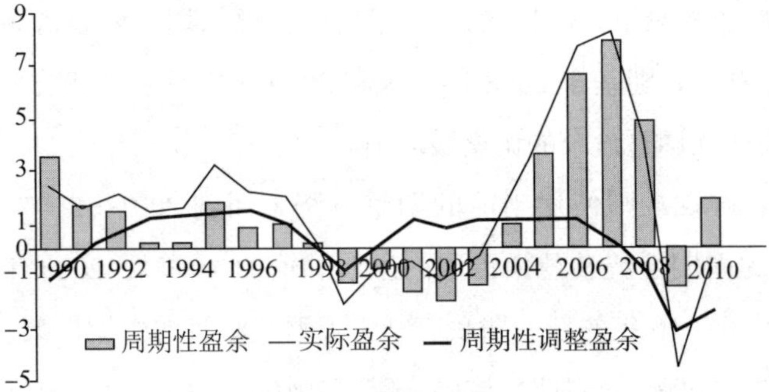

图 7–6　实际和周期性调整的中央政府盈余占 GDP 的比例，1990—2010 年（%）

数据来源：智利预算委员会。

图 7–7 和图 7–8 分别给出了 1990—2010 年间智利政府收支占国内生产总值的比重以及智利政府收支的增长情况。智利政府收入的增长情况清楚地反映了铜价与国内生产总值的周期性。长期铜价预测值的上调和周期性调整盈余目标的下调，导致政府支出增长率的大幅上升，从 2003 年的 1.6% 上升到 2009 年的 17.8%。在巴切莱特政府执政期间（从 2006 年至 2009 年），平均政府支出上升了 10%，当时国内生产总值的增速为 2.7%。2009 年，大规模的经济刺激计划导致政府支出占国内生产总值的比重上升到 24.8%，达到了近几十年的最高值。本届

智利政府承诺，到 2014 年，要将周期性调整盈余提高到占国内生产总值的 -1.0%，这需要政府支出增长低于国内生产总值增长，从而降低政府支出占国内生产总值的比重。图 7-9 反映了 2005 年之后，在智利政府的收入中，铜收入和非铜收入的构成。从图中我们可以看到，铜收入波动更大。图 7-10 是近几年智利政府净资产的增长情况。

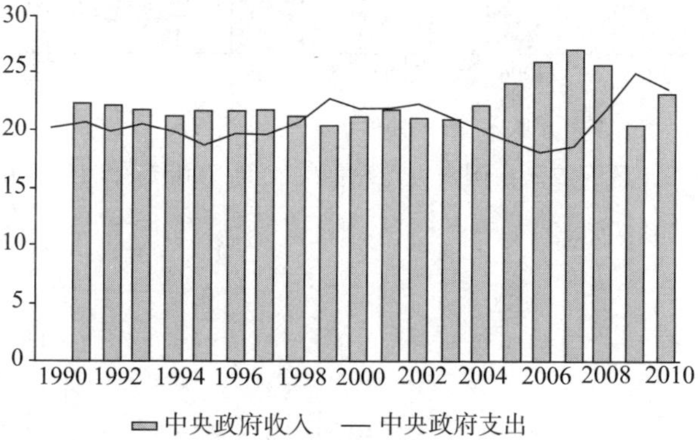

图 7-7　中央政府收支占国内生产总值的比重，1990—2010 年（%）

数据来源：智利预算委员会。

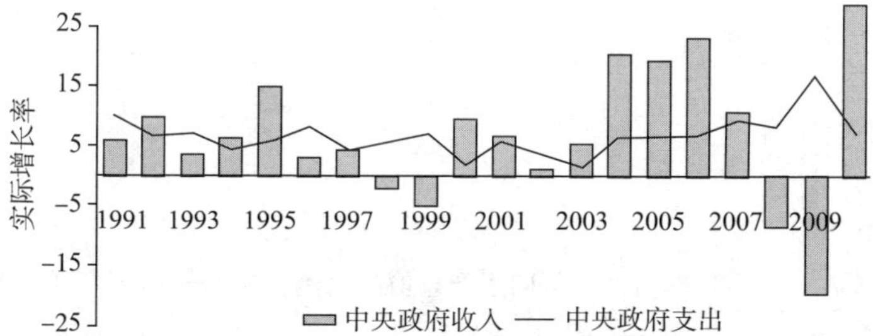

图 7-8　中央政府收支增长率，1991—2010 年（%）

数据来源：智利预算委员会。

财政预算与国内生产总值增长率、铜价之间在 1990—2010 年间及财政规则实施前后阶段的相关性，反映出以下情况（见表 7-3）：

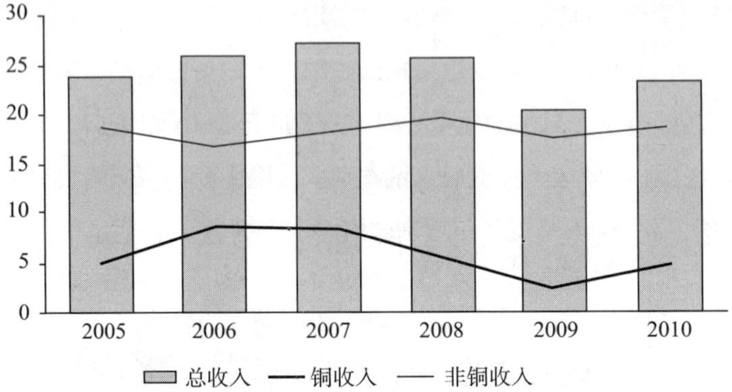

图 7-9　政府收入占国内生产总值的比例，2005—2010 年（%）

数据来源：智利预算委员会。

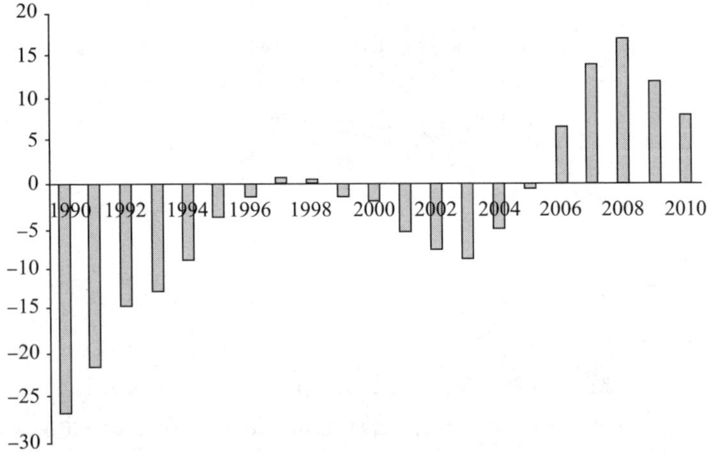

图 7-10　政府净资产占国内生产总值的比例，1990—2010 年（%）

数据来源：智利财政部。

• 在 21 世纪的第一个 10 年中，铜价和政府总收入之间的相关性大幅上升，原因是该时期铜的收入占政府收入的比重上升及铜价的大幅波动。

• 铜价与实际政府盈余之间的相关性上升（见表 7–4）。

• 铜价与政府净资产之间的相关性，由负相关（20 世纪 90 年代为 –0.4）转为正相关（21 世纪的第一个 10 年为 +0.9）。

表 7–3　财政预算、GDP 增长率及铜价之间的相关性，1990—2010 年

季度数据	1990—2010	1990—2000	2001—2010
总收入 /GDP——GDP 增长率	0.08	**0.30**	0.11
总收入 /GDP——铜价（美元）	**0.83**	**0.19**	**0.80**
总支出 /GDP——GDP 增长率	0.00	–0.01	0.07
总支出 /GDP——铜价（美元）	**0.47**	0.02	**0.34**
政府盈余 /GDP——GDP 增长率	0.08	**0.26**	0.07
政府盈余 /GDP——铜价（美元）	**0.60**	**0.15**	**0.57**
年度数据	**1990—2010**	**1990—2000**	**2001—2010**
政府净资产 /GDP——GDP 增长率	**–0.36**	–0.21	–0.19
政府净资产 /GDP——铜价（美元）	**0.71**	**–0.41**	**0.91**
政府盈余 /GDP——GDP 增长率	**0.34**	**0.78**	**0.58**
政府盈余 /GDP——铜价（美元）	**0.59**	**0.77**	**0.57**

数据来源：智利预算委员会和智利中央银行。

注：黑体字表示较强的相关性。

表 7–4　宏观经济变量之间的相关性，1990—2010 年（季度数据）

	铜价	EMBI	实际汇率	GDP 增长率
铜价	**0.33**	**–0.22**	**–0.47**	**0.59**
EMBI	**–0.44**	**0.37**	**0.24**	**–0.29**
实际汇率	**–0.61**	**0.46**	**0.3**	**–0.81**
GDP 增长率	**–0.14**	0	0.07	**0.65**

数据来源：作者根据智利预算委员会和中央银行的数据计算得来。

注：上三角矩阵给出了铜价、实际汇率、实际 GDP 及新兴市场债券指数（Emerging Markets Bond Index, EMBI）之间取对数后的相关性。下三角矩阵给出了铜价、实际汇率、实际 GDP 及 EMBI 变化幅度之间的相关性。对角线给出了经 Hodrick-Prescott 滤波平滑后的序列与增长率或变化率之间的相关性。黑体字表示相关性较强。

上述结果表明，采用财政规则对智利的财政政策产生了明显的影响——与没有实行财政规则相比，一次铜价冲击可能体现在更高的政府资产上。

对财政规则的评价及其对宏观经济的影响

一些学者研究了智利的财政规则对该国财政政策和宏观经济的影响，并进行了定性讨论或定量估计。采取周期性调整盈余规则对财政政策的主要影响是，对政府支出进行周期性调整会降低财政政策的顺周期特征，使政府支出免受周期性冲击的影响。在遭受周期性冲击时，增强政府储蓄的能力（Larrain and Parro，2006；Rodriguez，Tokman and Vega，2006；Kumhof and Laxton，2009；Velasco and others，2010；Frankel，2010；Marcel，2010；IMF，2010；Ter-Minassian，2010；Schmidt-Hebbel，2010；OECD，2010），提高财政的可持续性和透明度，降低国家的主权信用风险（Fiess，2004；Larrain and Parro，2006；Lefort，2006；Rodriguez，Tokman and Vega，2006；Kumhof and Laxton，2009；Velasco and others，2010；Marcel，2010；IMF，2010；Ter-Minassian，2010；Schmidt-Hebbel，2010；OECD，2010）。

通过对智利财政规则的研究，我们发现：

• 如果在政策制定者的目标函数中，相比于通货膨胀波动，给予产出波动较小的比重，那么，财政规则将会更好地运行。更为激进的逆周期财政规则可以获得更小的产出波动，但要以较高的财政收支波动和较高的通货膨胀波动为代价（Kumhof and Laxton，2009，使用动态随机一般均衡模型分析智利的情况）。

• 在当前的财政规则下，逆周期的财政支出要优于中性的财政支出。* 由于产出波动性降低，逆周期财政支出会提升社会福利水平，但财政支出的波动性会加大（Garcia，2011，使用动态随机一般均衡模型分析智利的情况）。

• 在目标函数中，当我们给予逆周期财政支出的权重为正值时，政府支出的波动性会上升；当我们给予逆周期财政支出的权重为负值时，政府支出的波动性会下降（Advisory Committee on Fiscal Policy，2011，在局部平衡中使用广义政府目标函数）。

其他研究表明，财政规则对宏观经济产生了以下影响：

• 总的来说，降低了宏观经济的不确定性和波动性（Fiess，2004；Larrain and Parro，2006；Rodriguez，Tokman and Vega，2006；Kumhof and Laxton，2009；Velasco and others，2010；Marcel，2010；IMF，2010；Ter-Minassian，2010；Schmidt-Hebbel，2010；OECD，2010）；

• 降低了 32% 的国内生产总值波动（Larrain and Parro，2006）；

• 降低了利率波动（Rodriguez，Tokman and Vega，2006）；

• 降低了汇率波动，在经济上行阶段抑制了汇率升值（Velasco and others，2010）；

• 在经济下行阶段，降低了对外负债的依赖度（Rodriguez，Tokman and Vega，2006；Velasco and others，2010）；

• 在经济下行阶段，更好地保证了财政支出（Rodriguez，Tokman and Vega，2006；Velasco and others，2010）。

采用财政规则后，财政收支、宏观经济变量、金融变量对铜价冲

---

* 财政支出与经济周期无关。——译者注

击的反应是否会发生改变？我们通过模拟实验来回答这个问题。利用上述变量（包括外生变量和内生变量）在 1990—2010 年的季度数据，我们对智利经济进行回归预测，预测内容包括铜价、新兴市场债券指数与智利主权信用风险之间价差的变动、实际汇率的变动、实际财政盈余占国内生产总值比重的变动、国内生产总值增长率（上述变量的相关性，见表 7–4）。我们对 1990—2010 年进行向量自回归，也对财政规则实施之前（1990—2000 年）和之后（2001—2010 年）分别进行回归分析。

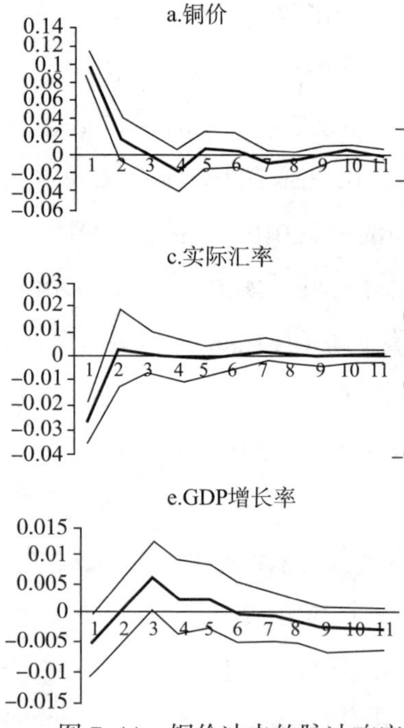

图 7–11　铜价冲击的脉冲响应，全部样本，1990—2010 年

数据来源：作者的模拟。

注：季度性的响应函数依据文中提到的向量自回归估计建立。短暂的铜价冲击在第一季度上升了 10%，第二季度减小了一部分（2%），从第三季度就完全消失了。这些图形描绘了各变量的响应函数，对应着 90% 的置信带。

在图 7-11、图 7-12 和图 7-13 中，我们分别给出了三个不同阶段，相关变量面对 10% 的铜价冲击（发生后很快降低 1/4）的响应函数，及 1990—2000 年和 2001—2010 年两个不同阶段的对比结果。

1990—2000 年，铜价冲击对主权信用风险溢价和财政盈余没有任何影响，但导致了实际汇率的暂时上升及经济增长率的暂时下滑。

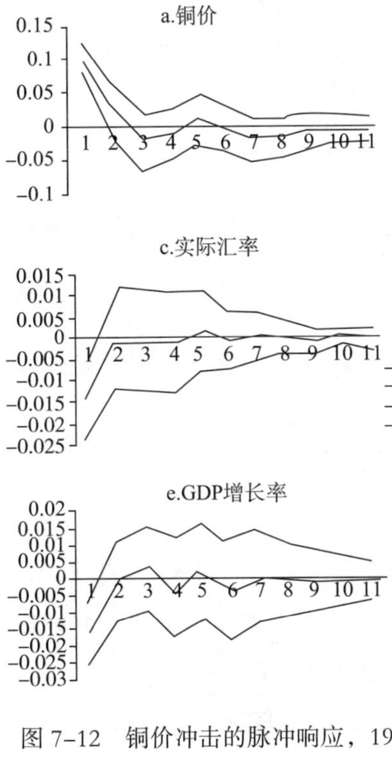

图 7-12　铜价冲击的脉冲响应，1990—2000 年（财政规则实施之前）

数据来源：作者的模拟。

注：季度性的响应函数依据文中提到的向量自回归估计建立。短暂的铜价冲击在第一季度上升了 10%，第二季度减小了一部分（2%），从第三季度就完全消失了。这些图形描绘了各变量的响应函数，对应着 90% 的置信带。

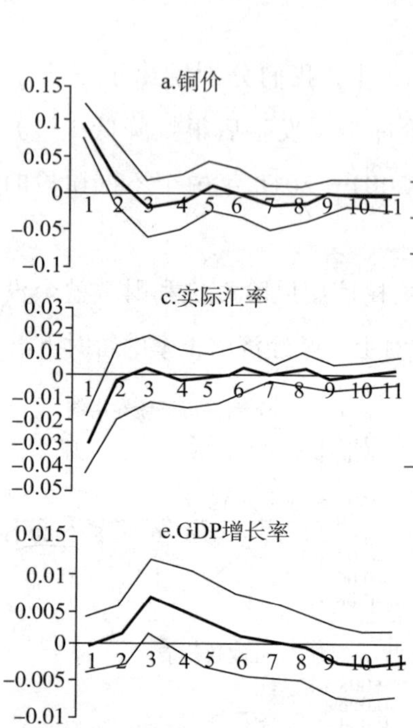

图 7–13 铜价冲击的脉冲响应，2001—2010 年（财政规则实施之后）

数据来源：作者的模拟。

注释：季度性的响应函数依据文中提到的向量自回归估计建立。短暂的铜价冲击在第一季度上升了 10%，第二季度减小了一部分（2%），从第三季度就完全消失了。这些图形描绘了各变量的响应函数，对应着 90% 的置信带。

2001—2010 年，铜价冲击造成了完全不同的结果，主权风险溢价下降了 20%。在接下来的五个季度中，财政盈余平均上升了 1% 左右，财政盈余注入主权财富基金的金额也随之上升。在第一个季度中，实际汇率上升了 3%，代表对外融资的新兴市场债券指数也随之降低。铜价冲击后的第三个季度，国内生产总值上升了 0.7% 左右。

因此，政府支出在应对铜价（及国内生产总值）周期性冲击时，财政规则发挥了重要的作用。主权财富基金中的政府储蓄起到了缓冲作用，稳定了产出及实际汇率。

同样重要的是，财政规则增强了财政政策与政府支出的政治免疫力，在面临铜价上涨的意外收入及国内经济繁荣时，更好地抵御了游说团体和利益集团的压力，保证了财政支出的逆周期特征，以更好地应对经济的周期性波动。

智利财政规则的不足及政策建议

总体来说，智利的财政规则已被证明是成功的，它增强了智利财政的可持续性，增强了智利财政政策的逆周期性和宏观经济的稳定性。但是，在智利财政规则的设计和实施方面，以及财政政策的管理制度框架方面仍然存在一些不足。智利财政部部长拉雷恩曾经召集了财政政策设计咨询委员会，基于智利的第二代财政收支结构性均衡方法，评估上述不足，并且提出了相应的改革建议。该委员会成立于 2010 年 5 月，结束于 2011 年 1 月。2010 年 8 月，财政政策设计咨询委员会递交了初步报告（Advisory Committee on Fiscal Policy，2010）；2011 年 1 月，该委员会递交了最终报告（Advisory Committee on Fiscal Policy，2011）。

针对智利财政规则的使用方法，该咨询委员会提出了以下建议：

1. 将财政收支周期性调整盈余的范围限定于 GDP、铜价和钼价所受到的周期性冲击，而不需要考虑其他使收入偏离永久性收入的冲击。该建议在 2010 年被采纳，替代在 2008 年年末至 2010 年年初施行的规则。

2. 将事前逆周期政策的支出成分补充到周期性调整盈余规则中。该支出成分是事前产出缺口的负函数。

3. 将支出的部分调整机制补充到财政规则中，避免像 2006—2009 年间发生的财政支出大幅下滑的现象，支出的部分调整机制可以应对经济增长及长期铜价和钼价的重大变化。

4. 在财政规则中定义事前免责条款，在无法暂时废除规则的特殊情况下，政府可以进行特殊的财政扩张或调整。使用事前免责条款可以避免如 2008—2009 年间对财政规则的临时性废除。当然，使用免责条款需要在特殊的情况下，并且在一定的时间范围内使用，此条款的使用还需要政策许可。

5. 将周期性调整盈余规则的制度管辖范围控制在中央政府层面，而不是扩展到整个政府范围。然而，当实施财政规则阻止准财政风险时，需要各级政府机构、上市公司及市政当局的支持。

6. 在短期内，保证中央政府的收支平衡（不需要调整政府金融资产和负债的利息）。然而，在财政收支计算完成后，财政规则要保障中央政府收支的初步平衡，这样做有以下好处：（1）避免利率调整对周期性调整盈余的影响，（2）消除净金融资产积累和出售对财政政策逆周期性的不利影响，（3）与长期财政的可持续性之间建立了直接联系。

7. 设定长期财政偿付目标，为周期性调整盈余选择一个合适的水平。这需要对政府的或有负债进行系统的评估（包括退休金、医疗和教育等）。政府资产也需要类似的研究（例如国有矿产企业拥有的矿产资源）。

对与国内生产总值有关的周期性调整收入的估计方法，及国内生产总值变动趋势的预测方法，咨询委员会提出了以下建议：

1. 继续发挥经济预测咨询委员会的作用，并且要求该委员会更加准确地预测国内生产总值增长率和产出缺口。

2. 将收入对国内生产总值的弹性保持在贝拉斯科等人（2010）提出的数值上，但将医疗保险对国内生产总值的弹性设置为1.17。

3. 避免因暂时性的税收变动而对财政收入和财政盈余进行周期性调整，除非暂时性的税收变动使财政收入发生跨年变动。

对与矿产价格相关的周期性调整收入的估计方法，以及铜和钼长期价格的预测方法，咨询委员会提出了以下建议：

1. 继续发挥铜价预测咨询委员会的作用，并向该委员会成员提供更多关于国际铜价变动的信息。

2. 把钼价的预测任务（目前由预算委员会完成）转交给新的委员会或智利铜业委员会（铜价的官方分析机构）。

3. 简化并公开周期性调整矿产收入的计算方法，并尽可能与国际货币基金组织（2010）的方法保持一致。

对于规则框架，目前采取的最好方法是，通过监督财政预测、评估财政目标的完成进度、提高政策的透明度，强化财政政策和财政规则。针对这个方面，咨询委员会的建议是建立由理事会委员、员工及顾问组成的财务委员会，由法律规定其任务。财务委员会的主要工作如下：

1. 评估财政规则的方法；

2. 基于经济预测咨询委员会和铜价预测咨询委员会的预测，对预测周期性调整盈余的周期性调整变量，提出严格的假设条件和预测；

3. 评估财政政策，包括财政规则的实施及中长期财政政策的可持续性；

4. 对财政预算会计准则、方法的所有变动提供技术报告；

5. 评估为达到周期性调整盈余的目标所使用的策略与免责条款之间的关联性；

6. 发表政府或有负债报告，评估政府或有负债对周期性调整盈余的目标的影响。

最后，咨询委员会提出，应增强智利财政政策的透明度、公开性及一致性，以下是其中最重要的几点：

1. 对周期性调整盈余的计算方法进行调整之前，要充分地与社会公众沟通；

2. 将经济预测咨询委员会和铜价预测咨询委员会的职能上升到法律层面，将公开会议记录的要求变为法律要求；

3. 对周期性调整盈余中的财政收入、宏观经济状况、矿产收入的计算要求，必须及时公布；

4. 在中期财政预算的年度报告中，提供更详细的信息；

5. 将公开公共部门财务管理的年度报告以及财政预测变成法律要求，其中包含对预测偏差的评估及采取相应修正措施的讨论；

6. 在年度报告中增加政府或有负债的信息；

7. 将定期进行精确的长期财政收支预测变为法律要求；

8. 改善新法规下财务报告的评估内容和信息。

对大宗商品出口国的财政政策建议

大宗商品出口国的财政政策及宏观经济表现，更容易受到大宗商品价格繁荣与萧条的影响。不合理的财政制度、不完全的财政框架、财政法规的缺失会造成财政政策的顺周期性。国际大宗商品价格上涨，将引发公共部门及私人部门的过度开支、储蓄不足、过度借款、过度的信贷增长与杠杆问题、资产价格泡沫、本币大幅升值。相反，国际大宗商品价格下跌，将引发公共部门及私人部门开支的紧缩，甚至大幅下滑，导致对外负债及国内借款的增加，造成国内经济衰退、公司倒闭及严重的失业问题。同时还会伴随着金融危机，比如银行危机、政府债务违约、名义或实际汇率的大幅贬值。

在大宗商品出口国，不合理的政治制度及财政规则会产生许多负面影响，包括“荷兰病”和金融危机。不透明的财政预算管理和外部监督的缺失将导致无效率或低效率的政府支出、政府资源的滥用及腐败问题。

大宗商品出口国的财政规则如果采用更为完善的国际框架，可以减轻大宗商品价格泡沫带来的不利影响，增强财政支出的效率，更好地利用国内自然资源，从而实现财政政策的双重目标——保持财政偿付能力，增强宏观经济稳定性。

国际经验表明，财政收支管理薄弱、贪污腐败问题严重、财政信用低下、金融市场不发达及难以有效利用国际金融市场的国家，更有可能出现财政政策的顺周期性（Ilzetzki and Vegh，2008；Calderon and Schmidt-Hebbel，2008；Calderon，Duncan and Schmidt-Hebbel，2010）。

对任何一个国家而言，要打破财政政策的顺周期性，必须改革财政制度，完善财政法规。当然，这比解决金融市场不发达问题要容易一些。这意味着政府要提高财政收支的管理能力，提高财政政策的有效性，从而减少贪污腐败。

国际经验及智利的例子告诉我们，无论是经济方面还是政治方面，都可以通过财政制度和财政政策的改革而得到改善。

加强财政政策的制度框架

加强财政政策、财政预算的计划和执行的制度框架，包括以下五个方面：

• 财政责任法：建立法律框架，详细说明预算过程和预算规则，增强财政政策的透明度、公开性和稳定性。财政责任法要求政府公开短期和中期的政策目标，以便为财政收支制定短期和中期目标，公开预算计划的信息，增强预算执行的合法性，提升财政的稳定性和偿付能力，更有效地评估财政政策的事后执行情况。

• 财政预算的财务管理：由财政部实施的有效预算管理包括以下几个核心因素：赋予财政部更多的权力，与其他部门或地方政府相比，使财政部更有动力推进财政预算的制定；掌握较高的制订预算计划的技术水平；采用现代的财务规则；确保对预算的高效批准，避免议会的修改；增强监督预算执行的能力。

• 预算计划的时间跨度：把预算计划从一年期延长为多年期。

• 财政政策的公开性及预算信息的透明度：按照经济效率和合法性的要求，进一步提高财政政策的公开性及政府账目的透明度。

• 外部监督和审计：政府应加强财政政策、预算实施和政府账目的外部监督及审计，可以从三个层面入手——国会、审计长和财政委员会。

制定财政规则

在周期性调整盈余的基础上，制定财政规则是避免财政政策和政府支出顺周期性的一项重要措施。对于非大宗商品出口国而言，可能只限于对本国经济进行周期性调整；对于大宗商品出口国而言，还需要对大宗商品价格进行周期性调整。这也是智利经历过的情况，对于大多数大宗商品出口国而言，政府收入波动的最大来源是出口商品的价格波动，而非本国经济波动。另外，制定一个管理本国经济波动及大宗商品价格波动的财政规则，可以降低本国经济波动的程度（例如智利的经验）。

成功的财政规则有利于提升政府支出和政府项目的稳定性、财政政策的可持续性和可信性、宏观经济的稳定性。为此，财政规则要满足以下条件：

• 使用相对稳定的计算方法和公式；

• 使用的假设、计算方法和相关信息应该公开化；

• 对主要经济和金融变量进行独立、公正的预测（例如由独立委员会或理事会做出的预测）。

财政规则的具体实施取决于政府对预算盈余的规定、政府的管理水平、财政支出顺周期或逆周期的程度、周期性调整盈余的目标等不同情况。

建立主权财富基金

以周期性调整盈余为目标的财政规则，要求建立主权财富基金：在经济上行时期，政府将财政盈余注入主权财富基金；在经济下行时期，政府从主权财富基金中获得资金支持。这一点对于大宗商品出口国来说非常重要，因为这些国家是从大宗商品出口企业获得外币税收，同时使用外币对外投资的。

主权财富基金应当满足以下条件：

• 高效透明的公司治理结构；

• 财政预算与主权财富基金之间资金往来的信息透明；

• 根据周期长度（大宗商品价格周期及经济周期）和政府的风险厌恶程度，进行资产组合配置；

• 根据透明度的要求，进行有效的资产组合管理，并由政府和社会公众共同进行监督。

建立管理委员会和财政委员会

专门的管理委员会或财政委员会主要负责特定的任务，例如，为财政预算或主权财富基金提供某些重要变量的独立预测。由独立人员组成的委员会为政府提供了专业、独立的建议，进一步完善了财政制度。

除了单一任务的财政委员会，一些发达国家已经建立或正在筹备承担更广泛任务的财政委员会，以提升财政政策评估、财政预算计划、预算执行监督的质量。到目前为止，大宗商品出口国都还没有建立财政委员会。但是，对财政制度薄弱的国家，财政委员会能起到很好的作用。财政委员会的潜在职能如下：

1. 评估和批准财政预算的金融及宏观经济假设；

2. 为财政预算和政府的金融状况提供独立的预测；

3. 为财政预算的修正提供政策评估和建议；

4. 站在财政政策的角度，分析财政政策的可持续性、如何优化及其对宏观经济的影响；

5. 对政府的资产负债管理提出建议；

6. 监督预算的实施，当预算实施出现偏差时，为预算的修正提出建议；

7. 对提高财政政策的透明度提出建议。

参考文献

Advisory Committee on Fiscal Policy（Comité Asesor para el Diseño de una política Fiscal de Balance Estructural de Segunda Generación para Chile）, 2010, “Propuesta para Perfeccional la Regla Fiscal,” preliminary report（unpublished; Santiago: Ministry of Finance of Chile）.

——，2011，“Propuesta para Perfeccionar la Regla Fiscal,” final report（Santiago: Ministry of Finance of Chile）.

Alesina, A., and R. Perotti, 1996, “Budget Deficits and Budget Institutions,” NBER Working Paper No.5556（Cambridge, Massachusetts: National Bureau of Economic Research）.

Alesina, A., S. Ardagna, R. Perotti, and F. Schiantarcili, 1999, “Fiscal Policy, Profits, and Investment,” NBER Working Paper No.7207（Cambridge, Massachusetts: National Bureau of Economic Research）.

Cáceres, C., A. Corbacho, and L. Medina, 2010, “Structural Breaks in Fiscal Performance: Did Fiscal Responsibility Laws Have Anything to Do with Them?” IMF Working Paper 10/248（Washington: International Monetary Fund）.

Calderón, C., and K. Schmidt-Hebbel, 2008, “The Choice of Fiscal Regimes in the World,” Working Paper No. 487（Santiago: Central Bank of Chile）.

Calderón, C., R. Duncan, and K. Schmidt-Hebbel, 2010, “Institutions and Cyclical Properties of Macroeconomic Policies in the Global Economy,” Institute of Economics Working Paper No.372（Santiago: Catholic University of Chile）.

Calmfors, L., and S. Wren-Lewis, 2011, “What Should Fiscal Councils Do?” Discussion Paper Series, Department of Economics（Oxford, U.K.: University of Oxford）.

Debrun, X., D. Hauner, and M. Kumar, 2009, “Independent Fiscal Agencies,” *Journal of Economic Surveys*, Vol. 23, No.1, pp. 44-81.

Debrun, X., and M. S. Kumar, 2007, “The Discipline-Enhancing Role of Fiscal Institutions: Theory and Empirical Evidence,” IMF Working Paper 07/171（Washington: International Monetary Fund）.

Engel, E., M. Marcel, and P. Meller, 2007, “Meta Superávit Estructural: Elementos para su Análisis,”Serie de Estudios de Finanzas Públicas, Dirección de Presupestos（DIPRES）, Santiago, Chile. Available via the Internet: www.dipres.gob.cl/572/ articles-21746_doc_pdf. pdf.

Fiess, N., 2004, “Chile’s Fiscal Rule, ” *Econometric Society 2004 Latin American Meetings*, No.348（New York: Econometric Society）.

Frankel, J., 2010, “A Solution to Fiscal Procyclicality: The Structural Budget Institutions Pioneered by Chile,” paper presented at the Fourteenth Annual Conference of the Central Bank of Chile: Fiscal Policy and Macroeconomic Performance, Santiago, October 21-22.

García, S. 2011, “Regla Fiscal Contracíclica, Análisis para Chile, ” master’s thesis, Department of Economics, University of Chile.

Geraats, P., 2008, “ECB Credibility and Transparency, ” European Economy-Economic Papers No.330（Brussels: European Commission）.

——, S. Eijffinnger, and C. van der Cruijsen, 2006, “Does Central Bank Transparency Reduce Interest Rates?” DNB Working Paper No. 085（Amsterdam: Netherlands Central Bank, Research Department）.

IMF（International Monetary Fund）, 2009, “Fiscal Rules—Anchoring Expectations for Sustainable Public Finance,” Discussion paper（Washington）.

——, 2010, *Fiscal Monitor*, *May 2010: Navigating the Fiscal Challenges Ahead*, World Economic and Financial Surveys（Washington）.

International Budget Partnership, 2010, Open Budget Survey. Available via the Internet: www .internationalbudget.org/files/OBI2010-Chile.pdf.

Kopits, G., and S. Szymansky, 1998, *Fiscal Policy Rules*, IMF Occasional Paper No. 162（Washington: International Monetary Fund）.

Kumhof, M., and D. Laxton, 2009, “Chile’s Structural Fiscal Surplus Rule: A Model-Based Evaluation,” IMF Working Paper 09/88（Washington: International Monetary Fund）.

Larraín, F, and F. Parro, 2006, “Chile Menos Volatile” Instituto de Economía, Pontificia Universidad Católica de Chile.

Lefort, G., 2006, “Política Fiscal con Meta Estructural en la Experiencia Chilena,” Second Annual Meeting of Latin American Specialists on Public Debt Management, Cartagena, Colombia.

Levy, G., 2008, “A Parliamentary Budget Officer for Canada,” *Canadian Parliamentary Review* Vol. 38, No. 2, pp. 39-44.

Lienert, I., 2010, “Should Advanced Countries Adopt a Fiscal Responsibility Law?” IMF Working Paper l0/254（Washington: International Monetary Fund）.

Marcel, M., 2010, “La Regla de Balance Estructural en Chile: Diez Años, Diez Lecciones”（unpublished; Washington: Inter-American Development Bank）.

Ministerio de Hacienda, 2009, “Gobierno lanza plan de estímulo Fiscal equivalente a 2,8 puntos del PIB para potenciar la economía y defender el empleo,” press release（Santiago: Government of Chile）.

OECD（Organisation for Economic Co-operation and Development）, 2010, “Germany: Special Feature—Globalization,” *OECD Economic Survey*, Vol. 9, pp. 61-83.

Rivlin, A. M., 2010, “Helping Politicians Face Difficult Choices,” paper presented at the Conference on Independent Fiscal Institutions, Budapest, Hungary, March.

Rodríguez, J., C. Tokman, and A. Vega, 2006, “Política de Balance Estructural: Resultados y Desafíos tras Seis Años de Aplicación en Chile," Serie de Estudios de Finanzas Públicas, Directión de Presupescos（DIPRES）, Santiago, Chile.

Rodrúguez, J., L. Escobar, and M. Jorratt, 2009, "Los Ingresos Tributarios en el Contexto de la Política de Balance Estructural," Serie de Estudios de Finanzas Públicas, Dirección de Presupestos（DIPRES）, Santiago, Chile.

Schmidt-Hebbel, K., 2010, "Fiscal Rules and Institutions in the World and in Chile"（unpublished; Santiago: Catholic University of Chile）.

Sovereign Wealth Fund Institute, 2011, Linaburg-Maduell Transparency Index. Available via the Internet: http://www.swfinstitute.org/statistics-research/linaburg- maduell-transparency- index/.

Stein, E., A. Talvi, and A. Grisanti, 1998, "Institutional Arrangements and Fiscal Performance: The Latin American Experience," NBER Working Paper No. 6358（Cambridge,Massachusetts: National Bureau of Economic Research）.

Ter-Minassian, T., 2010, "Preconditions for a Successful Introduction of Structural Fiscal Balance-Based Rules in Latin America and the Caribbean: A Framework Paper," Discussion Paper No.IDB-DP-157（Washington: Inter-American Development Bank）.

Velasco, A., A. Arenas, L. Céspedes, and J. Rodríguez, 2007, "Compromisos Fiscales y la Meta de Superávit Estructural," Serie de Estudios de Finanzas Públicas, Dirección de Presupestos（DIPRES）, Santiago, Chile.

Velasco, A., A. Arenas, J. Rodríguez, M. Jorrat, and G. Gamboni, 2010, "EI Enfoque de Balance Estructural en la Política Fiscal en Chile: Resultados, Metodología y Aplicación al Período 2006-2009," Serie de Escudios de Finanzas Públicas No. 15, Dirección de Presupestos（DIPRES）, Santiago, Chile. Available via the Internet: www.dipres.gob.cl/572/ articles-60584_doc_pdf.pdf.

von Hagen，J.，2005，"Political Economy of Fiscal Institutions，" Discussion Paper No.149（Mannheim，Germany: Governancy and the Efficiency of Economic Systems）.

Wren-Lewis, S., 2010, "Comparing the Delegation of Monetary and Fiscal Policy," paper presented at the Conference on Independent Fiscal Institutions, Budapest, Hungary, March.

附录：使用向量自回归估计的替代冲击反应

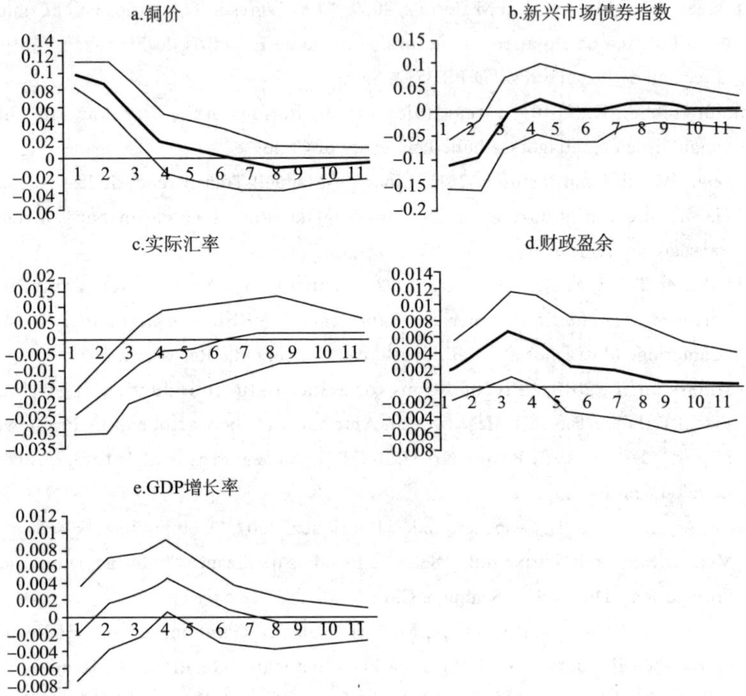

图 7A-1　铜价冲击的脉冲响应，全部样本，1990—2010 年

数据来源：作者的模拟。

注：季度性的响应函数依据文中提到的向量自回归估计建立。短暂的铜价冲击在第一季度上升了 10%，第二季度减小了一部分（2%），从第三季度就完全消失了。这些图形描绘了各变量的响应函数，对应着 90% 的置信带。

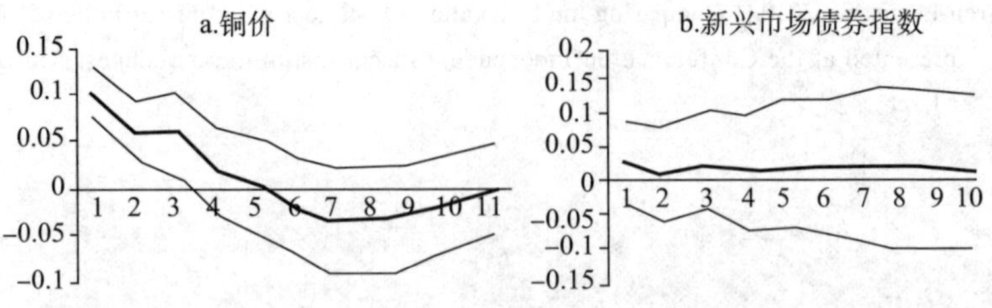

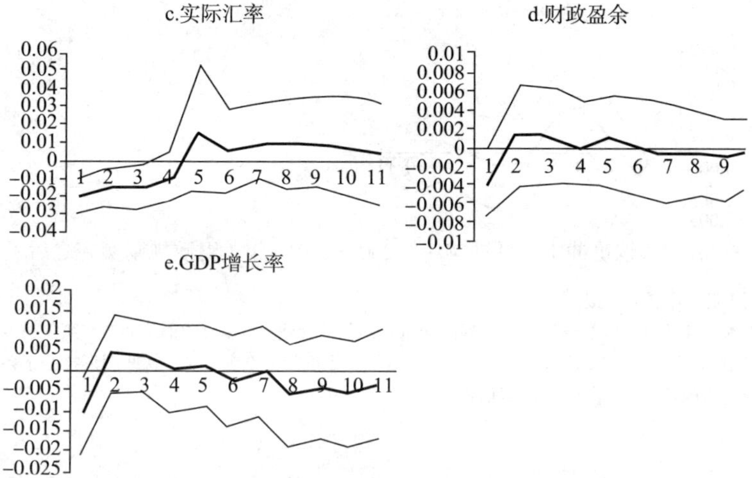

图 7A-2　铜价冲击的脉冲响应，1990—2000 年（财政规则实施之前）

数据来源：作者的模拟。

注：季度性的响应函数依据文中提到的向量自回归估计建立。短暂的铜价冲击在第一季度上升了 10%，第二季度减小了一部分（2%），从第三季度就完全消失了。这些图形描绘了各变量的响应函数，对应着 90% 的置信带。

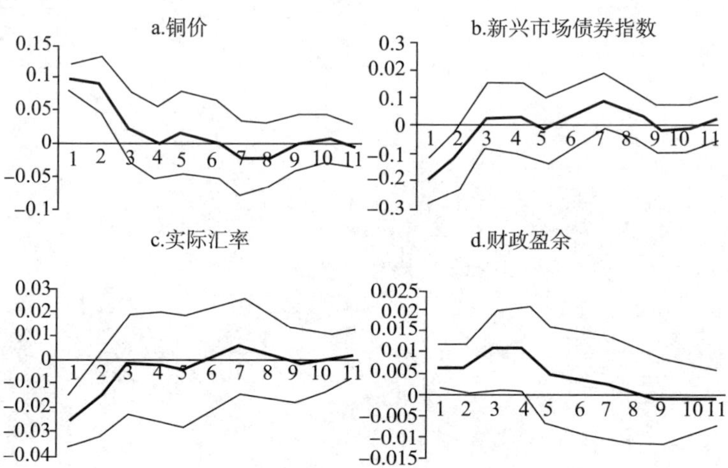

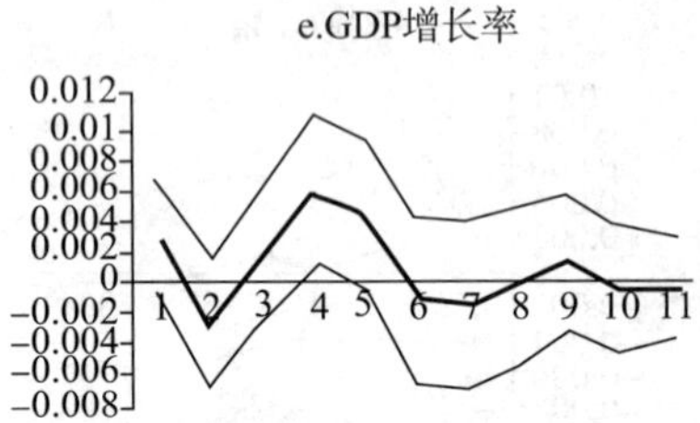

图 7A-3　铜价冲击的脉冲响应，2001—2010 年（财政规则实施之后）

数据来源：作者的模拟。

注：季度性的响应函数依据文中提到的向量自回归估计建立。短暂的铜价冲击在第一季度上升了 10%，第二季度减小了一部分（2%），从第三季度就完全消失了。这些图形描绘了各变量的响应函数，对应着 90% 的置信带。

第三部分
低收入国家的包容性增长政策

第八章　什么是包容性增长？

埃琳娜·扬科维奇娜　苏珊娜·伦德斯特罗姆·盖布尔

引言

在本章中，我们将给出包容性增长（inclusive growth, IG）的定义。通常情况下，包容性增长也可以使用其他术语代替，例如基础广泛的增长、共享式增长、扶贫式增长。我们为什么要把经济增长定义为包容性？包容性增长与粗放型增长、集约型增长之间的联系和区别是什么？这些问题都有待讨论。

在本章中，我们将概述相关概念的异同，描述包容性增长的主要特征。我们认为，在增长速度和增长模式方面，包容性增长有独特的

我们感谢很多学者对本章的有益建议，他们是卡洛斯·伯拉加（Carlos Beraga）、莱昂纳多·加里多（Leonardo Garrido）、范达纳·钱德拉（Vandana Chandra）、洛加·格纳纳萨姆班桑（Loga Gnanasambanthan）、刘莉莉（Lily Liu）、拉巴赫·阿尔扎基、哈里·哈根（Harry Hagan）、费尔南多·赫尔南德斯（Fernando Hernandez）、爱德华多·雷（Eduardo Ley）、埃里纳·雷（Elina Ley）、埃里纳·谢贾（Elina Scheja）、胡安·佩德罗·施密德（Juan Pedro Schmid）和“共享经济增长诊断工具”项目的捐助者。

内涵。在传统分析中，贫困分析与增长分析是相分离的。在本章中，我们将提出把贫困分析和增长分析融合起来的概念和框架，并研究不同国家在可持续性增长与包容性增长方面所面临的约束。

包容性增长的概念

包容性增长的基本要求是，人们在为经济增长做出贡献的同时，也会从经济增长中获得收益。[1]毫无疑问，经济快速增长是减少贫困的必要条件，但在长期内，要想使这种增长可持续，它应当是基础广泛的跨部门的[2]经济增长、促进劳动力就业的增长，即包容性增长。[3]包容性增长进一步强调了粗放型增长与集约型增长的区别及这种区别的重要性。经济快速增长和就业率提升，可以通过增加投入的粗放型增长实现，但在长期内，为了经济增长的可持续性和就业率的持续提高，必须实现经济的集约型增长；集约型增长源于劳动生产率的提高、技术突破和其他创新，而非产能的简单扩张。

包容性增长意味着经济增长在宏观层面和微观层面之间的直接联系。在宏观层面，关于经济增长的大量研究文献主要采用索洛—斯旺经济增长模型（Slow, 1956; Swan, 1956），通常忽视了经济快速增长国家的剧烈变动中劳动力市场的重新配置问题。[4]在微观层面，经济增长主要强调经济结构多元化和竞争性，包括工作岗位的增加。再分配过程——通常被称为结构性变革——已经得到了库兹涅茨（1957）和钱纳里（1960）等经济学家的证实，但是，他们的研究忽视了与平衡增长相关的卡多尔特征（Kaldor properties）。最近，康萨姆、里贝罗和谢（2001）提出了包含平衡经济增长和部门劳动力重新分配的理论模型，结合了上述两类文献的研究成果。

包容性增长主要指经济增长的速度和模式，由于这两个方面存在内在联系，通常将它们放在一起讨论。从某种意义上讲，经济增长的速度和模式决定了经济增长的可持续性及减少贫困等问题，该观点与《经济增长报告：可持续发展和包容性增长的策略》（*The Growth Report: Strategies for Sustained Growth and Inclusive Development*）（Commission on Grow and Development，2008）的研究结果是一致的。这一报告指出，包容性增长包括机会的公正和公平以及对劳动力市场及就业转型的保护，这是所有成功的经济增长策略中必不可少的部分。我们强调的机会均等是指所有的企业和个人在市场准入、资源获取和监管方面的机会公平。[5]经济增长与发展委员会（2008）认为，机会不公平将导致政治冲突和社会动荡，从而阻碍经济增长。

包容性增长的分析一般基于长期视角，因为它强调生产性就业，而非通过收入再分配来增加弱势群体的收入。在短期内，政府利用收入分配政策，减少经济增长政策对贫困者的负面影响，该政策可能与一个国家的特定情况有关。包容性增长主要关注生产性就业，因为收入分配方案不可能解决长期的经济增长问题，即使在短期也会造成一些麻烦。[6]在低收入国家中，不合理的收入分配政策将加重已经捉襟见肘的预算负担，并且从理论上看，在年人均收入低于700美元的国家，通过收入分配政策来减少贫困的路径已经被证明是不可行的。经济合作与发展组织近期的一项调查表明，即使在主要发达国家，对于解决某一部分人群贫困率上升的问题，收入再分配政策也不再是唯一选择（OECD，2008）。

包容性增长的定义，与扶贫式增长的绝对定义是一致的，但与扶贫式增长的相对定义是不同的。扶贫式增长的绝对定义是指，只要贫困者获得经济增长的好处，这一经济增长就是扶贫式增长，即通过经济增长让贫困者的生存状态有所改善（Ravallion and Chen, 2003）。扶贫式增长的相对定义是指，只有贫困者收入的增速快于全体国民收入的增速，经济增长才是扶贫式增长，即通过经济增长缩小收入差距。通过收入再分配，虽然也能达到绝对的扶贫式增长，但为了使经济增长更具有包容性，必须通过提高劳动生产率，创造新的就业机会。简而言之，包容性增长的特点包括加快经济增长速度，扩大经济规模，保护公平竞争，增加生产性就业机会等。

从关注收入分配不公平问题出发，相对的扶贫式增长可能使贫困者和非贫困者双方都得到次优结果。具体可以参见以下场景。场景一：一国的经济增长是相对的扶贫式增长，该国的平均收入增长率为2%，贫困者的收入增长率为3%。场景二：一国的平均收入增长率超过6%，贫困者的收入增长率为4%。在第一种场景下，经济增长的分配模式有利于贫困家庭。但是，第二种场景对于贫困者和非贫困者双方的收入增长都有利。对相对扶贫式增长的追求，可能导致一国经济处于次优水平。更多的经济学家认为，当政府的经济目标是减少贫困时，绝对的扶贫式增长是更好的选择（DfID，2004）。在绝对的扶贫式增长下，经济增长的目标是提高经济增长速度，从而最大化地减少贫困。

包容性增长较为关注经济增长的源泉，以及那些可能限制可持续增长的因素，同时，它的研究对象并不仅仅局限于贫困者。包容性增长的分析方法，着眼于劳动生产率较低部门的劳动力，以及未能充分享受到经济增长成果的失业者。这种分析方法与扶贫式增长的原理相反，一般而言，扶贫式增长注重观察各种扶贫措施的效果，以衡量经济增长对减少贫困的作用。在专栏 8-1 中，我们总结了关于包容性增长的讨论。包容性增长政策是可持续发展战略的重要组成部分。例如，对于一个经济快速增长的国家来说，如果该国的贫困人口没有减少，就需要特别重视包容性增长政策，即个人和企业的机会平等（Ianchovichina and Lundstrom, 2009）。其他例子可以参见拥有丰富自然资源的国家。在一般情况下，采掘业雇用的劳动力较少；在经济繁荣时期，非自然资源部门遭受“荷兰病”带来的紧缩效应。为此，这些国家要认真分析制约经济增长的因素，特别要关注非自然资源部门的变化情况（其中的一个例子可参见 Ianchovichina and Lundstrom, 2007）。此外，对于那些初始收入水平较低和经济增长速度较慢的国家，包容性增长也是最好的选择。我们还应重点关注影响经济可持续增长的主要要素。

专栏 8-1　什么是包容性增长？

1. 经济发展是包容性增长的聚焦点，也是减少贫困的必要条件。

2. 包容性增长主要基于长期的视角，重点关注经济增长的速度和模式。经济快速增长是非常重要的，但增长源泉对经济增长的可持续性、增加就业机会以及减少贫困，也是至关重要的。

- 粗放型增长可以实现经济的快速增长并扩大就业。但是，粗放型增长需要伴随资源的投入和产能的扩大。要实现经济的可持续发展及生产性就业增长，就必须实现集约型增长，即伴随着劳动生产率提高与创新的增长。
- 在长期内，可持续增长应该是拥有广泛基础的跨部门增长。解决经济多样化中的结构转型问题应当成为优先选项。受特定条件限制，一些国家将延续部分部门的专业化发展（例如一些小国）。
- 对劳动力市场而言，包容性增长应当具有包容性，这里的包容性是指企业和个人在市场准入、资源使用和接受监管中的机会是平等的。

3. 包容性增长必须符合一国的特殊国情。

4. 包容性增长更关注生产性就业，而非收入再分配——不仅关注就业率的提高，还关注劳动生产率的提高。

5. 包容性增长不仅关注企业，而且关注个人。

6. 包容性增长与绝对的扶贫式增长是一致的，不同于相对的扶贫式增长。

7. 包容性增长不追求具体目标（例如就业率或收入分配情况），而追求潜在的产出能力。

8. 包容性增长的动力来自市场，同时，政府也可以发挥建设性作用。

研究文献告诉我们什么？

经济增长与发展委员会（2008）综合比较了第二次世界大战之后的 13 个经济快速、持续增长的国家或地区。[7] 其中，有 4 个是东亚的新兴工业化经济体，包括中国香港、韩国、新加坡和中国台湾。扬（1995）认为，在第二次世界大战之后，上述 4 个经济体超常规发展的根本原因是要素积累，教育水平和投资率都有显著提高。扬（1995）试图解释要素投入与经济增长的关系。他发现，这 4 个经济体全要素生产率的增长，与经济合作与发展组织国家、拉丁美洲国家全要素生产率的增长大体相当。他认为，新兴市场国家的经济高速增长是粗放型增长，而非集约型增长。成功的包容性增长是由粗放型增长和集约型增长共同组成的，不同国家可以根据本国的实际情况进行选择。

较长时间内的高速经济增长是减少贫困的必要条件和关键因素，这一观点已经被大量文献证明，包括戴宁格尔和斯夸尔（1998）、多拉尔和克雷（2002）、怀特和安德森（2001）、拉瓦雷（2001）以及布吉尼翁（2003）。在一项被经常引用的研究成果中，克雷（2004）认为，在短期内，平均收入的增长可以解释 70% 的贫困减少（根据人数比例测定）；在长期内，平均收入的增长可以解释97%的贫困减少。贫困减少的剩余部分与收入分配的变化相关，因为对贫困增长弹性（经济增长1%使贫困水平下降的比例）的差别，收入分配理论的解释力非常有限。洛佩斯和塞尔文（2004）认为，在收入分配状况既定的情况下，一个国家越贫穷，经济增长对减贫的推动作用越大。

然而，只有在经济增长动力多样化的情况下，持续、高速的经济增长与贫困减少才能同时实现，而且劳动力收入的提升也更有效。在通常情况下，该过程伴随着劳动力从农业部门向制造业和服务业的大量转移，即劳动力的结构性变化。杜阿尔特和瑞图卡（2010）发现，在一些国家中，工业生产率的提高可以解释50%的劳动生产率变化，而服务业的劳动生产率相对较低。

从静态角度来看，相比于不改变收入分配状况的经济增长，伴随着收入分配变化的经济增长，其减贫效果更强。怀特和安德森（2001）的研究表明，在一些低收入国家中（约占1/4），当我们解释贫困者的收入增长时，收入分配与经济增长有着同样重要的作用。[8]

一些政策会对经济增长和收入分配同时产生积极的影响。一项跨国研究表明，经济增长对收入分配没有影响（参见 Deininger and Squire, 1996；Ravallion and Chen, 1997；Easterly, 1999；Dollar and Kraay, 2002）；同时，收入分配对经济增长的影响也是不确定的。[9]但是，对于一个特定政策或特定国家来说，两者之间并非完全没有联系。洛佩斯（2004b）的实证研究表明，与通胀有关的宏观经济稳定政策、教育、基础设施建设似乎是一项双赢政策，或者“对贫困者更有利”的政策。这些政策能够促进经济增长，同时降低收入分配的不公平。

另外，资产不公平而非收入不公平，也会对经济增长产生影响。

戴宁格尔和斯夸尔（1998）曾经用土地分配的不公平来代替资产的不公平，他们的研究表明，较高程度的资产不公平会对经济增长产生较大的负面影响。伯德·萨尔和兰多纳（1997）认为，如果能够有效地控制初始的资产不公平，收入分配不公平似乎不会对产出扩大和经济增长产生太大的负面影响。

关于经济增长和扶贫式增长的国际文献，由于没有给政策决策者提供足够的指导，因此一直备受批评。许多扶贫式增长侧重于对总收入和贫困情况的统计分析；预测经济增长达到某一程度时，可以减少多少贫困；分析绝对或相对程度的贫困能否或者为什么减少。

21世纪初期，许多新的研究成果开始涌现，强调了对未来经济发展的内容及其制约因素分析的重要性，以及事前事后分析的重要性。[10] 研究表明，经济增长不仅依赖于收入分配水平、贫困程度、资产不公平等，而且与其他因素也密切相关，例如地理、人口、治理水平、政治、社会因素及政策导向等。这些差异性不仅存在于国与国之间，而且存在于同一国家的不同时期。

在20世纪90年代后期的研究文献中，《20世纪90年代的经济增长：十年改革的经验》（World Bank，2005）是一项非常重要的研究成果。该报告明确提出，稳定的宏观环境、产权保护、贸易开放、有效政府等是经济增长的决定因素，但不是全部因素。这一报告和经济增长与发展委员会的研究成果（2008）共同强调了以下观点，即在不同国家中，促进经济增长的因素与政策、制度之间存在着相互影响的关系。

这些研究强调，在任何时期，一个国家都有可能存在许多经济扭曲问题，其中一些扭曲是比较重要的。在次优理论假定中，如果一国改革只针对一部分经济扭曲问题而非全部经济扭曲问题，那么，该国的整体福利水平就会下降。这一点在真实世界中已经发生。[11]

应当首先解决最大的经济扭曲问题，[12] 因为次优结果很难被精确地估计，最大的直接福利冲击是一个很好的替代变量。要一次性解决所有的经济扭曲问题（该策略有时与华盛顿共识联系在一起）通常是不可行的。部分原因是融资和产能的限制，这一点对低收入国家尤其明显。但由于次优效应，如果只解决最大的经济扭曲问题或部分经济扭曲，很难增加整体福利水平。

豪斯曼、罗德里克和贝拉斯科（2005）提出了一种新的研究方法，用于识别经济增长的最强约束条件，以增加优化福利水平的可能性。基于欧拉方程和凯恩斯—拉姆齐规则，他们使用了决策树框架（decision tree framework），并在该框架中引入了短期对经济增长有最重要影响的因素：[13]

$$\frac{\hat{k}_t}{k_t}=\frac{\hat{c}_t}{c_t}=\sigma\left(c_t\right)\left(r_t\left(\alpha_t,\theta_t,x_t\right)\left(1-\tau\right)-\rho\right),$$

上式在均衡状态时成立。在上述方程中，c 是人均消费；k 是人均资本；a 代表技术进步；θ 是外部性指标；x 是可利用的补充生产要素，如基础设施或人力资本；t 是税率；$\rho=z+n$ 是实际利润率；n 是人口增长率；z 是时间偏好；σ 是负的边际效用弹性倒数。如果对任何投资回报，资本成本 ρ 都很高，则投资水平就很低，这种经济被认为是“流动性约束经济”。如果资本回报率 r 很低，则对于任何资本成本来说，投资水平都很低，从而经济是“无效率的”。[14]

由此我们可以得出许多重要结论。例如，制定发展政策必须根据本国的具体情况，即使只推进部分改革措施，也可以最优化地逐步改善约束条件，产生积极的福利效应。然而，弄清楚具体的约束条件，需要谨慎思考。一些该方法的批判者强调：（1）在实际经济中，估测影子价格是不可能的；（2）很难否定约束是紧的；（3）该方法的分析侧重于短期，忽视了对可持续性增长具有重要影响的其他因素，例如人力资本积累等。

上述分析基于总体的经济水平，对影响不同部门、不同类型企业的约束条件以及影响长期经济转型的障碍都没有进行讨论。如上所述，经济转型是实现持续的、基础广泛的增长的基本条件，因为在较长时期内，经济转型将促使一国赶超其他国家并保持较高的经济增长率（Romer，1990；Aghion and Howitt，1992；Aghion，2005；Duarte and Restuccia，2010）。实证研究表明，要想实现较快的收入增长和贫困的减少，没有一个国家能够离开经济结构转型和经济多元化（Imbs and Wacziarg，2003）。对于收入较低且国内市场较小的国家来说，经济结构转型可以促使该国的出口多元化，这些国家可以利用国际市场实现规模经济（Hausmann，Hwang，and Rodrik，2007）。

需要特别指出的是，经济结构转型是可持续性增长的必要条件，而非充分条件。尤其是对于那些依赖政府补贴和政府干预的国家来说，没有政府推动是很难完成产业结构转型的。与此同时，由于特殊国情，比如经济规模较小，一些国家可能会继续进行专业化生产。

最后，豪斯曼、罗德里克和贝拉斯科的框架也概述了经济转型对于个人的影响，即将个人从事生产活动的能力抽象出来，可能会对经济转型起到一定的作用。人力资本可能是企业的一种限制因素，但无法辨识出技术水平是否限制了一些人的能力，因为贫困者、特定地区的居民、妇女或者其他失业人员缺少人力资本投资。

包容性增长的路径

上述框架仅仅是包容性增长的分析方法之一。在收入水平、投资水平、经济增长速度都比较低的情况下，这一分析方法是适合的。当经济增长是减少贫困的主要推动力时，豪斯曼、罗德里克和贝拉斯科的分析框架是研究包容性增长的更合适方法。当经济增长集中于数个部门或某些特定部门时，需要修正和补充该分析框架，需要将低经济增长和新兴部门的约束、个体从经济增长中获益的约束加入其中。合适的分析框架取决于特定的国别因素和时间因素。

对经济增速较快，但减贫处于停滞状态的国家来说，应该采用多元化的包容性增长分析方法[15]（Ianchovichina and Lundstrom, 2009），这是一种折中的分析方法，该方法融合了时间序列分析、企业与家庭调查数据、国际基准对比等，研究可持续性增长及基础广泛的经济增长趋势、限制因素和来源等问题。在包容性增长的分析框架中，经济代理人是个体而非企业，但个体通过雇佣而获得收入，不管是自我雇佣或外部雇佣。该分析方法不只局限于贫困者，也可以采取不同群体的角度，如落后地区居民、移民或者妇女。如果定义任意个体 i 的收入为：

$$y_{\mathrm{i}} \equiv w_1 E_1 \omega_{i1} + \cdots + w_j E_j \omega_{ij},$$

其中 w_j 和 E_j 为经济因素 j 的价格和禀赋，ω_{ij} 是个体 i 占有经济因素 j 的份额。然后，方程两边同时除以总收入，并把所有贫困者的收入加总，可得：

$$\psi_p \equiv \lambda_1 \omega_{p1} + \cdots + \lambda_j \omega_{pj},$$

其中 ψ_p 是贫困者的收入份额，λ_j 是经济因素 j 在总收入中的份额，

ω_{pj} 是贫困者拥有经济因素 j 的份额。该方程指出了影响贫困者收入份额的变量。

生产性就业被假定为可持续性增长和包容性增长的最主要内容。[16] 就业的增长带来新的就业机会和个体收入（发生在所有类型的企业或自我雇佣中，通常是微型企业），而提高劳动生产率会提高增加工资水平和个体收益的可能性。然而，许多低收入国家面临的主要问题不是失业，而是就业不足。因此，包容性增长不仅仅是就业的增长，而且是劳动生产率的增长；不仅仅是粗放型增长，而且是集约型增长。换句话说，我们对劳动密集型产业政策没有偏见。事实上，自我雇佣的贫困者需要提高劳动生产力和提升商业环境，以提高他们的收入，例如，可以让家庭成员离开家庭农场，到城市就业。因此，上述分析不仅包括外部就业，还包括自我雇佣的就业，这意味着在考虑目标群体的收入潜力时，资本、土地及其他资产的回报都是很重要的。

个体有效就业的能力，取决于在经济发展中，该个体充分利用现有资源的能力和机会。因此，包容性增长分析试图识别出提升资源利用效率并在劳动力供给方面增强个体能力的方法，以及在劳动需求方面增加就业机会的方法。

如果主要的问题是由于缺乏特定的劳动技能而使特定群体缺乏就业机会，那么这种约束只与生产性资源和个体能力有关，而与使用资源的环境无关。在这种情况下，需要进行专门的就业分析，揭示个体拥有的资源，例如个人的教育水平、健康水平及与工作效率有关的其他方面。如果主要的问题是劳动生产率较低或缺乏就业机会，那么就需要具体分析经济环境的约束条件（豪斯曼、罗德里克和贝拉斯科的方法就是一个例证）。

这种分析方法区分了自我雇佣与外部雇佣，并且按照部门层面、公司规模、乡村与城市、正式与非正式及其他一些特征进一步观察了就业水平。我们的主要目的是辨识不同收入分配制度下的经济增长及个人就业的“瓶颈”，因此，以细化分解的方法进行分析是很有必要的。如果贫困者是关注的焦点，那么，在自我雇佣的情况下，我们可以通过对小微企业的观察来分析经济环境；在外部雇佣的情况下，我们可以通过对雇用贫困者的代表性企业的观察，来进行雇佣能力分析和经济环境分析。[17]

一个重要的问题是，当前的个人就业对未来的收入增加存在什么样的潜在影响？或者说，摆脱低收入是否意味着另外一种就业类型或在其他部门就业？因此，该分析方法关注外部因素，这些因素能够解释一国的经济增长及减贫模式、整体劳动生产率的动态变化、主要挑战和机遇、实现经济转型和经济多元化的可能性。这一分析方法同样考虑了这些部门提供有效就业机会的约束因素，影响个体就业机会的约束因素，及影响劳动力跨部门、跨地区流动的约束因素。

关于包容性增长的研究，通常是基于长期的角度，它强调个体劳动生产力的提高和就业环境的改善，而不是将收入再分配作为提高贫困者收入的手段。由于这种长期的分析方法，包容性增长的分析框架突出了经济结构转型和劳动力在产业内部的转移。在发展中国家，经济增长的一个重要源泉是，劳动力从劳动生产率较低的部门转移到劳动生产率较高的部门。

由于包容性增长分析属于长期分析，因此，认识到改革过程与改革成果之间的时滞也是非常重要的。一个典型的例子是，教育投资与劳动技能提高和收入增加之间就存在着一个明显的时滞。这意味着，这一分析方法需要找出约束未来经济增长而不是当前经济增长的因素，并着手解决这些问题，以实现长期的可持续增长。简而言之，包容性增长主要分析了在短期内就必须实施的政策，而这些政策对于长期增长具有非常重要的作用。同时，找出经济可持续增长的约束因素，然后分析和解决这些约束因素，从而促进长期的、可持续的包容性增长。[18]

结论

在本章中，我们给出了包容性增长的概念，并且说明了包容性增长的两个主要方面，即经济增长速度和经济增长模式。毋庸置疑，经济快速增长是减少贫困的必要条件，但要实现经济的长期、可持续增长，就必须将更多部门和绝大部分的劳动者包括在我们的分析框架中。包容性增长的定义强调了粗放型增长与集约型增长具有同等重要性，揭示了宏观经济与微观经济之间的直接联系，强调了经济结构转型对促进经济多元化和提升经济竞争力的极端重要性。

包容性增长的目标是加快经济增长速度，扩大经济规模，提供公平的投资环境，增加生产性就业机会。包容性增长侧重于增长来源和约束条件的事前分析，并不仅仅局限于贫困者群体。该分析方法通过更加充分地改善劳动生产率较低部门的就业状况，加快经济增长速度。

包容性增长政策是各国可持续性增长战略的重要组成部分，包容性增长的分析框架是兼收并蓄的。生产性就业被假定为可持续性增长和包容性增长的最主要因素。就业增长带来新的工作机会和新的收入——各种类型企业的工资或自我雇佣的收入。劳动生产率的提高有助于提高企业的工资水平和自我雇佣者的收入水平。就业机会在很大程度上取决于经济发展中充分利用资源的机会。因此，该分析方法主要关注，强化每一个人作为劳动供给方的生产能力，以及企业在劳动需求方面创造更多的生产性就业的机会。

包容性增长主要基于长期视角，因而认识到改革过程和改革成果之间的时滞是很重要的。包容性增长重点关注对未来有影响的短期政策，这些政策着眼于未来的可持续增长。

参考文献

Aghion, P., N. Bloom, R. Blundell, R. Griffith, and P. Howitt, 2005, "Competition and Innovation: An Inverted-U Relationship," *Quarterly Journal of Economics*, Vol. 120, No. 2（May）, pp. 701-28.

Aghion, P., and P. Howitt, 1992, "A Model of Growth through Creative Destruction," *Econometrica*. Vol. 60, No. 2（March）, PP. 323-51.

Alesina, A., and R. Perotti, 1996, "Income Distribution, Political Insrabiliry, and Investment," *European Economic Review*, Vol. 40, No. 6, pp. 1203-28.

Alesina, A., and D. Rodrik, 1994, "Distributive Policies and Economic Growth." *Quarterly Journal of Economics*, Vol.109, No. 2, pp. 465-90.

Barro, R., 2000, "Inequality and Growth in a Panel of Countries." *Journal of Economic Growth*, Vol. 5, pp. 5-32.

Birdsall, N., and J. Londono, 1997, "Asset Inequality Matters: An Assessment of the World Bank's Approach to Poverty Reduction," *American Economic Review Papers and Proceedings*, Vol. 87, No. 2, pp. 32-37.

Bourguignon, F., 2003, "The Growth Elasticity of Poverty Reducion: Explaining Heterogeneity Across Countries and Time Periods," in *Inequality and Growth: Theory and Policy Implications*.ed. by T. Eicher and S. Turnovsky（Cambridge, Massachusetts: MIT Press）.

Chenery, H., 1960, "Patterns of Industrial Growth," *American Economic Review*, Vol. 50, pp. 624-54.

Commission on Growth and Development, 2008, *The Growth Report: Strategies for Sustained Growth and Inclusive Development*（Washington: World Bank）.

Deininger, K., and L. Squire, 1996, "A New Data Set Measuring Income Inequality," *World*

Bank Economic Review, Vol. 10, pp. 565-91.

——, 1998, "New Ways of Looking at Old Issues: Inequality and Growth," *Journal of Development Economics*. Vol. 57, pp. 259-87.

DflD（Department for International Development）, 2004, "What Is Pro-poor Growth and Why Do We Need to Know?" Pro-Poor Growth Briefing Notel（London: Department for International Development）.

Dollar, D., and A. Kraay, 2002, "Growth Is Good for the Poor," *Journal of Economic Growth*, Vol. 7, pp. 195-225.

Duarte, M., and D. Restuccia, 2010, "The Role of the Structural Transformation in Aggregate Productivity," *Quarterly Journal of Economics*, Vol. 125, No. l, pp. 129-73.

Easterly, W., 1999, "Life during Growth," *Journal of Economic Growth*, Vol. 4, No. 3, pp. 239-75.

Forbes, K., 2000, "A Reassessment of the Relationship between Inequality and Growth, " *American Economic Review*, Vol. 90, No. 4, pp. 869-87.

Hausmann, R., J. Hwang, and D. Rocirik, 2007, "What You Export Matters" *Journal of Economic Growth*. Vol. 12, No. l, pp. 1-25.

Hausmann, R., D. Rodrik, and A. Velasco, 2005, *Growth Diagnostics*（unpublished; Cambridge, Massachusetts: Harvard Kennedy School）.

Ianchovichina, E., and S. Gooptu, 2007, "Growth Diagnostics for a Resource Rich Transition Economy: The Case of Mongolia," Policy Research Working Paper No. 4396（Washington: World Bank）.

Ianchovichina, E., and S. Lundstrom, 2009, "Inclusive Growth Analytics: Framework and Application," Policy Research Working Paper No. 4851（Washington: World Bank）.

Imbs, J., and R. Wacziarg, 2003, "Stages of Diversification, " *American Economic Review*, Vol. 93, No. l, pp. 63-86.

Kongsamut, P., S. Rebelo, and D. Xie, 2001, "Beyond Balanced Growth," *Review of Economic Studies*, Vol. 68, pp. 869-82.

Kraay, A., 2004, "When Is Growth Pro-poor? Cross-Country Evidence," IMF Working Paper 04-47（Washington: International Monetary Fund）.

Kuznets, S., 1957, "Quantitative Aspects of the Economic Growth of Nations: II," *Economic Development and Cultural Change*, Vol. 5（Suppl.）, pp. 3-111.

Li, H., and H. Zhou, 1998, "Income Inequality Is Not Harmful for Growth: Theory and Evidence," *Review of Development Economics*, Vol. 2, No. 3, pp. 318-34.

Lopez, H., 2004a, "Pro Growth, Pro Poor: Is There a Trade Off? " Policy Research Working Paper No. 3378（Washington: World Bank）.

——, 2004b, “Pro-poor Growth: A Review of What We Know（and of What We Don’ t)”（unpublished; Washington: World Bank）.

——, and L. Servén, 2004, “The Mechanics of Growth-Poverty-Inequality Relationship”（unpublished; Washington: World Bank）.

Lucas, R., 1988, “On che Mechanics of Economic Development, ” *Journal of Monetary Economics*. Vol. 22, No. 1, pp. 3-42.

OECD（Organization for Economic Co-operation and Development）, 2008, *Growing Unequal? Income Distribution and Poverty in OECD Countries*（Paris: OECD Publishing）.

Ravallion, M., 2001, “Growth, Inequality and Poverty: Looking beyond Average,” *World Development*, Vol. 29, No. 11, pp. 1803-15.

Ravallion. M., and S. Chen, 1997, “What Can New Survey Data Tell Us about Recent Changes in Distribution and Poverty?” *World Bank Economic Review*, Vol. ll, No. 2, pp. 196-218.

——, and 2003, “Measuring Pro-poor Growth,” *Economics Letters*. Vol. 78, pp. 93-99.

Romer, P., 1986, “Increasing Returns and Long-Run Growth,” *Journal of Political Economy*, Vol. 94, No. 5, pp. 1002-37.

——, 1990, “Endogenous Technological Change,” *Journal of Political Economy*, Vol. 98, No. 5, pp. S71-102.

Sida（Swedish International Development Cooperation Agency）, 2006, *Methods Document: Integrated Economic Analysis for Pro-poor Growth*（Stockholm: Sida）.

Solow, R., 1956, “A Contribution to the Theory of Economic Growth, ” *Quarterly Journal of Economics*. Vol. 70, No. l, pp. 65-94.

Swan, T, 1956, “Economic Growth and Capital Accumulation, ” *Economic Record*. Vol. 32, No. 2, pp. 334-61.

White, H., and E. Anderson, 2001, “Growth vs. Redistribution: Does the Pattern of Growth Matter?” *Development Policy Review*, Vol. 19, No. 3, pp. 167-289.

World Bank, 1 990, *World Development Report 1990: Poverty*（Washington）.

——, 2005, *Economic Growth in the 1990s: Learning from a Decade of Reform*,（Washington）.

Young, A., 1995, “The Tyranny of Numbers: Confronting the Statistical Realities of the East Asian Growth Experience,” *Quarterly Journal of Economics*, Vol. 110, pp. 641-80.

第九章　自然资源丰富的国家如何实现包容性增长

安德鲁·沃纳

引言

对于一些自然资源丰富的国家来说，排斥结构改革、不可持续增长、非包容性增长等都是被经常提到的问题。在全球金融危机之后，这些问题再次受到全世界的关注。当前我们面临的挑战是，如何利用与自然资源相关的数十亿美元收入，实现增长的多元化、包容性和可持续性。根据传统的经济理论和早期的研究成果，解决这些问题的可能性再次面临自然资源即将枯竭的威胁。潜在的风险不仅包括经济增长放缓，也包括经济增长的非包容性，同时伴随着工资下降、就业减

该研究由“共享增长诊断工具”项目（DFSG）资助，该项目建立的目的是支持经济发展和经济增长工具及方法的传播，从而更好地确定不同国家面临的约束条件。本章的结论仅代表作者的观点，不代表世界银行或与该项目相关的国家的观点。

安德鲁·沃纳（Andrew Warner）是常驻国际货币基金组织的学者。

少以及收入分配差距扩大。

在本章中，我们主要探讨沙特阿拉伯和阿塞拜疆的情况，并且利用这两个国家的数据对经济多元化、可持续增长和非包容性增长等问题进行实证检验。20世纪70年代，沙特阿拉伯经历了一个大宗商品价格大幅上涨的时期；近期阿塞拜疆也经历了一个大宗商品价格大幅上涨时期。我们将对这两个国家都进行多部门的产出分析。非自然资源部门多元化是一些自然资源丰富的国家的主要目标，有时也被认为是实现可持续增长的关键。沙特阿拉伯是一个典型的自然资源丰富的国家，这是根据1970年以来相关部门发布的经济数据而得出的结论。因此，对沙特阿拉伯在20世纪80年代中期以来的繁荣与衰退周期，及较长时期内的经济多元化进行分析是非常有意义的。过去的10年中，阿塞拜疆经历了令人瞩目的自然资源繁荣期。因为沙特阿拉伯是自然资源丰富的国家中可以获得就业和工资数据的极少几个国家之一，我们可以利用这些数据来研究沙特阿拉伯的早期繁荣，以及与包容性增长相关的问题。

为了明确目标，我们讨论的自然资源包括碳氢化合物和矿物质，而非农作物。这些资源的重要区别是，碳氢化合物及大多数种类的矿物质一旦被开采，就会带来很高的收入。自然资源的发现和开采，意味着自然资源所在国家及开采企业将获得巨大财富。由于国际大宗商品价格波动幅度较大，因此也增加了这些国家收入的波动性，进而引发了收入的可持续性问题。

这里定义的包容性增长是指，让低收入群体的收入增长相对较快，或者让大部分社会成员都能分享经济增长的成果。这一概念并不是绝对标准。在劳动力市场中，劳动者或低收入劳动者的收入增长越快，经济增长的包容性就越强。我们使用工资增速与人均国内生产总值增速之差作为比较的基准，把包容性增长定义为工资增速与人均国内生产总值增速之差。换言之，伴随着失业率不断降低的经济增长就是包容性增长。

实证研究表明，一些自然资源丰富的国家面临许多问题，这些国家转型为包容性增长的过程会面临更多的问题。在一些自然资源丰富的国家中，关于收入、工资和就业的数据相对不足，使我们的分析缺乏可用数据。最常见的可用数据是国内生产总值，其次是就业和工资水平的数据。什么是我们能够通过推断所了解的？什么则需要数据？通过演绎推理可以得知，自然资源部门的收益不会主动向其他部分广泛分散，因为产权是集中的（自然资源通常由私人企业或政府部门掌握）。因此，自然资源的收入不足以真正解决包容性增长问题，仍需要对非自然资源部门进行分析。自然资源丰富的国家的经济增长是否具有包容性，在很大程度上取决于非自然资源部门的劳动生产率能否得到提高，以及这种提高能否转化为高收入或者高就业。

上述分析指导我们从国内生产总值的部门数据中，寻找劳动生产率持续变动的最新证据，主要证据都非常明显。例如，自然资源价格上涨时，如果国内生产总值在公共部门的支出增加，它很可能反映了自然资源收入的增长，而非劳动生产率的提高。关键证据也可能存在于价格与商品数量的联动性中，因为自然资源需求的变化与劳动生产率的变动会表现出不同的方式。本章讨论的问题是，如何从有限的数据中找出有价值的研究线索。

在本章中，我们将部门国内生产总值的实证研究与可得的工资和就业数据结合起来研究，其中，部门国内生产总值的实证研究基于劳动生产率的变动。

沙特阿拉伯的案例

对于拥有丰富自然资源的经济体来说，自然资源收入的变化将极大地影响国内生产总值的变化。一个明显的特点是，自然资源的发现或价格上涨会带动国内生产总值增长，但不一定意味着经济实力的增强，这一点通常被人们忽视。至于为什么要以自然资源部门的发展代替整体经济发展，沙特阿拉伯给了我们一些启示。图 9–1 介绍了从 1970 年至 2009 年沙特阿拉伯石油部门实际人均国内生产总值的变化情况。一个幼稚的观察者可能会得出如下结论：在 20 世纪 70 年代早期，沙特阿拉伯之所以取得经济成功，是因为该国主要依赖于石油部门的繁荣。正是由于这个原因，也因为自然资源部门与其他经济部门的制度安排不同，的确有必要将石油部门从所有经济部门中分离出来。同时，区分石油价格的繁荣期与石油价格的正常期也非常必要。尽管繁荣期的经济增长是非包容性的，但如果在繁荣期播下提高劳动生产率的种子，那么，未来长期内的经济增长将是包容性的。

在本章中，我们将分别探讨自然资源部门与非自然资源部门的包容性增长。我们首先分析自然资源部门。有人认为，自然资源的发现和生产具有非包容性的特征，因为自然资源通常归国家所有，或者在国家完成勘探后，通过交易将产权交给私人企业。发现自然资源的直接结果是，那些拥有自然资源产权或剩余索取权的组织会变得更加富有。

即使以公开竞争的方式选择自然资源的开采者，也只能保证开采前的预期利润是正常利润，而开采后的实际利润仍可能远远超过预期。由于自然资源勘探和生产的不确定性及不同的开采动机，上述结果是无法避免的。国家与私人企业之间的分配份额受到税收制度的限制，因为过高的税率会导致投资减少。另外一种导致自然资源型增长不具有包容性的原因是，那些有权势的利益集团将优先获得自然资源的开采权。在经济繁荣期，这些一阶冲击 * 对资源型增长有很重要的影响。

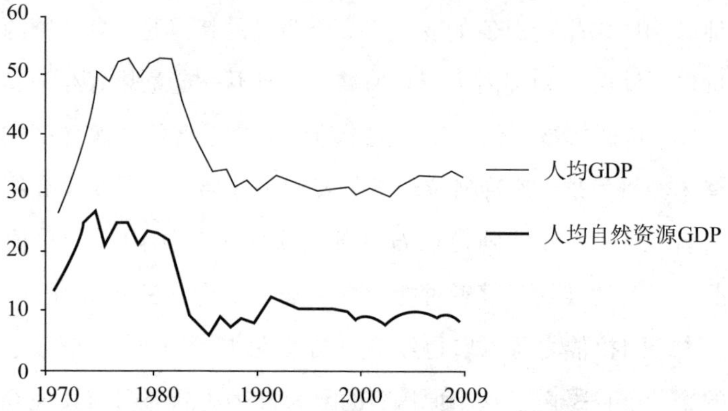

图 9–1　沙特阿拉伯：国家及石油部门的人均国内生产总值（1999 年价格，千沙特阿拉伯里亚尔）

数据来源：沙特阿拉伯国民账户。

接下来，我们讨论经济的其他方面。自然资源财富可以在国内外用于消费或投资，其对包容性增长的影响取决于多种因素。这些因素包括：（1）哪些部门的支出下降更大；（2）哪些部门生产贸易或非贸易的产品或服务；（3）投资效率；（4）失业的存在和性质；（5）扩张和收缩部门的劳动密集程度。自然资源的二阶冲击 ** 是否有利，在很大程度上取决于国家直接投资的效率，以及经济制度和经济结构。自然资源型经济增长是否具有包容性，劳动市场的变化也是一个重要因素。例如，在自然资源繁荣期，支出增加提高了对低收入劳动者的需

*　自然资源的开发及所有权。——译者注

**　自然资源收入的使用。——译者注

求，同时反映了工资的增长和就业率的提高。技术工人短缺或其他的劳动供给约束，将决定工资和就业率中哪一方受到的影响更大。通过直接增加公共开支，能在多大程度上促进包容性增长，也会受到供给方面的限制。例如，在医疗专家比较匮乏的情况下，如果政府决定增加医疗开支，更高的需求将会提高医疗专家的工资水平，而不会提高就业率和医疗服务的供给量。

经济多元化

经济多元化、可持续增长和包容性增长通常有内在联系。自然资源部门的多元化，有助于经济的可持续增长。与石油部门相比，其他部门受国际大宗商品价格波动的影响较小。经济多元化也有助于增加增长的包容性，因为与石油部门相比，其他部门的生产被认为更具包容性。经济多元化与经济增长之间的关系也值得关注。在较长时间内，沙特阿拉伯的确具有经济多元化的趋势，或者说，在经济多元化方面取得了较大进展，然而，沙特阿拉伯的经济多元化并没有促进人均国内生产总值的增长。尽管该国的经济多元化值得肯定，但其作用被夸大了。沙特阿拉伯的例子说明，虽然从表面上看，经济多元化的发展是成功的，但仅此一点还不足以促进经济的可持续发展。

沙特阿拉伯不仅经历过经济繁荣，而且拥有繁荣时期的部门经济数据。图 9–2 为该国的人均国内生产总值变动趋势，并可以细分为石油部门与其他部门。从中我们可以看到，在 1970 年，石油部门与其他部门的人均国内生产总值基本相同，其中石油部门的产值占国民经济总产值的一半。之后，非石油部门的人均国内生产总值不断上升，最高达到石油部门的两倍，这表明，随着石油部门产出的增加，非石油部门的产出也在扩大。从图中可以看出，在经济繁荣期，投资的增加带动了部分部门的产出增长，但不是整体产出的增长，因为与1972年相比，2009年的人均国内生产总值更低一些。

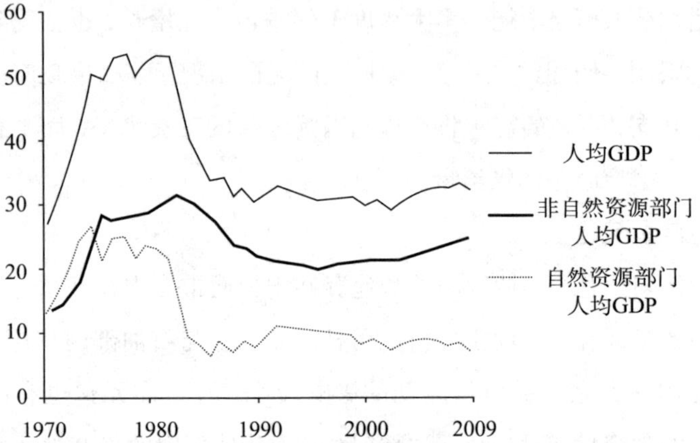

图 9–2 沙特阿拉伯：全国、自然资源部门、非自然资源部门的人均国内生产总值（1999年价格，千沙特阿拉伯里亚尔）

数据来源：沙特阿拉伯国民账户。

进一步的研究发现，产出增长主要集中在少数部门。在过去的39年中（从1970年至2009年），非石油部门的人均收入实际增速为年均1.6%。大部分的持续增长集中在四个部门。图9–3显示，非石油部门可以被进一步划分为两个部分。其中，一个部分包括四个部门：建筑业、贸易及酒店业、金融及房地产业、政府服务业；另一个部分包括其他经济部门：农业、制造业、水电气业、交通及通信业、其他服务业。

如图9–3所示，在石油繁荣期，非石油部门的大部分变动发生在与房地产相关的三个部门及政府服务业。建筑业、贸易及酒店业、金融及房地产业、政府服务业中，国内生产总值曲线呈现先升后降的趋势，虽然有所滞后，但与石油部门的整体走势基本一致。相反，其他经济部门的国内生产总值几乎没有变化，表明这些部门对石油价格的上涨不敏感。在过去的 39 年中，其他部门（农业、制造业、服务业等）实际人均国内生产总值的年均增速为 1.9%。

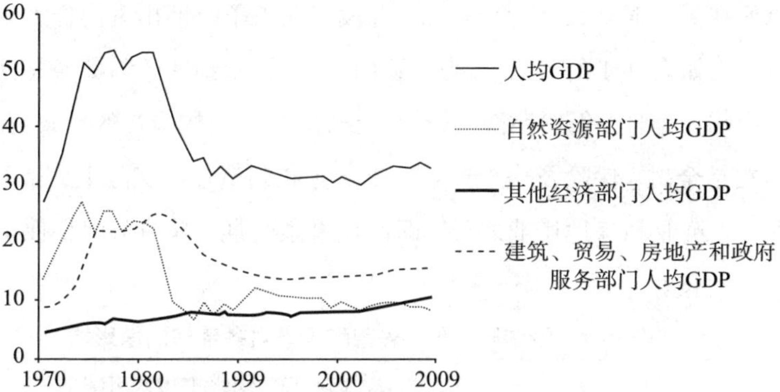

图 9-3　沙特阿拉伯人均 GDP：全国，自然资源部门，建筑、贸易、房地产和政府服务部门，其他经济部门（1999 年价格，千沙特阿拉伯里亚尔）

数据来源：沙特阿拉伯国民账户。

沙特阿拉伯的数据给我们提供了难得的研究素材，使我们有可能分析 30 年前至 40 年前的情况，包括 1970—1976 年的石油价格繁荣对该国的影响。我们注意到，石油繁荣期与萧条期的时间长度大致是一致的。表 9-1 总结了国际石油价格变动对各部门的影响情况。在该表中，石油部门属于“采矿和采石业”类别。与 1970 年相比，1976 年的人均石油附加值增加了近 1.40 万里亚尔（1999 年价格）。1986 年，上述趋势被完全逆转，人均石油附加值下降了 1.46 万里亚尔（1999 年价格）。在其他部门中，石油价格变动的影响主要集中在四个部门——金融、保险及房地产业，建筑业，批发零售、餐饮及酒店业，政府服务业。尽管上述部门首当其冲地经历了石油繁荣与萧条的频繁更迭，也经历了较长时间的产出增长，但是，这些部门国内生产总值在萧条时期的下降幅度小于繁荣时期的上升幅度。在建筑业和金融、保险及房地产业中，国内生产总值在繁荣时期大幅上升，在萧条时期部分回落；在批发零售、餐饮及酒店业和政府服务部门中，国内生产总值在繁荣时期大幅上升之后，并没有在萧条时期出现同样大幅的下跌。正如表 9–1 的最后一列所显示的，尽管受到繁荣与萧条轮回更替的影响，四部门仍然保持了较快增长，其中，增幅最快的是政府服务，其次是金融、保险及房地产业，建筑业和制造业。实际上，除了采矿业、建筑业和房地产业之外，即使在萧条时期，其他部门也保持了较快的增长。

表 9–1　沙特阿拉伯：繁荣和萧条对各部门的净影响

	人均 GDP 变化（1999 年 SRI）		
	繁荣时期	萧条时期	净影响
	1970—1976 年	1980—1986 年	（1）+（2）
农业、林业和渔业	281	579	860
采矿和采石业	13,999	–14,625	–626
制造业	722	731	1,453
电、气、水	–1	44	43
建筑业	4,703	–2,977	1,725
批发零售、餐饮及酒店业	1,060	–65	995
运输、储藏及通信业	704	17	722
金融、保险及房地产业	5,167	–2,825	2,341
社区、社会及个人服务业	597	84	680
政府服务业	3,563	463	4,027
GDP	30,720	-18,762	11,958

数据来源：作者的计算，使用沙特阿拉伯国民账户。

注：SRI，沙特阿拉伯里亚尔。

经济结构发生了什么变化？为了回答这个问题，需要观察和比较各部门产出占国内生产总值的比重变化，我们首先对开始期（1970年）与结束期（1986年）的情况进行对比分析。

正如表9-2所示，与1970年相比，沙特阿拉伯在1986年的经济多元化程度明显提高。在这一时期，石油产出占国内生产总值的比重几乎降低了一半，从50%下降到26%。许多部门受益于石油部门的支出变化，特别是贸易、金融和政府服务等。尽管如此，1986年沙特阿拉伯的人均国内生产总值水平并没有很高，人均国内生产总值年均增长率仅为1.5%，即使与同一时期的发达国家相比，这一增长率也不算高。

表9-2　1970—1986年，沙特阿拉伯的经济结构变化

	1970年	1986年
农业、林业和渔业	3%	5%
采矿和采石业	50%	26%
制造业	6%	9%
电、气、水	1%	1%
建筑业	5%	8%
批发零售、餐饮及酒店业	2%	8%
运输、储藏及通信业	4%	5%
金融、保险及房地产业	10%	16%
社区、社会及个人服务业	3%	4%
政府服务业	15%	20%
GDP	100%	100%
人均GDP（1999年价格）	27,060	34,330
人均GDP年均增长率		1.5%

数据来源：作者计算，使用沙特阿拉伯国民账户。

注：SRI，沙特阿拉伯里亚尔。

下面使用表 9-3 的数据，我们来分析比较各部门经济增长率在上述三个时期（繁荣时期、萧条时期及自 1986 年以来的低增长时期）的表现。部门附加值的增长率可能是一个误导性指标，因为一些部门的经济规模较小，虽然经济增长率较高，但对整体经济的贡献较小。为了纠正这个问题，表中也分析了各个部门的增长率对整体经济增长率的贡献。计算公式为 $g \times s$，其中，g 是特定部门的年均增速，s 是初始时期各部门产出占国内生产总值的比重。例如，从 1970 年至 1980 年为繁荣时期，当时沙特阿拉伯的国内生产总值增长率为 11.5%，其中，采矿业的产出增长率为 5.1%，对整体经济增长的贡献大约为 44%（5.1% 除以 11.5%）。

值得注意的是，虽然一些部门经历了高速增长时期，但它们对整体增长率的贡献却很小。例如，农业部门拥有较高的增长率，但它对整体增长率的贡献却从未超过 0.3 个百分点。非石油制造业也拥有较高的增长率，它对整体增长率的贡献也很小。另外一个值得注意的地方是，虽然一些非石油部门的经济增长率较高，但人均增长率却不容乐观。因为从 1980 年至 1986 年，沙特阿拉伯国内生产总值以每年 3.7% 的速度下降，而国内人口却以 5.1% 的速度增长；从 1986 年至 2009 年，国内生产总值年均增速为 3.0%，而国内人口年均增速为 3.2%。

通过经济改革和结构调整，沙特阿拉伯已经成为经济多元化的成功案例。在国民经济中，石油产出的份额降低了一半，从 1970 年的 50% 下降到 2009 年的 24%。同时，非石油部门的附加值不断增长，一些年份的增长速度非常高。从 1980 年至 2009 年，制造业出口值的年均增长率达 13.6%。尽管如此，1970 年以来，沙特阿拉伯整体人均收入增长率每年仅为 0.5%。1972 年以来，非石油部门的人均增速每

表 9–3　在不同时期，沙特阿拉伯各部门的年均增长率及其对经济增长的贡献

	1970—1980 年（繁荣）		1981—1986 年（萧条）		1986—2009 年（低增长）	
	增长率（%）	贡献（%）	增长率（%）	贡献（%）	增长率（%）	贡献（%）
农业、林业和渔业	6.6	0.2	14.6	0.3	2.9	0.1
采矿和采石业	10.1	5.1	-13.5	-6.0	2.6	0.7
石油和天然气	10.1	5.0	-13.6	-6.0	2.6	0.7
其他	12.7	0.0	2.8	0.0	2.8	0.0
制造业	7.9	0.5	11.1	0.5	4.6	0.4
石油炼制	3.0	0.1	10.4	0.2	1.6	0.1
其他	14.3	0.3	11.7	0.3	6.0	0.3
电、气、水	11.1	0.1	8.4	0.0	6.1	0.1
建筑业	20.3	1.0	-9.2	-1.0	2.4	0.2
批发零售、餐饮及酒店业	19.9	0.5	4.6	0.2	3.6	0.3
运输、储藏及通信业	10.3	0.4	5.3	0.2	4.6	0.2
金融、保险及房地产业	16.4	1.7	-3.3	-0.5	2.0	0.3
住宅	17.1	1.2	-5.0	-0.6	0.9	0.1
其他	15.0	0.5	0.6	0.0	3.5	0.2
社区、社会及个人服务业	9.7	0.3	6.4	0.2	2.9	0.1
银行服务	18.6	0.1	7.5	0.1	2.8	0.1
小计	12.0	10.0	-5.6	-4.8	3.1	2.4
政府服务业	9.0	1.4	6.6	0.8	2.4	0.5
总计	11.6	11.4	-3.7	-3.7	3.0	2.9
进口关税	2.7	0.0	-1.6	0.0	4.4	0.0
GDP 增长	11.5	11.5	-3.7	-3.7	3.0	3.0
人口增长	4.2		5.1		3.2	

数据来源：作者计算，使用沙特阿拉伯国民账户。

年仅为 1.6%。最后需要指出的是，上述研究成果并不能证明，实现了经济多元化就可以避免国际石油价格的冲击。同样，上述研究成果也不能证明，经济多元化就会降低投资效率。

阿塞拜疆的案例

下面，我们将对比分析阿塞拜疆与沙特阿拉伯在 20 世纪 70 年代繁荣期的经济增长情况。在这两个国家的经济繁荣期，各部门受到的影响十分相似。阿塞拜疆较为齐全的数据为我们研究包容性增长提供了条件，包括较为齐全的就业和工资数据。我们研究阿塞拜疆的主要目的有两个：第一，确定是否存在支持持续高收入的经济多元化和长期劳动生产率提高的证据；第二，研究劳动生产率提高对于就业和工资的影响。

表 9–4 给出了各部门产出的增长率。除采矿业，实际产出的大部分增长集中在四个部门，即建筑业，批发及零售贸易和机电维修业，酒店和餐饮服务业，运输、储藏及通信业（表 9–4 给出的是，各部门国内生产总值增长率与人口增长率之差）。

为什么一些自然资源丰富的国家经济表现不尽如人意，其中一个重要原因就是需求激增与供给约束之间的内在冲突，即自然资源价格上涨导致实际产出减少。阿塞拜疆的数据显示，从整体上看，价格上涨并不会造成经济繁荣完全消失。从 2000 年至 2008 年，阿塞拜疆的整体经济增长率要比采矿业产出增长率低 12%，而价格水平年均上涨 14%。价格涨幅与实际产出增长大致同步；很明显，供给约束并不是最主要的限制因素。对部门数据的研究表明，即使阿塞拜疆的整体经济表现出价格与产出的同步增长，这种情况也仅仅发生在一些特殊部门中，例如医疗、教育、制造业和房地产业等。与此同时，建筑业、酒店业和运输业的产出也有较快增长。

表 9–4　2000—2008 年，从部门角度看阿塞拜疆国内生产总值的增长

部门	年均 GDP 增长（按不变价格计算）
农业、狩猎和林业、渔业	6%
采矿和采石业	21%
制造业	8%
电、水、气	4%
建筑业	27%
批发及零售贸易，机电维修、个人及家庭商品	13%
酒店及餐饮服务业	28%
运输、储藏及通信业	15%
金融中介	7%
房地产、租赁及商业	6%
公共管理和国防、社会保障	5%
教育	3%
医疗和社会工作	3%
其他社区、社会及个人服务活动	4%
GDP（市场价格）	15%

数据来源：阿塞拜疆共和国国家统计委员会。

利用国内生产总值平减指数和产出变化探求经济增长的源泉

在我们将研究重点转向价格和部门产出之前，需要建立一个分析框架。本章建立了一个经济模型（本章附录），该模型借鉴了经典的非交易模型，以描述不同冲击下价格和数量的共同变动。下面，我们将分析该模型的关键部分。

本模型重点强调了四个因素以及它们之间的相互影响。我们需要确定，在一些部门中，强制变量是与需求相关（例如自然资源收入）还是与供给相关（例如部门劳动生产率的提高）；同时还需要确定，在一些部门中，价格的设定是内生的（一般在非贸易商品和服务部门）还是外生的（一般在贸易商品和服务部门）。

该模型揭示，在寻找劳动生产率提高的源泉时，产出变动率并不是很好的指标，并且可能会有误导性。在非贸易部门，劳动生产率的提高不一定会增加该部门的就业，也不一定会增加该部门的产出，因为需求与供给的力量可能相互抵消。因此，即使一个部门没有就业增长，或产出增长，也不能排除该部门成为经济增长的引擎的可能。区分贸易部门与非贸易部门是非常重要的。在非贸易部门，相对价格可能大幅下降，这一特征可以帮助我们识别出非贸易部门。相反，如果贸易部门的劳动生产率提高，则就业会增加，同时该部门的附加值也会增加。在这种情况下，其他部门的附加值就会下降，而价格水平不会受到影响。当需求增加是强制变量时，在非贸易部门中，相对价格和就业就会同时增加，其他部门的就业和附加值就会减少。当所有部门都是贸易部门时，任何额外的需求都能通过进口得到满足。因此，需求增加不会对产出或就业产生影响。

图 9–4 中，横轴和竖轴分别表示价格[1]和产出（从 2000 年至 2008 年的年均百分比变化）。即使这些数据不能得出明确的结论，也能缩小解释变量的选择范围。数据表明，金融服务部门表现出超常的价格上涨，而该部门实际附加值的增长则相对温和。这与受供给约束的非贸易部门的基本特征是一致的——价格随部门产出的增长而上涨。金融服务部门可能出现一种特殊情况，在经济繁荣期，国内需求

会转向价格更高的国外金融服务。采矿业是一个特殊的贸易部门，该部门的价格由外部因素决定；由于碳氢化合物的勘探繁荣以及国际价格迅速上涨，它成为一个主要推动因素。

在其他部门，值得注意的是，四个增长较快的部门均出现了低于整体价格增速的价格变动。这种情况在建筑业和交通运输业中尤其明显。从 2000 年至 2008 年，这些部门价格的年均增速只有 5%。价格低增长主要有三个原因：(1) 劳动生产率的提高；(2) 部分商品及服务的价格标准的变化；(3) 非贸易商品及服务的供给条件比较灵活，在适度的竞争压力下，部门产出有所增长。对于与房地产业相关（例如建筑业、酒店业、运输业等）的经济繁荣，(1) 和 (3) 的组合似乎更有解释力。国内价格变化也可能由国内管制或国际价格变动引起。来自国外的生产效率冲击也可能影响贸易品价格，例如在计算机和移动电话领域所发生的情况。然而，图 9-4 不能证明这些冲击对所有部门都具有重要影响，对一些部门的影响可能因为冲击的效用叠加而不明显。

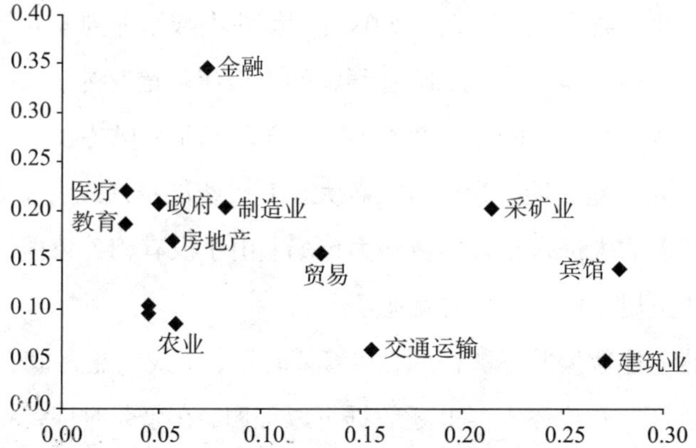

图 9-4　2000—2008 年，价格上涨率（纵轴）和实际 GDP 增长率（横轴）

数据来源：阿塞拜疆共和国国家统计委员会。

其他四个部门（医疗和社会工作，制造业，教育以及房地产、租赁和商业）显示出温和的产出增长和较大的价格上涨。由于强劲的需求伴随着供给约束，上述部门的增长模式与非贸易部门的增长模式呈现出高度一致性。

阿塞拜疆：从劳动力市场看包容性增长

劳动力市场的适应性调整是实现包容性增长的一个重要组成部分。如果在繁荣时期，对劳动力的需求上升而供给约束依旧，那么，商品价格上涨可能带来工资水平的提高，以及劳动者生活水平的改善。在本部分，我们将研究部门劳动生产率的变动情况，以及劳动生产率的提高能在多大程度上带动工资水平的上升。我们还将研究，就业水平或工资水平需要提高到什么程度，才会引起劳动力供给增加。

阿塞拜疆的官方就业数据表明，劳动力收入增加的结果，可能主要表现为工资水平上升而不是就业规模扩大。数据显示，2000 年，阿塞拜疆就业人数为 370 万人；2008 年，就业人数增加到 410 万人，年均增速为 1.1%。同一时期，阿塞拜疆的人口年均增速为 1.2%，因此，其就业人数与总人口的比率基本不变，全国就业率保持在 47% 左右。这些数据并不能证明，劳动需求越大、工作条件越好或者工资越高，就会有越多的人进入正式的劳动力市场。由于没有相关数据，我们无法推测非正规劳动力市场的就业情况。

虽然上述数据并不能证明，在繁荣时期，正式就业人口占总人口的比例会呈上升趋势；但上述数据可以证明，在繁荣时期，劳动生产率和部门人均附加值均有显著提高，这为工资水平的上升奠定了基础。表 9–5 显示了从 2003 年至 2008 年单个雇员附加值的变动情况。

数据表明，与其他部门相比，采矿业的劳动生产率可能以较大的幅度上升。拥有高产出增长率的四个部门，其劳动生产率也有可能以较快的速度增长，而制造业的劳动生产率的增长情况也相对乐观（年均7.2%）。因此，工资水平上升可能是实现包容性增长的主要途径。（在表9–5中，人均国内生产总值数据开始于2000年，单个雇员的平均国内生产总值开始于2003年，部门的就业数据也开始于2003年。）

表9–5 劳动生产率

	单个雇员的附加值（按2005年的阿塞拜疆马纳特计算）			
	2003年	2008年	变化值	增长率
农业、狩猎业和林业	635	765	131	3.8%
采矿业	71,560	288,858	217,298	32.2%
制造业	3,721	5,262	1,541	7.2%
电、水、气	2,199	2,215	17	0.2%
建筑业	4,661	8,870	4,208	13.7%
批发及零售贸易，机电维修、个人及家庭商品	963	1,811	849	13.5%
酒店及餐饮服务业	3,331	7,137	3,807	16.5%
运输、储藏及通信业	4,006	8,135	4,129	15.2%
金融业	12,031	10,632	–1,399	–2.4%
房地产、租赁及商业	1,710	1,710	1	0.0%
教育	903	1,015	112	2.4%
医疗和社会工作	955	1,104	149	2.9%
其他社区、社会及个人服务活动	1,231	1,476	245	3.7%
总计	107,905	338,992	231,087	25.7%

数据来源：阿塞拜疆共和国国家统计委员会。

劳动生产率的提高能转化为工资增长吗？如果能，其转化程度如何？为了回答这个问题，我们对比分析两个可以得到平均工资数据的部门，即采矿业和制造业。在这两个部门中，月均工资是名义值。名义月均工资乘以 12，经国内生产总值平减指数调整（2005 年为 1），然后与劳动生产率相比较，其中劳动生产率数据以 2005 年的价格为基准，可以从单个雇员的年均值得到。下面讨论的数据分别为 2003 年至 2008 年的名义工资水平与劳动生产率。

图 9–5 显示，采矿业的平均工资水平与平均劳动生产率没有很强的相关性。从 2003 年至 2008 年，平均劳动生产率每提高 1 个百分点，平均工资水平仅上涨 0.27 个百分点。该部门的雇员技能具有较高的可替代性，因此，工资水平会面临竞争压力而下降，导致了工资水平与劳动生产率之间的弱相关性。在这一时期，受益于国际矿产价格上涨及规模报酬递增，采矿业的劳动生产率大幅度提升。从另外一个角度来看，采矿业的工资水平由全国劳动力市场状况决定，并非仅仅由采矿业劳动力市场的情况单独决定，因为采矿业的雇员具有可替代性，且采矿业吸纳就业的数量有限。

相反，在制造业中，工资水平与劳动生产率具有较强的正相关关系。从 2003 年至 2008 年，平均工资水平增长了 32%，而制造业的劳动生产率大约提高了 35%，两者的比率略低于 1∶1。劳动生产率和平均工资水平的百分比变化，均可以从图 9–5 和图 9–6 的坐标轴上读出。图 9–6 显示，工资上升与劳动生产率提高之间存在一定时滞。从 2003 年至 2005 年，劳动生产率（横轴）曾大幅提高，而工资水平只有较小的增幅。但是，从 2005 年至 2008 年，由于工资水平大幅增长，工资增速明显快于劳动生产率。

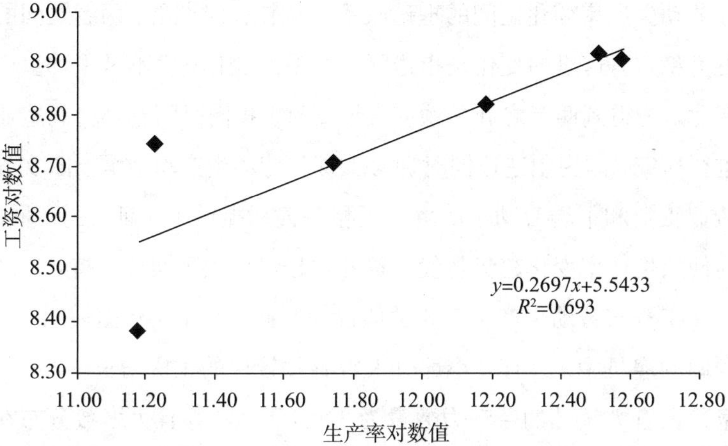

图 9-5　采矿业：工资和劳动生产率的对数值

数据来源：阿塞拜疆共和国国家统计委员会。

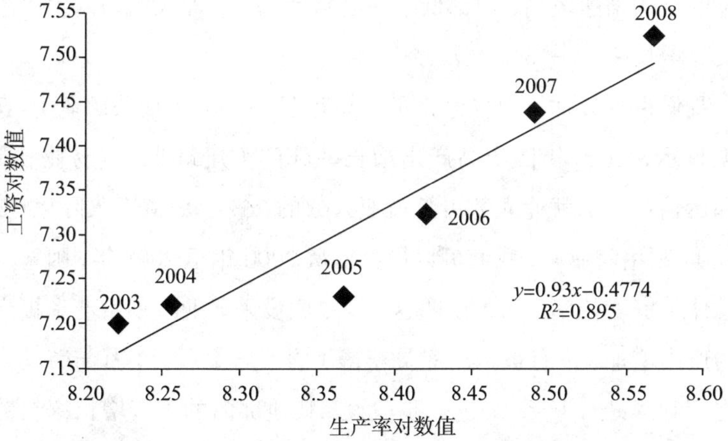

图 9-6　制造业：工资和劳动生产率的对数值

数据来源：阿塞拜疆共和国国家统计委员会。

当我们不能获得足够的工资数据时，可以使用劳动生产率数据近似地代替工资数据，从而研究包容性增长问题。这是基于实际工资与边际劳动生产率变化之间的理论联系；从较长时期看，两者之间的联系更为稳定。这里的变化是指边际生产率的变化，而不是平均生产率的变化。为得到两者之间关系的实证支持，我们以阿塞拜疆制造业为例进行研究，因为制造业同时拥有工资和劳动生产率数据。图 9–6 为制造业工资和平均劳动生产率的正相关关系提供了实证支持。同时，也为使用生产率变化趋势替代工资变化趋势提供了实证支持。

在工资与劳动生产率正相关假设的基础上，相关数据表明，在阿塞拜疆的雇员中，只有一小部分人曾有过较快的工资增长。2000 年，阿塞拜疆官方统计的劳动力数量为 370.4 万人，并且大多数分布在农业（41%）和批发零售业（17%）中。如表 9-6 所示，这两个部门劳动生产率的年均增速分别为 5.5% 和 12.4%。尽管这两个部门劳动生产率的年均增速较高，但都低于一个自然基准，即人均国内生产总值的实际增长率——16%。

我们也可以估算总体经济的工资增长率（不包括采矿业）。表中数据显示，2000 年四个高产出增长率部门（建筑业、贸易业、酒店业和运输业）的就业人数占总就业人数的 26%（95.6 万人除以 370.4 万人）。利用就业率，我们可以推算出从 2000 年至 2008 年，阿塞拜疆的总体工资增长率。为了说明这一点，假设采矿业劳动生产率提高带来的产出增加，没有被国内雇员获得（表 9–5 显示，工资与劳动生产率之间缺乏统计联系）。进一步假设，其他部门的工资增长率与劳动生产率增速的比例为 1 ∶ 1（根据我们对制造业的观察）。表 9–6 的最后一行显示，上述假设说明，在加权平均的基础上，工资增长率为 6.8%（与各部门就业人数的权重相等）。如果工资增长率为劳动生产率增长率的 80%，工资增长率的加权平均值将下降至 5.5%。

表 9-6　使用劳动生产率数据估计平均工资增长率

	2000 年的就业（千人）	2000—2008 年的劳动生产率增速
农业、狩猎和林业、渔业	1,519.2	5.5%
采矿和采石业	39.6	19.4%
制造业	169.3	6.1%
电、水、气	40.5	2.9%
建筑业	153.6	21.1%
批发及零售贸易，机电维修、个人及家庭商品	626.1	12.4%
酒店及餐饮服务业	9.8	14.6%
运输、储藏及通信业	167.0	12.3%
金融业	13.5	2.7%
房地产、租赁及商业	98.0	1.0%
公共管理和国防，社会保障	257.7	4.1%
教育	317.9	2.1%
医疗和社会工作	168.9	2.2%
其他社区、社会及个人服务活动	123.2	3.2%
总就业	3,704.3	6.8%

数据来源：阿塞拜疆共和国国家统计委员会。

注：总体工资增长率为 6.8% 是在工资增长率等于除采矿业以外的所有部门劳动生产率增长率的假设下得到的，假设采矿业的劳动生产率增长率为 0。

繁荣期的就业数据表明，在 2000—2008 年，劳动生产率年均增长 6.8%。如果劳动生产率能够替代工资增长，这意味着绝对工资水平的快速上升。但是，在该时期，阿塞拜疆的人均国内生产总值增长率超过 15%，这表明，繁荣时期的工资增长滞后于产出增长。

2000 年以后，雇员改善自身收入状况的另外一种途径是向劳动生产率更高的部门转移。存在这种情况的证据吗？阿塞拜疆的就业数据并不能证明，在经济繁荣期，有大规模的劳动力从一些部门转向另外一些部门，因为不存在就业净增长为负的部门。而新的就业机会也只出现在选定的部门中。表 9–7 显示，从 2000 年至 2008 年，阿塞拜疆总就业人数增加了 35.15 万人。其中，就业人数增长最多的是建筑业（7.25 万人），其次是运输业（4.15 万人）和房地产及商业（4.14 万人）。

表 9–7　繁荣时期部门之间的就业转移

就业（千人）	2000 年	2008 年	增加数
农业、狩猎业和林业	1,517.2	1,553.1	35.9
渔业	2.0	4.3	2.3
采矿业	39.6	45.0	5.4
制造业	169.3	198.6	29.3
电、气、水	40.5	45.5	5.0
建筑业	153.6	226.1	72.5
批发及零售贸易，机电维修、个人及家庭商品	626.1	654.2	28.1
酒店及餐饮服务业	9.8	23.3	13.5
运输、储藏及通信业	167.0	208.5	41.5
金融业	13.5	19.0	5.5
房地产、租赁及商业	98.0	139.4	41.4
公共管理和国防，社会保障	257.7	274.2	16.5
教育	317.9	345.7	27.8
医疗和社会服务	168.9	183.1	14.2
其他社区、社会及个人服务活动	123.2	135.4	12.2
国外组织活动	0.2	0.6	0.4
总计	3,704.5	4,056.0	351.5

数据来源：阿塞拜疆共和国国家统计委员会。

劳动力都会选择到高生产率和高工资的部门就业吗？答案是肯定的，但不是绝对的。图 9-7 显示，就业人数变化与劳动生产率变化之间并没有很强的相关性。

图 9-7 给出了 2000 年的情况，其中，纵轴为劳动生产率，横轴为就业净增长。2000 年建筑业拥有最高的就业增长率，但该部门并不是劳动生产率最高的部门。电力和金融都是就业增长率最低的部门。总之，劳动生产率与就业增长率之间，既没有较强的正相关关系，也没有较强的负相关关系。由于就业变化可能影响劳动生产率，因此，我们需要注意就业变化对劳动生产率的影响；图 9-7 也给出了在 2000 年就业水平提高之前的劳动生产率情况。如果使用 2008 年的数据而非 2000 年的数据，结果会有不同吗？答案是否定的。图中的结果也表明，不会有太大变化。

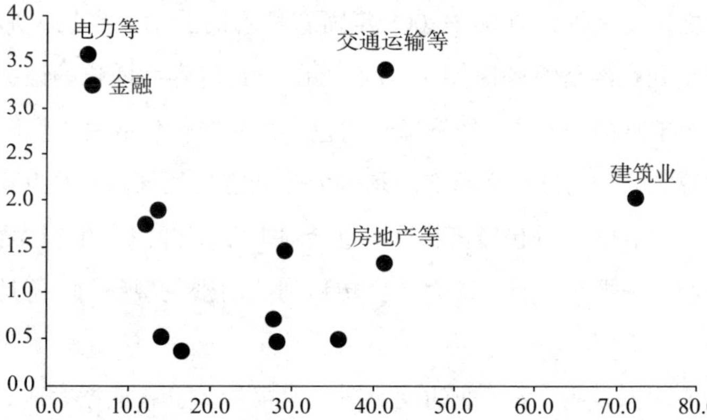

图 9-7　2000 年的劳动生产率（纵轴），2000—2008 年的就业净增长（横轴）

数据来源：阿塞拜疆共和国国家统计委员会。

劳动生产率与各部门之间的劳动转移，并没有明显的相关关系。这一结果表明，劳动力转移主要是由自然资源价格上涨引起的，且不会对平均工资水平造成太大的影响。尽管如此，它们之间仍然存在联系，因为大批工人会转移到劳动生产率较高的建筑业或运输业等部门。下面，我们来分析平均劳动生产率（除采矿业）在2000年的变动情况，并且测算平均劳动生产率将如何变化。假设各部门的劳动生产率相同，与2000年相比，2008年的就业结构更为合适。按2000年的价格计算，2000年，非采矿部门的人均劳动生产率（货币表示）为86马纳特；而在就业结构更优化的2008年，非采矿部门的人均劳动生产率（货币表示）为102马纳特。因此，我们可以用更为合适的就业结构来解释人均劳动生产率由86马纳特上升到102马纳特的变化。从2000年到2008年的8年时间内，人均劳动生产率的年均增长率为2.2%。计算结果表明，繁荣期的就业结构优化可以解释2.2%的工资增长率变动。

总之，观察研究2000—2008年阿塞拜疆的劳动力市场（那时阿塞拜疆正处在经济繁荣时期），我们可以得到包容性增长的证据。在自然资源丰富的国家中，经济增长的包容性并非仅仅取决于谁能获得自然资源收入，或自然资源部门是否为劳动密集型部门，因为繁荣期的需求增长，也会引起经济扩张，也会对非生产部门产生较大影响。同时我们还需要考虑，劳动力是会转移到劳动密集型部门，还是会转移到高薪酬部门。

相关证据表明，采矿业的就业率确实很低。也有证据表明，采矿业劳动生产率的提高并不会相应提高工人的平均工资水平。除了采矿业以外，我们还可以使用制造业的数据，研究工资增长率与劳动生产率之间的实证关系，并且利用劳动生产率估计工资增长率的趋势。估算表明，加权工资水平每年上涨6.8%，不仅远低于人均国内生产总值的涨幅，而且远低于非采矿部门人均国内生产总值的涨幅。在就业方面，没有证据表明，通过提高劳动力的参与率可以提高工资收入。

附录：部门价格及产出的变动

动机

本模型提供了一个分析框架，用来跟踪分析附加值、就业和部门价格等重要因素。其中有两个主要方面密切相关：一是强制变量是与需求相关（例如自然资源收入）还是与供给相关（例如某个部门劳动生产率的提高）；二是一些部门的定价行为是内生的（例如非贸易部门）还是外生的（例如贸易部门）。

下面一些结论十分重要：

• 如果一个部门的劳动生产率提高，且产出是非贸易的，那么该部门的就业不一定增加。如果一个部门的相对价格大幅下降，那么其附加值不一定增加。

• 如果贸易部门的劳动生产率提高，就业和附加值均会大幅提高，与此同时，其他部门的附加值将会下降。贸易部门劳动生产率的提高不会对价格水平产生较大影响。

• 当需求的增加是强制变量时，且商品是非贸易的，非贸易部门的相对价格和就业均会增长，其他部门的就业和附加值将会相应减少。

• 当所有商品和服务都是贸易商品和服务时，需求增加对产出及就业没有影响，所有额外需求都可以通过进口得到满足。

本部分可以作为实证研究的手册，主要研究附加值、价格及就业的变动，以及它们之间的相互关系。通过对经济运行的理解，有助于解释数据中显示的结构变动是由需求方面的因素引起还是由供给方面的因素引起。如果由供给方面的因素引起，将有利于可持续增长、劳动生产率提高、工资增加及包容性增长。

模型的描述

本模型中，有两个部门和一个自然资源部门，为了避免模型过于复杂，自然资源部门不雇用国内劳动力。

第一个部门为农业，产出方程为 $Q_a = \psi L_a$。

第二个部门为制造业，产出方程为 $Q_m = \theta L_m^a$。

制造业与农业的相对价格为 $p = \frac{p_m}{p_a}$。

跨部门的最优就业率为 $\psi = pa\theta L_m^{a-1}$，

全部劳动力由制造业和农业雇用：

$$L = L_a + L_m。$$

在需求方面，消费者的对数效用最大化为 $U = \beta\ln(C_a) + \ln(C_m)$，

两种商品的最优消费组合为 $C_a = \beta p C_m$。

分析经济的结构性变化时，不仅要考虑生产方面，需求方面也很重要。当一些商品不能交易时，需求方面是决定因素。当一些商品不能进行国际贸易时，国内需求必须等于国内供给：

$$C_m = Q_m；$$

$$C_a = Q_a。$$

另外，当商品可以进行国际贸易时，总的国际收支必须均衡（本模型不包括国外资产）。在下面这个方程中，R 代表自然资源产出。为简化模型，同时又不失研究重点，我们假设自然资源的产出全部在

国际市场出售，不使用国内劳动力或其他资源：

$$C_a + pC_m = Q_a + pQ_m + R。$$

对非贸易商品，区分需求冲击和产出冲击

当一个部门的产出不进入国际市场时，模型由以下四个基本方程组成，它们共同决定变量 L_m、p、C_m、C_a：

$$\psi = pa\theta L_m^{a-1}；$$

$$C_a = \beta pC_m；$$

$$C_m = Q_m；$$

$$C_a + pC_m = Q_a + pQ_m + R。$$

通过替换消费变量 C_m 和 C_a 后，模型简化为两个方程和两个未知数，共同决定制造业的相对价格和就业：

$$p = \frac{\psi L_m^{1-a}}{a\theta}；$$

$$\psi L + R = \beta p\theta L_m^a + \psi L_m。$$

图 9A–1　给出了上面两个方程的图解。

一旦确定了 p 和 L_m，就可以通过代入上述方程，求解模型中的其他变量。其中，非自然资源国内生产总值是 $\psi(L-L_m)+p\theta L_m^a$（以单位农产品为标准），总的国内生产总值是 $\psi(L-L_m)+p\theta L_m^a+R$（以单位农产品为标准），由此我们可以得到对总的国内生产总值的冲击。

自然资源的繁荣会增加国民收入，同时，增加对农产品和工业品的需求。非贸易部门增加的需求，需要国内的供给满足。非贸易部门增加的需求可以通过两种方式来满足：一是将劳动力从农业部门转移到制造业部门；二是如图 9A–2 所示，通过提高制造业的相对价格来抑制需求。

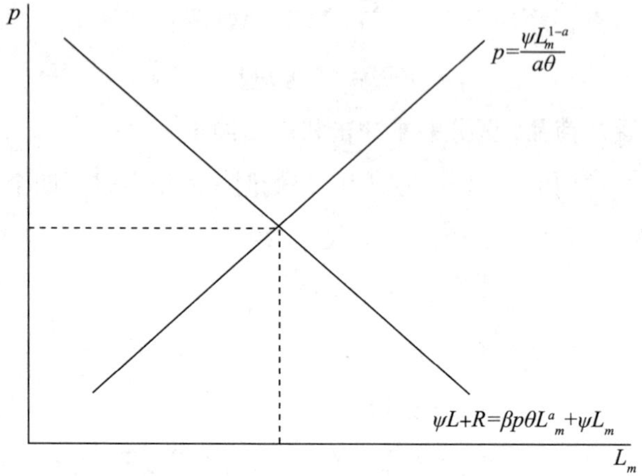

图 9A–1

数据来源：作者的计算。

自然资源处于繁荣期，带来的主要影响是众所周知的：自然资源部门产出增加，产出转移至非贸易部门，非贸易部门的相对价格上升。对非自然资源部门国内生产总值的冲击，包括对价格 p 的冲击和对劳动力供给 L_m 的冲击。当国内生产总值以自然资源繁荣期之前的不变价格衡量时，来自价格 p 的冲击保持不变。在这种情况下，对非自然资源部门国内生产总值的冲击，只能通过劳动供给 L_m 传导。而对规模较小的自然资源繁荣期，L_m 的影响几乎为零。但是，如果是较大规模的自然资源繁荣期，L_m 的影响将会很大，非自然资源部门国内生产总值将会下降。上述结果基于这样的事实，在自然资源繁荣期，贸易部门会向非贸易部门转移更多产出。从实际效果看，自然资源的繁荣，暂时扭曲了非自然资源部门的激励机制，在繁荣期前后，非自然资源部门价格的大幅波动也会带来经济运行的无效率。如果使用繁荣期之前的不变价格衡量，非自然资源部门的国内生产总值将会下降。

因此，当 R 大幅度变化时，如果非自然资源部门不存在提高劳动生产率的投资，且该部门的价格保持不变，那么模型预测的非自然资源部门的国内生产总值将会下降。

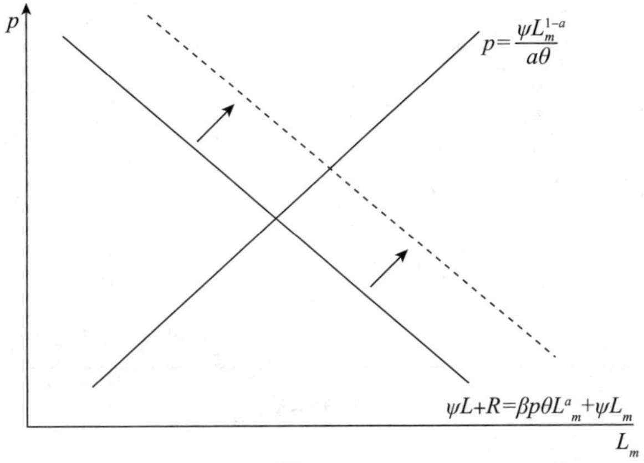

图 9A–2

数据来源：作者的计算。

当自然资源繁荣引起的需求扩张是主要事件时，什么情况会发生？如果非贸易制造部门的产出激增是主要事件，什么情况会发生？如图 9A–3 所示，如果 θ 增大，即非贸易部门的劳动生产率上升，图中的两条曲线都将移动。

制造业的劳动生产率较高，吸引劳动者进入该部门，因此，向上倾斜的曲线向右移动。同时，非贸易商品的价格下降将引致更多的消费，向下倾斜的曲线会向左移动。在这个模型中，两条曲线移动的影响刚好相互抵消，非贸易部门的就业水平不受影响，但是非贸易部门的相对价格会下降。总之，劳动生产率的提高对非自然资源部门国内生产总值的影响主要有三个方面：直接生产率效应、引致价格变化、就业转移带来的间接效应。需要注意的是，尽管在这个模型中，劳动生产率对就业的影响为零，但在更一般的模型中，该影响不能确定。

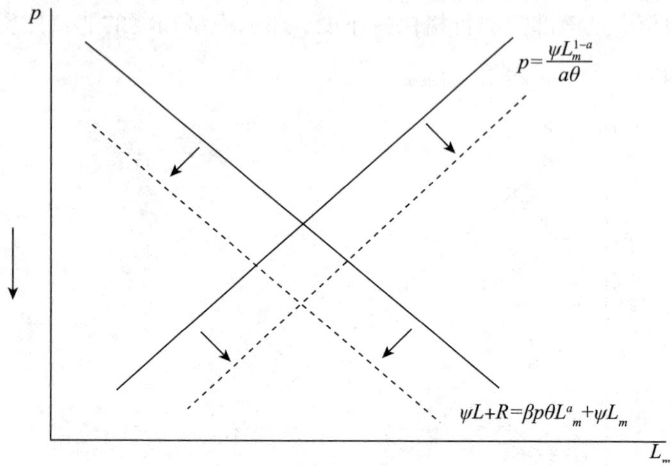

图 9A–3

数据来源：作者的计算。

当所有商品都是贸易商品时的需求和劳动生产率冲击

当农业和制造业均生产贸易商品时，这个模型中的方程如下：

$$\psi = pa\theta L_m^{a-1};$$

$$C_a = \beta pC_m;$$

$$C_a + pC_m = Q_a + pQ_m + R。$$

由于价格由国际市场决定，因此部门之间的就业分配由第一个方程决定，如图 9A–4 所示。

如果一个部门的劳动生产率提高，该部门的就业会大幅增加，这也意味着其他部门的就业和产出必须下降，而在非贸易部门中，这种影响是不确定的。

部门之间的就业被确定后，农业及制造业的消费将由后面两个方程决定，如图 9A–5 所示。

值得注意的是，自然资源繁荣（R 增加）引起的需求增加，会增加两部门的消费（见图 9A–6）。但在图 9A–4 中，方程中不含 R，自然资源繁荣不会对就业分配或部门附加值产生影响。

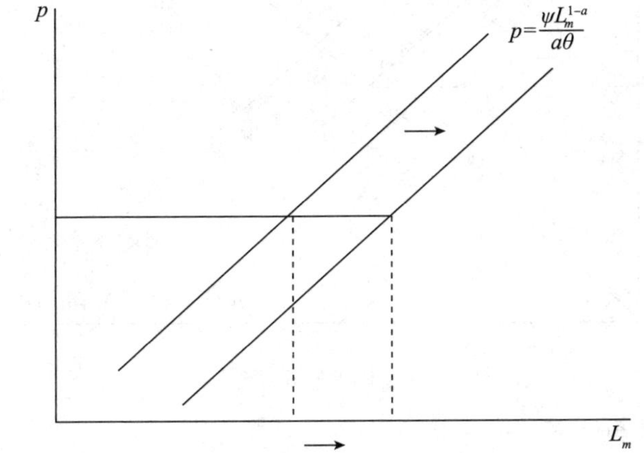

图 9A–4

数据来源：作者的计算。

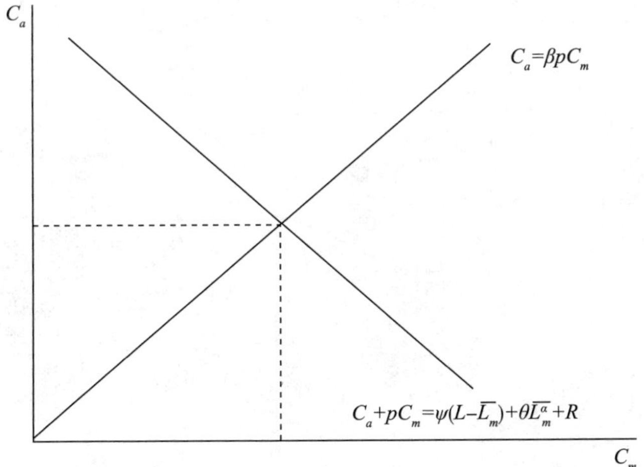

图 9A–5

数据来源：作者的计算。

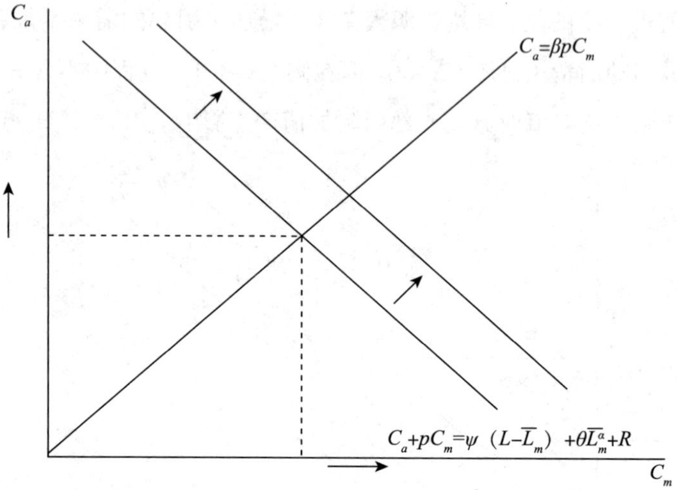

图 9A-6

数据来源：作者的计算。

第十章　不公平与不可持续增长：一枚硬币的两面?

安德鲁·博格　乔纳森·奥斯特里

引言

从长期看，持续增长是减少贫困的重要条件。在过去的几十年中，不仅在中国和印度，而且在世界许多国家，经济的快速增长都带来了前所未有的减贫成果。一般来说，人均收入增长意味着贫困者收入的增加。多拉尔和克雷（2002）明确指出，“对贫困者而言，经济增长是有帮助的”。因此，在所有减少贫困的战略中，可持续性增长处于核心地位。

最近的全球金融危机以及它对就业和贫困者的影响，引起了整个世界对可持续增长问题的重新关注，包括不公平的收入分配、危机管理与可持续增长之间的可能联系。皮凯蒂和赛斯（2003）的研究表明，在过去 20 年，美国的收入分配不公平程度急剧上升；自 20 世纪

20年代以来，这一趋势从未有过回落。一些学者研究了收入不公平如何导致危机的发生。雷简（2010）指出，政治压力和经济压力导致高收入群体开始储蓄，而低收入群体则通过借贷维持消费，金融机构和监管部门鼓励支持这一行为。同时，最近发生在埃及、突尼斯以及中东地区的事件，进一步表明了厘清经济增长、收入分配和金融危机之间复杂关系的重要性。

不公平是市场经济运行中不可避免的，也是推动投资和经济增长的动力（Chaudhuri and Ravallion，2006）；但是，严重的不公平可能阻碍经济增长。不公平不仅会造成金融危机的潜在风险，而且会引发政治的不稳定性，从而阻碍投资。面对外部冲击，不公平使政府更难做出正确的政策决定。

之前的研究已经表明，经济增长、收入分配和消除不公平政策之间存在复杂的关系。在本章中，我们将讨论，面对高度不均等的收入分配，经济增长能否实现真正的可持续性。不公平程度越低，经济增长可持续的可能性越大吗？不公平与可持续到底是同一问题的两个不同方面，还是两个毫不相关的问题呢？

本章的研究吸收了之前的研究成果（Berg，Ostry and Zettelmeyer，2012），特别关注各国增长趋势的转折点，重点研究决定长期经济增长的因素。本章还将分析收入分配与经济增长之间的关系，以及政治领域的实证研究与特定经济事件之间的关系。接下来，我们回顾早期关于经济增长和收入分配的实证文献，把文献研究与经济增长的实践联系起来，讨论收入分配的作用，找出影响可持续增长的其他决定因素，例如制度、教育、卫生、全球化和宏观政策等。最后，我们尝试提出一些政策建议。

经济增长的起伏

20 世纪 90 年代后期，一些研究者实证研究了收入分配与经济增长之间的关系。根据大量的经济增长文献，一个典型的做法是将一国在某一时期（这里指从 1965 年到 1985 年）的收入分配情况与经济增长率联系起来，同时观察数个关键变量，例如初始人均收入，然后得出实证研究的共识，即收入分配更公平的国家往往拥有更高的经济增长率（Alesina and Rodrik，1994），但这样得出的结论不是特别有说服力（Deininger and Squire，1998；Barro，2000）。

随后，我们将研究的重点转移到面板数据，在随后的一个中期时段（通常为五年），研究收入分配的变化如何影响经济增长率。福布斯（2000）发现，收入分配不公平会影响一国的经济增长。班纳吉和迪福洛（2003）认为，收入分配不公平和经济增长之间的关系非常复杂，无论不公平的程度上升或下降，在随后的一个时期内，经济增长率都会降低。他们把这一发现归结为以下观点，即在短期或中期，收入再分配的不公平会阻碍经济增长。

要减少贫困，关键是保持快速的经济增长。巴罗（2000）对长期经济增长的回归及其他类似研究都支持这一观点。这些分析有许多共同点：它们都认为经济发展如同爬山，是实际收入水平的稳步增长，尽管有时会遇到各种冲击（例如商业循环波动）；是一个贫穷国家在融入全球经济时，偶尔会出现的经济腾飞。图 10–1a 给出了两个发达国家的实际人均收入变化，这两个国家的增长模式与经济增长的理论一致。如果这是通用的增长模式，那么重要的问题是，从长期来看，为什么一些国家的增长速度会更快一些。

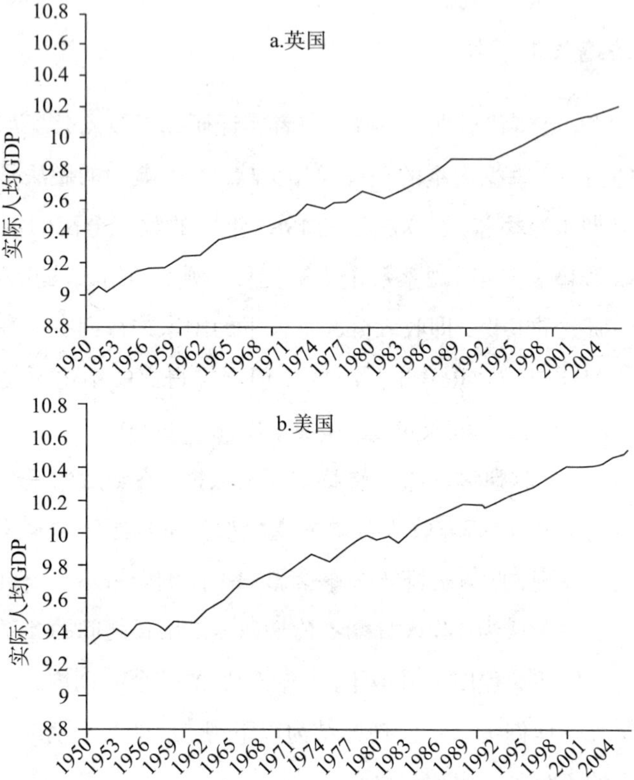

图 10–1a　增长的上升趋势

数据来源：佩恩世界表，6.2 版本。

注：人均 GDP 以对数形式表示，因此，一条直线意味着固定的增长率。

图 10–1b 给出了一组发展中国家的实际人均收入变化。与发达国家相比，在这幅图中，最吸引我们眼球的是这些国家经历的经济多样化发展。通过观察这几幅图，普里切特（2000）和其他研究者提出了这样一个问题，即我们在研究经济增长时，为什么要重点关注经济增长的转折点？也就是说，我们不是关注商业周期层面的起伏波动，却只关心为什么一些国家能够保持长期的经济增长，而其他国家在经

历数年的经济发展后，就会出现经济停滞或者经济衰退。原因何在？为了回答这个问题，我们重点讨论经济增长期理论。

实际人均GDP

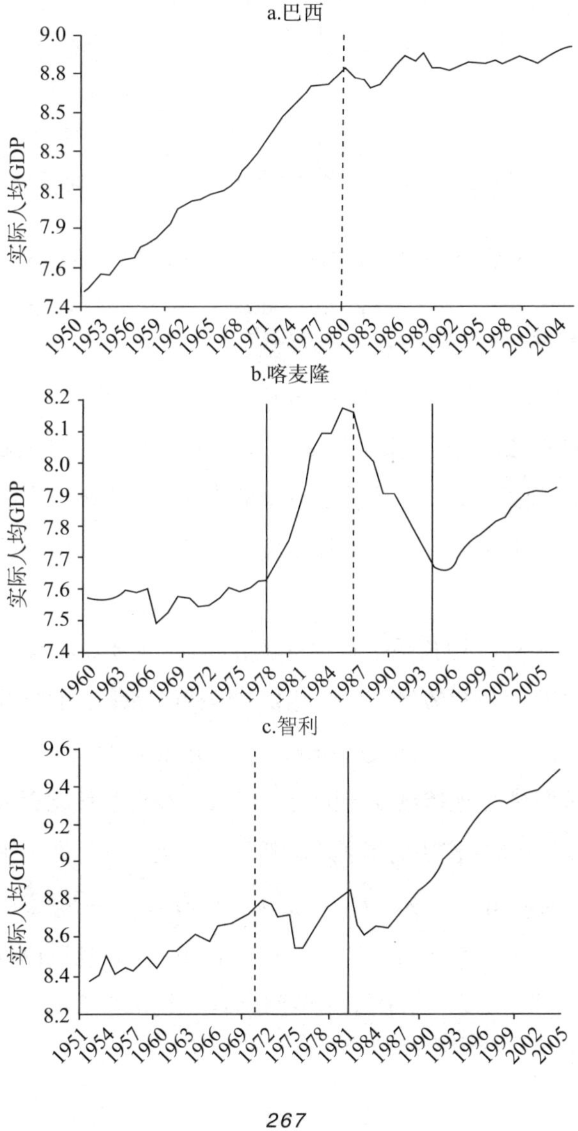

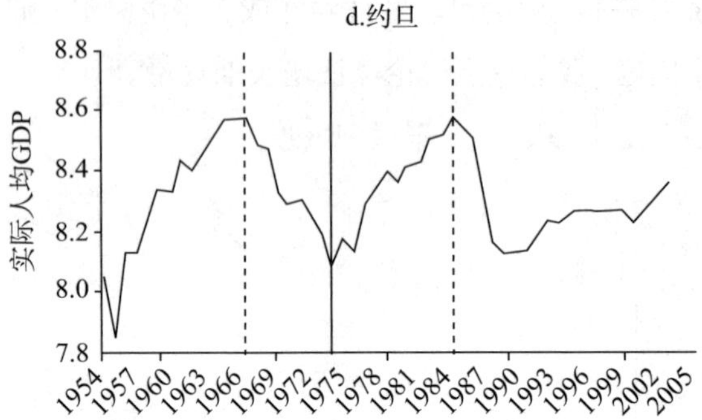

图 10–1b　增长曲线的峰值、谷底和平稳期

数据来源：佩恩世界表 6.2 版本；Berg, Ostry and Zettelmeyer（2012）以及作者的计算。
注：垂直的虚线代表经济的显著增长。

经济增长期被定义为增长的开始（向上突破）与增长的结束（向下突破）之间的时间间隔。我们的研究目标是经济增长趋势，而不是暂时性现象，例如经济从衰退中的恢复、主要出口商品价格的快速上涨等。这要求研究对象的样本期不能太短；实际上，我们设定的最短样本期为 8 年。[1]

如何维持经济增长是个特别有趣的问题，主要原因有两点。第一，多国数据表明，与刺激经济增长相比，维持经济增长的挑战要大得多（Hausmann，Pritchett and Rodrik，2005）。也就是说，即使是最穷的国家，也能时常出现持续几年的经济增长。经济增长能否成功取决于能否在长期内维持较快的增长率。第二，最近几年，许多国家的经济持续增长，远远好于过去 30 年的情况。在撒哈拉以南非洲国家中，经济增长的发生率最高；在 20 世纪 90 年代中期，该地区的许多国家都经历了经济腾飞。因此，接下来的问题是：经济增长期可持续吗？如何才能可持续？

经济增长：起始易，维持难

我们对于增长突破和增长期的第一个观察是，经济增长率的向上突破和向下突破都相当常见，因为所有国家的经济增长都不是一帆风顺的。如表 10–1 所示，向上突破往往平均地分布在各地区和各时期。从数据中得到的一个重要信息是，对实现人均收入的长期增长，初始

表 10–1　不同地区和时期的增长突破

地区	数量	平均突破规模[1]	20 世纪 50—60 年代	20 世纪 70 年代	20 世纪 80 年代	20 世纪 90 年代—21 世纪 00 年代
总的向上突破次数	**78**	**6.9**	**17**	**13**	**21**	**27**
工业化国家或地区[2]	11	5.0	5	0	3	3
亚洲新兴经济体	19	5.6	4	6	4	5
拉丁美洲国家	11	4.0	3	2	4	2
撒哈拉以南非洲国家	22	10.3	4	1	5	12
其他发展中国家[3]	15	7.4	1	4	5	5
总的向下突破次数	**96**	**–6.3**	**7**	**48**	**30**	**11**
工业化国家或地区[2]	21	–5.3	0	15	1	5
亚洲新兴经济体	15	–6.0	0	7	5	3
拉丁美洲国家	13	–4.6	0	8	5	0
撒哈拉以南非洲国家	26	–8.0	3	12	9	2
其他发展中国家[3]	21	–6.9	4	6	10	1

数据来源：Berg, Ostry and Zettelmeyer（2008），及作者的计算。

[1] 在突破之前或之后，实际人均国内生产总值的变化率。

[2] 包括中国香港、日本、韩国、新加坡和中国台湾。

[3] 塞浦路斯、加勒比国家、中东、北非和土耳其。

注：增长突破是指，实际人均国内生产总值增长率的一个显著统计变化，该变化至少要持续 8 年。

的经济增长不一定是最重要的。例如，拉丁美洲和非洲似乎并不存在不同寻常的经济停滞期。但是，真正的问题是长期持续增长的稳定性。例如，工业化国家或地区和亚洲新兴经济体的经济增长期，几乎都可以持续 10 年或者 10 年以上，而在拉丁美洲和非洲国家，只有大约 2/3 的经济增长期可以持续 10 年（见表 10–2）。经济增长期能否持续 10 年，甚至几十年，似乎成为区分增长奇迹与增长缓慢的分界线。

除了持续期特征以外，另一个关于增长率数据的突出特征是经济增长期结束前后的增长速度。如表 10–2 所示，在经济增长期内，所有地区都有相当高的经济增长速度，并且非洲地区的经济增速最快。相比之下，在增长期结束后，各地区的表现有很大差异。在工业化国家或地区和亚洲，经济增长期结束时，经济往往软着陆；而非洲国家在经济增长期结束后，往往以经济崩溃收场。

表 10–2　增长期的特点

	频率及持续期			增长期之前和增长期之后的平均增长率[1]						
				占比：增长期至少持续期		平均增长率			3 年	
地区	国家或地区数量	增长期数量	平均持续期（年）	10 年	16 年	之前	之中	之后	之前	之后
				完整的增长期						
工业化国家或地区[2]	37	2	13.0	100.0	0.0	3.3	6.0	1.2	2.6	3.4
亚洲新兴经济体	22	3	18.0	33.3	33.3	–0.7	9.1	1.4	1.4	1.9

（续表）

	频率及持续期			增长期之前和增长期之后的平均增长率[1]						
				占比：增长期至少持续期		平均增长率			3 年	
拉丁美洲国家	18	5	14.4	60.0	40.0	1.1	4.8	0.2	1.3	–1.3
撒哈拉以南非洲国家	43	3	8.3	0.0	0.0	–2.7	9.9	–4.0	–10.6	–6.5
其他发展中国家[3]	20	7	10.7	42.9	14.3	–1.6	5.0	–0.9	–1.4	–2.0
总计（包括不完整的增长期）										
工业化国家或地区[2]	37	11	24.4	100.0	63.6	0.7	5.7	na	–0.1	na
亚洲新兴经济体	22	16	24	87.5	56.2	–0.3	5.8	na	0.4	na
拉丁美洲国家	18	7	15.7	71.4	42.9	0.4	4.4	na	0.1	na
撒哈拉以南非洲国家	43	18	13.6	66.7	22.2	–4.0	6.3	na	–7.7	na
其他发展中国家[3]	20	12	13.5	66.7	33.3	–2.1	5.0	na	–2.8	na

数据来源：Berg，Ostry and Zettelmeyer（2008），及作者的计算。

[1] 实际人均国内生产总值增长率。

[2] 包括中国香港、日本、韩国、新加坡和中国台湾。

[3] 塞浦路斯、加勒比国家、中东、北非和土耳其。

注：增长期是介于经济增长的向上突破和向下突破之间的时期，要求实际人均国内生产总值增长率在增长期内高于 2%，且向下突破后低于 2%，突破后至少持续 8 年。na：数据不可得。

收入分配与经济增长的可持续性

经济增长期的长度，究竟与一国的经济特征和经济政策（包括收入分配状况）有着怎样的联系呢？长久以来，经济和政治制度、国际贸易体系、宏观经济稳定性、人力资本积累等，都被人们视为经济增长的决定性因素，有许多研究人员致力于探究这些因素的影响机制及相关的政策含义。在本章中，我们认为，收入分配也可能独立地属于“万神殿”（pantheon）。*

为什么是收入分配？

为了回答这个问题，图 10–2 给出了样本国家在样本期内，经济增长期的长度与收入分配不公平之间的简单关系。我们使用基尼系数来衡量收入分配的不公平性，该系数的变化范围是 0 至 100。当基尼系数等于 0 时，所有家庭的收入基本相同，当基尼系数等于 100 时，一个家庭拥有整个国家的财富。在统计学上，两者的相关系数为 –0.56。

可能存在这样一种模式：收入分配越是不公平，经济增长期的可持续性越低。那么，收入分配不公平是通过怎样的途径影响经济的可持续性增长的呢？

• 信贷市场的不完善：贫困者没有能力支付教育支出。更平等的收入分配带来人力资本投资的增加，从而促进经济增长。这里的数据表明，人力资本的一些指标（尤其是中等教育的普及率）与收入分配之间存在着较强的负相关关系，即使控制人均收入变量。这与威尔金和皮克特（2009）的观点一致，他们认为，越是收入分配不公平的国

---

* 意指汇集了经济增长的重要因素。——译者注

家，它们的社会指标越低。

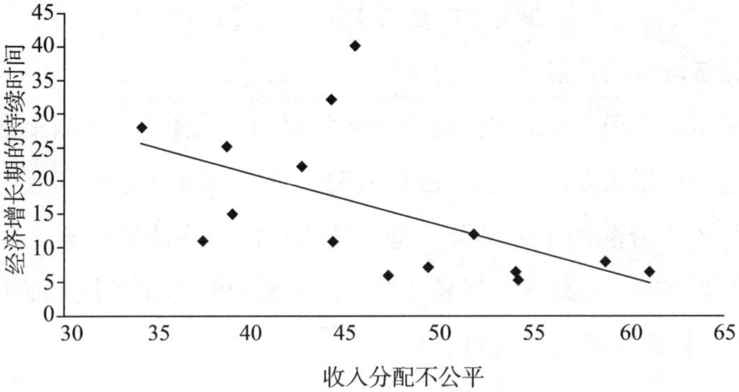

图 10-2　经济增长期的持续时间与收入分配不公平

数据来源：佩恩世界表；联合国大学—发展经济学国际研究中心，国际收入不平等数据库。
注：本图仅包括完整的经济增长期（增长期在样本期内结束），因为不完整经济增长期的长度是不确定的。本图中，最短的增长期是 5 年。使用基尼系数衡量收入分配不公平，基尼系数的范围为 0（所有家庭有相同的收入）—100（一个家庭得到整个国家的收入）。

• 政治经济学：在经济不公平的国家，政治力量比经济力量更有可能导致平均主义的发生。这些国家会利用政治力量，例如税收机制，来影响收入再分配。这可能会抑制投资，导致较低或不可持续的经济增长（Alesina and Rodrik，1994）。同时，社会精英对这种收入再分配的抵制（包括购买选票在内的腐败行为）会造成社会资源的扭曲和浪费，从而阻碍经济增长（Barro，2000）。

• 政治的不稳定性：收入的不公平性会增加政治的不稳定性，由此而导致的不确定性会影响投资，削弱经济增长的动力。罗德里克（1999）认为，收入分配不公平及政治不稳定可能会阻碍该国有效地应对外部冲击。同样，博格和萨克斯（1988）发现，在 20 世纪 80 年代，收入分配不公平的国家往往会发生相对严重的债务危机。国际劳动研究所（2010）强调了失业与社会动荡之间的联系。

因此，一些学者提出了“收入分配越公平，经济增长越持久”的观点，但关键问题是真实数据是否支持这个观点。

经济增长的风险点

从本质上说，经济增长是一个非常复杂的现象，许多因素都有可能影响经济增长期的长度。在这一部分，我们将更系统地研究可持续增长与收入分配的不公平及其他一些重要的潜在决定因素之间的关系。不言而喻，在统计关系给定后，接下来要解释相关性，而不是因果关系，数据会揭示真实的情况。

这里借鉴了医学文献的研究方法，例如，在某些特定条件下，衡量一个人的寿命长度，这些条件包括是否抽烟、体重、性别和年龄。在我们的研究中，经济增长期的结束可能取决于当前持续的长度，及多种威胁经济增长的因素。这种分析区分了增长期的初始状况和增长期间的变化。更值得关注的问题是，什么样的政策才能延长增长期的长度。[2]

不幸的是，因为没有足够的数据，所以不能一次性地验证所有影响经济增长的因素以及有待检验的变量。增长期的数量太少，而有待检验的变量太多，要解决所有的问题是很困难的。因此，我们的策略是每次只观察一个可能的变量，然后尝试着合成这些结果。变量分析表明，下面的因素与经济增长期的长度相关：[3]

- 更好的政治体制：许多人认为，制约当政者的权力并且保证有效履职的政治制度，有助于维持经济增长。我们也发现，更好的政治制度与更长的经济增长期相关。

- 提高教育、卫生和基础设施水平：延长经济增长期的一个非常有效的方法是，提高初级教育水平。此外，儿童死亡率的上升会减少经济增长期的预期长度。

• 金融发展：与许多经济学家的观点相一致，一些金融政策，例如在一段时间内提高储蓄占国内生产总值的比重，似乎对经济增长期的长度起到一定的促进作用。

• 贸易自由化：贸易自由化会对经济增长产生重大影响，例如，扩大市场规模，鼓励自由竞争，传播专业知识。这些都有可能将贸易开放、市场开放和可持续增长联系在一起。

• 国际金融一体化：根据国际资本流动的性质，外商直接投资似乎有助于可持续增长，同时，对外负债的增加似乎不利于可持续增长（与 Dell' Ariccia 等人在 2008 年的研究结果一致）。

• 竞争力和出口结构：应当努力避免汇率高估、制造业出口在总出口中的高比重、出口结构复杂化（Hausmann，Rodriguez and Wagner, 2006；Hausman, Hwang and Rodrik，2007），这些都与更长的经济增长期相关。

• 宏观经济波动：本币贬值和通货膨胀都会减少经济增长期的预期长度。

• 外部冲击：尤其是贸易活动衰退和美元利率走高，都会减少增长期的经济预期长度。

• 收入分配的不公平：收入分配的不公平与经济增长的可持续之间存在显著的相关关系。在所有预测增长期长度的变量中，收入分配不公平是最重要的预测变量之一，同时也是最稳健的变量之一，在不同的样本下均保持统计的显著性。

总之，上述分析结果部分地解释了东亚经济增长的“奇迹”。外向型经济，吸引外商直接投资但没有过多的外债或赤字，宏观经济稳定，收入分配相对公平——这样的经济体，其经济增长最具持久性。

值得注意的是，即使在研究样本中剔除亚洲国家，上述结论也能成立。

综合看风险因素

到目前为止，我们讨论了数个可能影响可持续增长的风险因素。这些因素之间可能存在一定联系。例如，不完善的制度、薄弱的医疗及教育条件或其他因素可能间接地影响不公平性，而这些可能是可持续增长的真正驱动力。

在多因素联合分析中，许多潜在的决定因素仍是非常重要的。不管其他的重要潜在变量是否包括在内，一些决定因素的统计学和经济学意义取决于特定样本。在一些样本和假定中，部分变量的作用是很明显的。

图 10–3 给出了博格、奥斯特里和泽特尔迈尔（2011）的多元假定研究结果。为了研究单个变量的重要性，在保持其他因素不变的条件下，图中数据显示了增加该变量对预期增长期长度的影响。为了得到这个结果，首先要在所有变量取样本中位数时（50 百分位），计算经济增长期的预期长度。待研究的变量提高 10 个百分位时，重新计算经济增长期的预期长度。[4] 主要结果如下：

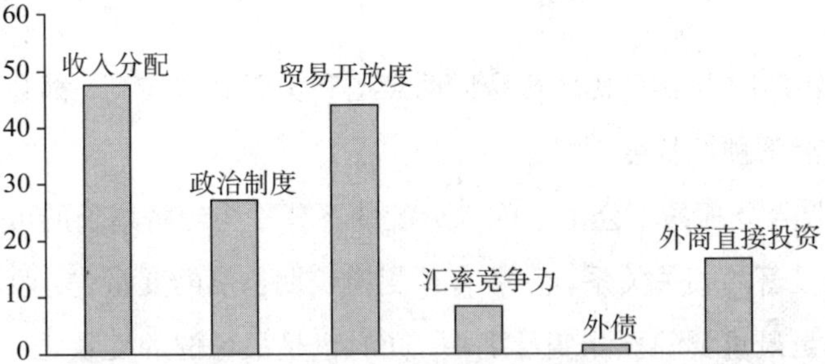

图 10–3　不同因素对预期增长期长度的影响（百分比）

数据来源：Berg, Ostry and Zettelmeyer（2012）；作者的计算。

注：对于每一个变量，图形的高度表示预期增长期长度增加的百分比，这一增加来自该变量从 50 百分位变为 60 百分位，同时保持其他变量在 50 百分位。对贸易因素，利用 Wacziarg and Welch（2008）的二分变量，上述图形显示了相对于封闭贸易制度，开放贸易制度的收益。对于专制制度，图形表示等级从 1（50 百分位）到 0（73 百分位）的影响。

• 更好的政治制度（使用政体Ⅳ数据库中“专政”变量来衡量）与更长的经济增长期有关。使用 10 点表示专制制度，其规模从比率 1（与样本中值对应）降为 0，伴随着增长期的长度增加 25%。

• 贸易自由化可以使经济增长期的预期长度增加 45%〔采用 Wacziarg and Welch（2008）的二分变量，当贸易已经自由化时，该变量取 1；其他情况下，该变量取 0〕。

• 较低的实际汇率（与更持久的经济增长相关）；经人均收入调整之后，以对购买力平价理论值的偏离程度代表实际汇率的高估程度，汇率的高估程度每降低 10 个百分点，经济增长期的预期长度会增加 8%。

• 金融全球化对经济增长期的影响取决于国际资本流动的性质。更高的外商直接投资流入量对应着更长的经济增长期；外商直接投资占一国国内生产总值的比重由 8% 增加到 12%，经济增长期的预期长度会增加 15%。更少的外部债务对应着更长的经济增长期；对外债务占一国国内生产总值的比重由 44% 降至 39%，经济增长期的预期长度约增加 2%。

在对众多因素的综合分析中，另外一些单独的因素没有保持其显著性。这可能反映出，在一个有限的增长期样本中，同时分辨出多种不同因素的效果是很困难的。从另一个角度讲，这些因素可能不是独立地影响着增长期的长度，而是通过上述众多因素而共同发挥作用。[5]

收入分配不公平：可持续增长的风险因素

多因素综合分析的一个重要结论是，收入分配状况是影响增长期长度的最重要因素。如图 10–3 所示，在经济增长期内，一些国家的整体经济状况有所改善，收入分配的不公平性每降低 10 个百分点，增长期的预期长度会增加 50%。显然，在多因素综合分析中，不公平因素依然保持统计学意义上的显著性和经济含义。这表明，不公平因素不能被其他因素替代。与其他因素相比，不公平因素在不同样本期和增长期中更具有系统显著性。因此，与一些决定经济增长的因素相比，使用不公平因素预测增长期长度的效果更好。

估计不公平因素主要依赖跨国数据，对于一个给定国家，收入分配的不公平在一段时期内通常相对稳定。然而，像美国、中国及其他一些发展中国家，在过去的几十年中，收入分配状况有时会发生显著变化。估计表明，这些变化都有可能对增长期的预期长度产生重大影响。例如，如果拉丁美洲的收入分配不公平程度下降到亚洲新兴市场国家的一半，拉丁美洲经济增长期的预期长度将增加一倍。

收入分配情况是衡量社会阶层差异的唯一工具。许多研究者认为，种族和宗教扮演着与收入分配相类似的角色，从而导致一个国家更容易受到冲击或更不稳定。[6]有一种观点认为，当一国出现民族分化问题的时候，似乎是政治或经济最不稳定的时候。民族分化与其他分化之间是相关的，这一观点似乎是合理的。一些证据表明，民族分化问题越严重，经济增长期的长度越短。但是，这种联系会因样本数据不同而有所差异，并且通常没有显著的统计学意义。对于经济增长期来说，收入分配不公平的重要性似乎更强一些。

对证据的进一步研究

这些统计结果能够说明一国在经济增长期内的政治和经济状况吗？具体来说，当模型预测经济增长期结束的可能性很高时，这种描述真的强调了实证研究中的收入分配情况吗？答案暂时是肯定的。

思考一下表 10–2 中给出的主要样本中的 20 个完整经济增长期。

对所有的完整经济增长期，与所有国家的平均结束风险相比，增长期在最近五年内（增长期实际结束之前）结束的风险要高出好几倍。这种情况意味着什么？表 10–3 给出了 6 个国家在增长期结束时，面临最高预测风险时的数据。

表 10–3　六个增长期的结束

国家	增长期	人均实际GDP增长：增长期内	人均实际GDP增长：下个十年	风险率	（全部风险份额）主要因素：不公平度	FDI 流入水平低	增加的外债	更多专制	高估
喀麦隆	1978—1985	6.6	–5.6	109	0.49	0.33	–0.05	0.33	0.09
哥伦比亚	1967—1978	3.4	1.2	66	0.73	0.46	–0.06	–0.23	–0.03
危地马拉	1958—1979	2.4	–1.3	56	0.39	0.38	–0.07	0.13	–0.02
厄瓜多尔	1971—1978	7.2	–1.0	47	1.05	0.34	–0.05	0.17	–0.13
巴拿马	1959—1980	4.7	0.0	42	0.44	–0.61	0.62	0.28	0.06
尼日利亚	1968—1976	5.9	–4.0	29	0.27	0.41	–0.08	0.39	0.47

数据来源：Berg，Ostry and Zettelmeyer（2008），及作者的计算。

注：风险率为，在增长期的最后五年（实际结束之前）的结束概率，与整个样本期内增长期的结束概率之比。因此，风险率为 1 表示，没有特殊的风险导致增长期结束。影响风险率的因素主要基于 Berg, Ostry and Zettelmeyer（2008）表 12 中的第一个模型，同时将这些因素比例化，保证它们之和为 1。本表只给出特殊观测值的主要影响因素。

哥伦比亚经历了一个于 1978 年结束的经济增长期。经济增长期结束的导火线是对贩毒集团的打击，它开启了长时间的国内冲突。根据卡德纳斯（2007）的研究成果，在过去 20 年中，哥伦比亚的经济增长轨迹是“一个偶然事件，伴随着社会收入分配不公平、贫困及国家衰落”。基本的多因子模型显示，哥伦比亚的经济增长期的确很脆弱——在我们的样本分析中，与一般国家相比，该国增长期结束时期的风险要高出 66 倍。这种高风险与很多因素有关，包括图 10–3 所示的增长期回归。哥伦比亚所拥有的较高的基尼系数（其基尼系数为53，而样本国家的平均值为38）似乎可以解释这种高风险。

危地马拉的内战从1960年持续到1996年。在漫长的36年中，成千上万的人被杀害，危地马拉多次发生政变，公民毫无自由可言。在1979年，该国内战达到顶峰，恰好是其经济增长期的结束时期。索普、卡玛汀和克雷·莫利纳（2006）指出，“20世纪70年代后期，危地马拉进入了社会组织（工会、农民组织）极端化和激进化的阶段。面对日益增长的压力，许多农民和工人选择加入游击队”。卡尔波尼耶（2002）进一步指出，“在动荡中，为了赢得政治支持，政府通常会采取宽松的宏观经济政策，但是，经济约束的放松常常意味着政治和社会动荡加剧，于是政府将转向紧缩的宏观经济政策。例如，政府削减补贴、提高运输价格的举措重复刺激着危地马拉城市街头的暴力冲突，结果往往是政府的压迫更强、津贴更少”。按照多因素模型的预测，从1974年至1979年，与一般国家相比，危地马拉经济增长期结束时期的风险要高出55倍，远远高于样本国家平均水平。造成危地马拉风险上升的主要原因有两个：一是收入分配不公平，二是外商直接投资。

喀麦隆、尼日利亚和厄瓜多尔增长期的结束时间有力地说明了，收入分配与外部冲击之间是如何相互影响的。路易斯（2007）指出，在尼日利亚，极不稳定的政治环境、社会环境和外部冲击带来了剧烈的经济波动。“在尼日利亚，民族之间和区域之间的竞争阻碍了国有企业和私营企业形成稳定的联盟。政治精英转向民粹主义，在支离破碎的商业环境中寻租。当该国的石油出口收入减少时，民粹主义的选择是短视的，寻租者联盟是不稳定的，从而导致尼日利亚的经济停滞和政治混乱。”20世纪70年代初期，在喀麦隆和厄瓜多尔，由于石油财富的增长，公共部门支出大量增加，工资开支大幅上升，但当国际石油价格下跌时，最难削减的是工资支出。对于一个深陷经济危机的国家，尽管缩减政府开支是非常必要的，但是，这些政策普遍不受欢迎，主要原因是政治精英和政府高官的权力都会因此而受影响（Mbak and Takougang，2003；Jacome, Larrea and Vos，1998；Aerts，2000）。在上述三个国家中，模型预测的增长期结束时期的风险都很高（与一般国家相比，喀麦隆的风险高出100倍，尼日利亚的风险高出29倍，厄瓜多尔的风险处于两者之间）。回归结果表明，收入分配的高度不公平、专制及低水平的外商直接投资是上述问题的主要原因。

预测模型把巴拿马面临的高风险归结为外债的提高和收入分配不公平的加剧。的确，在整个20世纪70年代，军事独裁的巴拿马通过对外负债的方式维持着庞大的军事力量（Ropp，1992）。因此，在20世纪80年代早期，经济危机使巴拿马的经济状况更为艰难。这种观点与博格和萨克斯（1988）的观点是一致的。他们认为在20世纪80年代，那些遭受严重债务危机的国家，可能正是试图通过对外负债来解决国内冲突的国家。

在这些例子中，解决方案的多样性和复杂性非常明显。例如，犯罪问题似乎是哥伦比亚的主要问题，其他国家并非如此。危机发生的时机似乎反映了各种因素之间的相互作用，包括收入分配、外部冲击（例如，在哥伦比亚，非法毒品生产的吸引力上升；在其他国家，石油资源的吸引力上升）。这种描述显示了对外债务、收入不公平、经济下滑之间的复杂关系，特别是这些因素出现的时机。在巴拿马，对外债务的增长要早于经济危机，因此其成为回归分析中的一个因素。对一些石油输出国，债务增长发生在经济增长期结束之后，作为应对大宗商品冲击的初始反应——最终难以为继——会导致一次外部冲击并带来经济的持续下滑。显然，在一些国家，民族问题也是一个重要影响因素。回归结果表明，除了收入分配不公平外，更可能是许多因素共同导致了经济增长期的结束。

政策含义

一个肯定的结论是，将经济增长与收入分配相分离的分析方法是一个极大的错误。在谈到经济增长及其作用时，我们通常会借用一个海洋理论的比喻：涨潮时，海水可能会抬起所有的船只。我们的分析表明，那些有利于最小船只的政策也会有利于所有船只，无论是大船还是小船。

但是，政策的直接作用还不是很清楚。收入分配不公平的加剧可能会缩短增长期的长度。同时，错误的政策措施也会造成破坏性后果。如果相关的政策扭曲了激励并削弱了经济增长的前景和动力，贫困者会受到更深的伤害。例如，在中国，促进了经济增长的经济改革给了农民以更强的激励。这些改革成为中国经济增长的巨大动力，增加了贫困者的收入，降低了收入分配的不公平程度。但是，这些改革可能扩大农民内部的收入分配不公平，并且经济改革本身对于消除农民内部收入分配不公平来说是无能为力的（Chaudhuri and Ravallion，2006）。

然而，仍然可能存在一些“双赢”政策。例如，更有针对性的政府补贴；为贫困者提供更好的教育，提高机会均等性；活跃劳动力市场以提高就业水平。巴西实行了以减少贫困为主、以市场导向为辅的经济改革（Ravallion，2009）。相关资料表明，巴西国内的经济改革明显降低了基尼系数，进而使经济增长期的预期长度增加了大约40%。

当面临经济增长与收入分配的短期矛盾时，已有的实践经验并不能指导我们如何行动。但是，我们的分析应当着眼于收入分配的长期收益。从长期来看，减少收入分配的不公平性和维持经济增长的可持续性，可能是同一枚硬币的两面。

上述分析让我们又回忆起20世纪80年代发展中国家的债务危机，以及接下来缓慢增长、痛苦调整的“失落十年”。历史经验表明，只有社会各阶层广泛地分享经济改革的收益时，经济增长的可持续性才能得到保证。面对当前的国际经济风暴，许多国家需要进行结构调整和经济改革，对于这些国家而言，更好的选择是从此前各国的经验教训中获得借鉴，避免重蹈覆辙。

参考文献

Aerts, J. J. , D. Cogneau, J. Herrera, G. de Monchy, and F. Roubaud, 2000, *L' Economie camer-ounaise: Un espoir evanoui*（Paris: Karthala）.

Alesina, A., and D. Rodrik, 1994, “Distributive Politics and Economic Growth,” *Quarterly Journal of Economics*, Vol. 109, No. 2, pp. 465-90.

Banerjee, A. V., and E. Duflo, 2003, “Inequality and Growth: What Can the Data Say?” *Journal of Economic Growth*, Vol. 8, No. 3, pp. 267-99.

Barro, R. J., 2000, “Inequality and Growth in a Panel of Countries,” *Journal of Economic Growth*, Vol. 5, No. 1, pp. 5-32.

Berg, A., J. D. Ostry, and J. Zettelmeyer, 2008, “What Makes Growth Sustained,” IMF Working Paper 08/59（Washington: International Monetary Fund）.

——, 2012, “What Makes Growth Sustained?” *Journal of Development Economics*, Vol.98, No.2, pp. 149-66.

Berg, A., and J. Sachs, 1988, “The Debt Crisis: Structural Explanations of Country

Performance," *Journal of Development Economics*, Vol. 29, No. 3, pp. 271-306.

Carbonnier, G., 2002, "The Agendas of Economic Reform and Peace Process: A Politico Economic Model Applied to Guatemala," *World Development*. Vol. 30, pp. 1323-39.

Cárdenas, M., 2007, "Economic Growth in Colombia: A Reversal of 'Fortune' ?" *Ensayos Sobre Politica Economica*, Vol. 25, No. 53, pp. 220-59.

Chaudhuri, S., and M. Ravallion, 2006, "Partially Awakened Giants: Uneven Growth in China and India," in *Dancing with Giants: China, India and the Global Economy*, ed. by L. Alan Winters and Shahid Yusuf（Washington: World Bank）.

Deininger, K. and L. Squire, 1998, "New Ways of Looking at Old Issues: Inequality and Growth," *Journal of Development Economics*, Vol.57, No. 2, pp. 259-87.

Dell' Ariccia, G., J. di Giovanni, A. Faria, M. A. Kose, P. Mauro, M. Schindler, M. Terrones, and J. D. Ostry, 2008, *Reaping the Benefits of Financial Globalization*, Occasional Paper No. 264（Washington: International Monetary Fund）.

Dollar, D. and A. Kraay, 2002, "Growth Is Good For the Poor," *Journal of Economic Growth*, Vol. 7, No. 3, pp. 195-225.

Easterly, W., 2007, "Inequality Does Cause Underdevelopment: Insights from a New Instrument," *Journal of Development Economics*, Vol. 84, No. 2, pp. 755-76.

——, and R. Levine, 1997, "Africa's Growth Tragedy: Policies and Ethnic Divisions," *Quarterly Journal of Economics*, Vol. 112, No. 4, pp. 1203-50.

Forbes, K. J., 2000, "A Reassessment of the Relationship between Inequality and Growth," *American Economic Review*, Vol. 90, No. 4, pp. 869-87.

Gupta, S., B. Clements, R. Gillingham, C. Schiller, M. Verhoeven, R. Alonso-Terme, and A.Mourmouras, 1999, "Should Equity Be a Goal of Economic Policy?" Economic Issues No. 16（Washington: International Monetary Fund）.

Hausmann, R., J. Hwang, and D. Rodrik, 2007, "What You Export Matters," *Journal of Economic Growth*, Vol. 12, No. 1, pp. 1-25.

Hausmann, R., L. Pritchett. and D. Rodrik, 2005, "Growth Accelerations," *Journal of Economic Growth*, Vol. 10, No. 4, pp. 303-29.

Hausmann, R., F. Rodriguez, and R. Wagner , 2006, "Growth Collapses," Center for International Development Working Paper No.136（Cambridge, Massachusetts: Harvard University）.

International Institute for Labour Studies. 2010, *World of Work Report*（Geneva）.

International Labour Organization, 2011, *Global Employment Trends 2011*（Geneva）.

Jácome, L., C. Larrea, and R. Vos, 1998, "Políticas macroeconómicas, distribución y pobreza en el Ecuador," in *Politica macroeconómica y pobreza en América Latinay el Caribe*, ed. by Enrique Ganuza, Lance Taylor, and Samuel Morley（Madrid: Mundi-Prensa）.

Johnson, S., J.D. Ostry, and A. Subramanian. 2007, "The Prospects for Sustained Growth in Africa" IMF Working Paper No. 07/52（Washington; International Monetary Fund）.

Lewis, P., 2007, *Growing Apart: Oil Politics, and Economic Change in Indonesia and Nigeria*（Ann Arbor: University of Michigan Press）.

Mbaku, J. M., and J. Takougang, eds., 2003, *The Leadership Challenge in Africa: Cameroon under Paul Biya*（Trenton, New Jersey: Africa World Press）.

Piketty, T., and E. Saez, 2003, "Income Inequality in the United States, 1913-1998," *Quarterly Journal of Economics*, Vol.118, No. 1, pp. 1-39.

Pritchett, L., 2000, "Understanding Patterns of Economic Growth," *World Bank Economic Review*. Vol.14, No. 2, .pp. 221-50.

Rajan, R., 2010, *Fault Lines: How Hidden Fractures Still Threaten the World Economy*（Princeton, New Jersey: Princeton University Press）.

Ravallion, M., 2009, "A Comparative Perspective on Poverty Reduction in Brazil, India and China," Policy Research Paper No. 5080（Washington: World Bank）.

Rodrik, D., 1999, "Where Did All the Growth Go? External Shocks, Social Conflict, and Growth Collapses," *Journal of Economic Growth*, Vol. 4, No. 4, pp. 385-412.

Ropp, S. C., 1992, "Explaining the Long-Term Maintenance of a Military Regime: Panama before the U.S. Invasion," *World Politics*, Vol. 44, No. 2, pp. 210-34.

Taylor, L. 1991, *Income Distribution, Inflation, and Growth: Lectures on Structuralist Macroeconomic Theory*（Cambridge, Massachusetts: MIT Press）.

Thorp, R, C. Caumartin, and G. Gray-Molina. 2006, "Inequality, Ethnicity, Political Mobilisation and Political Violence in Latin America: The Cases of Bolivia, Guatemala and Peru," *Bulletin of Latin American Research*, Vol. 25, pp. 453-80.

Wacziarg, R., and K. H. Welch, 2008, "Trade Liberalization and Growth: New Evidence," *World Bank Economic Review*, Vol. 22, No. 2, pp. 187-231.

Wilkinson, R., and K. Pickett, 2009, *The Spirit Level Why Greater Equality Makes Societies Stronger*（New York: Bloomsbury Press）.

World Bank, 2005, *World Development Report 2006.: Equity and Development*（Washington）.

第十一章　撒哈拉以南非洲国家的商品价格波动、贫困与包容性增长

弗朗索瓦·布吉尼翁

引言

撒哈拉以南非洲国家的主要比较优势是大宗商品的出口，包括石油、矿产、农产品。然而，依靠这种比较优势来发展经济却是十分困难的。如上所述，在许多情况下，一国丰富的自然资源常常被看作是“自然资源诅咒”。但鲜有疑问的是，从平均水平上看，大宗商品的实际价格、新资源的发现与开采通常都与经济的快速增长密切相关，尽管这种相关性可能十分短暂。[1] 从上述观点出发，我们很自然地将撒哈拉以南非洲国家自本世纪初以来（一些国家的起始时间为 20 世纪 90 年代中期）的经济持续增长，与国际大宗商品价格的不断上涨联

弗朗索瓦·布吉尼翁（François Bourguignon）是巴黎经济学院院长。

系在一起，而这段时间的国际大宗商品价格上涨很可能来自新兴经济体的过度需求。有意思的是，经过大宗商品价格的大幅上涨与快速的经济增长，随之而来的可能是，在相当长一段时间（15 年）内大宗商品价格的下降与经济停滞。

真正的困难是，无论撒哈拉以南非洲国家的出口价格还是贸易条件的变化，都存在很强的波动性，以致难以观测其准确的发展变化趋势。撒哈拉以南非洲国家缺乏足够的能力利用大宗商品价格的波动性或避免应对失当，而“自然资源诅咒”就存在于这一波动之中。有无数的案例证明：在大宗商品价格高涨时增加支出的政府，最后不得不以突然中止野心勃勃的投资计划而告终，原因是大宗商品价格的大幅下降，以及无法获得外部贷款——无法继续借款，常常是因为该国在繁荣时期积累了过多的债务。

相当有意思的是，在 2008—2009 年的全球金融危机中，大多数撒哈拉以南非洲国家在应对国际大宗商品价格大幅下跌时，采取了逆周期的宏观经济政策，而不是像以前那样被击垮，这在历史上还是第一次。然而，我们并不清楚的是，如果到 2010 年，大宗商品价格还未出现大幅反弹，这些国家是否还能够继续坚持实施逆周期的宏观经济政策。

在过去的 10—15 年，有多少贫困人口受到大宗商品价格波动的影响？政府能否利用近期有利的环境，创造一套新的制度来减少本国的脆弱性？这些问题一下子还很难说清楚。一个重要的观察是，在过去的 10 年里，撒哈拉以南非洲国家的经济增长结构似乎并没有太大的改变。最近几年，该地区国内生产总值的快速增长，主要集中在建筑业与服务业部门，该地区从大宗商品价格上涨中获得的大部分额外收入，都被用在额外消费及城市中心的基础设施上。这些国家好像还没有应对国际大宗商品价格波动的经验，[2]因此，它们需要更谨慎地使用大宗商品出口的收入。

简而言之，在世纪之交发生的大宗商品价格趋势逆转，还未对撒哈拉以南非洲国家的经济发展和贫困人口产生结构性的影响。一个可能的原因是，面对大宗商品价格波动，这些国家的政府不再像以前一样采取过激的政策措施。

本章的研究重点是撒哈拉以南非洲地区的贫困问题，同时，我们还将考察国内生产总值增长、大宗商品价格及其波动对经济增长的影响。在本章中，我们首先讨论贫困、经济增长与大宗商品价格之间的关系。接下来，我们讨论，为了应对宏观层面与微观层面的大宗商品价格波动，非洲国家所采用的政策工具及国际社会的帮助。

贫困、包容性、经济增长与大宗商品价格波动

撒哈拉以南非洲国家的经济增长严重依赖于商品出口，而国际大宗商品价格波动，可能严重影响这些国家的福利水平。影响途径可能是直接的，例如农产品价格对农民收入的影响。影响途径也可能是间接的，例如，当农业出口由经销管理局控制，而该局需要收取出口关税，隐性地满足政府的预算时；再如，当国有或外国公司出口地下开采的商品，需要向政府支付特许费用和税收时。通过上述间接途径，政府如何分配商品出口收入，将影响本国国民的福利水平及贫困人口的数量。

使用较为完善的资本工具，同时观察大宗商品价格变化的趋势，人们可以在经济上行时增加储蓄，在经济下行时借贷，以平滑大宗商

品价格波动的影响。在资本市场不完善及商品价格存在波动性的情况下，居民的收入水平及整个经济的增长率，不仅取决于大宗商品的现行价格，也取决于大宗商品价格的不确定性或波动性。

大宗商品价格及其波动可能通过两个途径影响贫困问题。在某个时点上，由于大宗商品价格较低且波动很大，可能会影响国民的消费行为。在没有政府干预的情况下，大宗商品价格会直接影响到贫困人群的收入——这种影响可能是直接的；政府推出相关政策后，该政策会影响经济增长，进而影响贫困人群的收入——这种影响是间接的。在后一种情况下，大宗商品价格的波动可能并不直接影响贫困人口的数量，而是加剧经济活动的波动。

表 11–1 显示了大宗商品价格波动对贫困的各种传导途径的重要性。表 11–1 列出了回归结果，其中，因变量为可测量区间的贫困变化率——在购买力平价下，我们将 1.25 美元作为一般贫困的门槛，计算贫困人口指数；自变量为人均国内生产总值增长率、贸易条件及它们的波动性测量指标。

表 11–1 的内容非常有意思。正如我们所预期的那样，人均国内生产总值增长率是贫困变化率的一个有效解释变量，且弹性取决于初始贫困人口的数量。在表中第（i）列里，贫困对国内生产总值的弹性略低于 1，这与之前的研究一致，可参见布吉尼翁（2003）和拉瓦雷（2001）。第（ii）列显示出贫困率下降与国内生产总值的增长不是线性关系，这在之前的研究中也有发现。在使用不同国家数据时，第（ii）列与第（iv）列中的所有数据都是稳定的。

表 11–1 的其他列显示了另外两种有意思的结果。一方面，无论是否考虑经济增长时期内贸易条件的改变及波动性，贫困变化与贸

表 11-1 撒哈拉以南非洲国家减贫的决定因素：不同的回归结果[1]

因变量：发展时期的贫困变化[1]	(i)	(ii)	(iii)	(iv)	(v)	(vi)	(vii)
初始贫困	–0.53 *–3.34*	–0.63 *–3.78*	–1.16 *–4.39*	–1.35 *–4.96*	–1.55 *–5.74*	–1.37 *–4.90*	–1.62 *–5.56*
人均 GDP 增长	–0.92 *–5.12*	–2.31 *–2.75*	–0.76 *–3.94*	–2.42 *–2.75*	–2.72 *–3.25*	–2.43 *–2.71*	–2.81 *–3.05*
初始贫困人均 GDP 增长[2]		0.03 *1.69*		0.03 *1.93*	0.04 *2.45*	0.03 *1.92*	0.04 *2.27*
人均 GDP 增长的标准差					0.44 *2.30*		0.48 *2.05*
贸易条件的改变（%）						–0.03 *–0.38*	–0.04 *–0.44*
贸易条件的变异系数							0.04 *0.58*
特定国家影响	否	否	是	是	是	是	是
R^2	0.39	0.42	0.69	0.72	0.76	0.72	0.77
样本观察数量[1]	53	53	53	53	53	53	53

数据来源：联合国开发计划署的千年发展目标数据库；World Bank，World Development Indicators；以及作者的计算。

注：贫困数据来自联合国开发计划署的千年发展目标数据库；获取低收入国家的人均国内生产总值数据，最稳定的来源是世界银行的世界发展指标，该指标同样包含了贸易条件指数，大多数国家使用该指数表示出口商品和进口商品价格对本国经济的影响。上述分析仅限于 25 个撒哈拉以南非洲国家的 53 个增长期。

[1] 我们观察的是联合国开发计划署千年发展目标数据库中两个贫困数据之间的时间。所有解释变量被定义在相同的时间间隔，*t*– 统计量以斜体表示。

[2] 乘以发展时期的年数，保持与其余情况的一致性。

易条件之间似乎是相互独立的。另一方面，在相同的期间内，贫困变化取决于国内生产总值增长率的波动。相对于固定的增长，如果一个国家经历了非常规的增长期，那么给定的经济增长率将起到更强的减贫效果。

第一个结果表明，如果贫困减少对贸易条件的变化有反应，并不是直接的，而是贸易条件的变化或波动通过经济增长起作用，当然，这里要假设贸易条件会直接影响国内生产总值，我们将在本章的后续部分介绍这一点。这种情况在矿产出口国似乎是合理的，这些国家中只有少部分工人参与矿产开采，而大部分矿产收入归国家所有。但是对农产品出口国，似乎更难理解上述观点，贸易条件对贫困有更为直接的影响。农产品的劳动密集程度更高，并且主要由更容易陷入贫困的小农场生产。像科特迪瓦或加纳，这些以农产品出口为主的国家，咖啡豆与可可豆的价格下跌，将导致这些国家的贫困人口数量急剧增长。[3]尽管如此，即使考虑出口商品的种类，也不会改变贫困与贸易条件之间的独立性。

对贫困与贸易条件之间独立性的第一种解释是，政府通过设定官方价格，保护农产品出口商，从而避免国际价格波动带来的不利影响，但这不能阻止价格在以后的时间里大幅调整。用贸易条件解释贫困缺乏说服力的另外一种解释是，大宗商品的进口价格不会显著影响贫困人群。在很多国家，石油是重要的进口商品，石油价格在近期出现了巨大的波动。我们并不清楚，那些受农产品价格波动影响的贫困人群，是否同样受到石油价格波动的影响。因此，贸易条件可能不是反映进出口价格变动对贫困人口影响的最佳指标。

不幸的是，我们只能获得很小一部分撒哈拉以南非洲国家的出口商品价格指数。得到贸易数据的另一种方法是，根据大宗商品价格、出口税、汇率、消费者价格指数等建立相关数据。然而，这种方法仅仅适用于很少的国家。

用贸易条件反映大宗商品价格变化对贫困的影响可能存在缺陷。这或许解释了，为什么国内生产总值增长是减贫的一个有效指标。事实上，国际农产品价格下跌可能会增加贫困，并引起国内生产总值增长速度放缓，甚至国内经济衰退。如表 11-1 所示，回归分析中的国内生产总值变量可能同时包含了直接影响和间接影响。

简而言之，在本模型中，仍存在一些不明确的地方。由于数据限制，究竟国际商品价格是通过影响总体经济活动而间接影响贫困（对矿产品似乎是这样的），还是直接影响贫困，这一点我们尚不清楚。

在表 11-1 中，另一个有意思的结果是，在我们的观察期内，贫困人口的减少在很大程度上取决于经济增长的波幅与方向。也就是说，相比之下，贫困人口在经济萧条时受到的损害较大一些，而在经济快速增长时期获得的收益较少一些。与经济增长的正面效应相比，贫困人口更容易受到经济萧条的负面影响。这与之前的证据相一致，这种受益与受损的非线性可能表明，国内生产总值增长的波动与大宗商品价格有关，而这又会直接影响贫困水平。

由于影响贫困变化的显著因素是国内生产总值的增长及波动，而不是贸易条件的变化及波动，因此国内生产总值的增长及波动在多大程度上受到贸易条件变化及波动的影响，仍有待观察。

首先，在一段时间内，国内生产总值的增长与波动之间存在非常强的负相关性。使用各国在不同时间的横截面数据，我们观察到，随着时间的推移，国内生产总值增长率极不稳定的国家，其经济处于相对较低的增长水平（Ramey and Ramey，1995；Martin and Rogers，2000；Hantkovska and Loayza，2005）。图 11-1 中给出了这种关系。

图 11–1 给出了从 1980 年到 2008 年，20 个低收入样本国家（用深色标记，大多数为撒哈拉以南非洲国家）的年度经济增长率的均值与标准差。从这条趋势线上，我们看到，国内生产总值的标准差每增长一个百分点，国内生产总值的平均增长率将减少 0.6 个百分点，这是一个较大的影响。[4] 为了便于比较，我们同时使用 10 个中等收入国家的样本数据（用浅色标记）。可以看出，中等收入国家的分布情况与低收入国家的分布情况是类似的。

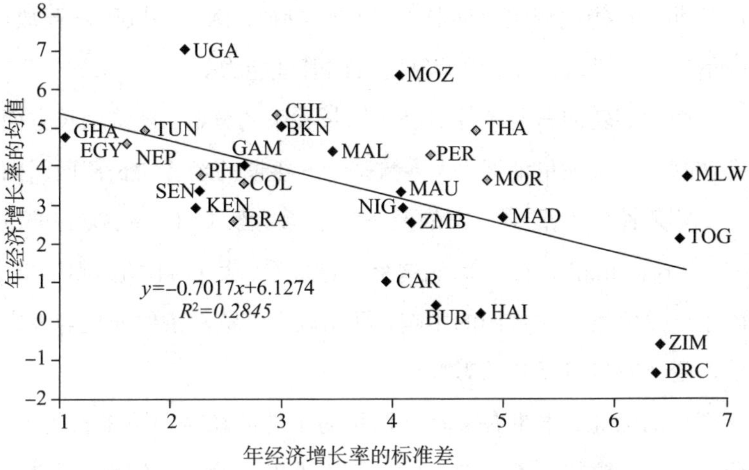

图 11–1　长期经济增长与波动之间的负相关关系：
样本包括低收入国家和中等收入国家，1990—2008 年

数据来源：World Bank，*World Development Indicators*；及作者的计算。

注：BKN：布基纳法索；BRA：巴西；CAR：中非共和国；CHL: 智利；COL：哥伦比亚；DRC：刚果民主共和国；EGY：埃及；GAM：冈比亚；GHA：加纳；HAL：海地；KEN：肯尼亚；MAD：马达加斯加；MAL：马来西亚；MAU：毛里塔尼亚；MLW：马拉维；MOR：摩洛哥；NEP：尼泊尔；NIG：尼日尔；PER: 秘鲁；PHI：菲律宾；SEN：塞内加尔；THA：泰国；TOG：多哥；TUN：突尼斯；UGA：乌干达；ZIM：津巴布韦；ZMB：赞比亚。

下一步，我们要研究国内生产总值的波动对国内生产总值平均增

长率的传导途径，并找出产生经济增长波动的源泉。对于已有的重要文献，我们不再做详细总结。[5] 国内生产总值波动的外部原因与内部原因之间存在明显区别。其中，外部原因主要包括国外价格、贸易伙伴的经济活动、全球金融危机时期（例如，资金逃离和国际资本流动突然发生逆转）的传染等；内部原因包括本国的经济危机、应对外部冲击失败等。事实上，外部因素影响一国经济增长的途径，可能是不合适的政策措施，也可能是对进出口市场的远期价格及未来资金流的错误预期。有些途径也可能具有结构性特征，例如一国经济开放度、国际信贷市场进入门槛、政策制定者的管理能力。

下面我们转向贸易条件对经济增长关系的分析，经济增长方面的研究文献提供了大量证据。大多数基于 5 年期的经济增长截面回归表明，贸易条件对发展中国家的经济有着重大影响（Loayza andSoto，2002；World Bank，2010）。从这个观点来看，表 11–1 的回归结果中，国内生产总值增长对贫困的影响，可能包含了贸易条件变化与大宗商品价格变化对经济增长的影响。

到目前为止，很少有文献强调贸易条件波动对经济增长的影响。然而，这一问题却是不可忽视的。关于进出口价格，有观点认为，过去的波动性是观测未来不确定性的指标。门多萨（1997）指出，各国在消费增长方面所存在的差异，有很大一部分可以用贸易条件的差异来解释。布利尼和格里纳韦（2001）使用撒哈拉以南非洲国家的一小组样本数据，发现贸易条件波动对经济增长有重大影响。最近，基于上述研究，并使用世界发展指标的基础数据，弗思（2010）指出，从 1980 年到 2007 年，在 51 个被观察的发展中国家中，25% 的经济增长率方差可以由贸易条件的标准差解释，而很少能由贸易趋势或国内生产总值的波动解释。之前的标准经济增长回归分析中，经济增长率与贸易趋势具有较强的相关性。而弗思的研究成果却表明，两者之间缺少相关性。这一点让人感到惊奇。前后研究结果的差异在于时间跨度，之前的经济增长回归研究的是短期贸易条件变动的影响，而弗思（2010）所研究的是长期影响，其中包括着这样一个假设：在几十年间，一国有充裕的时间来调整发展政策，以适应进出口价格的长期走势。

就贸易条件波动性对于经济增长的影响而言，存在一些差异也是可以理解的。其实，上述研究结果还依赖于所使用的样本、分析周期以及相对于面板的横截面方法等。事实证明，无论是对图 11–1 中的低收入国家样本进行分析，还是对包括了中等收入国家的扩展样本进行分析，研究结果都是不明确的。在过去的 30 年（从 1980 年至 2008 年）或 20 年（从 1990 年至 2008 年），经济增长率的差异似乎并不显著依赖于贸易条件，仅仅微弱依赖于贸易条件的波动。样本回归分析结果的不确定，反映出经济增长与贸易条件波动之间的关系有多种可能性：一些国家的相关性较为明显，另外一些国家的相关性很弱或根本不存在。我们需要做进一步研究，以确认哪些国家的相关性较强，尤其是这些国家是否属于矿产或石油的出口国。

我们现在来检验贸易条件的波动与经济增长的总体波动之间的关系。由于两者之间存在传导机制，因此，我们不必怀疑两者之间是否存在联系。如果短期内，贸易条件是决定经济增长的显著因素，回顾之前的论述，那么，国内生产总值增长的波动应随着贸易条件的变化而自动增强。图 11–2 反映了上述关系，与图 11–1 十分相似，该图描绘了一组国家国内生产总值的增长与贸易条件的波动。

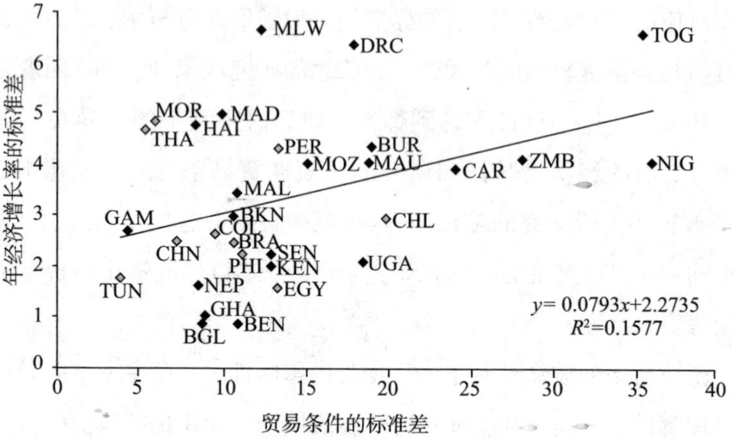

图 11–2　贸易条件的波动与 GDP 波动：
低收入国家和中等收入国家，1990—2008 年

数据来源：World Bank, *World Development Indicators*；和作者的计算。

注：BEN：贝宁；BGL：孟加拉国；BKN：布基纳法索；BRA：巴西；CAR：中非共和国；CHL: 智利；CHN：中国；COL：哥伦比亚；DRC：刚果民主共和国；EGY：埃及；GAM：冈比亚；GHA：加纳；HAL：海地；KEN：肯尼亚；MAD: 马达加斯加；MAL：马来西亚；MAU：毛里塔尼亚；MLW：马拉维；MOR：摩洛哥；MOZ：莫桑比克；NEP：尼泊尔；NIG：尼日尔；PER: 秘鲁；PHI：菲律宾；SEN：塞内加尔；THA：泰国；TOG：多哥；TUN：突尼斯；UGA：乌干达；ZMB：赞比亚。

现在总结一下，在低收入国家，贫困与大宗商品价格之间的关系十分简单，这一点可以由简单的多国分析得出。我们得出的第一个重要结论是，通过贸易条件粗略地估算的大宗商品价格，主要通过经济增长影响贫困，更准确地讲，是通过经济增长的波动产生影响。通过分析多个国家的国内生产总值增长的波动性，我们给出了结论，在短期内，贸易条件将发挥重要作用，大宗商品价格的波动对经济增长的总体波动具有显著影响。当然，之前的回归分析缺乏更详细的说明，各国的经济活动也存在差异，我们在总量分析中很可能没有找出大宗商品价

格的直接影响。不幸的是，我们仍然无法获得许多国家的准确数据。

我们都知道，经济增长是减少贫困的决定因素。先前的结论只是证实了这一事实。由于贫困人口在经济衰退时受损更多，在经济繁荣时获益更少，在此基础上，我们提出了一个有趣的想法——贫困减少与经济增长之间可能并非呈线性关系。

为估算大宗商品价格及其波动对包容性增长的影响，我们用收入分配的不公平替代贫困来重复先前的实验，但并没有产生有趣的结果。事实证明，经济增长与波动性、贸易条件之间的关系都是不显著的。这就证明了，如果贸易条件及波动性对贫困产生了影响，其路径是经济增长而非收入分配。

图 11–3 反映了随着时间的推移，四个非洲国家贸易条件与基尼系数的变化情况，这四个非洲国家的出口商品大多为农产品，农产品价格变化会直接影响到特定人群。根据我们所获得的数据，在 20 世纪 80 年代和 90 年代上半期，可可豆的价格变化导致科特迪瓦与加纳的贸易条件恶化，但短期内，这两个国家的基尼系数并没有发生太大的变化。随后，其基尼系数同时增大，尽管与科特迪瓦相比，加纳的贸易条件逐步恢复并且更加稳定。在 20 世纪 90 年代后期，马达加斯加的贸易条件改善与收入分配不公平的增加有关，但在本世纪初，两者之间没有发生明显的变化。在图 11–3 中，有四个国家，其中，肯尼亚似乎是唯一存在变化规律的国家，肯尼亚的基尼系数与贸易条件之间存在着负相关关系。

当然，在图 11–3 中，收入分配的不公平与贸易条件之间存在着复杂的统计关系，我们在这里做一些简单的解释。从科特迪瓦和加纳两国的情况来看，在保护本国出口商避免国际价格波动的影响方面，两国可可豆（咖啡）市场委员会发挥了重要作用。在 20 世纪 80 年代与 90 年代早期，这两个国家都出现过贸易条件恶化的情况，但对本国收入分配不公平的影响较小。1990 年，科特迪瓦市场委员会制定的可可豆官方价格十分低廉；10 年之后，这一官方价格被废除。试想一下，如果可可豆的出口商是唯一受影响的群体，那么这将会对收入分配不公平产生重大影响。然而，这个问题却与全体国民有关。1990 年，科特迪瓦的人均国内生产总值下跌了 5 个百分点，波及所有经销商。根据我们的观察，当时该国收入分配的不公平程度并没有发生重大改变。更加有趣的是，当市场委员会停止干预可可豆价格后，科特迪瓦收入分配的不公平程度却出现了大幅上升。

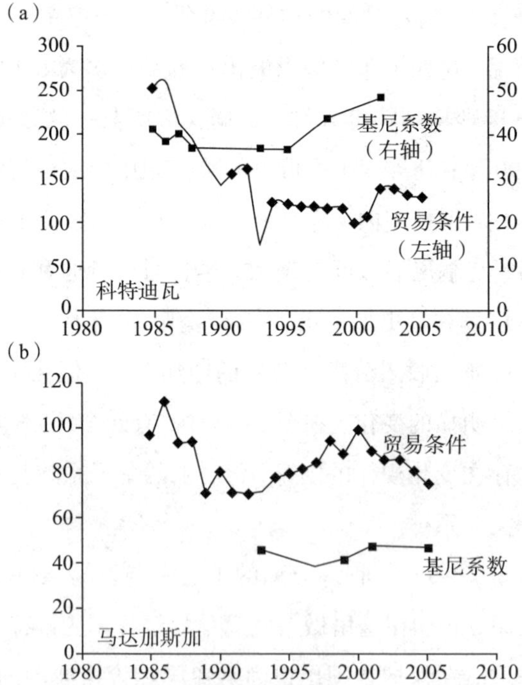

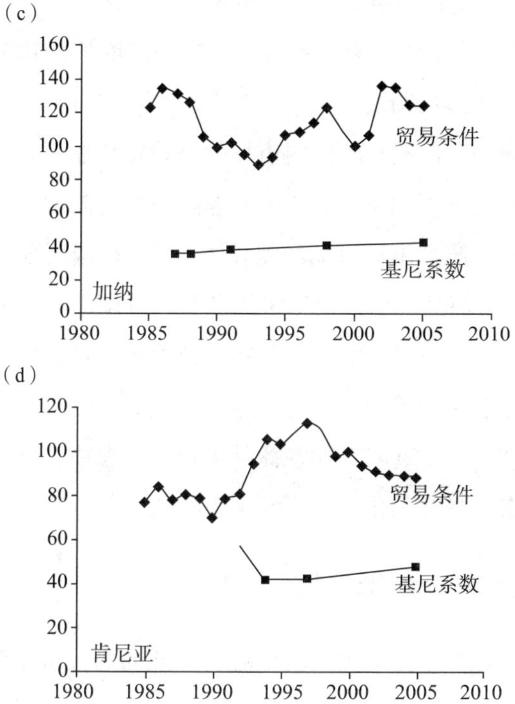

图 11-3　撒哈拉以南非洲国家的贸易条件和收入分配不公平情况（基尼系数）

数据来源：World Bank, *World Development Indicators*；及作者的计算。

与科特迪瓦的情况相类似，加纳政府也曾经放宽了对可可豆的价格限制，但生产商的价格仍然被管制。当该国的人均国内生产总值开始减少时，生产商的价格开始随着国际价格进行相应调整。尽管经济下滑对收入不公平的影响是相同方向的，但影响较小。这些解释对其他国家也是适用的。例如，肯尼亚收入分配的不公平与贸易条件之间的反向关系也不明显，这与肯尼亚政府不断放宽对主要农产品的出口管制有关。

在这里，讨论贸易条件与收入分配不公平之间的复杂关系，有助于理解此前的结论，即大宗商品价格通过经济增长及其波动影响一国贫困的变化。我们强调过，这一点对于矿产品和石油出口国来说，是完全符合逻辑的。在现有的国内市场价格稳定机制下，国际农产品的价格波动会影响本国出口商，从而带来国内经济波动。由于出口商品的不同属性和农产品出口市场的差异性，很难在截面数据的统计分析中，分辨出大宗商品价格波动对贫困和收入分配不公平的影响。但这并不意味着，在一些国家中或某些特定情况下，大宗商品价格对贫困和收入分配不公平没有直接影响。本章经过统计分析所得出的结论，仅仅可以表明，在严重依赖大宗商品出口的国家中，受大宗商品价格变动直接冲击的是商品生产者，而不是宏观经济。

应对大宗商品价格波动的工具

对贫困、收入不公平与大宗商品价格波动的分析表明，应对大宗商品价格波动的主要工具需要具有更多的宏观经济特性。同时，保护贫困人口免受国际商品价格直接或间接冲击的现行政策，可以通过宏观经济产生积极的溢出效应，从而增强宏观经济政策的效率，减少大宗商品价格波动的社会成本。下面，我们将分别考察各种新工具的可行性，随后讨论政策工具与国际组织的作用。

低收入国家帮助贫困者应对收入冲击的微观工具

墨西哥和巴西分别实行了有限现金转移支付计划（教育和家庭救助计划），吸引了众多发展中国家的目光。墨西哥和巴西的经验表明，借助这些工具——不管是在短期内缓解贫困问题，还是在长期内关注教育和医疗问题——可以在发展中国家以较低的行政成本管理现金转移支付计划，以减少贫困和不公平。目前，一些拉丁美洲国家和一些发展中国家也开始实施类似的计划，并将其视为社会安全保障体系的一个重要组成部分。

这里需要补充两点：一是这些工具中所蕴含的收入保险的内容，二是工具在非洲低收入国家的适用性。

大多数的现金转移支付计划以贫困人口为目标。由于人们的收入很难被观测到，因此这些计划一般通过常住户口的特点而非当前的市场收入，来辨别贫困人口。这就使得这些计划不能真正帮助贫困人口免受大宗商品价格变化对收入的冲击，因此，它们不能作为真正的社会保障制度。然而，当定期为贫困人口提供帮助时，现金转移支付计划缓解了市场收入的波动；当流动性约束趋紧时，这一计划可以根据经济变化做出相应的调整，以减少贫困人口的痛苦。例如，当一个家庭中有老人时，将现金转移给没有正式养老金的老年人，可以降低收入的不确定性，缓解整个家庭的流动性约束。

在发展中国家，其他社会保障手段可能会发挥更为直接的收入保障作用。尽管失业保险仍然没有得到普及（该保险主要局限于正规的经济部门），但是，在任意工资水平（低工资）上的公共就业保障计划，已经在此次全球金融危机时期被一些国家采用，并在印度和南非等一些发展中国家长期实行。如果允许人们申请消费贷款，那么微型贷款计划可以帮助贫困者在合理的利率水平上获得贷款，以应对经济冲击的不利影响。

在大多数中等收入国家，这些计划比较完善。问题是，这些计划也适用于撒哈拉以南非洲国家吗？作为社会保障机制，其应对大宗商品价格波动的能力如何？[6]有限制的现金转移支付计划已经在许多国家试行（例如布基纳法索、加纳、肯尼亚、马拉维、尼日利亚、坦桑尼亚、赞比亚）。从试行的情况看，这些计划的重点更多地放在了贫困人口的子女教育和医疗保险等问题上。由于发展中国家的贫困人口比率较高，有些国家甚至超过 50%，因此我们还不清楚，发展中国家的政府是否能够承担如此高昂的成本（相对而言），去推广和普及这些计划，以惠及所有的贫困人口。

当然，我们认为，更适合的计划是针对最贫困人口而不是所有贫困者的，尽管要辨别贫困程度是非常困难的事情。也可以考虑针对贫困者中容易识别的特定群体。社会养老保险计划，例如南非的老年人拨款计划，成本较低，却能在减少贫穷与克服经济脆弱性方面做出贡献；该计划并不只针对老年人，而是对所在家庭进行补贴（Bertrand，Mullainthan and Miller，2003；Duflo，2003）。

尽管该计划相对温和，并且只是针对部分贫困者，但现金转移支付计划提供了一种有意义的尝试。借助这些计划提供的渠道，外国政府及捐赠者都能根据大宗商品价格变动对贫困者的影响程度，向贫困者提供帮助。换言之，经济冲击一旦发生，这些计划为政府的保障政策提供了一个便捷的通道。

更直接的收入保障工具包括公共就业保障计划，该计划为失业、生活困难的人群提供了一个薪资低于市场水平的公共就业岗位，主要应用于经济危机时期。较长期以来，一些撒哈拉以南非洲国家（例如塞内加尔、坦桑尼亚、乌干达、赞比亚）坚持实施这一计划。实施这些临时计划的困难之处是成本较高和时滞较长，这在一定程度上影响了其作用和成效。从目前情况看，许多国家都倾向于将这些临时性计划永久化，并准确考察其效果，以解决经济波动问题。2004 年，南非开始实行公共就业计划；2005年，埃塞俄比亚开始实行生产安全网计划。然而，根据宏观经济波动对居民生活的影响情况来决定这些计划的规模，尚缺乏理论根据。

微型贷款以及更为普遍的小额信贷，可以使贫困者在面临冲击时平滑消费。现阶段的证据表明，小额信贷对贫困者和经济脆弱性的总体影响还不明确。严格评估小额信贷的影响是很困难的，因为无法进行真正的随机试验，而且小额信贷机构之间存在较大差异，包括非政府组织、商业银行、非正式运营商。目前的一个基本共识是，在减少贫穷和平滑消费方面，小额信贷发挥了积极作用，但还没有触及最需要帮助的贫困者（Morduch，2002）。一些随机对比试验的数据告诉我们，更值得小心对待的事情是，在撒哈拉以南非洲国家，大多数贫困者还没有获得任何金融帮助。因此，就目前的情况来看，在应对收入波动方面，小额信贷可能还不是一个有效的工具。与此同时，各国政府都会关注这个问题，在该领域寻找更有效的政策工具。

低收入国家应对贸易条件波动的财政政策

在解决发展中国家贫困人口无力应对的特殊风险方面，上述微观工具具有重要作用。当然，这些工具还无法应对由贸易条件波动带来的风险。为此，政府需要通过财政政策，扩大转移支付，以应对国际大宗商品价格波动对预算的直接影响。

如果一个国家在国际市场上是价格接受者，同时，很少有机会获得国际贷款，那么，该国要消除大宗商品价格波动的不利冲击是非常困难的。很多国家未能妥善地处理这种不利冲击，教训十分沉重。我们应当明白，无论从国家层面还是从国际层面看，撒哈拉以南非洲国家的结构性调整时期和20世纪80年代的“失去十年”，都与对始于20世纪70年代的国际石油价格上涨的那次大宗商品价格周期的管理失误有直接关系。

从那时起，我们得到了很多教训。我们认识到，即使贸易条件有了较大改善，也需要实施稳健的财政政策，即在经济繁荣期，以多种形式增加外汇储备及储蓄，在经济衰退期，以逆经济周期的方式支出这些储备，这是减少经济波动和大宗商品价格对贫困影响的重要方法。

尽管上述方法比较简单，但实行起来并不容易。[7] 在经济繁荣期，政府都有增加财政支出的冲动。我们必须通过建立规则，来抵抗这种冲动。同时，我们必须清楚地看到，大宗商品价格是一个缺乏平稳趋势的随机过程，在没有设定自动规则的情况下，在实行任何政策时，政府都有一定的自由裁量权。另一方面，过度的财政稳健也有可能带来较大的机会成本。

稳健的财政政策是避免“自然资源诅咒”的必要条件，而非充分条件。我们知道，“自然资源诅咒”是由大宗商品价格的波动引起的。当大宗商品价格处于下行期时，低收入国家需要借助外国的贷款或援助来应对这种境况。

2008—2009年的全球金融危机就是一个典型例子。受益于逆周期的财政政策和以前积累的外汇储备，撒哈拉以南非洲国家成功地应对了此次危机。但是，如果在2010年，国际大宗商品价格没有快速反弹，逆周期的财政政策将无法持续。

储备积累与财政政策是应对大宗商品价格波动的短期或中期政策，其他方面的宏观经济政策（比如货币政策与汇率管理）也是十分重要的。在长期，通过经济增长的多样性来减少撒哈拉以南非洲国家对出口商品的依赖，可能更加重要。通过更积极的贸易合作和区域一体化以及适当的公共支出结构调整，或许可以实现这一目标。因此，在应对大宗商品价格波动对包容性增长的冲击时，不仅政府支出的规模很重要，政府支出的结构也同样重要。

国际社会和捐赠者的角色

之前的讨论认为，在减少大宗商品价格波动对经济脆弱性和贫困人口的不利影响方面，国际社会与捐赠者可以在两个领域有所作为。第一，由于大宗商品市场的一系列不利冲击所导致的低收入国家面临的国内流动性紧缩问题。第二，帮助低收入国家实现经济多样性，从而减少对商品出口的严重依赖。

关于第一点，为满足短期收支平衡的需要，低收入国家需要更便利地获得信贷支持。同时，创新性的信贷产品也可以缓解低收入国家的流动性紧缩压力，我们应该优先考虑发展这些产品。例如，由捐赠者提供部分担保来提高私人借贷的效率。

大宗商品价格援助合同是一个非常引人注目的工具，该工具更明确地与大宗商品价格波动联系起来。例如，法国开发署为偿还债务有困难且面临贸易条件不利变动的国家提供了一项逆周期优惠贷款，只要一国在本年度的出口收入比前 5 年的平均出口收入低 5 个百分点以上，[8] 就可以申请该项优惠贷款。显然，如果出口收入的下降是永久性的，这种贷款也无法阻止该国的经济衰退。但是，如果一国的经济调整必须进行，那么这一逆周期的优惠贷款会降低经济调整的成本，防止贸易条件的再次恶化。

在考虑大宗商品出口国家的经济多样性时，我们需要强调的是，主动权应该掌握在本国政府和国民手中，而不是掌握在捐赠者手中。事实上，利害攸关的是国家的总体发展战略。当然，在帮助这些国家实现经济多样性方面，外国合作伙伴也是不可或缺的。

就像人们经常建议的，对于捐赠者而言，将援助重点放在贸易基础设施建设方面，将是非常有帮助的。对非洲低收入国家的更大帮助是，给予它们有效的贸易优惠，允许它们拓展新的、非传统的工业制品或农产品出口市场。[9]事实上，这些优惠已经存在，例如美国的《非洲经济增长机会法案》（the African Growth Opportunity Act, AGOA）和欧洲的《除武器外全部免税协议》（the Everything but Arms, EBA）。现存问题是，这些优惠涉及的范围极其有限。《非洲经济增长机会法案》主要针对纺织产品，而《除武器外全部免税协议》实行了非常严格的欧洲规则。这两个优惠措施取得了实质性进展，主要是因为发达国家已不再从事这些产品的生产，对它们而言，没有任何真正的风险。在很大程度上，这些优惠政策会影响出口商的地域分布，亚洲投资者可能将部分生产线转移到非洲。并且这些优惠政策只是暂时性的，目的是帮助非洲国家克服对新兴行业的进入障碍，并形成自己的比较优势。

另一种实现非洲低收入国家经济多样化的方法是，推进更高程度的区域一体化。组建真正的关税同盟（实现贸易优惠而非贸易转移）、更大的非洲国家联盟，将提供更多的进口替代机会，并允许个别国家在更大的市场上增强其竞争力。当然，这要求贸易一体化区域制定合理的税率，以保护共同市场，同时该举措必须与现有的世界贸易组织规则兼容。这也要求建设必要的基础设施，为共同贸易区内的交易提供便利。

结论

简而言之，撒哈拉以南非洲国家采取了多种多样的政策措施，以减少商品价格波动对经济发展、贫困及包容性增长方面的不利影响。第一类措施应对的是大宗商品价格变动对个体收入的影响，这些政策措施结合了财政政策与宏观经济，从而使政府能够帮助最容易受到冲击的人群，并减少收入的波动性。这些制度已被广泛采用。在部分国家，一些宏观工具已经日趋完善。然而，要想使这些措施真正有效地减少大宗商品价格波动对经济发展、贫困及包容性增长的不利影响，还有相当多的工作要做，无论国内还是国际，都还需要付出相当大的努力。

第二类措施致力于降低非洲低收入国家对大宗商品出口的依赖，以减少大宗商品价格波动的不利影响。这些国家需要在经济活动多样性和对外贸易方面有所作为。不仅要减少大宗商品价格波动引起的个体成本和集体成本，还要考虑包容性增长和可持续增长。对于非洲国家而言，给定人口规模和增长率，完全基于自然资源收入——无论是矿产品还是农产品——的发展战略是不可持续的。只有努力实现包容性增长才是长远之计。

参考文献

Arbache, J. S. and J. Page, 2010. "How Fragile Is Africa's Recent Growth?" *Journal of African Economies*, Vol. 19, No. 1, pp. 1-24.

Barnichon, R., 2009, "The Optimal Level of Reserves for Low-Income Countries: Self-Insurance against External Shocks," *IMF Staff Papers*, Vol. 56, pp. 852-75.

Bauchet, J., C. Marshall, L. Starita, J. Thomas, and A.Yalouris, 2011, "Latest Findings from Randomized Evaluations of MicroFinance, " Access to Finance Forum No. 2（Washington: Consultative Group to Assist the Poor/World Bank）.

Bertrand, M., D. Mullainathan, and D. Miller, 2003, "Public Policies and Extended Families: Evidence from Pensions in South Africa," *World Bank Economic Review*, Vol. 17, No. 1, pp. 27-50.

Bleaney, M., and D. Greenaway, 2001, "The Impact of Terms of Trade and Real Exchange Rate Volatility on Investment and Growth in Sub-Saharan Africa," *Journal of Development Economics*. Vol. 65, No. 2, pp. 491-500.

Bourguignon, F., 2003, "The Growth Elasticity of Poverty Reduction: Explaining Heterogeneity across Countries and Time Periods,"in *Growth and Inequality*, ed. by T. Eicher and S. Turnovsky（Cambridge, Massachusetts: MIT Press）.

Cogneau, D., and R. Jedwab, 2012, Commodity Price Shocks and Child Outcomes: the 1990 Cocoa Crisis in Côte d'Ivoire, *Economic Development and Cultural Change*, Vol. 60, No. 3, 507-34.

Cohen, D., H. Djoufelkit-Cottenet, P. Jacquet, and C. Valadier, 2007, "Prêter aux Pays les Plus Pauvres: Un Nouvel Instrument de Prêt Contracyclique" *Afrique Contemporaine*, Vol. 3, Nos. 223-24, pp. 87-111.

Collier, P., and B. Goderis, 2007, "Commodity Prices, Growth, and the Natural Resource Curse: Reconciling a Conundrum," Working Paper Series No. 2007-15（Oxford, U.K.: Centre for the Study of African Economies, University of Oxford）.

Collier, P., and A. Venables, 2007, "Rethinking Trade Preferences: How Africa Can Diversify Its Exports," *World Economy*, Vol. 30, No. 8, pp.1326-45.

Deaton, A. 1999. "Commodity Prices and Growth in Africa," *Journal of Economic Perspectives*, Vol. 13, No. 3, pp. 23-40.

Duflo, E., 2003, "Grandmothers and Granddaughters: Old-Age Pensions and Intrahousehold Allocation in South Africa," *World Bank Economic Review*, Vol. 17, No. l, pp. 1-25.

Easterly, W., R. Islam, and J. Stiglitz, 2001, "Shaken and Stirred: Explaining Growth Volatility," in *Annual World Bank Conference on Development Economics*, ed. by B. Pleskovic and N. Stern（Washington: World Bank）.

European Commission, 2010, *European Report on Development 2010: Social Protection for Inclusive Development—A New Perspective in EU Co-operation with Africa*（Brussels）.

Furth, S., 2010, "Terms of Trade Volatility and Precautionary Savings in Developing Countries," Conference Paper No. C015-013（Kiel, Germany: Dynamics, Economic

Growth, and International Trade [DEGIT]）.

Hnatkovska. V. , and N. Loayza, 2005, "Volatility and Growth," in *Managing Economic Volatility and Crises: A Practitioner's Guide*, ed. by J. Aizenman and B. Pinto（Cambridge, U.K.: Cambridge University Press）, pp. 65-100.

Loayza N., R. Rancière, L. Serven, and J. Ventura, 2007, "Macroeconomic Volatility and Welfare in Developing Countries: An Introduction," *World Bank Economic Review*, Vol. 21, No. 3, pp. 343-57.

Loayza, N., and R. Soto. 2002, "The Sources of Economic Growth: An Overview," in *Economic Growth: Sources, Trends and Cycles*, ed. by N. Loayza and R. Soto（Santiago: Central Bank of Chile）, pp. 1-40.

Martin, P., and C. A. Rogers, 2000, "Long-Term Growth and Short-Term Economic Instability," *European Economic Review*. Vol. 44, No.2, pp. 359-81.

McKinsey Global Institute, 2010, *Lions on the Move: The Progress and Potential of African Economies*（New York）.

Mendoza, E. G., 1997. "Terms-of-Trade Uncertainty and Economic Growth," *Journal of Development Economics*. Vol.54, No. 2, pp. 323-56.

Morduch, J., 2002, "Analysis of the Effects of Microfinance on Poverty Reduction"（unpublished; New York: New York University）.

Ramey, G., and V. Ramey, 1995, "Cross-Country Evidence on the Link between Volatility and Growth," *American Economic Review*. Vol.85, No.5, pp. 11 38-50.

Ravallion, M., 2001, "Growth, Inequality and Poverty: Looking beyond Averages," *World Development*, Vol. 29, No. 11, pp. 1803-15.

Schubert, B., and R. Slater, 2006, "Social Cash Transfers in Low-Income African Countries: Conditional or Unconditional?" *Development Policy Review*, Vol. 24, No. 5, pp. 571-78.

Spatafora, N., and I. Tytell, 2009, "Commodity Terms of Trade: The History of Booms and Busts," IMF Working Paper 09/205（Washington: International Monetary Fund）.

World Bank, 2010, *Global Monitoring Report 2010: The MDGs after the Crisis*（Washington）.

第四部分
包容性增长与大宗商品价格波动的区域和国家经验

第十二章　自然资源、波动性与包容性增长：中东与北非的视角

拉巴赫·阿尔扎基　穆斯塔法·纳布里

引言

那些拥有丰富天然气和石油等自然资源的国家，目前正面临着重大挑战。既有短期挑战，也有长期挑战（参见第二章）。在短期内，因为自然资源的出口收入不稳定，自然资源丰富的国家难以保持宏观经济的稳定性；在长期内，与自然资源匮乏的国家相比，自然资源丰富的国家平均经济增长率更低。中东与北非地区也面临同样的挑战，这些地区拥有丰富的自然资源，在经济上严重依赖自然资源的出口。事实上，该地区拥有全球 55% 的石油储备和 29% 的天然气储备（*Oil and Gas Journal*，2009）。

作者感谢艾伦·盖尔布（Alan Gelb）和卡里尔·麦克尼利（Caryl McNeily）的精彩评论和建议以及安·米·史密斯（Anh My Smith）的编辑帮助。本章的观点仅代表个人，与国际货币基金组织和突尼斯中央银行无关，文责自负。

油气产业主宰着该地区很多国家的经济，对政府出口收入贡献很大。例如，2008年，阿尔及利亚的油气收入占政府总收入的38%，在出口中占98%（IMF，2012）。因此，研究该地区管理自然资源收入的经验十分重要。本章的目的是探寻中东及北非地区自然资源丰富的国家在过去40年中的经济表现。为此，我们将回顾这一地区和这些国家的经济发展成果，包括本地经验与国际经验——通过研究自然资源丰富的国家的最新文献总结得出——的融合问题。我们还会提出一些具体政策建议，为解决中东及北非地区自然资源丰富的国家面临的挑战提供参考。

中东及北非地区正在推动的政治和社会发展，将包容性增长——不仅是产出增长——提上了政策建议和理论研究的重要议程。[1]世界银行（2004）的记录表明，中东及北非地区的劳动力总人口经历了史无前例的增加——从2000年的1.04亿增加到2010年的约1.46亿，而到2020年，这个数字将增加到1.85亿。因为无法创造数以百万计的就业岗位，来吸收如此快速增长的劳动力，该地区的失业率在世界范围内处于较高的水平。年轻人需要承受失业压力，国际劳工组织（2012）估计，2011年，中东及北非地区青年与成人失业率之和是非常高的——在该地区，这一失业率为4.0%，而世界范围的这一失业率平均为2.8%。尽管过去十余年里，中东及北非地区的经济增长十分迅速，但经济增长缺少包容性成为该地区持续动荡的主要原因。[2]正常来讲，该地区自然资源丰富的国家应该有条件增加公共财政投入，促进长期经济增长，惠及全体公民。但是，正如之前所提到的，这一地区和一些国家的经济表现却不尽如人意。

除了经济发展，自然资源也影响一国的政治进程和政策选择。罗斯（第三章）认为，石油资源阻碍了民主进程，并有可能产生“政治诅咒”，例如，该国容易形成政治精英的“恩赐”文化（a culture of patronage）。阿瓦达拉和马利克（2011），罗斯、马扎赫里和凯撒（2011）认为，当前中东及北非地区的社会不稳定主要源于其经济发展模式，包括使用外部援助资金的低效率、国家对经济的干预和收入分配不公平。纳布里等（2005）提供的历史数据表明，与其他地区相比，石油收益与自然资源战略导致中东及北非地区的落后产业政策能维持更长时间。在本章中，我们将分析，政治经济因素在政策选择（包括产业政策）中的重要作用，并讨论这些政策选择对于各国经济的影响。

在中东及北非地区的所有国家中，自然资源对于经济发展的重要性并不相同。有些国家拥有较大的自然资源储备和较少的人口，有些国家则拥有相对较大的自然资源储备和较多的人口，还有一些国家是石油和天然气的净进口国。为了厘清这些差异，我们将中东及北非地区的国家分成以下三组。第一组，海湾合作委员会（the Gulf Cooperation Council，GCC）小组，由自然资源丰富、进口劳动力的国家构成，主要包括巴林、科威特、阿曼、沙特阿拉伯、阿联酋、卡塔尔等。第二组，非海湾合作委员会小组，由自然资源丰富、劳动力充足的国家构成，包括阿尔及利亚、伊拉克、利比亚和叙利亚等。第三组，新兴市场经济体小组，由自然资源匮乏的国家构成，包括埃及、约旦、摩洛哥、突尼斯等。为了便于进行多方面的分析比较，我们增加了第四组，第四组为非阿拉伯小组，即其他自然资源丰富的国家，主要包括伊朗和委内瑞拉。

在本章中，我们研究发现，选择标准收入水平作为评估标准，中东及北非地区自然资源丰富的国家整体表现不佳。这些国家经历了相对低迷的、缺乏包容性的经济增长，及较大幅度的宏观经济波动。尽管这些国家的医疗和教育条件已有改善，但公共产品和服务质量仍然低下。展望未来，我们认为，中东及北非地区的经济改革要取得成功，需要努力提高各国政府的公共投资能力和公共管理能力。接下来，我们将讨论中东及北非地区自然资源丰富的国家的发展成果。最后，我们将提出政策建议。

中东及北非地区的发展成果

收入水平提升，但财富水平降低

总的来说，中东及北非地区自然资源丰富的国家在收入方面进步较快。从 1970 年至 2008 年，海湾合作委员会小组的实际人均国民总收入（gross national income，GNI）增长了 18 倍；对应地，非海湾合作委员会小组增长了 9 倍；新兴市场经济体小组增长了 10 倍（见图 12–1）。对于自然资源丰富的国家而言，这些收益几乎全部归功于贸易条件的改善，极小一部分收益归功于非自然资源领域的产出增长。然而，在非海湾合作委员会小组中，与自然资源匮乏的国家相比，一些自然资源丰富的国家并没有获得较高的收入增长率，如图 12–1 所示。

尽管中东及北非地区自然资源丰富的国家的收入水平较高，但财富水平较低，这会影响经济发展的可持续性。哈特威克（1977）从概念上提出了自然资源丰富的国家可持续发展的典型规则，依据此规则，即使这些国家面临有限的自然资源，其消费也将可持续。在每个时间点上，该规则设置的“真实”储蓄为零，传统的净储蓄等于自然资源消耗量。[3] 该规则建议这些国家应当将自然资源收入投向其他类型的资产。阿拉伯地区自然资源丰富国家的财富大部分集中于自然资本。[4] 在许多情况下，自然资源消耗的调整意味着负储蓄。图 12–2 表明，中东及北非地区经历了这种意义上的负储蓄，因此，在 1975—2005 年间，该区域的财富水平呈现下降趋势，这与同时期东亚国家财富迅速增加的情况形成了鲜明对比。在组建主权财富基金的背景下，尽管一些国家的金融储蓄相对增加，但整体财富水平不断下降，这一趋势引起了人们对其经济发展可持续性的担忧。

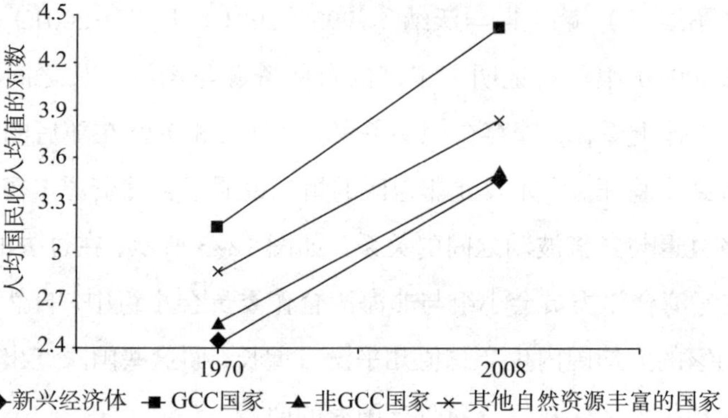

图 12-1　人均国民收入，购买力平价（美元）

数据来源：World Bank（2010）。

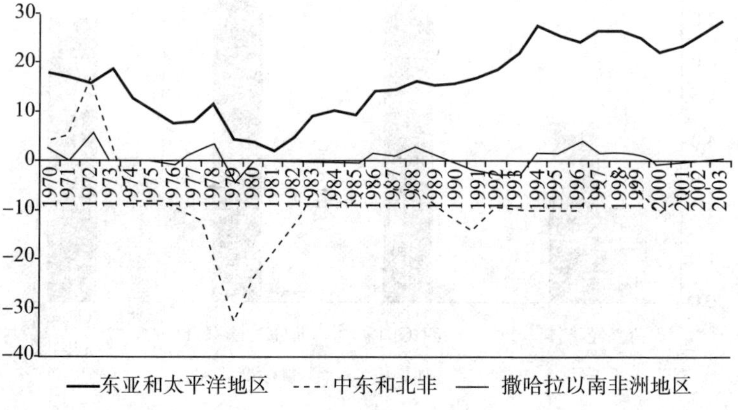

图 12-2　各地区的真实储蓄率（占国民总收入的百分比）

数据来源：World Bank（2006）。

低增长与高波动

“自然资源诅咒”说明了自然资源与经济发展的关系。相关的研究文献表明，自然资源收入的变化，会对国民经济产生冲击，其传导途径包括“荷兰病”、恶化的政府支出、自然资源出口波动等（具体可参考第二章）。萨克斯与沃纳（1995，2001）、奥蒂（2001）和格里法森（2001）很早就证明了丰富的自然资源与经济增长之间的负相关性。大体上看，尽管存在一些争议，这种负相关性在随后的实证研究中得到了验证。中东及北非地区的情况说明了自然资源丰富的国家的经济衰退与经济波动之间的关系。如图 12–3 所示，在过去的 50 年里，在海湾合作委员会小组与非海湾合作委员会小组中，自然资源丰富的国家的人均国内生产总值几乎没有增长，而这些国家产出增长的波动性却是该地区自然资源匮乏国家的两倍。

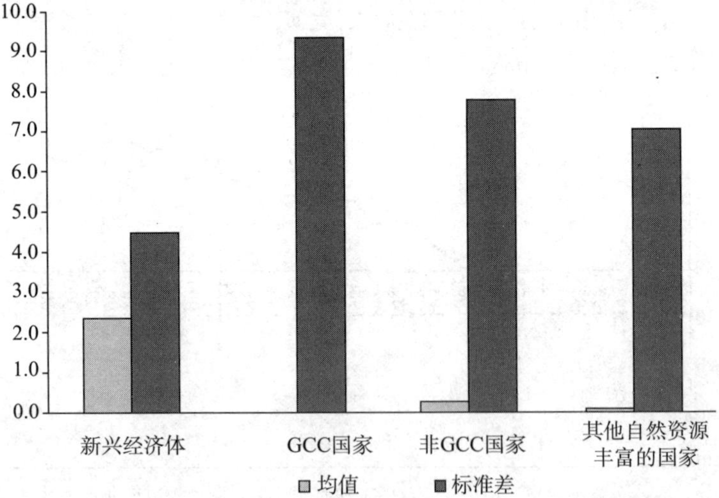

图 12–3 人均 GDP 的增长和波动性，1961—2008 年

数据来源：World Bank（2010）。

宏观经济波动对经济增长具有负面影响。阿基翁和班纳吉（2005）探寻了产出增长趋势与产出波动性之间的多种因果关系，并从相关经验数据中推断，经济波动会严重损害经济增长。与之类似，雷米（1995）对92个样本国家的数据和欧盟成员国的数据进行详细分析后指出，经济增长的波动会降低平均经济增长率。事实上，经济增长的波动恶化了政府、企业与家庭的储蓄和投资条件，影响了长期经济增长的潜力。为应对政府财政收入的波动，政府需要保持较高水平的储备做预防。[5]具体到自然资源丰富的国家，阿尔扎基与格里法森（2012）认为，政府直接获得自然资源收入（例如，通过国家所有权、税收、出口关税等）很容易导致寻租行为以及不合理的储蓄和投资行为。在此情况下，阿尔扎基与格里法森证明了，自然资源丰富的国家在应对经济波动时，必须有效防范自然资源的滥用，并大力提升政策水平。在后面的部分，我们将探究上述发现对于中东及北非地区经济发展的意义。

金融发展的不同成果

在中东及北非国家，“自然资源诅咒”的另外一个潜在问题是导致金融发展不足，这反过来又可以解释（至少是部分解释）这些国家私人部门所面临的困难。对于自然资源丰富的国家金融深化的系统性研究成果很少。在这些稀少的研究中，贝克（2011）发现，金融发展对经济增长的影响，与自然资源财富的种类无关。他还证明，在金融发展不均衡的条件下，“自然资源诅咒”更容易影响到企业部门，而不是家庭部门。贝克发现，在自然资源丰富的国家中，尽管银行体系拥有更充沛的流动性、更多的资本金、更强的赢利能力，但是，它们给企业部门的贷款却很少。有证据表明，与自然资源匮乏的国家相比，自然资源丰富的国家的银行在提供企业贷款时，存在更为显著的供给约束。

相关数据表明，中东及北非地区各国的金融发展水平存在着巨大差别（Creane，2004）。海湾合作委员会小组国家的金融业发展非常迅速，但却受制于与石油价格波动紧密相关的波动周期。如图 12–4 所示，20 世纪 70 年代，海湾合作委员会小组国家的银行存款出现了剧烈波动，随之而来的是严重的经济衰退。同时，也有证据表明，海湾合作委员会小组国家的股票市场同样容易受到经济周期的冲击（Al-Hassan，Omran and Delgado Fernandez，2007）。海湾合作委员会小组国家的金融深化已经不再是推动经济多元化的最重要组成部分，这一点我们将在后面加以讨论。尽管中东及北非地区不同国家之间在自然资源储备和劳动力人口数量方面差别巨大，但与自然资源匮乏的国家相比，海湾合作委员小组国家的金融深化（以贷款对私人部门的重要性来衡量）是相对落后的，如图 12–5 所示。尽管一些国家，例如阿

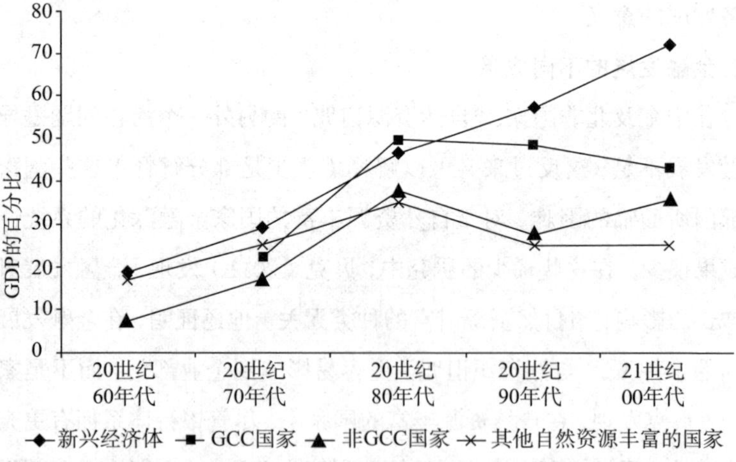

图 12–4　金融市场的发展：银行的平均存款，1960—2008 年

数据来源：World Bank（2010）。

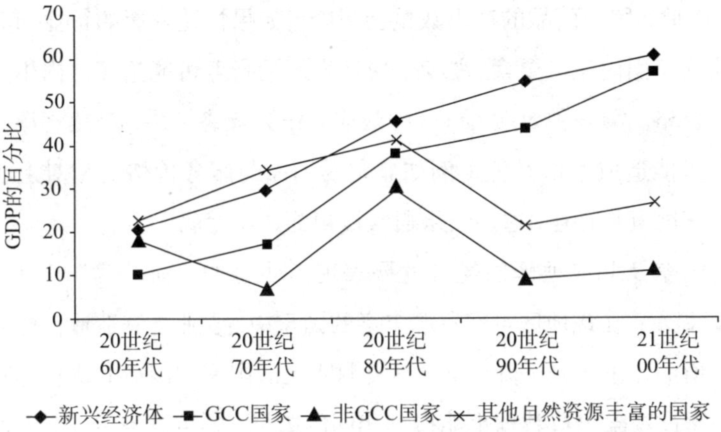

图 12–5　金融市场的发展：私营部门获得国内信贷的平均数量

数据来源：World Bank（2010）。

尔及利亚，最近正试图推进金融自由化，但非海湾合作委员会小组的很多国家的金融系统仍然由无效率的国有银行主导。

受到抑制的经济多元化

“自然资源诅咒”的另一条传播途径是“荷兰病”。在长期内，那些经济多元化的国家表现得更为出色（Gelb，2011）。自然资源丰富的国家存在着诸多问题，阻碍了其发展经济多元化的能力。最基本的静态“荷兰病”模型具有两种效应，即支出效应和再分配效应（van Wijinbergen，1984）。首先，支出效应与经济繁荣时的更高收入有关，更高的收入导致人们对贸易品和非贸易品的支出增加。对一个小型开放国家来说，贸易商品的价格由国际市场决定，因此，尽管本国的贸易商品需求增加，但贸易商品的价格并不会上涨；相反，非贸易商品的价格由本国市场决定，本国居民的额外需求将导致非贸易品价格上涨。非贸易商品价格的相对上涨导致本土生产贸易商品的吸引力下降，因此，贸易商品的产出数量会下降。如果快速发展的行业与其他行业共享国内生产要素，那么，快速发展的行业可能抬高国内生产要素的价格。第二种效应，再分配效应。作为最终结果，自然资源收入增加可能造成本币升值（例如非贸易商品与服务价格的相对上涨），挤压国内贸易行业，这一结果通常被视为“荷兰病”。

中东及北非地区的经济发展表现出明显的“荷兰病”症状。图12–6显示，在该地区自然资源丰富的国家中，农业与制造业占国内生产总值的比重急剧下降，而自然资源匮乏的国家的制造业比重却在上升。通过观察出口数据也能得到相同的结果。需要注意的是，海湾合作委员会小组的劳动力弹性及自然资源丰富的国家的高失业率可能减弱再分配效应。在中东及北非地区自然资源丰富的国家，支出效应是其主要特征。中东及北非国家普遍对价格进行管制，包括本国燃料与食品价格，结果在我们使用真实汇率和消费价格数据时，很难找到“荷兰病”的数据证据。然而，经济结构调整的负担由公共财政承担，而不是通过价格调整来实现，长此以往，这可能会损害这些国家的财政可持续性。

除了标准的“荷兰病”之外，还有一些政治经济因素，可以解释中东及北非地区自然资源丰富的国家推行经济多元化政策的失败。纳布里等（2005）描述了国家主导的垂直产业政策，这些政策包括传统部门和特定部门。纳布里等还解释了20世纪八九十年代这些国家产业政策改革的失败。尽管许多发展中国家开始实施以市场为导向的经济政策，不断完善市场机制，但是，中东及北非地区仍保留着大量落后的产业政策和国家干预——这是大多数发展中国家在过去的历史中曾经具有的特征。尽管中东及北非地区的经济发展模式面临挑战，但与其他地区相比，丰厚的石油收入使该地区能够维持更长时间的产业政策。

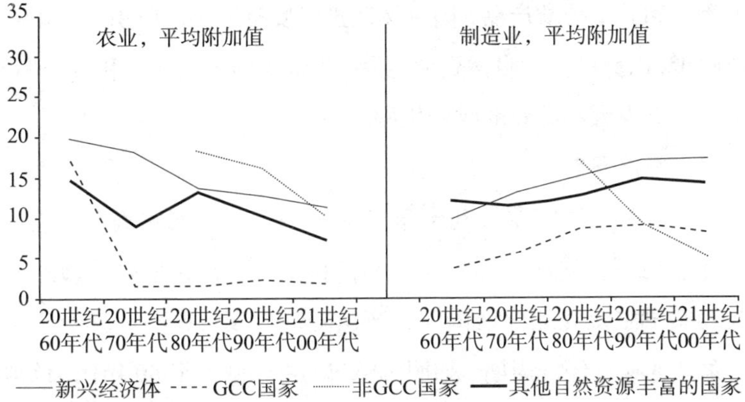

图 12–6　1960—2008 年的生产结构（占 GDP 的比重）

数据来源：World Bank（2010）。

同样重要的是，到目前为止还没有出现推动改革的利益集团，也阻碍了该地区实行更具效率的、促进经济增长的宏观政策——这个问题与政府失灵问题密切相关，我们将在后面加以阐述。此外，在工业化的最初阶段，中东及北非地区的政府部门通过产业政策支持新经济部门及新企业的发展；但在第二阶段（20 世纪 80 年代至 90 年代），政府部门却在努力维持传统的经济结构，阻挠经济改革，尤其是限制（或阻止）私人部门的发展。

控制自然资源权力的政策选择

为了避免“自然资源诅咒”，中东及北非地区的国家应当加快经济多元化进程，创造更多的就业岗位。所谓“阿拉伯之春”运动（Arab Spring）有着很好的警示作用——对于维持地区的社会稳定而言，创造更多的就业岗位具有特殊重要性。我们提出了四个政策方向：（1）自然资源丰富的国家应避免或弱化经济周期；（2）应着力投资于人力资本和其他公共产品，同时保证投资质量；（3）应积极采用新型产业政策，以弥补由“自然资源诅咒”所带来的市场缺陷和市场失灵；（4）应建立强大和高效的政府机构。

弱化经济周期

阿尔扎基、汉密尔顿和卡季莫夫（2011）的研究表明，包括中东及北非地区在内的自然资源丰富的国家，通常会采取顺周期的财政政策。中东及北非地区国家的产出变动代表着这些国家经历了繁荣与萧条的典型经济周期。如图 12–7 所示，20 世纪 80 年代，该地区经济严重衰退，经济萧条持续了近 20 年。这一情形与艾沙姆、武考克和巴斯比（2005）的观察相一致。经济学家证明，矿产与能源的出口情况会受到经济衰退，特别是经济弱势复苏的影响。[6] 宏观经济稳定性需要优先考虑。为了实现宏观经济稳定，中东及北非地区的政府应当改变传统的顺周期的财政政策。[7] 然而，中东及北非地区的政治经济形势不容乐观。阿尔扎基等（2011）证明，自然资源收入增加与宏观经济稳定之间存在着负相关关系，并且经济增长受制于政治制度，因此，那些实行民主制度的自然资源丰富的国家受宏观经济不稳定的影响相对较小。

为应对宏观经济的不稳定，在过去的十年里，许多自然资源丰富的国家对财政制度[8] 进行了改革，建立了平准基金以及严格的财政规则。一个相关的问题是，使用目标财政规则约束总体预算的国家，其宏观经济是否更加稳定。[9] 阿尔扎基（2011）证实，这种财政政策对那些自然资源丰富的国家的财政支出顺周期性并没有显著影响。一种可能

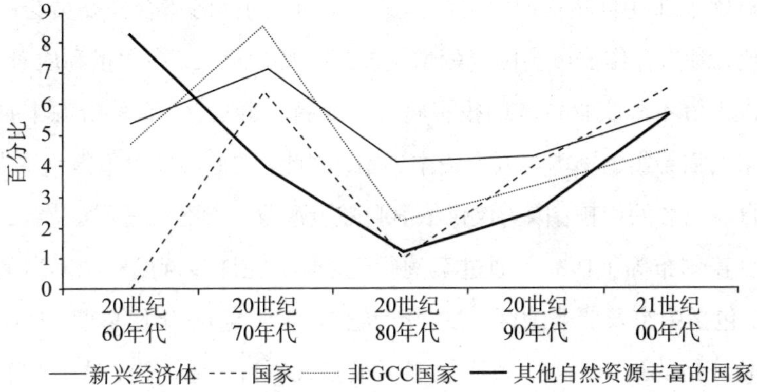

图 12–7　产出波动

数据来源：World Bank（2010）。

的解释是，现在探究财政规则的作用为时尚早。事实上，奥索夫斯基等（2008）的研究表明，许多自然资源丰富的国家的财政规则是在本世纪初才真正建立起来的。另一种解释是，在不良的制度环境下，财政政策也有可能失灵。因此，那些自然资源丰富的国家需要重新审视财政政策对经济体制的挑战。智利的财政政策取得了成功，其政策以结构性预算平衡为目标，该目标结合了不同专家小组的意见。对中东及北非地区的国家来说，智利的成功提供了有益的借鉴（Frankel，2011）。[10]

投资人力资本与基础设施

总的来看，中东及北非地区那些自然资源丰富的国家已经开始向基础设施和人力资本进行大量投资。如图 12–8 和图 12–9 所示，在过去的几十年里，居民预期寿命、5 岁之前的死亡率、受教育年限等指标显著提高。然而，我们观察到的两个现象值得注意：第一，在中东及北非地区自然资源丰富、劳动力充足的国家中，所取得的经济成就并没有明显优于那些自然资源匮乏的国家。不过，与非海湾合作委员会国家相比，海湾合作委员会国家的情况要好一些。第二，在数量和质量上，对人力资本和实物资本的投资将无法维持。事实上，自然资源丰富的国家面临着实物资本与人力资本赤字，因此，它们需要再平衡，并减少对自然资源的依赖。因为仅仅依靠自然资源收入，经济是不可持续的。

盖尔布等（1988）通过案例研究表明，在许多自然资源丰富的国家，包括中东及北非地区，在 20 世纪 70 年代与 80 年代早期，伴随着商品价格的迅速上涨，政府投资了很多大项目。他认为，这些政府投资项目的效率低下，并且导致了资源错配。此外，一些未经严密论证的政府大型投资项目，因为缺乏后续的财政支持，无力支付高额维修费用而被废弃了。盖尔布（2012）证实，与其他国家相比，中东及北非地区国家的教育质量低下。一些自然资源丰富的国家并没有从过去的错误中汲取教训，因此它们现在需要谨慎地支出，以确保公共投资的质量。

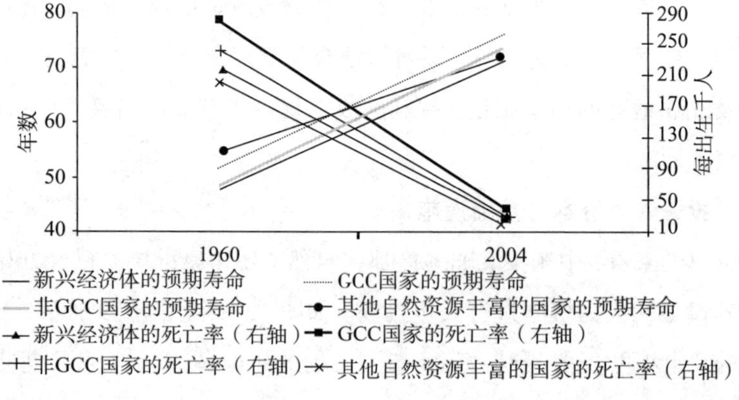

图 12-8　平均预期寿命与 5 岁之前的死亡率

数据来源：World Bank（2010）。

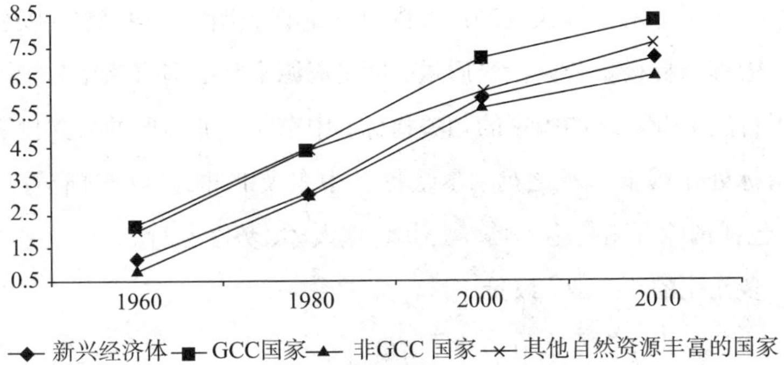

图 12–9　平均受教育年限（15 岁及以上）

数据来源：World Bank（2010）。

理论上，阿尔扎基、迪普伊和盖尔布（2012）提供了一个研究框架帮助我们理解，在依赖自然资源收入的国家中，公共投资的最佳水平为什么取决于公共机构的初始质量，这些机构对公共部门和私人部门会产生什么影响。为此，他们引入了一个含有规模因子的生产函数来扩充传统的永久收入框架，该因子代表了商业经营环境和公共投资面临的调整成本，以反映与行政管理能力和寻租活动相关的额外成本。一个重要的假定是，自然资源收入越高，则与公共投资相关的调整成本就越大。该假设部分地基于这样的事实：自然资源收入越高，寻租活动越有利可图，公共投资的成本也越高。

由阿尔扎基、迪普伊和盖尔布（2012）模型得出的主要结论是：低下的行政管理能力降低了公共投资水平。他们还发现，商业经营环境的恶化，降低了公共投资质量。通过内化公共投资的调整成本，他们进一步扩展其基本模型以满足“在投资中投资”（例如，提高政府管理能力）的要求。这些结果表明，包括中东及北非地区在内的自然资源丰富的国家，如果进行公共投资，必须考虑商业环境和政府的投资管理水平。基比等人（2011）提供的证据表明，平均来看，以公共投资管理指标衡量公共投资质量，自然资源丰富的国家的相关指标要低于自然资源匮乏的国家的相关指标。中东及北非地区的公共投资管理指标处于最低水平之列。尽快提升中东及北非地区的政府管理能力，包括消除寻租行为和培养公共管理人才，势在必行。

多元化的“产业”政策

如前所述，“阿拉伯之春”给我们提供了一个警示，要保持一个地区的社会稳定，创造工作岗位是重中之重。

事实上，关于自然资源丰富的国家为什么要利用经济多元化，而不是利用比较优势——自然资源出口——来发展经济，仍然存在诸多争议。但是，我们认为，最重要的一点是要创造工作岗位，以吸收更多的劳动力就业，如图 12-10 所示。

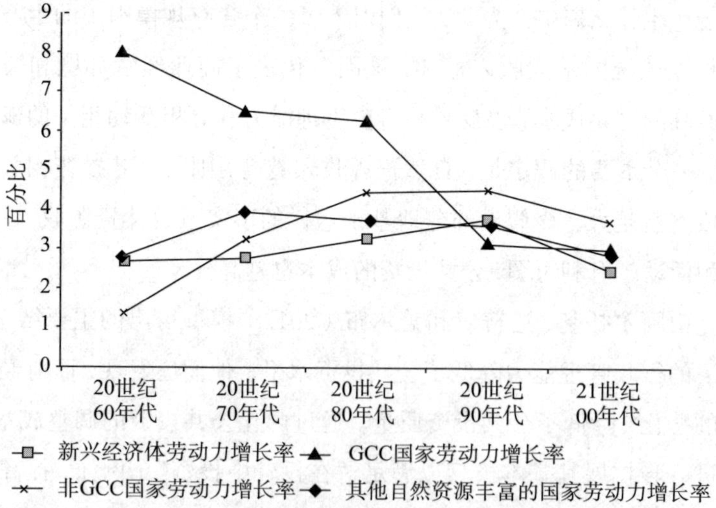

图 12-10　劳动力增长率，1960—2008 年

数据来源：World Bank（2010）。

自然资源行业，特别是石油和天然气行业，一般都是资金密集型行业，劳动密集度较低。我们的问题是：劳动密集度更高的非贸易部门能够吸纳更多劳动力就业吗？非贸易行业的生产能力是否能够提供高质量、可持续的工作岗位，以消化多年积累的人力资本？这些问题很难一概而论，需要根据各国的具体情况进行分析。然而，在发展贸易战略方面，发展经济学家似乎达成了共识。因为与非贸易部门不同，贸易部门大多为高产出部门，不受本国市场规模的约束。但是，在促进贸易部门发展方面，公共部门应当发挥什么作用呢？为了解答这一问题，现在我们转向产业政策分析。

产业政策对实现经济多元化的作用

中东及北非地区需要摆脱落后的产业政策，因为这些落后的产业政策将阻碍新兴产业发展，保护落后产业及既得利益者。在经济多元化与经济结构调整方面，中东及北非地区的成绩并不理想。该地区过去实行的产业政策是无效率的，应当采取新型产业政策，以解决市场失灵与政策协调失灵问题。在开放的贸易投资环境下，实现上述目标非常重要，虽然需要一个较为漫长的过程。事实上，中东及北非地区内部以及该地区与其他区域之间的贸易和金融一体化水平是非常低的。例如，主权财富基金的长期投资方向与发展中国家的需求是一致的，主权财富基金投资于自然资源匮乏、劳动力丰富的中东及北非地区可能实现双赢。然而，这类投资却存在进入障碍。为此，中东及北非国家需要加快推进结构性改革，只有这样，才能够避免寻租陷阱和低效率的专业化。

制度和治理

本章自始至终的一条主线是，良好的制度安排对于一个国家的经济政策的成功实施是至关重要的。良好的制度对于自然资源收入的有效使用也是非常重要的。长期以来，许多文献都在强调政治制度的无比重要性（参见 Persson，2002）。实际上，在经济增长与制度变迁的相关文献中，阿西莫格鲁、约翰逊和罗宾逊（2001，2002）已经证明了政治制度对长期经济增长的决定性作用。其研究结果显示，通过提高国民的责任感和共识，民主制度可以减少自然资源收入对非贸易部门的负面影响。负责任的政府在实施财政政策时，将减少对行政权力的滥用，从而降低自然资源丰富的国家的宏观经济不稳定性，促进长期的经济增长（Arezki，2011）。梅尔赫姆、莫恩和托维克（2006）认为，那些拥有良好制度的自然资源丰富的国家是完全可以避免“自然资源诅咒”的，例如博茨瓦纳和挪威。

从历史角度看，中东及北非地区的国家，无论自然资源是丰富还是匮乏，与其他地区相比，这些国家的民主与治理指标得分都很低，如图 12-11 所示。而这些将是关系到中东及北非地区经济和社会发展能否成功的关键。确保充分的分权制衡，增强政策的透明度与问责机制，有助于自然资源丰富国家的全体国民获得全部资源收益。因此，推动当权者接受民众监督的改革是非常必要的。阿西莫格鲁和罗宾逊（2012）讨论了现代政治的历史关键时刻：推动政治和经济制度变革的过程，要么是分散统治者权力，提高劳动生产力，普及教育，推动科技进步，提升社会福利水平；要么是相关利益团体争夺既定的财富与自然资源。当前，中东及北非地区国家兴起的政治变革浪潮，使其处于制度变革的重要时刻，市场化取向的制度变革将使这些国家的经济增长更具包容性，从而消除寻租行为与裙带关系。

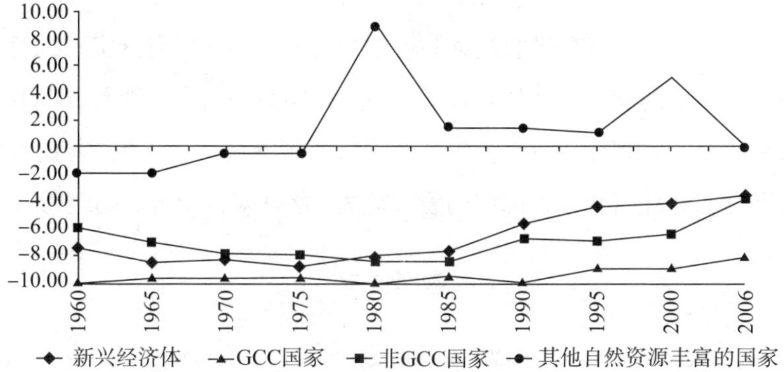

图 12-11　民主走势（平均政体指数，1960—2006 年）

数据来源：World Bank（2010）。

事实上，国际社会已经发出倡议，增强政府在自然资源管理方面的透明度，提高财政支出效率。例如，采掘业透明度倡议已经成为石油、天然气和矿业透明度的全球标准。以采掘业透明度倡议为基础的自然资源宪章，对政府和社会提出了一套更全面的原则，即如何利用采掘业的机会谋求更大的经济发展。这些倡议可以成为国内改革的标准。我们应当认识到，公民组织与政治家将成为那些自然资源丰富的国家的改革先驱（见第十八章）。

结论

自然资源丰富的国家有两个明显特征：第一，未来任务具有复杂性和多元性；第二，必须与特定的环境相适应。我们已确定的优先事项包括：更有效率的宏观经济管理，避免顺周期财政政策；大量并高质量地投资于人力资本与实物资本；促进制度创新，实现经济多元化，增加就业岗位。

上述各个方面是密切相关的，都需要进行制度改革。在新的制度下，政府不仅要拥有建立规章制度的能力，还必须拥有落实和执行这些规章制度的能力。这些能力要求相关机构具备适当的执行机制和高水平的公共管理能力。对自然资源丰富的国家而言，最有意义的投资是提升公共部门和私人部门的管理能力，这是来自于智利的经验。

参考文献

Acemoglu, D., S.Johnson, and J.Robinson, 2001, "The Colonial Origins of Comparative Development: An Empirical Investigation," *American Economic Review*, Vol. 91, pp. 1369-401.

——, 2002. "Reversal of Fortune: Geography and Institutions in the Making of the Modern World Income Distribution," *Quarterly Journal of Economics*, Vol. 1 1 7, pp. 1231-94.

Acemoglu, D., and J.Robinson, 2012, *Why Nations Fail: The Origins of Power, Prosperity, and Poverty*（New York: Crown Publishers）.

Aghion, P., and A. Banerjee, 2005, *Volatility and Growth*（Oxford: Oxford University Press）.

Al-Hassan, A M. Omran, and F. L. Delgado Fernandez. 2007, "IPO Behavior in GCC Countries: Goody-Two Shoes or Bad-to-the-Bone?" IMF Working Paper 07/149（Washington: International Monetary Fund）.

Arezki, R., 2011, "Fiscal Policy in Commodity Exporting Countries: Stability and Economic Growth," in *Beyond the Curse: Policies to Harness the Power of Natural Resources*. ed. by R. Arezki, T. Gylfason, and A. Sy（Washington: International Monetary Fund）.

Arezki, R., A. Dupuy, and A. Gelb, 2012, "Optimal Public Investment in Resource Rich Countries: The Role of Business Climate and Administrative Capacity," forthcoming IMF Working Paper（Washington: International Monetary Fund）.

Arezki, R., and T. Gylfason,2011, "Commodity Price Volatility, Democracy and Economic Growth," in *Frontiers of Economics and Globalization.Economic Growth and Development*. ed. by Olivier de La Grandville（Bingley, U.K.: Emerald Group）, pp. 9-24.

Arezki, R., K. Hamilton, and K. Kazimov, 2011, "Resource Windfalls, Macroeconomic Stability and Economic Growth" IMF Working Paper 11/142（Washington: International Monetary Fund）.

Arezki, R., and K. Ismail, 2010, "Boom-Bust Cycle, Asymmetrical Fiscal Response and the Dutch Disease," IMF Working Paper 10/94（Washington: International Monetary Fund）.

Auty, R., 2001, *Resource Abundance and Economic Development*（Oxford: Oxford University Press）.

Awadallah, B., and A. Malik, 2011, "The Economics of the Arab Spring," Working Paper No. 2011-23（Oxford: Center for the study of African Economies）.

Beck, T., 2011. "Oil and Finance: Is There a Resource Curse?" in *Beyond the Curse: Policies to Harness the Power of Natural Resources*, ed. by R. Arezki, T. Gylfason, and A. Sy（Washington: International Monetary Fund）.

Bibi. S., and M. K. Nabli, 2009. "Income Inequality in the Arab Region: Data and Measurement, Patterns and Trends," *Middle East Development Journal*, Vol. 1, No. 2,pp. 275-314.

Creane, S., R. Goyal, A.M. Mobarak. and R.Sab. 2004, "Financial Sector Development in the Middle East and North Africa," IMF Working Paper 04/201（Washington: International Monetary Fund）.

Frankel, J., 2011, "How Can Commodity Exporters Make Fiscal and Monetary Policy Less Procyclical?" in *Beyond the Curse: Policies to Harness the Power of Natural Resources*, ed. by R. Arezki, T. Gylfason, and A. Sy,（Washington: International Monetary Fund）.

Gelb, A., 2011, "Economic Diversification in Resource Rich Countries," in *Beyond the Curse: Policies to Harness the Power of Natural Resources*, ed. by R. Arezki, T. Gylfason, and A. Sy（Washington, DC: International Monetary Fund）.

Gelb, A., 2012, "Economic Diversification and the Role of the Government in Resource-Rich Economies," presentation at the Economic Research Forum Conference on Understanding and Avoiding the Curse in the Arab World, Kuwait, January.

Gelb, A., and associates, 1988, *Oil Windfalls: Blessing or Curse?*（New York: Oxford University Press）.

Goderis, B., and S. W. Malone. 2008. "Natural Resource Booms and Inequality: Theory and Evidence," Working Paper No. 008（Oxford: Oxford Centre for the Analysis of Resource Rich Economies. University of Oxford ）.

Gylfason, T, 2001, "Natural Resources, Education, and Economic Development," *European*

Economic Review, Vol. 45, pp. 847-59.

Hartwick, J.M., 1977, "Intergenerational Equity and Investing of Rents from Exhaustible Resources," *American Economic Review*. Vol. 66, pp. 972-74.

IMF（International Monetary Fund）, 2012, *Algeria: 2011 Article IV Consultation-Staff Report;Public Information Notice*, IMF Country Report No. 12/20（Washington）.

International Labour Organization, 2012, *Global Employment Trends 2012: Preventing a DeeperJobs Crisis*（Geneva: International Labour Organization）.

Isham, J. L., P. M. Woolcock, and G. Busby, 2005, "The Varieties of Resource Experience: Natural Resource Export Structures and the Political Economy of Economic Growth," *World Bank Economic Review*, Vol.19,pp. 141-74.

Kyobe, A., J.Brumby, C.Papageorgiou, Z.Mills, and E. Dabla-Norris, 2011, "Investing in Public Investment: An Index of Public Investment Efficiency," IMF Working Paper 11/37（Washington: International Monetary Fund）.

Marshall, M., K. Jaggers, and T. R.Gurr, 2010, *Polity IVProject: Political Regime Characteristics and Transitions.1800-2010-Dataset Users' Manual*（Vienna, Virginia: Center for Systemic Peace）. Available via the Inrernet: www.system icpeace. org/inscr/p4manualv20l0.pdf.

Melhum, H., K. Moene, and R. Torvik, 2006, "Institutions and the Resource Curse," *Economic Journal*, Vol. 116, pp. 1-20.

Nabli, M., J. Keller, C. Nassif, and C. Silva-Jauregui, 2005, "The Political Economy of Industrial Policy in The Middle East and North Africa," paper presented at the Egyptian Center for Economic Studies conference "Rethinking the Role of the State: An Assessment of Industrial Policy in MENA," Cairo, November.

Oil and Gas Journal, 2009, *Oil and Gas Journal DataBook 2009*（Tulsa, Oklahoma: PennWell Books）.

Ossowski, R., M. Villafuerte, P. A. Medas, and T. Thomas, 2008, *Managing the Oil Revenue Boom: The Role of Fiscal Institutions*, IMF Occasional Paper 260（Washington: International Monetary Fund）.

Persson, T., 2002, "Do Political Institutions Shape Economic Policy?" *Econometrica*, Vol. 70, pp. 883-905.

Ramey, G., and V. A.Ramey, 1995, "Cross-Country Evidence on the Link between Volatility and Growth," *American Economic Review*, Vol. 85, pp. 1138-51 .

Ross, M. L, 2007, "How Mineral-Rich States Can Reduce Inequality," in *Escaping the Resource Curse*, ed. by M. Humphreys, J. D. Sachs, and J. E. Stiglitz（New York: Columbia University Press）.

Ross, M.L., N.Mazaheri, and K.Kaiser, 2011, "The 'Resource Curse' in MENA? Resource Wealth, Economic Shocks, and Conflict Risk," Policy Research Working Paper No. 5742（Washington: The World Bank）.

Sachs, J. D., and Warner, A. M., 1995, "Natural Resource Abundance and Economic Growth," NBER Working Paper No.5398（Cambridge, Massachusetts: National Bureau of Economic Research）.

——, 2001,"The Curse of Natural Resources,"*European Economic Review,* Vol. 45, No. 4-6（May）, pp. 827-38.

van Wijnbergen, S., 1984, "The Dutch Disease: A Disease After All?" *The Economic Journal*, Vol. 94, pp. 373-341.

World Bank, 2004, *Unlocking the Employment Potential in the Middle East and North Africa: Toward a New Social Contract*（Washington）.

——2006, *Where Is the Wealth of Nations？ Measuring Capital for the 2lst Century*（Washington）.

——, 2010, *World Development Indicators*（Washington）.

——，2011，*The Changing Wealth of Nations: Measuring Sustainable Development in the New Millennium*（Washington）.

第十三章　撒哈拉以南非洲国家的包容性增长：经济高速增长的经验

罗德里戈·加西亚－韦尔度　阿贝贝·埃姆罗·塞拉西
阿伦·托马斯

引言

20 世纪 90 年代中期，撒哈拉以南非洲的大多数国家经历了经济的高速增长，现在人们又重新看好这一地区的经济发展前景。[1] 历史上，外部冲击曾经引起这一地区的经济崩溃。相比之下，在 2008—2009 年的全球经济危机中，该地区大多数国家的表现非常引人注目。

我们如何判断其经济增长速度呢？在撒哈拉以南非洲地区的绝大多数国家中，人均实际国内生产总值的统计数据非常缺乏，所以对

本章主要基于国际货币基金组织发布的《地区经济展望：撒哈拉以南非洲——将扩张持续》（*Regional Economic Outlook: Sub-Saharan Africa—Sustaining the Expansion*）（2011年10月）的第二章。耶米斯奇·阿玛雷（Yemisrach Amare）和克利里·海恩斯（Cleary Haines）为本章的写作提供了帮助。写作本章时，作者就职于国际货币基金组织的非洲部门。

这些国家经济增长的估计存在很大的不确定性。[2]

即使使用实际国内生产总值来计算经济增长率，该地区的决策者和公民都能感受到，撒哈拉以南非洲地区的经济增长成果并没有被广大民众共享，并且这一地区的许多国家，特别是经济增长严重依赖自然资源的国家，其就业水平并没有随着经济增长而提高。如果说，高水平的产出能够创造更多的就业机会，提高服务质量，提高多数人的生活水平，那么有什么证据能证明这一点？

在本章，我们将提供一个诊断工具，来判断撒哈拉以南非洲地区的广大民众是否分享到经济高速增长的收益。我们将重点关注幸福指标，该指标由基本服务、耐用品所有权、家庭消费的获取情况等组成，相关数据来自喀麦隆、加纳、莫桑比克、坦桑尼亚、乌干达、赞比亚等六国的居民调查数据。[3]我们再通过估算各国的增长发生曲线（growth incidence curve，GIC），来观察人均真实消费的分布变化情况，同时，使用明瑟尔回归法（Mincer-type）分析家庭消费的决定因素，并估计劳动力市场的标准差，研究经济增长对就业的影响。最后，我们将使用恩格尔曲线来确认国民账户中实际人均国内生产总值的增长率，并估计居民消费价格指数。本章的基本结论如下：

• 对居民调查数据的分析表明，人均产出的高增长对包容性增长具有很大的影响。除了人均国内生产总值增长比较疲弱的赞比亚，耐用消费品的拥有量在所有样本国家的样本期间内，都呈快速增长态势。在消费增长方面，我们对包容性增长的测量有两种方法：第一种方法（绝对值测量）是，1/4 最贫困人口的消费是否显示出实际人均消费的增长。第二种方法是关于包容性增长的一个相对概念，即比较 1/4 最富裕人口与 1/4 最贫困人口的消费增长率。在第一种方法下，四个经济高速增长的国家中有三个（加纳、坦桑尼亚、乌干达）国家，其1/4最贫困人口的家庭年均消费量呈现实质性的增长。相比之下，低增长国家的1/4最贫困人口的消费是非常低的（比如喀麦隆），甚至出现实际人均消费的负增长（比如赞比亚）。在莫桑比克，人均消费增长取决于如何调整名义人均消费，使用消费者价格指数还是区域价格指数：如果使用前者，1/4最贫困人口的消费增长率相对较高；如果使用后者，将呈现负增长。

• 有证据表明，农村地区，特别是农业领域的就业机会，对提高贫困家庭的消费增长率具有非常重要的作用。我们观察到，在喀麦隆和乌干达，贫困家庭人均消费与农业就业率有明显的正相关关系。与之对比，我们的调查表明，莫桑比克与赞比亚的农村就业率出现下降，这两个国家的贫困家庭经历了较弱甚至负的人均消费增长。农村就业率的重要性是显而易见的。在21世纪初，撒哈拉以南非洲六个国家中，平均70%的人口居住在农村。

• 在我们的案例研究中，同样有证据表明就业增长的重要性。调查问卷涉及正式就业和非正式就业（包括自给自足的农业部门）。当同时考虑这两个方面时，除了加纳以外，这些国家的就业率都有所上升。

• 有证据表明，就实际收入而言，撒哈拉以南非洲地区的实际消费增长是被低估的，其中一个重要原因是居民消费价格指数的计算出现了偏差。我们调查了每个国家食品支出占总支出的变化，根据恩格尔定律，食品消费比重与收入之间呈负相关关系。随着时间的推移，四个国家中的三个（喀麦隆、加纳、赞比亚）的恩格尔曲线表明，在样本国家的分析中，实际收入的增长被明显低估了。[4]

福利的测量方法

自20世纪40年代引入国民经济核算体系之后，关于国内生产总值能否作为一国的经济表现与福利水平的最佳指标，一直存在着激烈争论。直到现在，它仍是一个受到全世界关注的热点问题。受法国政府委托，森、斯蒂格利茨和菲图西（2010）撰写了“度量经济表现与社会进步”（the measure of economic performance and social progress）研究报告。该报告指出，国内生产总值既不是衡量国民收入的合适指标，也不是衡量整体福利水平的合适指标，它只是一个市场活跃度的指标，反映了经济中新增商品与服务的市场价值。

一个有争议的问题是，国民收入与产品账户（national income and product accounts, NIPA）数据或家庭调查数据能否更准确地反映家庭福利水平。萨拉－伊－马丁和平可夫斯基（2010）认为，若结合撒哈拉以南非洲国家国民收入与产品账户数据，及家庭预算调查的消费数据，会发现该地区的贫困人口比率已大幅下降，但他们没有解释，为什么国民收入与产品账户的数据要优于家庭调查数据。与之对比，迪顿（2010）认为，没有理由相信，在衡量消费方面，国民收入与产品账户数据会优于家庭调查数据。他认为，真实的贫穷水平将处于国民收入与产品账户数据和家庭调查数据之间（见专栏 13–1）。

专栏 13–1　家庭调查与国民账户估计消费水平的差异

许多人认为，生活水平或福利水平与家庭消费紧密相关，而与私人消费关系不大。估计私人消费支出通常使用另一种测量方法，采用国民收入与产品账户数据。一方面，家庭调查数据提供了市场与非市场消费、住房服务的详细信息，许多发展中国家的私人消费包含在残差项中。使用生产方法估计的名义国内生产总值与直接计算出的总需求之间的差异，即为私人消费。另一方面，家庭调查无法获取最富裕家庭的收入分配情况，也无法排除非营利组织为家庭提供的服务支出。

为了评估上述两种数据估计值之间的差异，需要将从国民收入与产品账户数据得出的私人消费，与从本章使用的家庭调查数据得出的总消费水平进行比较（见表 13-1）。随着时间的推移，两者的比率逐渐下降，与其他国家的趋势一致，很可能反映了不包含在样本中的富人数量在增加。在喀麦隆、加纳和赞比亚，该比率下降的速度与中国的情况差不多，但快于印度和美国。在莫桑比克、坦桑尼亚和乌干达，该比率一直比较稳定。

家庭调查数据与 NIPA 支出变化数据的比较

	NIPA 私人消费与总消费的比率	
喀麦隆	0.9（2001）	0.77（2007）
加纳	0.92（1998）	0.79（2005）
莫桑比克	0.83（2002）	0.86（2009）
坦桑尼亚	1.00（2001）	1.02（2007）
乌干达	1.3（2002）	1.2（2009）
赞比亚	0.88（1998）	0.75（2004）
中国[1]	0.95（1990）	0.8（2000）
印度[1]	0.68（1983）	0.56（1999）
美国[1]	0.8（1984）	0.64（2001）

数据来源：家庭调查数据，除非另有说明。

注：NIPA：国民收入与产品账户。

[1] 引自 Deaton（2005）。

一般认为，社会福利水平是由多个方面组成的，包括物质生活水平、医疗条件、公共教育、政治权利、社会关系、环境与安全等（Sen，Stiglitz and Fitoussi，2010），但是，本章仅限于分析物质生活水平与就业机会。我们首先使用民众拥有的资产数量、公共服务水平来测量福利水平，然后转向分析家庭消费和就业机会。

使用国民拥有的资产数量和公共服务水平，测量社会福利水平

一些研究者已经使用耐用消费品、住宅特征、资产所有权、公共服务水平编制综合指数，作为测量家庭福利水平的代理变量（Booysen，2008；Filmer and Scott，2008；Sahn and Stifel，2000；Sahn and Younger，2010；Young，2010）。耐用消费品主要包括录音机、电视机、冰箱、自行车、摩托车和汽车；住宅特征包括建筑材料、地板与屋面的质量、饮用水的主要来源、厕所设施类型等。该方法比较常见，将相关的指标综合转化为包含单一资产的指数。

通常，人均消费支出与这类指数的相关系数大于 0.5，而撒哈拉以南非洲国家的相关系数比较低。例如，菲尔默和斯考特（2008）发现，巴西的相关系数为 0.64，而加纳、赞比亚的相关系数都约为 0.4 。撒哈拉以南非洲国家的相关系数较低，很可能与该地区大多数家庭缺乏耐用消费品的事实有关。博伊森等（2008）强调，撒哈拉以南非洲国家的收入规模较低，而且数据有限，使用资产指标分析该地区的贫穷问题，不能取得有效的分析结果。

我们的目标是，加强对喀麦隆、加纳、莫桑比克、坦桑尼亚、乌干达、赞比亚六国的包容性增长情况的认识。样本选择取决于数据的可得性，并不完全代表撒哈拉以南非洲国家——其中不包括战争冲突或政权动荡的国家，也不包括大的石油出口国（喀麦隆是石油净出口国），只有一个官方语言为法语的国家包含在内（见附录 13–1）。在 1995 年至 2010 年间，除了喀麦隆和赞比亚，其他样本国家的人均收入增长率均超过 25%。

对于样本中的国家，我们借助非洲公共调查机构的调查数据，并以家庭预算调查为补充，得到这些国家在公共服务与居民耐用消费品方面的数据（图 13–1 和图 13–2）。[5] 这两种调查均显示，在过去十年

里，除了赞比亚以外，所有样本国家居民所拥有的耐用消费品数量都快速增加。如果我们将收音机、电视机与汽车都看作耐用消费品的话，那么，赞比亚的耐用消费品年度变化率为零，而加纳则为增长 22%。除了加纳以外，该变化率与初始份额大致呈负相关关系：喀麦隆拥有电视机和汽车的人口比重是最高的，并以每年 0.4% 的速度增长；2002 年，莫桑比克拥有电视机和汽车的人口比重最低，但年增长率最高（1.5%）。

政府提供公共服务变得越来越普遍。[6] 加纳和喀麦隆的电网、自来水与污水处理系统的公共服务水平很高，这与这两国较高的人均国内生产总值增速一致。而且，在这段时期，加纳公务服务的覆盖区域扩张较快，莫桑比克紧随其后。根据一部分受访者的反馈，他们几乎一直能获得食物、水、医疗和燃料，这些可以作为公共服务水平提高的证据。除了乌干达在燃料获取方面存在问题外，其他所有国家均显示，能够获得公共服务的家庭数量在不断增加，很少有家庭无法获得这些基本需求；其中，加纳的公共服务水平高于其他国家。

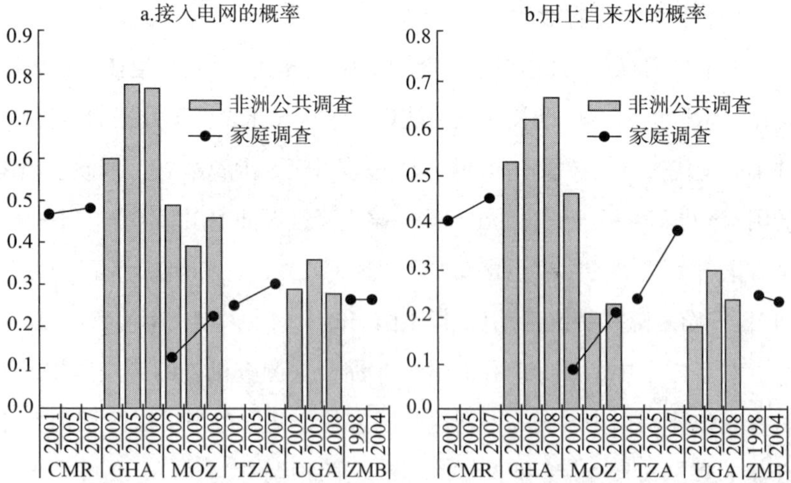

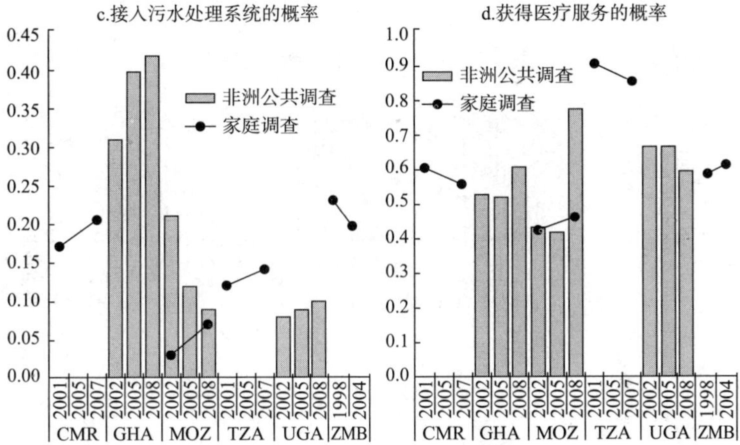

图 13–1　自然资源获取情况

数据来源：非洲公共调查和家庭数据调查。

注：0 表示无法获取，1 表示全部获取。CMR：喀麦隆；GHA：加纳；MOZ：莫桑比克；TZA：坦桑尼亚；UGA：乌干达；ZMB：赞比亚。

基于耐用消费品、住房特征、儿童健康状况、家庭条件等需求情况，扬（2010）认为，在长达 15 年的时间里，撒哈拉以南非洲国家的人均消费年增长率大约为 3.5%，这种现象一直持续到 2005 年或 2006 年才结束，而该增长率是基于国民收入与产品账户数据的估计值的三倍。在受教育程度是家庭收入的一个很好解释变量（下面的明瑟尔回归将证明这一点）的假设条件下，扬的分析是建立在上述因素与受教育程度之间的紧密关系上的。他认为，受教育程度对汽车的弹性为正值。相比之下，受教育程度对收音机的弹性就小得多。利用受教育程度与可识别特性之间的关系，并结合教育回报率假定，他估算出了消费增长率。[7]

与扬的研究结果不同，哈特根、卡拉森和沃勒姆尔（2012）认为，资产增长与人均收入增加之间的相关性较弱，很多国家不重视国民收入与产品账户的统计数据。因此，资产变化对收入增长的影响并不稳定。

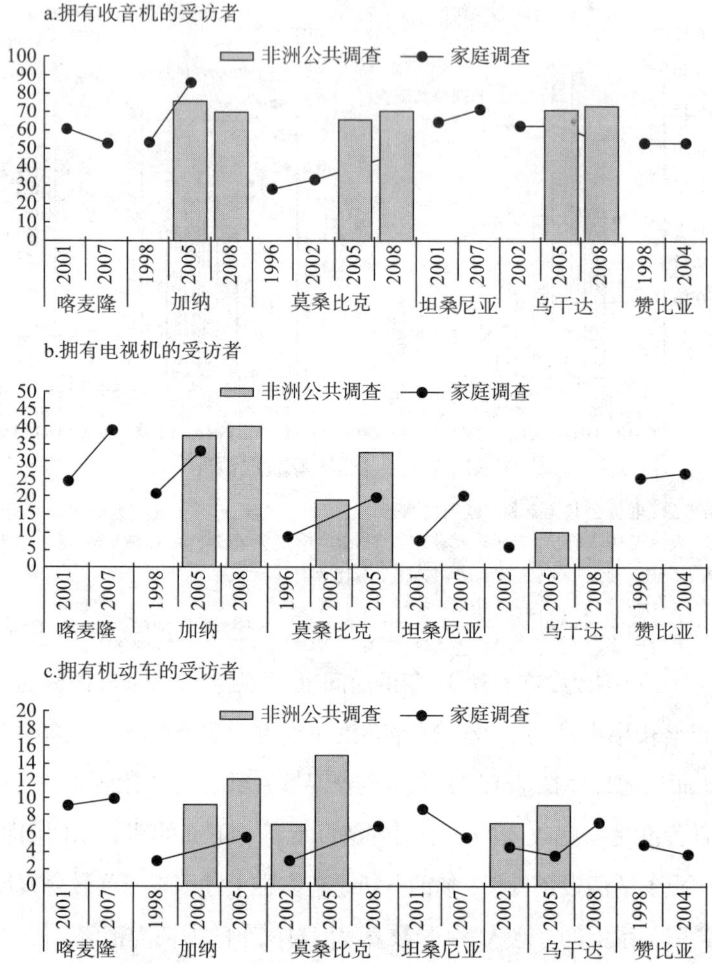

图 13-2　耐用消费品（样本百分比）

数据来源：非洲公共调查和家庭数据调查。

以家庭消费衡量福利水平

另一种衡量家庭福利的标准是，利用家庭调查数据计算国内产品的消费、采购物品消费（即支出），及估算的住房服务消费。衡量福利或生活水平时，首选消费指标而非收入指标有多方面的原因。

首先，由于家庭调查数据只能显示出短期的资金流动，与收入相比，消费的波动性更小，能更好地反映真实的生活水平。事实上，许多低收入国家的公民在一生中没有任何货币收入，他们有的获得的是实物报酬，有的则是在家庭企业中无偿工作。因此，使用收入衡量不公平性，往往会夸大不公平程度。其次，与收入相比，被调查者对消费有更清晰的概念，尤其在工资雇佣不常见、收入主要源于自我雇佣的国家。再次，相对于收入，受访者更愿意提供消费数据。因为收入需要缴纳个人所得税，受访者可能会怀疑收入数据会被税务机关获得，他们因此而不愿提供真实的收入数据。

撒哈拉以南非洲经济增长的证据

撒哈拉以南非洲国家的政策制定者与社会公众共同关注的一个问题是，经济增长成果是否由全体公民共享。由拉瓦雷和陈（2003）提出的增长发生曲线，可得出人均消费增长率。增长率曲线描绘了两个时期内，每组家庭（横轴）对应的人均实际消费年增长率（纵轴），其中，每组家庭按照人均消费的分布进行排列。如果在整个人均实际消费分布中，增长率曲线都是正值，那么，所有家庭都经历了实际消费的增长；根据包容性增长的绝对定义，我们可以说，这种情况的经济增长具有包容性。如果增长率曲线在零之上，但出现负斜率（即单调下降），那么根据包容性增长的相对定义，这种情况下的经济增长也具有包容性。在实践中，增长率曲线往往有更复杂的形式，曲线经常穿过横轴，与横轴交叉于一点或多点（负增长），因此，不能贸然判断经济增长在整个分布上是否具有包容性。

图 13–3 给出了六个国家的增长率曲线，主要结论如下：

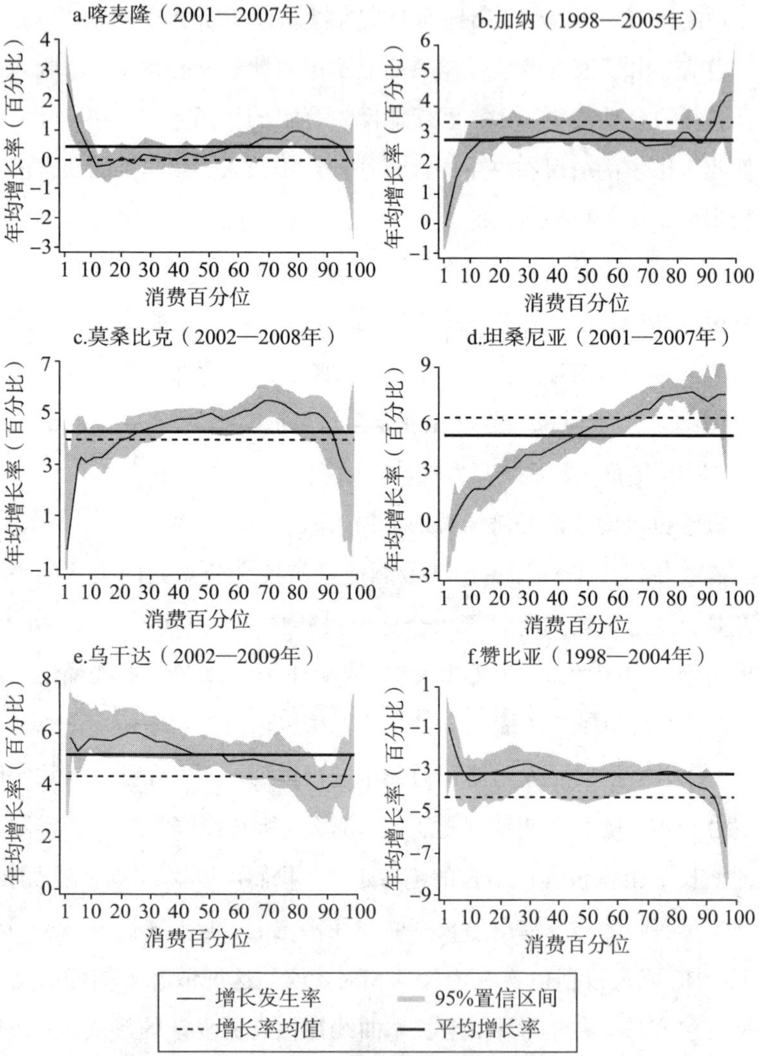

图 13–3　家庭实际人均消费增长曲线

数据来源：国际货币基金组织员工根据家庭调查数据的估算（见附录 13–1）

注：有阴影区域环绕的细黑色曲线是实际增长率曲线，虚线表示平均消费水平的十分位数，粗黑线表示家庭实际人均消费的增长率（代表性家庭）。

• 从绝对角度来讲，经济增长率越高的国家，其 1/4 最贫困家庭的消费表现越好。特别是，在上述六个国家中，1/4 最贫困家庭的消费增长与整体人均国内生产总值变动密切相关（表 13–1）。事实上，两个变量间的相关系数为 0.7。调查表明，样本所涉及的六个国家中，有四个国家（加纳、莫桑比克、坦桑尼亚、乌干达）的人均国内生产总值以每年 4.25% 的速度增加。相应地，这些国家 1/4 最贫困家庭每年消费的平均增长率也处在相对较高的 3.5% 的水平。[8] 根据调查，其他两个样本国家（喀麦隆和赞比亚）的人均国内生产总值年增长率仅为 1% 或更低，其 1/4 最贫困家庭的消费表现相当糟糕。在赞比亚，竟然出现了每年下降 1.9% 的情况。

• 相对而言，增长的包容性与经济增长率并不存在直接相关性。在经济增长率较低的喀麦隆和赞比亚，相对于更富裕的家庭来说，1/4 最贫困家庭表现得更好；在经济高增长的乌干达也是如此。但是，在其他三个经济高增长的国家（加纳、莫桑比克、坦桑尼亚），1/4 最贫困家庭的消费增长率却低于 1/4 最富裕家庭的消费增长率（见表 13–1 和图 13–3）。

• 估计一国的贫困程度时，采用相对方法或绝对方法来衡量包容性是很重要的。样本六国中，有五个国家的整体消费增长率是正的（加纳、莫桑比克、坦桑尼亚、乌干达）或相对包容的（喀麦隆，尽管整体增长率较低，但 1/4 最贫困家庭表现得更好），因此，数据显示，上述五国的贫困程度是下降的（表 13–1）。只有赞比亚的人均国内生产总值增长率很低，其 1/4 最贫困家庭的消费没有获得增长，该国的贫困程度显著增加。

我们的观察表明，在撒哈拉以南非洲地区，包容性增长的多元化

表 13-1　样本国家的宏观经济状况、贫困状况与消费状况汇总

			实际汇率	贸易条件	贫困比例		基尼系数		人均消费			
										调查数据		
	时期	人均增长	期间内的百分比变化	期间内的百分比变化	最近估计	年百分比变化	最初估计	最近估计	NIPA	所有家庭	最穷四分位数	最穷四分位数与平均值的比率
喀麦隆	2001—2007	0.57	6.9	56.2	9.6	−3.9	0.45	0.43	1.0	0.82	1.0	1.24
加纳	1998—2005	2.33	−29.1	−33.6	30.0	−1.3	0.41	0.43	3.6	3.66	2.6	0.71
莫桑比克	2003—2009	5.54	6.4	32.8	60.0	−2.5	0.47	0.46	7.2	3.50	2.9	0.82
坦桑尼亚	2000—2007	4.38	−34.6	−47.2	67.9	−3.0	0.35	0.38	3.7	6.73	3.9	0.58
乌干达	2002—2009	4.45	0.4	−5.0	28.7	−4.1	0.46	0.44	3.6	3.40	4.7	1.37
赞比亚	1998—2004	1.16	9.8	20.9	64.3	1.5	0.53	0.51	0.5	−3.43	−1.9	0.55
备忘录项												
孟加拉国	1992—2000	3.00	na	−4.8	57.8	−1.1	0.28	0.33	0.8	1.80		
柬埔寨[1]	1994—2004	5.70	−33.1	51.4	40.2	−0.8	0.35	0.42	5.8	2.80	0.80	0.29
越南[1]	1993—2002	5.90	-9.0	6.8	40.1	−2.6	0.34	0.38	4.2	5.50	4.0	0.73

数据来源：家庭数据调查；Klump and Bonschab（2004）；World Bank（2007）；IMF，世界经济展望数据库和信息系统。

注：年百分比变化，除非另有说明。NIPA：国民收入与产品账户。

[1] 对柬埔寨和越南，我们用最贫困家庭的五分位数据代替最贫困家庭的四分位数据。

表 13–2　家庭消费的决定因素（最近的调查）

	加纳		喀麦隆		乌干达		莫桑比克		坦桑尼亚		赞比亚	
	1998	2005	2001	2007	2005	2009	2002	2008/09	2001	2007	1998	2004
家庭规模（log）	0.31***	0.37***	0.29***	0.29***	0.28**	0.24***	0.23***	0.26***	0.24***	0.31***	0.28***	0.17***
年龄（log）	0.10***	0.13***	0.19***	0.18***	0.20***	0.20***	0.17***	0.16***	0.06**	0.02	0.03	0.05***
男性户主	0.05***	0.03***	0.02	0.01	0.03**	0.08***	0.03**	0.04***	0.13***	0.06**	0.04**	0.02
就业虚拟变量	0.16***	0.16***	0.05***	0.04**	0.02	0.02	0.10***	0.07***	0.07***	0.21***	0.15	0.07***
农业部门虚拟变量	-0.26***	–0.23***	-0.20***	-0.15***	–0.31***	–0.09***	–0.17***	–0.12***	–0.20***	–0.26***	–0.15***	–0.04***
制造业部门虚拟变量	0.01	–0.08***	0.05***	-0.03**	–0.07**	–0.10*	–0.09***	–0.11***			–0.04**	0.03*
政府部门虚拟变量	0.03	–0.12***	0.16***	0.19***	0.16***	0.16***		0.02	-0.13***	0.15***	0.01	0.02
小学教育	0.03	0.07**	0.06***	0.08***	–0.05**	–0.14***	0.13***	0.12***	0.16***	0.13***	-0.05	0.04*
初中教育	0.10***	0.16***	0.15***	0.16***	0.15**	–0.14	0.31***	0.22***	0.37***	0.44***	0.09***	0.13***
高中教育	0.28***	0.38***	0.31***	0.29***	0.21***	0.01	0.81***	0.56***	0.49***	0.71***	0.43***	0.47***
学院 / 护士 / 老师培训	0.31***	0.69***	0.62***	0.59***	0.71***	0.87***		1.00***	0.78***	1.23***	1.10***	1.03***
城市虚拟变量	0.25***	0.24***	0.10***	0.21***	0.39***	0.20***	0.15***	0.12***	0.10***	0.23***	0.27***	0.12***
					最低四分位系数							
就业虚拟变量	–0.02	0.05	0.04	-0.01	0.03	0.06	0.01	0.29***	0.00	0.00	0.05	–0.09*
农业部门虚拟变量	0.11**	0.13***	0.11***	0.04	0.16***	0.02	0.15***	0.07*	0.17***	0.16**	0.11**	–0.01

（续表）

	加纳		喀麦隆		乌干达		莫桑比克		坦桑尼亚		赞比亚	
	1998	2005	2001	2007	2005	2009	2002	2008/09	2001	2007	1998	2004
制造业部门虚拟变量	0.00	–0.03	–0.01	–0.01	0.01	0.03	0.06	0.06			0.13**	0.02
政府部门虚拟变量	0.03	0.38***	–0.24***	–0.21***	0.08	0.00		–0.15	0.14**	-0.07	0.04	0.05
小学教育	0.07*	0.06	–0.03	0.08***	0.14***	0.21***	–0.11***	0.03	–0.10**	0.10*	0.15***	0.07**
初中教育	0.02	0.04	–0.01	0.11***	0.01	0.13**	–0.26**	–0.04	–0.22**	–0.19*	0.10**	0.10***
高中教育	–0.15	–0.39***	–0.05	0.02	0.01	0.18**	–0.98***	–0.29**	–0.43***	–0.64***	–0.16**	–0.20***
学院 / 护士 / 老师培训	–0.22*	-0.76***	–0.39***	–0.16**	–0.49*			–1.01***	–0.62***	–1.50***	–0.81	–1.08***
城市虚拟变量	–0.15***	-0.13***	–0.03	–0.13***	–0.19**	–0.2***	–0.10***	–0.13***	–0.05	–0.17***	–0.04	0.01
诊断统计												
观察数量	5,151	7,280	10,021	10,416	6,729	6,117	7,857	9,836	20,255	9,332	15,283	17,824
拟合度	0.68	0.68	0.66	0.69	0.65	0.63	0.64	0.66	0.53	0.66	0.66	0.59

数据来源：国际货币基金组织员工根据家庭调查数据的估算（见附录 13–1）。

[1] 特征是指除了家庭规模和城市虚拟变量外的户主特征。

[2] 对赞比亚，制造业虚拟变量是指非农业与非政府的领薪工作。

*** 代表在 99% 的水平上统计显著；** 代表在 95% 的水平上统计显著；* 代表在 90% 的水平上统计显著。

情况大致与一些亚洲国家相类似。在孟加拉国（从1991年至2000年）和越南（从1993年至2002年），整体消费增长率为正（越南为每年5.5%，孟加拉国为每年2%）。与1/4最贫困人口的消费相比，1/4最富裕人口的消费增长率明显偏高（图13–1）。在柬埔寨（从1994年至1999年），城市家庭的消费增长率很高（每年3.5%），但是，在农村地区并没有出现类似情况。20世纪90年代，上述三国的基尼系数出现上升。

家庭消费的决定因素

不同国家的经济增长差异性较大，我们需要考虑哪些因素有助于解释这些差异性，特别要关注1/4最贫困家庭的消费情况。

在样本国家中，决定消费的因素基本类似，能解释大部分消费的变化。从表13–2中可以看出，家庭规模、年龄、性别、就业状况、就业部门、户主受教育程度、家庭地理位置等因素可以解释家庭消费的60%—70%。在这六个国家中，家庭规模的解释力最强，增加的家庭成员提高了家庭消费，但其边际贡献率是递减的。这可能反映出，孩子比成年人消费得更少，同时与户主相比，其他家庭成员的收入潜力更低。户主年龄也具有正向效应，反映出经历越丰富的成年人，其消费与收入之比越高，而教育与消费之间的正相关关系也是非常明显的。特别是：

- 在上述六个国家中，城乡消费差距是显而易见的，大约在12%（莫桑比克）与24%（加纳）之间，随着时间的推移，这些差距基本保持稳定。过去十年里，不断扩大的城乡差距激励人们从农村迁移到城市，这与哈里斯—托达罗迁移模型是一致的。从2001年至2009年，样本国家的农村人口比重下降超过6个百分点（中值水平）至62%。

此外，恩索瓦·努瓦马、蒂尔和阿乌诺·威廉姆斯（2010）指出，在加纳城区，一个人被雇用的可能性与其受教育程度呈正相关关系，因此，如果城市拥有更多的教育资源，那么这也能驱使人们从农村迁移至城市。

• 在最近调查的样本国家中，地区之间的消费差异几乎没有任何改变。在加纳与莫桑比克基本稳定，在喀麦隆有所扩大（未在表中给出）。从 2001 年至 2007 年，喀麦隆最富有地区（雅温得与杜阿拉）与其他地区的消费差距增加了一倍，达到 30%；而在莫桑比克，中部马普托地区的消费比其他地区高出 50%。事实上，在加纳，区域价格指数拉低了最穷与最富地区之间 10%—30% 的名义消费差异，最富裕地区的排名也发生了变化，阿克拉地区失去了头名位置。

• 相比于没有受过教育的户主，拥有小学文化的户主收入要高出 0—13%（坦桑尼亚），而受过大学教育的户主收入要高出 60%（喀麦隆）或超过 100%（莫桑比克、坦桑尼亚、赞比亚）。此外，与低水平教育差距保持稳定相比，大学教育产生的收入溢价会大幅增加，这与福克斯和加尔（2008）的研究结果一致。[9]

• 与在第一产业工作的户主相比，在政府部门工作的户主消费水平更高。在大多数国家，政府职员的收入最高（例如坦桑尼亚、喀麦隆、乌干达），而农业劳动者收入最低。在一半样本国家中，制造业工人的消费水平仅略高于农业劳动者的消费水平（参照组中略去了非政府服务部门）。在过去的十年里，农业劳动者与其他领域劳动者之间的消费差距有所下降。

1/4 最贫困人口的消费分布特征只存在有限的差异：

• 在一国内部及不同国家的不同时期，城市地区与农村地区的消费分布是相似的，这表明对于生活在社会底层的人而言，迁移至城市的激励效应是十分有限的。在控制其他特征变量（工作经验、家庭规模、就业部门）的情况下，贫困人口移居到城市的好处，只能在喀麦隆和加纳体现出来。卡瓦·阿尼、索尔斯和索恩（2005）支持上述观点。他们提出，与其他研究成果相比，在喀麦隆和加纳实行针对农村地区贫困人口的现金转移支付，能更有效地缩小贫富差距。

• 农业与非政府服务部门在消费方面表现出细微的差距。受过高等教育的家庭也有可能位于最贫困家庭之列，没有接受过教育的家庭也可能位于富裕家庭之列。模型也会存在同样的问题。一种可能的解释是，受教育程度较高的户主所具有的不可观察的特点，导致他们留在最贫困家庭之列。在控制其他因素后，回归分析表明，接受过小学和初中教育的贫困家庭之间，消费差异仍然是显著的。这表明对于最贫困的家庭来说，存在教育的正向激励。

增加就业

近年来，在撒哈拉以南非洲地区经济强劲增长的背景下，我们发现，经济增长并没有伴随着就业的扩大，尤其是那些经济发展严重依赖自然资源开采的国家。这是一个很严重的问题，因为根据上一章的回归分析，家庭消费明显依赖于就业收入。回归分析的困难之处在于，我们普遍缺乏撒哈拉以南非洲国家的数据（只有博茨瓦纳、毛里求斯和南非能够提供年度数据）。

家庭收入与支出调查可以解决这个问题，因为调查包含劳动力市场，并能定期提供就业发展的情况。然而，由于数据频度仅限于两个或三个时点，且每次调查的问卷都有变化，进行比较分析是非常困难的（见附录 13–1 对生成劳动力数据方法的讨论）。此外，就业对撒哈拉以南非洲国家的意义，与其对发展中国家的意义有很大的不同，因为该地区的大部分家庭活动是为了谋生，并且正规就业人口占总就业人口比例很低。由于这些原因，我们将就业定义为所有增加收入的活动，而不仅仅是正规就业。

在过去的十年里，样本国家中能够获得收入的人数（作为就业的代理变量），其年平均增长率的中位数大约为 3.25%（见表 13–3）。这一结果毫不逊色于其他两个经济快速增长的低收入国家——柬埔寨和越南。除了加纳以外，较高的就业增长率有助于提高样本国家的劳动就业率——在加纳，大量青年留校学习导致非劳动人口大幅增加。[10] 此外，这些国家的经济增长是以较高的就业强度为特征的——样本国家就业产出弹性的中值为 0.6，而柬埔寨和越南为 0.4。

表 13–3　就业指标（年百分比变化，除非另有说明）

	时期	总就业	就业的产出弹性	城市就业	农业就业	农村的农业就业	正规部门就业[1]
喀麦隆	2001—2007	2.7	0.8	5.6	5.9	4.2	9.5
加纳	1999—2005	3.4	0.7	6.1	3.5	1.4	13.3
莫桑比克	2003—2009	4.4	0.6	7.4	3.4	–0.4	16.7
坦桑尼亚	2000—2009	3.3	0.5	8.8	2.3	2.1	9.5
乌干达	2002—2009	7.5	1.0	9.8	6.0	6.4	13.9
赞比亚	1998—2004	1.9	0.6	5.1	–0.2	–1.6	13.8
备忘录项目：							
柬埔寨	2004—2007	4.2	0.4	4.5	3.9	4.7	25.0
越南[2]	2000—2007	2.9	0.4	6.1	–0.3	n.a.	44.0
撒哈拉以南非洲（样本中位数）		3.3	0.6	6.8	3.5	1.8	13.6

数据来源：家庭数据调查；Cohead and others（2010）；Economic Institute of Combodia（2008）。

[1] 劳动年龄人口比率的最新估计。

[2] 农业就业数据是从 2000 年至 2008 年。

在过去的十年里，样本国家中农业就业人口的增长尤其强劲，这一点证明样本国家实现了包容性增长。喀麦隆与乌干达的农业就业人口年增长率为 6%，但样本中的其他国家增长率相对较小，赞比亚甚至出现了负增长。对于农村人口而言，1/4 最贫困人口的消费与农业就业之间的相关性更强，相关系数达到 0.62，稍低于人均实际国内生产总值与贫困人口消费之间的相关性。

城市就业人口快速增长，年均增长速度达到 7%（这是我们估计值的中位数），是整个就业人口增长率的两倍。然而，鉴于大量的人口从农村地区迁移至城市地区，农村人口就业率的上升一直较为缓慢，仅为 1 个百分点（见图 13–4）。最近几年来，撒哈拉以南非洲国家的劳动人口就业率足以与柬埔寨和越南相媲美。

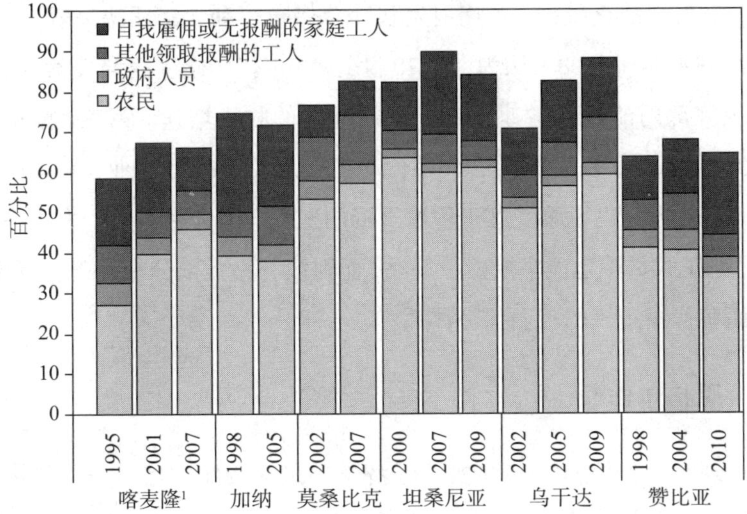

图 13–4　总就业人口占劳动人口的比重

数据来源：家庭数据调查。

[1] 对喀麦隆，2007 年的就业人口是指每周至少工作 25 小时的人。

正规部门的就业经常被用来衡量低收入国家的发展情况，因为正规工作通常可以提供社会福利保障，并且收入更加稳定。鉴于我们无法获得社会福利的调查数据，我们将正规就业定义为就业后能获得相对稳定的工资收入（政府雇员和其他领取工资的工人）。根据该定义，除喀麦隆以外，样本中所有国家正规就业的劳动人口数量都在增加。如果仅考虑城区的正规就业人口，除了喀麦隆与莫桑比克，样本国家正规就业的劳动人口数量都在增加。然而，样本国家 13.6% 的劳动人口比率（六个样本国家的平均估计值）仍远低于柬埔寨（25%，2007 年）与越南（44%，2007 年）的数据。

另一方面，撒哈拉以南非洲国家中，领取工资的工人就业增速慢于整体就业增速，但是这种情况并不等同于公民福利水平的恶化。第一，由于缺乏数据，医疗卫生和社会保障福利无法反映。第二，福克斯和加尔（2008）认为，在 20 世纪 90 年代的喀麦隆与莫桑比克，非正规部门的收入增速超过了正规部门的收入增速。第三，佩里等（2008）认为，拉丁美洲的许多劳动者宁愿待在家庭企业，无拘束地为自己工作，也不愿受雇于领取工资的工作。因为整体生产力水平较低，非正式员工也能享受财政补贴，而财政补贴大部分来源于工资税，从而替代了正规的社会保障体系。

恩格尔曲线

现在我们将目光转向实证经济学的最完美定律之一——恩格尔定律，这将有助于解释在我们的研究中，收入变化与贫困减少之间明显失调的问题。最近的一些研究成果——包括肯尼（2011）、萨拉－伊－马丁和平可夫斯基（2010）以及扬（2010）——表明，非洲地区的实际福利水平可能比人们通常认为的水平要高。恩格尔定律指出，随着家庭总收入的提高，食品支出占家庭总支出的比重将会下降，且该定律适用于不同国家或某一国家的不同家庭情况（见图 13–5 和图 13–6）。我们的目的是，利用该规律观察实际收入的变化。也许对这个地区实际收入的观察不那么准确，这会导致经济增长与减少贫困之间不协调的关系。在其他国家，包括巴西、墨西哥和美国，有证据表明，若使用消费者价格指数代表通货膨胀水平，可能会高估实际生活成本的增加，因此，实际收入的增长会被低估（Costa，2001；Hamilton，2001；de Carvalho and Chamon，2012）。在经济快速变化的撒哈拉以南非洲地区，相同的因素会起作用吗？

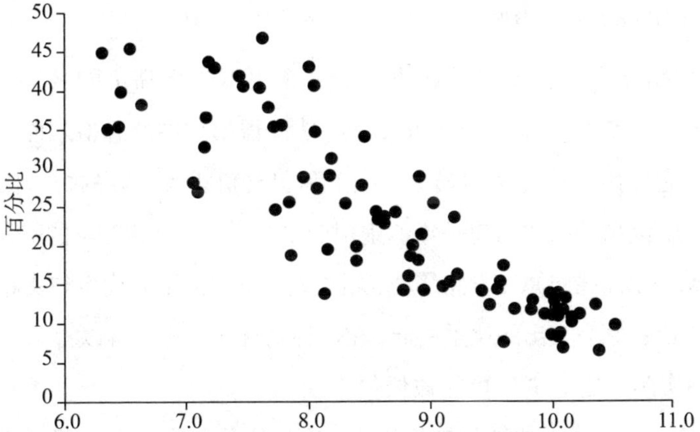

图 13–5　84 个样本国家的食品支出比例与家庭人均消费支出

数据来源：美国农业经济研究服务部，其数据来源于欧睿信息咨询公司。

我们的基本直觉如下：假设家庭的偏好是稳定的，给定一个特定的模型，我们应该可以通过估计恩格尔曲线的移动，推断出实际收入的变动情况。[11] 例如，如果估计的恩格尔曲线向左（右）移动，这意

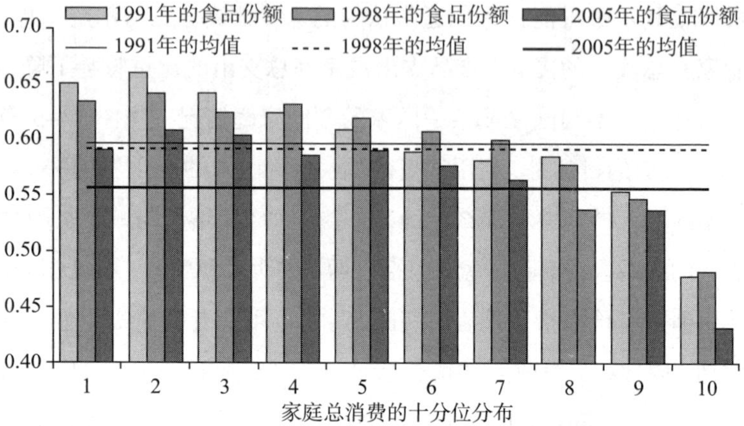

图 13–6　加纳：食品支出占家庭总消费的比重

数据来源：国际货币基金组织员工的估算，根据 1991 年、1998 年和 2005 年的加纳生活水平调查数据和加纳统计服务数据。

味着食品支出占总支出的比重处于一个更低（更高）的水平。[12] 图 13–7 利用 1998 年和 2005 年的数据，估计得出加纳的恩格尔曲线。特别是，它给出了拟合回归线（细线）和包含负相关系数的拟合回归线（粗线），该相关系数与前一年的虚拟变量相关，该虚拟变量的引入将使原始恩格尔曲线向原点方向移动。粗线处于细线的下方代表与其相关的食品支出占家庭支出的比重更低，在这种情况下，我们可以得出一个结论，即实际家庭总消费可能被低估。[13]

对于实际收入的增长被低估，人们公认的原因是通货膨胀率被高估了。采用拉氏消费者价格指数测量生活成本，容易产生多种向上的偏差。第一，使用一篮子固定商品，容易高估居民生活费用。消费者不能自动地根据商品价格的相对变化，改变消费组合（产生了替代偏差）。其次，大多数统计机构忽视产品质量的变化，无论何种原因导致商品价格的上升，都被视为通货膨胀，尽管该商品价格的上升可能是产品质量改善引起的。第三，统计机构为纳入新产品而改变他们的计算方案需要较长时间（新产品的出现将使商品价格大幅下降）。

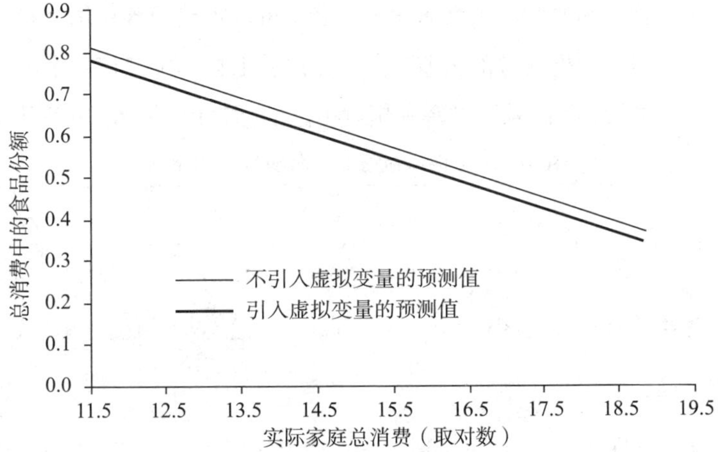

图 13–7　加纳的恩格尔曲线，使用 1998 年和 2005 年的数据

数据来源：国际货币基金组织员工的估计，根据 1998 年、2005 年加纳生活水平调查数据和加纳统计服务数据。

表 13–4 给出了加纳（1991—2005 年）的回归结果。我们的研究结果表明，在后一时期（1998—2005 年），通货膨胀有向上的偏差，因为其与 2005 年（*d2005*）这个虚拟变量之间的相关系数为负，而且统计显著。[14] 相比之下，在第一阶段（1991—1998 年）存在一个向下的偏差，因为这段时期的虚拟变量（*d1998*）为正。

这个回归结果证实了我们对加纳的直观感受（图 13–7），即在 1998—2005 年间，家庭数据调查中食品支出占总支出的比重降幅过大，不能仅仅由实际人均国内生产总值的上升或实际人均消费的上升解释；这表明，通货膨胀高估了实际生活费用的增长。[15]

第六栏是四个国家之间的比较，即喀麦隆、加纳、乌干达、赞比亚，我们拥有这些国家至少两年的消费可比数据。使用每个国家真实收入系数的估计值、虚拟变量系数的估计值、食品价格弹性的估计值，及对应的食品和非食品消费者价格指数，可以得出隐含在每个参数估计中的消费者价格指数的偏差。由于无法获取样本中任何一个国家的食品价格弹性，我们采用汉密尔顿对美国的估计值 0.0369 来替代。

表 13-4　1991—2005 年，加纳的恩格尔曲线

	（1）	（2）	（3）	（4）	（5）	（6）
常量	1.547***	1.528***	1.607***	1.524***	1.535***	1.521***
实际家庭总支出消费（log）	–0.064***	–0.062***	–0.069***	–0.066***	–0.066***	–0.067***
2005 虚拟变量		–0.016***	–0.013***	–0.014***	–0.014***	–0.014***
1998 虚拟变量		0.013***	0.015***	0.014***	0.014***	0.013***
家庭规模			0.005***	0.004***	0.004***	0.003***
户主的年龄				0.001***	0.001***	0.001***
男性户主					–0.009	–0.006***
就业						0.032***
观察值	19036	19036	19036	19036	19036	18444
拟合度	0.0999	0.1070	0.1141	0.1252	0.1261	0.1341
经调整的拟合度	0.0998	0.1069	0.1139	0.1250	0.1258	0.1338

数据来源：国际货币基金组织员工的估算，根据 1991 年、1998 年和 2005 年加纳生活水平调查数据和加纳统计服务数据。

注：因变量为食品支出占家庭总支出的比重。

*** 代表在 99% 的置信水平上统计显著；** 代表在 95% 的置信水平上统计显著；* 代表在 90% 的置信水平上统计显著。

四国中有三国（喀麦隆、加纳、赞比亚）的恩格尔曲线随着时间的推移向左移动，这表明，通货膨胀高估了人们实际生活成本的增长，而真实收入的增长则被低估（见表 13–5）。在乌干达的例子中，这个情况正好相反，其恩格尔曲线随着时间的推移向右移动，表明通货膨胀低估了人们实际生活成本的增长，真实收入的增长则被高估。各国的消费者价格指数偏差中，赞比亚被低估了 10%，喀麦隆被低估了 8.6%，加纳被低估了 2%，而乌干达被高估了 9%。尽管这些偏差幅度大于发达国家的情况（一般每年的估计偏差处于 1%—3% 的范围），

表 13–5　喀麦隆、加纳、乌干达和赞比亚的恩格尔曲线

	喀麦隆 2001—2007	加纳 1998—2005	乌干达 2002—2010	赞比亚 1998—2004
常数	1.546***	1.515***	1.970***	1.283***
实际家庭总支出消费量（log）	–0.089***	–0.065***	–0.108***	–0.061***
第二年虚拟变量	–0.065***	–0.027***	0.049***	–0.063***
家庭规模	0.013***	0.002***	0.011***	0.001***
户主的年龄	0.001***	0.001***	0.001***	0.001***
男户主	–0.006**	–0.006**	0.016***	0.031***
就业	0.065***	0.032**	0.006*	–0.008***
观察量	22,140	13,950	16,727	29,246
拟合度	0.2106	0.1318	0.2510	0.1403
调整的拟合度	0.2104	0.1314	0.2507	0.1402

数据来源：国际货币基金组织员工根据家庭调查数据进行的估算（见附录 13–1）。

注：因变量为食品支出占家庭总支出的比重。

*** 代表在 99% 的置信水平上统计显著；** 代表在 95% 的置信水平上统计显著；* 代表在 90% 的置信水平上统计显著。

但它们却与一些发展中国家的数据相类似。德卡瓦略和夏蒙（2012）采取类似的方法和估计函数观测1987—1996年间的巴西，发现其被高估了9.5%。而吉普森、斯蒂尔曼和李（2008）对俄罗斯的估计发现，该国被高估了1%。

喀麦隆、加纳、赞比亚的实际收入增长率明显被低估，特别是在该地区经济加速增长时期，这个发现具有十分重要的意义。首先，它支持了扬（2010）的结论，他采用一种完全不同的方法，发现国民账户中实际人均消费的增长被低估。有证据表明，在四个国家中，我们低估了其中三个国家的实际人均增长，这表明了该地区其他国家的实际收入增长也可能被低估，尽管无法获取其他国家的数据（涉及该地区的全部人口）。这只是推测，需要进一步的研究，以辨别该推测的真实性。

结论

我们的主要研究结果如下：

• 有证据表明，在撒哈拉以南非洲国家中，经济增长已经具有相当程度的包容性。例如，该地区的四个国家中，三个国家（加纳、坦桑尼亚、乌干达）的1/4最贫困人口增加了较多的消费。但有迹象表明，与低收入家庭相比，许多国家的高收入家庭有更高的消费增长。这意味收入分配的不公平程度有所增加，这与一些亚洲国家的经济高速增长模式相一致。

• 我们发现，一些国家的实际收入增速被低估了——在一些国家中十分明显。在这些国家中，实际消费也相应地被低估了（贫困率有可能被高估）。出现这种现象的主要原因是，居民消费价格指数的测量可能存在偏差。这与扬（2010）的观点一致，即收入增长的幅度要远高于国民收入与产品账户中的统计数据。

从我们的研究结果中，可以提出一些政策建议：

• 许多撒哈拉以南非洲国家的政策制定者，在制定可持续增长政策时，重点应放在以何种方式最大程度地帮助贫困者上。

• 然而，这并不意味着，快速的经济增长是包容性增长的充分条件。一旦我们确认经济增长并不具备真正的包容性，可以考虑实施临时的、有针对性的转移支付计划，以帮助那些收入增速落后于经济发展的人群。在目标方面，如上文所述，一些可观察的家庭特征（例如受教育程度、居住位置、就业部门、就业状况等）应当如何解释，仍有很多问题有待研究。在统计学意义上，不同类别家庭的消费水平也不相同。

• 更重要的是，如前文所提到的六个国家，一国的农业就业人口数量增长迅速，该国的贫困水平将大幅下降。如果一些公共政策实施得当，包括肥料推广、种子改良等，将使农业产量和农业生产力在短期内快速提升；而投资于电气化、灌溉、农村道路、农业推广服务等，需要一定的时间，从而具有中期效应。无论如何，撒哈拉以南非洲地区仍有近 2/3 的人口居住在农村地区，并且绝大多数从事农业活动，因此，提高农业劳动生产率对减贫来说具有非常重要的意义。

参考文献

Artadi, Elsa V, and Xavier Sala-i-Martin, 2003, "The Economic Tragedy of the XXth Century: Growrh in Africa," NBER Working Paper No. 9865（Cambridge, Massachusetts: National Bureau of Economic Research）.

Besley, Timothy, and Louise J. Cord, 2007, *Delivering on the Promise of Pro-poor*

Growth: Insights and Lessons from Country Experiences（Washington: World Bank and Palgrave Macmillan）.

Booysen, Frikkie, Servaas van der Berg, Ronelle Burger, Michael von Maltitz, and Gideon du Rand, 2008, "Using an Asset Index to Assess Trends in Poverty in Seven Sub-Saharan African Countries," *World Development*, Vol. 36, No. 6, pp. 1113-30.

Chen Xi, and William Nordhaus, 2011, "Using Luminosity Data as a Proxy for Economic Statistics," *Proceedings of the National Academy of Sciences USA*, Vol.108, No.2l, pp. 8589-94.

Collier, Paul, and Jan Willem Gunning, 1999a, "Explaining African Economic Performance," *Journal of Economic Literature*, Vol. 37, No.1, pp. 64-111.

——1999b, "Why Has Africa Grown Slowly?" *Journal of Economic Perspectives*, Vol.13, No.3, pp. 3-22.

Costa, Dora L, 2001, "Estimating Real Income in the United States from 1888 to 1994: Correcting CPI Bias Using Engel Curves," *Journal of Political Economy*, Vol. 109, No.6, pp. 1288-310.

Coxhead Ian, Diep Phan, Dinh Vu, and Kim N.-B Ninh, 2010, *Getting to Work-Labour Market.Employment and Urbanization in Viet Nam to 2020: Learning from International Experiences*（Hanoi, Vietnam: United Nations Development Programme）.

Deaton, Angus, 2005, "Measuring Poverty in a Growing World（or Measuring Growth in a Poor World）," *Review of Economics and Statistics*, Vol. 87, Issue l, pp. l-19.

——, 2010, "Price Indexes, Inequality, and the Measurement of World Poverty," *American Economic Review*, Vol. 100, No. l, pp. 5-34.

Deaton, Angus, and John Muellbauer, 1980, "*An Almost Ideal Demand System,"American Economic Review*, Vol. 70, No. 3, pp. 312-26.

de Carvalho Filho, Irineu, and Marcos Chamon, 2012, "The Myth of Post-reform Income Stagnation: Evidence from Brazil and Mexico," *Journd of Development Economics*, Vol. 97, No. 2, pp. 368-86.

Economic Institute of Cambodia, 2008, "Cambodia's Labor Market and Employment" background paper prepared for the World Bank, Cambodia Country Economic Memorandum: Sustaining Regional Growth in a Changing Environment（Washington: World Bank）.

Filmer, Deon, and Kinnon Scott, 2008, "Assessing Asset Indices;" Policy Research Working Paper No. 4605（Washington: World Bank）.

Fox, Louise, and Melissa S. Gaal, 2008, *Working Out of Poverty: Job Creation and the*

Quality of Growth in Africa（Washington: World Bank）.

Gibson, John, Steven Stillman, and Trinh Le, 2008, "CPI Bias and Real Living Standards in Russia during the Transition", *Journal of Development Economics*, Vol.87, No.1, pp.140-60.

Hamilton, Bruce W., 2001, "Using Engel' s Law to Estimate CPI Bias," *American Economic Review*, Vol. 91, No. 3, pp. 619-30.

Harttgen, Kenneth, Stephan Klasen, and Sebastian Vollmer, 2012, "An African Growth Miracle? Or What Do Asset Indices Tell Us about Trends in Economic Perfomance?" Discussion Paper No.109, Courant Research Centre（Goettingen, Germany Universiry of Gottingen）.

Henderson, Vernon, Adam Storeygard, and David N. Weil, 2011, "A Bright Idea for Measuring Economic Growth," *American Economic Review*, Vol.101, No.3, pp. 194-99.

Jerven, Mortten, 2009, "The Relativity of Poverty and Income: How Reliable Are African Economic Statistics?" *African Affairs*, Vol. 109, No. 434, pp. 77-96.

——2010a, "Accounting for the African Growth Miracle: The Official Evidence—Botswana 1965-1995," *Journal of Southern African Studies*, Vol. 36, No.1, pp.73-94.

——, 2010b, "Random Growth in Africa? Lessons from an Evaluation of the Growth Evidence on Botswana, Kenya, Tanzania and Zambia, 1965-1995," *Journal of Development Studies*, VoL 46, No. 2, pp. 274-94.

——2011a, "Users and Producers of African Income: Measuring African Progress," *African Affairs*, Vol. 109, No. 434, pp. 1-22.

——2011b, "Growth, Stagnation or Retrogression? On the Accuracy of Economic Observations, Tanzania, 1961-2001," *Journal of African Economics*, Vol.20, No. 3, pp.377-94.

Kakwani, Nanak, Fabio Veras Soares, and Hyun H. Son, 2005, "Conditional Cash Transfers in African Countries," Working Paper No. 9, International Poverty Centre（New York: United Nations Development Programme）.

Kenny, Charles, 2011, *Getting Better: Why Global Development Is Succeeding and How we can Improve the World Even More*（New York: Basic Books）.

Klump, Rainer, and Thomas Bonschab, 2004, "Operationalising Pro-poor Growth: A country Case Study on Vietnam;" background paper prepared for the joint L' Agence Francaise de Development（AFD）, Bundesministerium für wirtschaftliche Zusammenarbeit und Entwicklung（BMZ）, Department: for International Development（DfID）, and World Bank Operationalizing Pro-poor Growth Work Program（Washington: World Bank）.

Miguel, Edward, 2009, *Africa's Turn?*（Cambridge, Massachusetts: Boston Review and the MIT Press）.

Nakamura, Leonard, 1997, "Is the U.S. Economy Really Growing Too Slowly? Maybe we' re Measuring Growth Wrong." *Federal Reserve Bank of Philadelphia Business Review*, March/ April, pp. 3-14.

Nsowah-Nuamah, Nicholas, Francis Teal, and Moses Awoonor-Williams, 2010, "Jobs, Skills and Incomes in Ghana: How Was Poverty Halved?" Working Paper Series No. 2010-01（Oxford: Center for the Study of'African Economies）.

Perry, Guillermo E., William F Maloney, Omar S. Arias, Pablo Fajnzylber, Andrew. D.Mason, and Jaime Saavedra-Chanduvi, 2008, *Informality: Exit and Exclusion-Building Effective and Legitimate Institutions*（Washington: World Bank）.

Radelet, Steven, 2010, *Emerging Africa: How 17 Countries Are Leading the way*（Washington Center for Global Development）.

Ravallion, Martin. and Shaohua Chen, 2003, "Measuring Pro-poor Growth," *Economics Letters* Vol. 78, No. 1, pp. 93-99.

Sahn, David E., and David C. Stifel, 2000, "Poverty Comparisons Over Time and Across Countries in Africa," *World Development*, Vol. 28, No. 12, pp. 2123-55.

Sahn, David E., and Stephen D. Younger, 20 10, "Living Standards in Africa," in *Debates on the Measurement of Global Poverty*, ed. by Sudhir Anand, Paul Segal, and Joseph E.Stiglitz（Oxford: Oxford University Press）.

Sala-i-Martin, Xavier, and Maxim Pinkovskiy,2010, "African Poverty Is Falling—Much Faster Than You Think!" NBER Working Paper No. 15775（Cambridge, Massachusetts: National Bureau of Economic Research）.

Sen, Amartya, Joseph E.Stiglitz, and Jean-Paul Fitoussi, 2010, *Mismeasuring Our Lives: Why GDP Doesn't Add Up*, Report of the Commission on the Measurement of Economic Performance and Social Progress（New York: The New Press）.

World Bank, 2007. *World Development Indicators 2007*（Washington）.

Young, Alwyn, 2010, "The African Growth Miracle"（unpublished; London: London School of Economics, Department of Economics）.

附录 1：调查特征

表 13A-1　调查特征

国家	调查	时间	缩写	收集数据机构	数据收集开始日期	数据收集截止日期	抽样框	抽样方案
喀麦隆	喀麦隆的家庭调查Ⅲ	2007	ECAM3	法国国家统计研究所	2007 年 9 月	2007 年 12 月	2005 年 11 月 12 月第三届人口和住房普查	两阶段分层随机抽样
	喀麦隆的家庭调查Ⅱ	2001	ECAM2	法国国家统计研究所	2001 年 9 月	2001 年 11 月	1987 年第二届人口和住房普查	两阶段和三阶段分层随机抽样
加纳	加纳生活标准调查 5	2005	GLSS5	加纳统计服务	2005 年 9 月	2006 年 8 月	2000 年人口和住房普查区域的完整列表	两阶段分层随机抽样
	加纳生活标准调查 4	1998	GLSS4	加纳统计服务	1998 年 4 月	1999 年 3 月	1984 年人口和住房普查区域的完整列表	两阶段分层随机抽样
莫桑比克	家庭预算调查	2008—2009	LOF2008-09	国家统计局	2008 年 8 月	2009 年 11 月	2007 年人口普查形成的标准样本	三阶段分层随机抽样
	家庭预算调查	2002—2003	LAF2002-03	国家统计局	2002 年 7 月	2003 年 6 月	1997 年人口普查形成的标准样本	三阶段分层随机抽样

（续表）

国家	调查	时间	缩写	收集数据机构	数据收集开始日期	数据收集截止日期	抽样框	抽样方案
坦桑尼亚	全国家庭预算调查	2007	HBS 2007	国家统计局	2007年1月	2007年12月	全国标准样本，形成于2002年人口与住房普查	两阶段分层随机抽样
	全国家庭预算调查	2000—2001	HBS 2000/01	国家统计局	2000年5月	2001年6月	根据1978年的人口普查形成的全国标准样本（NMS），后来根据1988年的人口普查更新数据	两阶段分层随机抽样
乌干达	乌干达全国家庭调查Ⅳ	2009—2010	UNHS 2009/10	乌干达统计局	2009年5月	2010年4月	2002年住房和人口普查框架	两阶段分层随机抽样
	乌干达全国家庭调查Ⅱ	2002—2003	UNHS 2002/03	乌干达统计局	2002年5月	2003年4月	各地区家庭数量：根据2002年住房和人口普查	两阶段分层随机抽样
赞比亚	生活条件监测调查Ⅳ	2004	LCMS Ⅳ	中央统计局	2004年11月	2004年12月	2000年的人口与住房普查	两阶段分层随机抽样

（续表）

国家	调查	时间	缩写	收集数据机构	数据收集开始日期	数据收集截止日期	抽样框	抽样方案
赞比亚	生活条件监测调查Ⅱ	1998	LCMS Ⅱ	中央统计局	1998 年 11 月	1998 年 12 月	对基于 1990 年人口与住房普查建立的框架进行更新	两阶段分层随机抽样

表 13A–1　调查特征（续）

国家	抽样单位	总人口	计划样本规模（家庭）	实际样本规模（家庭）	样本规模（个人）	受访者比例（覆盖比率）	样本比例	具有代表性的样本
喀麦隆	列举地区（742）、家庭	18,659,938	12.609	11,391	51,837	90.34	360	全国、城市、农村、10 个行政区域（省）和大都市地区的雅温得和杜阿拉
	列举地区（612）、家庭	16,242,478	11,553	10,992	56,443	95.14	288	全国、城市、农村、10 个行政区域（省）和大都市地区的雅温得和杜阿拉
加纳	列举地区（550）、家庭（15）	22,279,846	8,700	8,687	37,128	99.85	600.1	全国、城市、农村、10 个行政区域（最低样本量为 400 户）、3 个生态区（沿海、森林和北部）、大阿克拉大都市区

（续表）

国家	抽样单位	总人口	计划样本规模（家庭）	实际样本规模（家庭）	样本规模（个人）	受访者比例（覆盖比率）	样本比例	具有代表性的样本
加纳	列举地区（300）、家庭（20）	18,724,275	6,000	5,998	25,694	99.97	728.7	国家，城市和农村
莫桑比克	初级抽样单位、列举地区、家庭	22,638,414	11,000	10,832	51,177	98.47	442.4	全国、城市、农村、三地区（北部、中部和南部）、10省（德尔加杜角省、尼亚萨、楠普拉、太特、赞比西，马尼卡、索法拉、扬、加沙、马普托省）和首都（马普托首都）
	初级抽样单位、列举地区、家庭、	19,521,546	8,727	8,700	44,100	99.69	442.7	全国、城市、农村、三地区（北部、中部和南部）
坦桑尼亚	群（447）、家庭（24）	41,276,209	10,752	10,466	37,896	97.34	1,089.2	坦桑尼亚大陆、达累斯萨拉姆地区（城市）、其他城市和农村地区
	群（1,158）、家庭（24）	34,514,835	22,584	22,178	108,084	98.20	319.3	坦桑尼亚大陆、达累斯萨拉姆地区（城市）、其他城市、农村地区，以及大陆的坦桑尼亚 20 区

（续表）

国家	抽样单位	总人口	计划样本规模（家庭）	实际样本规模（家庭）	样本规模（个人）	受访者比例（覆盖比率）	样本比例	具有代表性的样本
乌干达	列举区域（712）、家庭（10）	30,700,000	6,800	6,775	36,432	99.63	842.7	全国、城市、农村，和这些地区（中部、东部、北部、西部）
	列举区域（1,000）、家庭（10）	25,000,000	10,000	9,711	50,513	97.11	494.9	全国、城市、农村，和这些地区（中部、东部、北部、西部）
赞比亚	标准列举区域（1,048）、家庭（大约 20）	11,583,176	20,000	19,350	103,295	96.75	112.1	全国、城市、农村，面向全国 9 个省和 72 区
	标准列举区域、（820）家庭（大约 20）	10,039,846	16,740	16,715	93,471	99.85	107.4	全国、城市、农村，面向全国 9 个省和 72 区

数据来源：家庭数据调查。

附录 2：劳动力组成的计算方法

本章对劳动力的定义为，年龄在 16 岁和 65 岁之间，被雇用或正在积极寻找工作的人。这个定义与大多数国家采用的联合国定义大体一致。在所有国家中，就业状况是指全职工作，所以学生的课余兼职不计入劳动力，因为他们并没有将工作作为主要活动。

在喀麦隆和加纳，就业被定义为在过去 12 个月中工作的人，这个数字除以总劳动人数可以得出就业率。该数字与行业就业人数比较，就业人口是两者中的更小者。在赞比亚，就业被定义为拥有经济地位的人，例如，领取工资的工人、经营企业的人、从事农业的人及无报酬的家族劳动者。在坦桑尼亚，有行业隶属关系的人被认定为就业。在莫桑比克和乌干达，使用前 7 天的经济状况定义就业；前 7 天正在工作，或者虽然在此期间没有上班，但拥有一份工作，满足上述两个条件之一的人数就是就业总人数。

在加纳和喀麦隆，通过询问受访者“在过去的 7 天，你寻找过工作吗？”来区分失业者与非劳动者。正在找工作的人被看作失业者，失业人数除以劳动力人数即为失业率。适龄劳动人口减去失业者和就业者，即为非劳动者。如果以这种方式计算出的非劳动人数是错误的，那么可以通过提问“你为什么不想工作或找工作？”统计非劳动者人数，计算出失业率。如果根据提问得到的过去 12 个月的就业人数与过去一周的就业人数不同，那么这可以由适龄劳动人口与就业人口之间的差异来解释。

要想分辨出领取工资的就业者，首先要分离出所有政府工作人员，并假定工人获得工资收入。非政府部门的领取工资就业者定义如下：在加纳，询问一个可能有工资收入的人“你的主要工作薪酬是如何支付的？”，除了回答“无偿”和“实物支付”的外，其余的就业者都被视为领取工资的就业者。在莫桑比克，通过询问受访者“你是一个上班族吗？”来确认其是不是领取工资的就业者。在喀麦隆，领取工资的就业者被定义为高级管理人员、中层管理人员、技能熟练和半熟练的工人。在坦桑尼亚，非政府部门的领取工资就业者被定义为非政府雇员、宗教员工、半国营员工、其他雇员。在赞比亚，非政府部门的领取工资就业者被定义为半国营企业员工、私人部门员工和非政府雇员。在乌干达，识别领取工资就业者的方法是，询问受访者的就业状况。

第十四章　粮价上涨的收入分配后果及政策应对：亚洲发展中国家的情况

希卡·杰哈　李昌镛

引言

粮食价格的快速上涨，不仅仅是宏观经济问题。由于直接影响到贫困人群的生活和生存，对发展中国家而言，粮食价格问题也是政治挑战。由于贫困人群的大部分收入用于粮食支出，因此近期粮食价格的快速上涨会将更多人推入贫困之中。按照每天1.25美元的贫困线标准，亚洲开发银行估计，亚洲发展中国家的粮食价格每上涨10%，将使该地区的贫困人口增加60万人以上。更进一步讲，如

本章的内容仅代表作者的观点，不代表亚洲开发银行、理事会及相关的政府部门的观点和政策。作者感谢拉巴赫·阿尔扎基的精彩评论。本章内容主要基于亚洲开发银行之前的研究成果。

希卡·杰哈（Shikha Jha）是亚洲开发银行的首席经济学家，李昌镛（Changyong Rhee）是亚洲开发银行的资深经济学家。

果粮食价格上涨30%，该地区的贫困人口将增加近200万（Asian Development Bank，2011a）。粮食价格上涨抵消了我们减贫的努力，并且恶化了收入分配的不公平程度。在本章中，我们将评估国际粮食价格变化对亚洲发展中国家的影响，寻找合适的政策工具，以应对亚洲地区的经济结构问题。

过去的半个世纪中，国际粮食价格大致经历了三个阶段：从1960年至1972年，为稳定期；从1973年至2001年，为趋势较为平坦的波动期；从2002年至今，为波动性加大的上升期（见图14–1）。在低于长期上升趋势超过20年之后，2007—2008年，粮食价格急剧上涨，这主要是由结构和周期因素、供求情况、接踵而至的金融市场动荡、粮食市场与能源市场的紧密联动所造成的（Asian Development Bank，2008）。相对于消费，粮食产出不断缩减，与2006年相比，2007年和2008年的粮食价格指数的增幅分别为26%和68%。粮食需求不断增长的同时，粮食供给并不稳定，粮食库存迅速下降。国际粮食市场在全球金融危机后逐步恢复：2008年，粮食价格低于长期趋势；2009年，粮食价格快速下滑；从2010年中期开始，受不利天气影响，国际粮食价格重拾升势。2006年年末，大米、小麦和玉米的库存量仅为1999年最高库存量的60%，到2010年年底，粮食库存量恢复到略高于最高库存水平的70%。尤其是，玉米价格和小麦价格的上升趋势一直持续到2011年第二季度。直到2011年7月，天气好转改善了国际市场上的粮食供给情况，粮食价格的上升趋势才逐渐缓和。

与过去相比，近年的粮食价格上涨表现出更强的持续性。不仅价格上涨的品种范围有所扩大，而且粮食价格与其他商品特别是能源价格之间的同向波动也非常明显（见图14–2和Ghoshray，2011）。能源价格通过以下两条途径影响粮食价格：一是粮食生产的成本（例如，利用天然气制造的氮肥肥料，用于浇灌、运输和电力的柴油），二是以粮食作为能源的替代产品（例如，使用玉米和白糖生产生物燃料，使用大豆和棕榈油生产生物柴油，都是对原油的替代）。从2004年至2008年，随着能源成本的大幅上涨，国际粮食的实际价格上升了55%。主要粮食价格指数不仅保持持续上升的趋势，而且波动加大。[1]截止到2011年11月，能源价格和金属价格已经超出2008年年底价格水平的两倍。肥料价格也小幅地超过2008年年底的价格水平。自2006年起，大宗商品价格的波动变得愈加明显，在更大的区间内波动。[2]

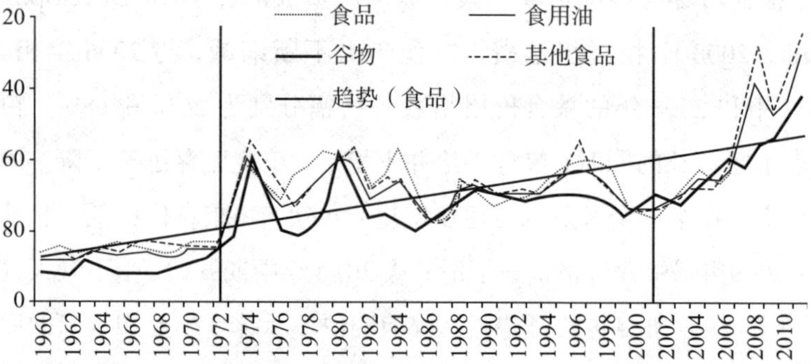

图14–1　粮食价格指数的结构变动，1960—2010年（2000年=100）

数据来源：世界银行大宗商品价格数据库。

注：2011年的数据为1—11月的平均值。垂直线表示大宗商品价格暴涨的起点。

近年来，国际粮食价格上涨的驱动力包括新兴市场经济体的强劲增长、农业投资的下降、劳动生产率增长趋缓、投入成本提高、不利的天气、生物能源发展和“以邻为壑”（beggar-thy-neighbor）的贸易政策（例如出口管制）等。尽管在2010—2011年，国际粮食价格的上涨在一定程度上与 2007—2008 年的情况相类似，但其推动因素有所不同。第一，过去粮价上涨的主要动力是结构性因素，例如，新兴市场经济体快速增长的需求、全球粮食库存的削减、制造生物燃料的需求和大宗商品市场的金融化。但是，近期的国际粮食价格上涨，更多地是受到天气气候、自然灾害以及国际贸易保护主义政策的影响。

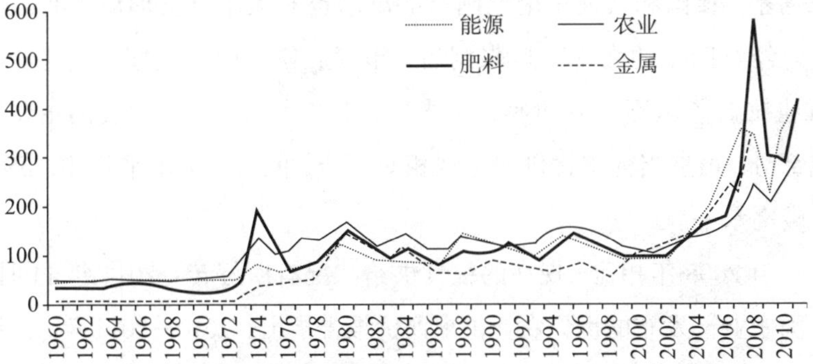

图 14–2　名义大宗商品价格指数的同步变动（2000 年 =100）

数据来源：世界银行大宗商品价格数据库。
注：2011 年的数据为 1—11 月的平均值。

第二，2007—2008 年国际粮食价格的飙升部分是由能源市场带动的，能源价格对粮食价格有直接和间接的双重影响。第三，过去粮食价格上涨表现为大部分粮食种类的价格共同上涨，而近期的粮食价格上涨中大米的价格涨幅较小。这一点对亚洲发展中国家尤为重要，该区域占据全球大米 10 大生产国的 8 席（占据全球大米总产量的 95% 以上）和 10 大主要出口国的 7 席。因为亚洲国家已达到粮食的高度自给自足，小麦在该地区并不是核心问题。从 2010 年 6 月至 2011 年 5 月，小麦价格和玉米价格翻了一番，而大米价格仅上涨了 20%。这是由于泰国和越南这两个世界最大的大米出口国，没有大米出口限制，而世界最大的大米进口国菲律宾，基于较好的国内农作物生产前景，政府放弃了对大米进口的垄断。尽管如此，从 2011 年 7 月开始，国际大米价格的上涨动能开始逐渐增强（在得到政府的收购价格高于市场价格 50% 的保证后，泰国农民开始惜售大米）；在 10 月份一些国家实施了干预政策之后，国际大米价格保持坚挺。发生在柬埔寨、泰国和其他东南亚国家的洪水也对大米价格形成了有力支撑。经过四年的大米出口限制后，印度放松了限制法案，但这仅轻微地拉低了国际大米价格。玉米、小麦和大米是世界粮食的主要组成部分，虽然当前粮食价格出现相对下降，但与历史水平相比，仍处于较高水平。

与 2008 年相比，现在的粮食供给状况有所好转。2011 年 11 月，美国农业部发布的世界农业供求评价报告指出，2010—2011 年，估计全球粮食储备将达到 4.05 亿吨，远高于 2007—2008 年不足 3.80 亿吨的储备。尽管更好的天气情况及贸易限制的解除改善了粮食供给的前景，但是在近期，粮食价格快速上涨的可能性仍然存在。美国农业部的最新估计表明，与前一年相比，2011—2012 年的全球粮食库存降低，并且粮食的新增需求量大于总供给的增加量。面对全球粮食的更低库存，全球粮食供给即使小幅下降，也会极大地影响国际粮食价格。

本章的余下部分安排如下：首先讨论粮食价格变动对亚洲发展中国家的影响，其次评估该地区面对众多约束和挑战的政策选择，最后进行总结并提出全球、地区及国家层面的政策建议。

国际粮价变动的经济影响

近年来，国际粮食价格大幅上涨给许多国家的政策制定者带来了严峻挑战，因为这一问题不仅关系到一国的粮食安全，也关系到减少贫困和维持宏观经济稳定。较高水平且不稳定的粮食价格对经济增长、就业、对外投资及政府预算都有一定的负面影响，会对亚洲经济体造成冲击，特别是一些粮食供求关系比较紧张的国家。尤其值得关注的是，国内需求增长水平快速扩大的国家会面临“二次冲击”的风险，即高粮食价格向其他商品及工资的传导。这种情况将会导致潜在的通货膨胀压力，并形成工资与物价的螺旋式上升。由于通货膨胀水平较高，粮食价格迫使货币政策收紧，这样又会影响该区域的经济增长前景。同时，粮食价格持续走高也迫使财政政策介入，例如更高的消费补贴以及农业发展支持政策，而这些均有可能削弱政府部门的财政实力。在粮食进口国，国际市场价格上涨会给国际收支平衡带来压力。以菲律宾为例，2008 年，该国用于大米进口的支出是以前支出的五倍。

脆弱的贫困者

许多研究表明，粮食价格不断上涨类似于累退税（Regressive tax）。在发展中国家，家庭收入越低，收入中的食品支出比例越高（Asian Development Bank，2008；de Hoyos and Lessem，2008）。进入高收入阶段后，食品支出比例下降 8—14 个百分点（Anker，2011）。有意思的是，与非洲、拉丁美洲和发达经济体的食品支出比例相比，亚洲发展中国家或地区的食品支出比例要高得多，因此，在面临粮食价格冲击时，亚洲发展中国家或地区更为脆弱（见图 14–3 和 de Hoyos and Lessem，2008）。另外，食品支出的收入弹性也会随着人均收入的上升而下降，从低收入国家的 0.8 到中低收入国家的 0.7、中高收入国家的 0.6 和高收入国家的 0.3（Anker，2011）。

这意味着，食品价格上涨所带来的相对收入下降，会给贫困者带来更大的冲击。

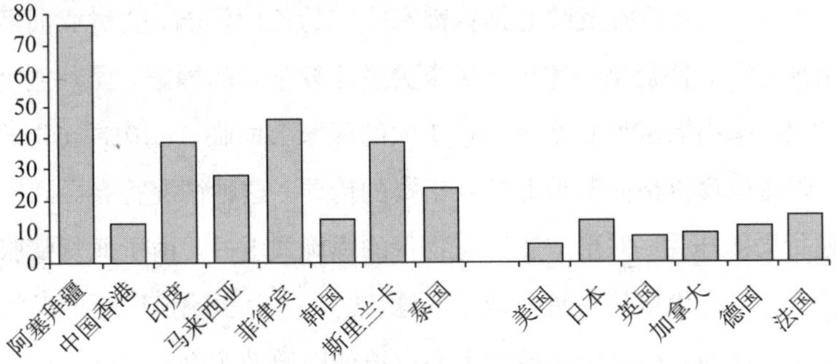

图 14–3　食品支出占家庭总支出的比例（百分比）

数据来源：美国农业经济研究服务部。

与富裕国家相比，除了贫困者的食品支出较高之外，在亚洲国家的消费者价格指数中，食品价格占据了更高的份额（见表 14–1）。这意味着，与发达经济体相比，发展中国家的食品价格上涨会对本国的通货膨胀水平产生更大影响。在该区域的一些人口大国中，比如孟加拉

表 14–1　消费者价格指数中的食品份额（百分比）

经济体	份额	经济体	份额
孟加拉国	58.8	印度尼西亚	36.2
印度	46.2	泰国	33.0
斯里兰卡	45.5	马来西亚	30.3
柬埔寨	44.8	中国	30.2
巴基斯坦	40.3	美国	14.8
越南	39.9	欧洲地区	14.0
菲律宾	39.0	日本	25.9

数据来源：Asian Development Bank（2011b）。

国、柬埔寨、印度和斯里兰卡等，食品价格占消费者价格指数的比例超过 45%。甚至在一些份额更低的国家（比如份额为 35% 的中国、马来西亚和泰国），通货膨胀指数中的食品价格比例也远高于发达经济体。相反，在美国和欧洲国家，消费者价格指数中的食品价格比例低于 15%；日本的比例低于 26%。

尽管最近一个时期国际粮食价格出现了大幅下降，但从历史水平来看，当前的粮食价格仍处在高位，这会对亚洲地区贫困家庭的收支造成严重影响。由于亚洲地区拥有世界贫困人口的 2/3，该地区将面临粮食价格上涨的重大挑战（Wan and Sebastian, 2011）。最新的经济政策必须考虑粮食价格变动所引起的收入分配问题，以保护脆弱人群，包括营养不良及忍受饥饿的群体。一般而言，城市贫困者受粮食价格上涨的影响最大，其次是农村贫困者，特别是不能自给自足的农民。尽管一些国家有一定的农业政策保护，但作为粮食出售者的农民，其生产成本（比如燃料、肥料、浇灌和运输成本）也会随粮食价格同步上涨。面对多变的粮食价格，农民甚至可能无法收回投资。

前文提到，按照每天 1.25 美元的贫困线，亚洲开发银行估计，粮食价格每上涨 10%，将使亚洲发展中国家的贫困率提高 27%—29%（见图 14-4；Asian Development Bank，2011a）。在 2008 年和 2011 年，低收入国家及中等收入国家的粮食价格上涨，可能使 1.05 亿人口和 4,400 万人口重新陷入贫困（Ivanic, Martin and Zaman, 2011）。到 2012 年，因为粮食价格上涨，低收入国家将新增 3,100 万贫困人口（IMF，2011）。[3] 中等收入人群也会受到粮食价格上涨的影响。粮食危机最终会引发政治危机。2007—2008 年，许多国家的社会动荡和政治冲突都证明了这一点。可以预见，为应对上述问题，亚洲国家将要付出巨大的成本。

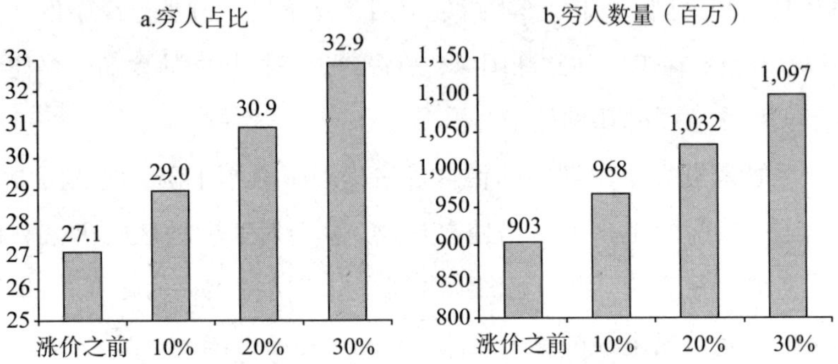

图 14-4　粮食价格上涨将加剧贫困问题

数据来源：Asian Development Bank（2011a）。

对财政支出的冲击

伴随着国际粮食价格上涨和亚洲各国经济快速增长，2011 年上半年，一些亚洲国家面临着较大的国内粮食价格上涨的压力。如图 14-5 所示，一些经济体的国内大米价格和小麦价格已经与国际谷物价格同步上涨了。[4] 通过各国政府的努力，目前国际粮食价格上涨对国内市场的影响有所减弱。如果亚洲国家没有实施积极的财政干预（例如，更高的补贴、更低的粮食税、更低的粮食进口关税）来应对国际粮食价格的大幅上涨，那么其国内粮食价格会更高。

为保护贫困人群，亚洲国家采用了多样化的财政工具，例如，提高补贴，降低粮食税，降低粮食进口关税，实行更大规模的公共转移支付。在印度尼西亚，粮食和肥料补贴占据了非能源补贴的大部分。2008 年，当粮食价格到达峰值时，上述补贴占该国国内生产总值的 0.56%（见表 14-2）。在 2006—2010 年的四年间，印度尼西亚的粮食补贴增长了三倍，肥料补贴增长了近六倍。仅肥料补贴一项的支出，就超过农业部在中央预算的两倍。

2008—2009 财政年度，印度的粮食和肥料补贴占该国国内生产总值的比重为 2.2%（见表 14–3）。在过去六年中，这些补贴迅速增加，从 2005—2006 年的 4,150 亿印度卢比增加到 2010—2011 年的超过 1 万亿印度卢比。从 2008—2009 年开始，财政补贴大幅下降；但是，由于粮食价格飞速上涨，2008—2009 年的财政补贴额从前一年度的 6,380 亿印度卢比，猛增至 120 万亿印度卢比。* 为弥补这一巨额支出，印度政府正在考虑通过多种多样的方式改革粮食补贴制度。

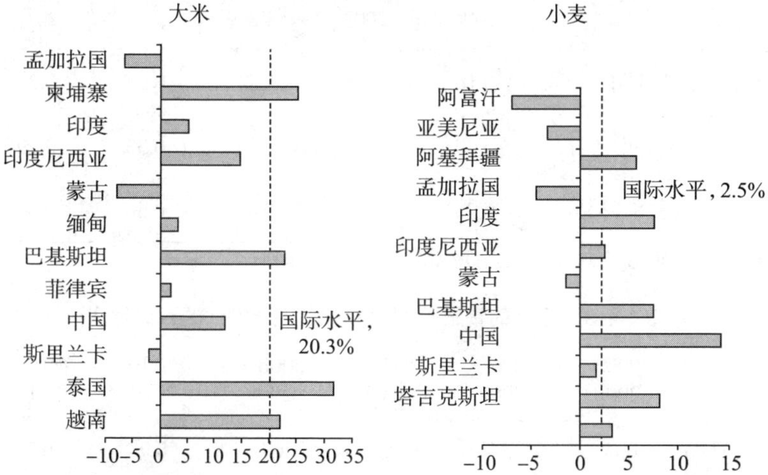

图 14–5　大米价格和小麦价格的上涨幅度，2011 年 11 月（百分比，年度同比）

数据来源：亚洲开发银行计算，使用世界粮农组织的全球价格监测数据。

注：国际大米价格（泰国 100% 等级 B）；国际小麦价格（美国硬红冬麦）。

在菲律宾，政府授权国家粮食局控制国内大米价格，这部分支出

* 原文为120 trillion，可能有误。——译者注

约占国内生产总值的1.5%。由于在控制粮食价格方面缺乏效率，国家粮食局长期被国民批评，目前菲律宾正在推进对国家粮食局的改革。2010年，菲律宾国家粮食局对粮食价格的控制造成了300多亿菲律宾比索的收入损失。巨大的损失表明，菲律宾粮食管理体系中存在严重漏洞。为改进粮食价格管理及补贴体系，菲律宾政府试图给家庭持卡人*发放大米补贴，但是，由于缺乏识别受益人的家庭数据，大量漏洞和问题仍然存在（Usui, 2011）。规模巨大的财政补助也产生了严重的负面效应，例如盗窃、抢劫粮食、贪污挪用。

表 14–2　印度尼西亚的粮食与肥料补贴（占 GDP 的百分比）

	2006	2007	2008	2009	2010
粮食补贴	0.16	0.17	0.24	0.23	0.24
肥料补贴	0.09	0.16	0.31	0.33	0.29
粮食与肥料补贴	0.25	0.33	0.55	0.56	0.52

数据来源：印度尼西亚财政部，预算统计，2006—2012年。

表 14–3　印度的粮食与肥料补贴（占 GDP 的百分比）

	2005—2006	2006—2007	2007—2008	2008—2009	2009—2010	2010—2011
粮食补贴	0.6	0.6	0.6	0.8	0.9	0.7
肥料补贴	0.5	0.6	0.7	1.4	0.8	0.6
粮食与肥料补贴	0.11	1.2	1.3	2.2	1.7	1.3

数据来源：印度财政部，全球经济展望，2010—2011年。

* 有资格领取政府补贴的人群。——译者注

对亚洲国家的宏观影响

毫无疑问，由于粮食价格在消费者价格指数中所占的比重较高（见图 14–6），粮食价格上涨会对亚洲国家的通货膨胀水平产生较大影响。这种影响在孟加拉国、中国、斯里兰卡以及泰国都是非常明显的，这些国家消费者价格指数的上涨有 60% 以上是由食品价格上涨造成的。由于不能被其他物品替代，粮食短缺给贫困人群带来了极大痛苦。从更宏观的视角看，一种商品的价格波动会向其他商品传导（例如，小麦向大米，燃料向粮食，这些传导机制在 2011 年都有所体现），在一定程度上增加了宏观经济的不稳定性，因此，保持大宗商品价格稳定是非常重要的。

粮食价格上涨不仅推升了通胀水平，而且影响了亚洲发展中国家的经济增长。为了预测粮食价格在 2012 年和 2013 年的影响，我们使用牛津全球宏观经济模型（Oxford Economic Global Macro Model）进行模拟分析，该模型是季节性的国际宏观经济模型。该模型通过贸易、价格、汇率和利率把 44 个国家的模型联系起来，并通过六个贸易集团覆盖全球。其中，国际变量包括石油、大宗商品价格、世界总产值、工业生产和其他。在国家模型中，各方程在结构上的形式是相同的，但模型更庞大，包含了更具体的解释变量和更详细的金融部门描述。这个宏观经济模型同时提供了预测和政策分析工具。作为一般均衡模型，它描绘了外部冲击的经济效应和货币政策面对冲击的内生反应。[5]模型给出了以下十个亚洲新兴经济体的主要经济指标预测：中国、中国香港、印度、印度尼西亚、韩国、马来西亚、菲律宾、新加坡、中国台湾和泰国。

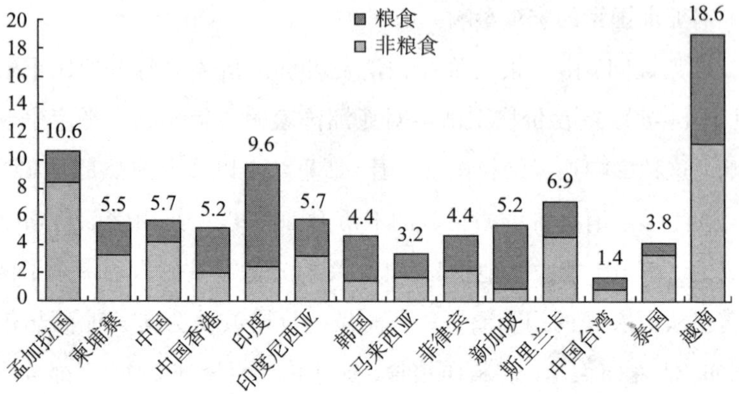

图 14–6 对消费者价格指数的贡献，2011 年 1 月至今（百分点）

数据来源：CEIC 数据公司。

我们估计，上述国家或地区的通货膨胀率会随着国际粮食价格的上涨而上升。尤其是在印度和新加坡，2012 年的国际粮食价格上涨，带动这两个国家的通货膨胀率上涨了 0.5 个百分点（见表 14–4）。但是，印度与新加坡具有不同的特点，受地域限制，新加坡的粮食需求完全依赖国际市场满足，其物价水平受国际市场影响较大；印度物价水平则主要受本地市场影响。从整体上看，国际粮食价格每上涨 10%，将使亚洲发展中国家的实际国内生产总值在未来一年下降 0.06%—0.61%。[6] 自给自足程度较高的国家，有可能抵御国际市场的冲击，例如中国和印度，而新加坡等则受国际市场的影响较大。

经济结构约束

影响粮食价格变动趋势的因素与影响粮食价格波动的因素是不同的。粮食价格变动趋势与粮食价格波动的收入分配后果是不同的，应对政策也是不同的。本部分将研究亚洲发展中国家在面临约束和挑战时的优先政策选择。我们将有重点地选择一些政策领域，这些领域的亚洲经验将有助于国际组织进行政策决策。当然，这些政策还需要得到宏观政策和结构改革的配合，以减少扭曲，创造公平竞争的环境。

表 14–4　亚洲新兴市场国家或地区的通货膨胀率与经济增长率（2011 年以来的百分比变动）

	通货膨胀		经济增长率	
	2012	2013	2012	2013
中国	0.28	0.19	-0.06	-0.07
中国香港	0.16	0.33	-0.11	-0.11
韩国	0.12	0.05	-0.12	0.12
中国台湾	0.16	0.07	-0.24	0.23
印度	0.69	0.35	-0.06	-0.20
印度尼西亚	0.34	0.20	-0.11	-0.18
马来西亚	0.36	0.17	-0.10	-0.19
菲律宾	0.39	0.20	-0.18	-0.11
新加坡	0.66	0.37	-0.61	-0.73
泰国	0.36	0.19	-0.11	-0.13

数据来源：亚洲开发银行，使用牛津全球宏观经济模型估计得出。

重建对国际粮食贸易的信心

为应对国际粮食价格的不规律波动对本国居民的影响，一些国家实施了贸易保护主义政策，专注于自给自足的方案。尽管无可厚非，但那些基于本国利益考虑的政策制定者并没有意识到，这些贸易保护主义政策会给国际贸易体系带来直接冲击。

国际粮食价格处于高位并且波动较大，可能会同时刺激粮食出口国和进口国产生恐慌性的群体行为。例如，在 2008 年的粮食危机之初，30 多个粮食出口国实施出口限制政策，禁止农产品出口，特别是禁止大米出口。与此同时，有 84 个低收入及中等收入进口国降低了粮食税和关税（IMF，2008）。最近，文莱调整了国内粮食政策，计划将本国大米的自给率从 3% 提升至 60%。菲律宾也计划于 2015 年之前达到大米的完全自给。

相关国家实施的贸易保护主义政策，会造成国内层面和国际层面双重无效率，并进一步加剧粮食价格波动。当国际粮食价格处于高位时，用于保护本国消费者的出口限制会产生扭曲效果，使本国的粮食生产者丧失获得较高出口收入的机会，并进一步推高国际价格。当国际粮食价格处于低位时，用于保护本国农民的关税保护政策，会推高国内粮食价格，扭曲粮食价格信号，最终伤害本国消费者。相反，降低关税的政策能够解决贸易扭曲问题，缓和粮食价格上涨的趋势。事实表明，当国际贸易受到较多限制时，国际粮食价格的波动会变得更加剧烈，我们可以回忆一下第一次世界大战、第二次世界大战以及 20 世纪 70 年代布雷顿森林体系崩塌时的情况。马丁和安德森（第十七章）发现，在 2006—2008 年国际粮食价格的大幅上涨中，大米价格涨幅的 45%、小麦价格涨幅的 30% 应当归结为一些国家实施的贸易保护主义政策。

如果粮食出口国实施出口限制，同时，进口国减少粮食进口的关税，试图隔离国内市场与国际市场，那么各国政策的叠加只会抬高世界粮食价格（参见第十七章）。贸易保护主义政策将导致国际合作失败，这是国家之间“零和博弈”思维的典型案例，其中，像撒哈拉以南非洲国家（该地区大米消费的半数以上来自亚洲）这样的欠发达国家受到的冲击最大。废除贸易保护法案，推进多边谈判（例如多哈谈判）是重建国际粮食贸易信心的重要一步。尽管国际贸易自由化可能给一些国家带来外部风险，但是，积极拆除国际贸易障碍，是亚洲新兴市场经济体能够在国际舞台扮演重要角色的原因之一（Asian Development Bank，2011c）。在短期内，尽管多哈谈判不会马上降低国际粮食价格，但从长期来看，多哈谈判有助于鼓励更高效率的农业生产。

优化公共支出

我们之前提到，保护消费者免受国际价格波动影响的财政支出是必要的，但是，财政支出也会产生很多意料不到的负面效应。在亚洲发展中国家中，制度漏洞、不完善的目标设定、政策执行的无效率、社会保障体系不完整等，均会引发许多问题。补贴项目的受益人不明确，会使补贴范围过大（覆盖到那些不该领取补贴的家庭）或者过小（未覆盖到应该领取补贴的家庭），这都限制了稀缺的公共资源的整体使用效率。

例如，印度花费了超过国内生产总值 2% 的财政支出，用于各种类型的反贫困项目和社会保护项目，覆盖了 2004—2005 年农村贫困人口的 40%（World Bank，2011）。尽管政府推动了这些改革项目，但由于管理制度不完善和地方政府的管理水平较低，在如此巨大的投资中，贫困人群并不能获得全部收益。中央政府向地方政府分配的社会保障资金是不断减少的。2009 年，菲律宾实施了 60 多个社会保障项目，由 20 多个政府部门负责实施，结果导致各部门之间的协调性很差以及受益人的重复覆盖。近期的研究表明，菲律宾最低收入人群的 31% 没有被社会保障项目覆盖；与此同时，最高收入人群的 12% 进入了社会保障项目（Reyse，Sobrevinas and Jesus，2010）。此外，有高达 36% 的贫困者没有从社会保障项目中获益，有高达 49% 的项目获益人并不是真正的贫困者。同时，大米补贴的区域分布与贫困人群的区域分布也不一致。在菲律宾首都地区的社会补贴中，有高达87.8%的补贴没有被政策目标人群所获得，这个比例是全国最高水平。上述两个国家不完善的补贴体系具有一些共同特征，包括流向富人的损耗、高昂的系统运行成本等，这些极大地降低了补贴体系的效率（Jha and Ramaswami，2012）。给定这些无效的浪费或损失，即使正确设定覆盖范围，在菲律宾，社会保障项目最多也只覆盖了35%的贫困人群；在印度，这个比例则仅为29%。

政府应当建立更好的社会保障方式。在短期内，应当考虑，以综合社会保障体系替换一般性补贴体系，从而更充分、更有效地惠及更多的贫困者。具体包括：对贫困者的补贴（例如现金补贴、学校午餐项目、工作餐及食物券）、基于人口统计特征（老年人、儿童及失业人群）的补贴等，以便更好地为脆弱人群提供帮助。

从长远角度看，最好的政策选择是构建更有针对性的社会保障体系，在粮食价格上涨时，为弱势群体提供保护。当粮食价格上涨时，通过实施指数化的通货膨胀应对措施，确保弱势群体能够自动地得到补偿。然而，实施这些政策、完善这些项目需要政府支出的进一步扩大。在过渡时期，亚洲国家应该采用一些替代项目。为达到预期目标，这类项目必须更为谨慎地设计，具有更强的保护能力，以及更有效的执行力、更严格的监管和评估。

从长期看，有必要将一般性补贴，更多地转移到对农业部门和食品部门的公共投资方面（包括水利灌溉工程、交通运输、贸易物流、区域储备及食物供应链）。精心设计的农业支持项目可以增加粮食产出，特别是增加小农户的粮食产出。公共支出的重新定位将会给较为稀缺的财政资源带来更大的压力，但同时也会给经济带来更高的效率。

关于地区粮食储备合作

为了应对粮食价格的波动，农产品的储备管理已列为二十国集团会议的重要议题。亚洲国家的经验提供了有价值的参考。亚洲国家应急粮食储备管理的历史较长，其主要经验是，长期的粮食储备管理和地区合作可以帮助各国政府应对粮食危机。

随着粮食供给和产出的不确定性增加，东南亚国家联盟（Association of Southeast Asian Nations，ASEAN）在1979年达成协议，建立了东盟应急大米储备（ASEAN Emergency Rice Reserve，AERR）项目。该储备由各国自愿的粮食安全储备组成，致力于应对粮食危机。所谓经历过粮食极度短缺的国家被界定为“经历了极端的自然或人为灾难，无法通过本国的储备或正常国际贸易来应对这种情况或状态（Briones，2011）”的国家。各国政府从各自的粮食储备中专门拨出50万吨粮食，用于双边协商后的援助。尽管如此，由于制度设计问题及无效率的运行机制，这一协议从未使用过。例如，在1997年，印度尼西亚发生了严重的粮食短缺，该协议也未能有效发挥作用。相似的区域应急储备，也在其他地区及不同的时间出现过，包括20世纪70年代由世界粮食计划署成立的国际应急粮食储备，20世纪80年代南亚区域合作粮食安全储备联盟。每个合作组织都因为昂贵的运作成本和无效率而以失败告终（Wright，2009；Briones，2011）。失败的原因主要包括，相关国家的大部分捐赠都是固定的商品和急需品，储备规模较小，烦琐的交付程序，秘书处运营资金缺乏，粮食进口国和出口国的内部反对压力，等等。

除此之外，伴随着世界贸易组织协议的更加开放，国内粮食储备维持粮食价格稳定的重要性在粮食的进出口国家都已有所削弱；同时，各种税收作为稳定国内价格的可选择方案也开始出现。近年来，随着国际贸易的进一步开放，国际粮食储备逐年下降。[7]更开放的国际贸易意味着一国的粮食短缺可以通过国际市场进行弥补。例如，一个国家过剩的粮食产出可以通过增加出口来获得更多的粮食收入。通过更高水平的国际贸易活动，即使不保存大量的粮食储备，单个国家也能实现国内粮食价格的基本稳定。

尽管如此，由于许多国家面临天气冲击的情形不断重演，一些国家对粮食储备的热情重新燃起，从而又开始重新探讨保持国内粮食储备的可能性。2010 年 6 月，二十国集团的农业部长们就部分地区的紧急粮食储备试点达成一致，以此作为国家安全网的补充。由于过去的经验教训，2004 年，东盟十加三[8]启动了一个试点工程——东亚紧急大米储备项目（the East Asian Emergency Rice Reserve，EAERR）。该项目被设计为在东盟十加三的 13 国之间共享大米库存的多边合作体系，以稳定亚洲市场的大米价格（Association of Southeast Asian Nations，2009）。该项目最初设计为三年期，2010 年进行了展期。向东盟十加三报告的工程监督委员会负责该项目的监管，而日常的管理被授权给一个管理团队（Briones，2011）。

东亚紧急大米储备由标记库存（由东南亚国家联盟储备，当前共有 78.7 万吨大米）和储备物资（大米库存或非现金捐赠）组成。标记库存可被用于受灾时的紧急援助及特殊贸易项目，该项目由相关国家提供贷款并管理。由于东亚紧急大米储备项目的成功试点经验，一个被称为东盟十加三应急大米储备的项目正在筹建之中。

应急大米储备项目提供了一个长期的制度框架——由各国代表组成的管理委员会共同制定政策，项目秘书处对该项目进行日常管理。协议国为应急大米储备项目的日常管理费用提供经济支持。

过去的大米储备项目既有成功的经验，也有失败的教训，基于这两个方面的总结，东亚紧急大米储备项目的新结构得以建立。其中，有三条经验教训可以应用于以后的项目设计。

1. 粮食储备项目应当是高效率的，以应对可能发生的巨大粮食需求。

2. 粮食价格的决定机制应当是非常重要的。在东盟应急大米储备项目建立之前，粮食出口国和进口国之间的双边谈判，往往会因为政治约束而难以达成协议，这意味着双边谈判的结果与粮食市场价格是相同的。很多人批评这种谈判的无效性。为了避免政治压力，应急储备项目需要重新设计。为了尽快达成多边共识，该项目已引入多边价格决定机制，并组建了东亚紧急大米储备项目秘书处。

3. 紧急储备项目并不能应对所有规模的粮食危机。需要对储备项目有更为实际的期望，它只是应对特定国家冲击的有效工具，而不能有效应对大规模、全球系统性或区域性的粮食危机。

提高农业生产率和完善供应链

如果全要素生产率停滞不前或增长缓慢，有可能阻碍亚洲地区的农业发展。116 个国家 1961—2001 年的数据表明，国际农业生产的有效前沿边界已迅速提升，但是，所有发展中国家的农业全要素生产率却不断下滑（Hertel，Ludena and Golub，2006）。农业劳动生产率降低、实际产出（每公顷土地的产出）的止步不前均反映了潜在产出与实际产出的差别，这一问题已经成为提升亚洲农业生产率的严重约束。

一般来说，那些比较贫穷的国家通常拥有最大份额的农业劳动人口，那些比较富裕的国家则恰恰相反（Duart and Restuccia，2010）。随着低收入国家的结构转型，农业劳动人口会持续减少，而工业和服务部门的劳动人口会逐步增加。随着农业剩余劳动力不断转移，劳动生产率将会上升。在中国、印度和其他一些亚洲国家，具有更高生产率的就业机会不断增加，同时，结构调整也会推动经济增长（McMillan and Rodrik，2011）。但是，在一些亚洲国家中，大多数就业人口仍然集中在农业领域，农业大约吸收了40%—60%的劳动力。不同部门之间劳动生产率的较大差距将持续存在，这是推动一国经济快速增长的重要潜力。

一些亚洲地区的大米和小麦平均产量远远低于潜在产出（Cassman，1999；Jha，Srinivasa and Landes，2007；Godfray，2010）。在过去的十年中，世界前十大大米生产国中，只有三个亚洲发展中国家——中国、印度尼西亚和越南的大米人均产出超过了国际平均水平。亚洲开发银行（2011a）估计，如果六个低于国际人均产出水平的主要大米生产国（孟加拉国、巴西、印度、缅甸、菲律宾和泰国），能将本国的人均产出提升至国际平均水平，全球的大米产出就会增加10%。如果上述六个国家的人均产出达到国际最高人均产出水平，世界大米产出将大幅增长170%。

然而，市场不完善、结构扭曲和公共激励不足使产出水平远离了本可达到的生产可能性边界。充分激发生产潜能并不是一件容易的事，取决于多种因素，需要多元化的结构变革（Hausmann，Rodrick and Velasco，2005）。那些经历了经济改革的发展中国家，农业生产率在加速增长（Hertel，Ludena and Golub，2006）。一些亚洲国家的农业生产率仍然较低的另外一个原因是，缺少现代化的农业技术，对提升农业生产率具有重要意义的农业投资被政府忽略。部分原因是，从 1960 年至 2000 年，国际粮食价格的走势相对平缓。例如，在 2004—2010 年间，印度的总投资中农业投资只增加了 6—9 个百分点，而中国的农业投资仅增加了 2—3 个百分点。类似地，对比 20 世纪 80 年代与粮食危机爆发的 2005 年，一些国家的农业投资从 20% 急剧下降到 4%。

国际粮食库存减少，不能满足长期粮食需求的增长，除非粮食生产效率不断提升，才能保证粮食供给增加。事实上，提高农业生产率及粮食产出是二十国集团峰会的主要议题之一。通过缩小本国产出与国际平均水平之间的差距，扩大粮食耕作面积，推进结构变革，提高农业生产率，将极大地提高农业产出，保障长期粮食安全。

为了粮食安全，仅仅关注农业部门是不够的。脆弱的市场基础设施（加工、储存及运输）和缺乏进入市场的途径，导致农民将农产品运送到交易市场的成本很高。高昂的运输成本降低了农民的投资回报，并且提高了粮食价格。仅仅增加产量和弥补劳动生产率缺口，并不一定能给农民和农产品消费者带来潜在收益，除非储藏设施和粮食供应链也能够配套改进，以减少储备浪费并优化粮食加工体系。没有配套的基础设施和更多的农业投资，更高的粮食产出只代表过度的粮食库存和下降的粮食价格，并不能给农民和农产品消费者带来更多好处。

通过由生产到消费的市场交换体系改进粮食供应链，可以提高农产品的价值及竞争力，这是发展中国家有能力达到的目标。例如，如果从传统收割转为机械化收割，收割中的粮食损失可以下降 1/3（Gummert，2011）。此外，在亚洲国家的粮食成本中，大约有 50%—70% 发生在流通环节。这意味着，我们研究改进的环节不仅包括农业生产环节（即绿色革命），还包括整个粮食供应链。改进粮食供应链的另外一个好处是将农业部门的剩余劳动力转移至非农业部门，而这也是提高劳动生产率的一个重要途径。

结论

2007—2008 年，国际粮食价格先是急剧上涨，随后短暂下跌，并在 2010—2011 年重拾升势。与此同时，国际粮食价格的波动也越来越大。国际粮食价格的波动与上涨，给亚洲国家带来了挑战，因为该地区有全球 2/3 的贫困人口。与富裕人口相比，亚洲国家的贫困人口将大部分收入用于粮食支出，因此，粮食价格上涨类似于累退税。与发达国家相比，由于粮食价格在亚洲国家的居民消费价格指数中所占的比重较高，亚洲国家的粮食价格上涨对于物价总水平的变动具有非常重要的影响。快速上涨并剧烈波动的粮食价格增加了贫困人口数量、收入分配不公平和社会不稳定。我们估计，如果粮食价格沿着当前的趋势发展，到 2012 年，亚洲发展中国家的通货膨胀率将增加 0.12—0.69 个百分点，经济增长率将降低 0.06—0.61 个百分点。

为应对粮食价格上涨，许多亚洲国家采取了贸易保护主义政策，并制定了粮食自给自足政策。但是，将本国市场与世界市场相隔离的国内政策，会进一步增加国际粮食价格的波动程度，2010 年及 2011 年的事实都已经证明了这一点。重建国际粮食贸易的信心，鼓励各国放弃国际贸易保护主义政策，对于维持国际粮食价格的稳定是非常重要的。

全球恶劣天气的重复发生，激发了一些国家在地区层面建立应急粮食储备的积极性。建立地区性粮食储备是应对粮食价格波动的可行路径。地区应急粮食储备可以对一国的粮食库存起到补充作用而非替代作用。亚洲国家在粮食储备管理方面有着的丰富经验，为其他地区和国家提供了重要参考。

亚洲国家为应对粮食价格冲击，通常以补贴和社会保障的途径，为本国贫困人群提供保护，从而较大幅度地增加了财政成本。从积极的一面看，这些财政支出有助于限制国际粮食价格向国内市场的传导；如果没有这些财政支出，国内粮食价格会更高。但是，这些财政措施也会产生意想不到的负面效应。

从长期来看，提高农业劳动生产率，增加粮食供给，是加强粮食安全的关键。这意味着我们必须增加农业投资，因为不完善的市场基础设施降低了农民收益，提高了粮食价格。但仅关注农业部门及农业基础设施是不够的，我们应当关注整个粮食供应链，增加对粮食储藏技术的投资。从农田到餐桌，政府都有责任保证社会公众的粮食需求和粮食安全。

参考文献

ADB（Asian Development Bank）, 2008, “Food Prices and Inflation in Developing Asia: Is Poverty Reduction Coming to an End?” Special Report（Manila）.

——, 2011a. “ Global Food Price Inflation and Developing Asia”（Manila）.

——, 2011b, “Asian Development Outlook 2011 Update: Continuing Growth and Global Uncertainty”（Manila）.

——, 2011c, “Asian Development Outlook 2011: South-South Economic Links”（Manila）.

Anker,R. 2011, *Engel's Law around the world 150 Years Later*（ Amherst, Massachusetts :

Political Economy Research Institute, University of Massachusetts）.

ASEAN（Association of Southeast Asian Nations）, 2009, “East Asia Emergency Rice Reserve（EAERR）Pilot Project Fact Sheet”（Jakarta: Public Affairs Office of the Association of Southeast Asian Nations Secretariat）.

Briones, R. M. 2011, “Regional Cooperation for Food Security: The Case of Emergency Rice Reserves in the ASEAN Plus Three,” Sustainable Development Working Paper No. 18（Manila: Asian Development Bank）.

Cassman, K. J., 1999, “Ecological Intensification of Cereal Production Systems: Yield Potential, Soil Quality and Precision Agriculture.” *Proceedings of the National Academy of Sciences USA*, Vol. 96, pp. 5952-59.

Daño, E. 2006, “ASEAN’ s Emergency Rice Reserve Schemes: Current Developments and Prospects for Engagement,” *Women in Action* [Isis International], No.3, pp.35-45. Available at http://www. isiswomen.org/downloads/wia/wia-2006-3/03wia06_04 a Dano.pdf.

de Hoyos, R., and R. Lessem, 2008, “Food Shares in Consumption: New Evidence Using Engel Curves for the Developing World”（unpublished; Washington: World Bank）.

Duarte, M., and D. Restuccia, 2010, “The Role of the Structural Transformation in Aggregate Productivity, ” *Quarterly Journal of Economics*, Vol.125, No.1, pp. 129-73.

Godfray, H. C. J., J. R. Beddington, I. R. Crute, L. Haddad, D. Lawrence, J. F. Muir, J. Pretty, S. Robinson, S. M. Thomas, and C. Toulmin, 2010, “Food Security: The Challenge of Feeding 9 Billion People,” *Science*. Vol. 327, No. 5967, pp. 812-18.

Ghoshray, A.,2011, “Trends, Persistence, and Volatility in Energy Markets” Economics Working Paper No. 275（Manila: Asian Development Bank）.

Gummert, M., 2011, “Postharvest, Health, and Nutrition,” paper presented at the IFPRI International Conference on Leveraging Agriculture for Improving Nutrition and Health New Delhi, February.

Hausmann, R. D. Rodrick, and A. Velasco, 2005, “Growth Diagnostics”（unpublished; Center for International Development, Harvard University, Cambridge, Massachusetts）.

Hertel, T W., C. E. Ludena, and A. Golub, 2006, “Economic Growth, Technological Change, and Patterns of Food and Agricultural Trade in Asia,” Economics and Research Department Working Paper No. 86（Manila: Asian Development Bank）.

International Monetary Fund, 2008, “Food and Fuel Prices—Recent Developments, Macroeconomic Impact, and Policy Responses”（Washington）. Available at www.imf.org/ external/ np/pp/eng/2008/063008.pdf.

——, 2011, "Managing Global Growth Risks and Commodity Price Shocks——Vulnerabilities and Policy Challenges for Low-Income Countries," IMF Policy Paper（Washington）. Available at www. imf.org/external/np/pp/eng/2011/092111.pdf.

Ivanic, M.,W. Martin, and H.Zaman. 2011, "Estimating the Short-Run Poverty Impacts of The 2010-11 Surge in Food Prices," Policy Research Working Paper No. 5633（Washington: World Bank）.

Jha, S., and B. Ramaswami, 2012, "The Percolation of Public Expenditure: Food Subsidies and the Poor in India and the Philippines," forthcoming in *India Policy Forum 2011*, ed. by Barry Bosworth, Arvind Panagariya, and Shekhar Shah（Washington: Brookings Institution）.

Jha, S., D. Roland-Holst, S. Sriboonchitta, and R. Triolo, 2010, "Regional Trade Opportunities for Asian Agriculture," in *New Developments in Computable General Equilibrium Analysis for Trade Policy*（Frontiers of Economics and Globalization, Vol. 7）, ed. by John Gilbert（Bingley, U.K.: Emerald Group）, pp. 273-302.

Jha, S., P. V. Srinivasan, and M. R. Landes, 2007, "Indian Wheat and Rice Sector Policies and the Implications for Policy Reform, Research Report No. 41"（Washington: Economic Research Service, U.S. Department of Agriculture）.

McMillan, M. S., and D. Rodrik, 2011, "Globalization, Structural Change, and Productivity Growth," NBER Working Paper No. 17143（Cambridge, Massachusetts: National Bureau of Economic Research）.

Reyes, C., A. Sobreviñas, and J. de Jesus, 2010, "The Impact of the Global Financial Crisis on Poverty in the Philippines," Discussion Paper Series No. 2010-04（Manila: Philippine Institute for Development Studies）.

UN-ESCAP（United Nations Economic and Social Commission For Asia and Pacific）, 2011, *Statistical Yearbook for Asia and the Pacific*（Bangkok）.

Usui, N., 2011, "Searching for Effective Poverty Interventions: Conditional Cash Transfer in the Philippines"（Manila: Asian Development Bank）.

Wan, G., and E. Sebastian, 2011, "Poverty in Asia and the Pacific: An Update," Economics Working Paper Series No. 275（Manila: Asian Development Bank）.

World Bank, 2011, " Social Protection for a Changing India"（Washington）.

Wright, B., 2009, "International Grain Reserves and Other Instruments to Address Volatility in Grain Markets," Policy Research Working Paper No. 5028（Washington: World Bank）.

第十五章　墨西哥的石油对冲项目

哈维尔·迪克洛　赫拉尔多·加西亚

引言

2008 年，近几十年来最大的全球金融危机爆发之后，西得克萨斯轻油（West Texas Intermediate, WTI）的价格在六个月内，从超过 140 美元 / 桶的峰值，迅速回落到约 40 美元 / 桶。墨西哥作为大宗商品出口国，石油出口收入在政府总收入中占有较大比重，国际石油价格的大幅下降可能威胁到该国的公共收支平衡和经济稳定。虽然在过去几十年中这种不利的情况已经数次发生，但墨西哥政府实施了石油对冲项目，通过购买保险，在一定程度上改变了不利局面。从目前情况看，墨西哥政府的石油对冲项目已经获得了一定收益，成为墨西哥政府收入的重要补充，对墨西哥国内金融市场的稳定发挥了较大作

本章的研究视角、分析及观点均属于作者本人，与墨西哥央行无关。

用。在此次全球金融危机中，该项目的市值多次接近 100 亿美元，在一定程度上保障了墨西哥的公共收支平衡。

背景

墨西哥的石油产业

多年来，石油产业在墨西哥经济中一直扮演重要角色。20 世纪 80 年代，石油出口收入占墨西哥出口收入的一半以上。但是，经过几十年的制度变迁，特别是墨西哥与美国、加拿大签订了北美自由贸易协定（the North American Free Trade Agreement, NAFTA）之后，墨西哥对石油出口收入的依赖降低了（见图 15–1 和图 15–2）。事实上，非石油部门也在北美自由贸易协定中获益，并因此而获得了极大的发展。当前的国际石油价格变动已经不再是影响墨西哥收支平衡的主要因素。但是，公共财政仍然高度依赖与石油相关的税收，这部分收入占政府总收入的比例高达 30% 以上。

石油收入稳定基金

为减少对石油出口的依赖，自 1990 年起，墨西哥政府建立了数个石油对冲项目。2000 年建立了石油收入稳定基金（FEIP），用以稳定石油出口收入。

石油收入稳定基金是一个公共信托，主要由财政部和公共信用局（归财政部直接领导）发起设立。它的目的是平衡石油出口的实际收入与法律规定收入之间的缺口，以应对石油出口收入变动对公共财政和经济发展的影响。此外，石油出口收入下降可能是由国际石油价格变动及本国产量下降所引起，也可能是由比索兑美元汇率的剧烈变动所引起。[1]

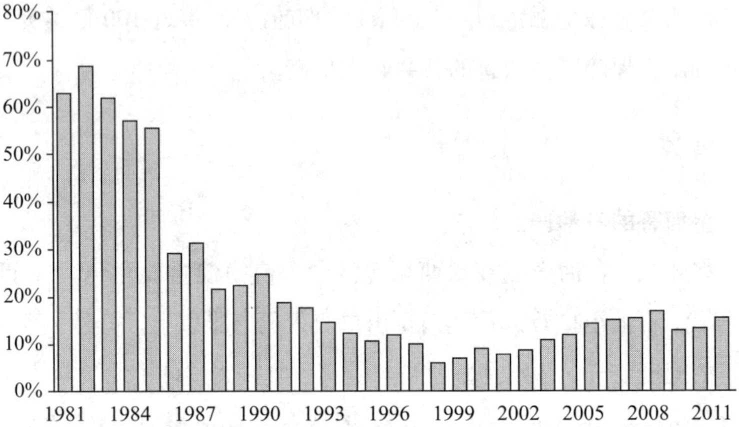

图 15-1　墨西哥：石油出口占总出口的比重

数据来源：墨西哥中央银行。

注：2011 年的数据截止到 2011 年 9 月。

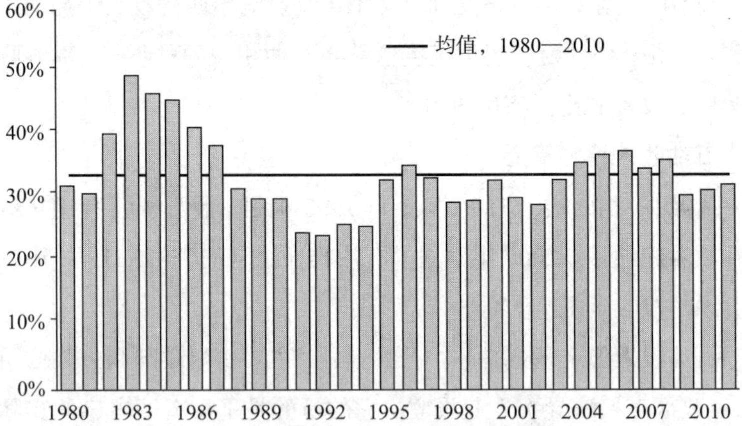

图 15-2　墨西哥：与石油有关的收入占公共部门总收入的比重

数据来源：墨西哥中央银行。

该信托最初由墨西哥联邦政府建立，一直到国际能源价格达到历史高点的 2008 年，该信托一直发展顺利，给墨西哥石油产业带来了巨额收益。但是，随着全球金融危机的不断加深，石油收入稳定基金的资本大部分被政府用于补充预算缺口，覆盖下一财政年度批准项目的开支。表 15–1 给出了石油收入稳定基金的更多来源及运作细节。

表 15–1　石油收入稳定基金

基金来源	基金使用
联邦政府的投入	弥补预算缺口
部分石油收入盈余	支付对冲工具
对冲工具的利润或亏损	管理支出
财务回报	

数据来源：石油收入稳定基金。

尽管石油收入稳定基金完成了它的主要目标，但需要注意到，与其他国家的稳定基金相比，该基金的规模较小，使用范围也较为有限。事实上，与墨西哥的经济规模和石油产业在墨西哥的重要性相比，石油收入稳定基金的规模较小，这种状况支持该基金实施石油价格对冲项目，以应对石油价格的变动（见图 15–3）。

石油对冲项目

治理结构

石油对冲项目由石油收入稳定基金执行。该基金的运作由财政部雇员组成的技术委员会负责。技术委员会决定是否实施石油价格对冲项目。如果实施对冲项目，该委员会进一步决定购买对冲工具的种类和数量。

由来自财政部、墨西哥国家石油公司、能源部、墨西哥中央银行的技术专家组成石油价格对冲基金下属委员会，具体负责对冲工具的选择和执行。墨西哥中央银行——作为联邦政府的金融管理部门，同时拥有国际金融市场专业知识——直接负责对冲项目的实施。

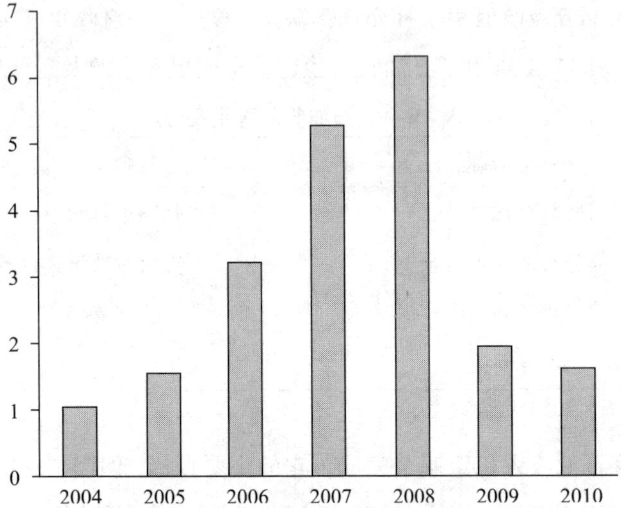

图 15-3　墨西哥：石油收入稳定基金（年末余额，10 亿美元）

数据来源：墨西哥财政部。

墨西哥中央银行——石油对冲项目的参与者

墨西哥政府之所以选择中央银行来参与实施石油对冲项目，主要原因包括以下几个方面。首先并且最重要的是，中央银行有积极参与国际金融市场的经验和较为完备的金融基础设施，这主要是因为中央银行一直肩负着外汇储备投资的工作职责。金融基础设施不仅包括信息技术和运营能力，也包括对金融市场的运行有较为全面了解的高度专业化的工作人员。在近些年中，墨西哥中央银行在外汇储备组合投资方面积累了大量经验；与此同时，它代表墨西哥政府实施的其他对冲项目（例如利率对冲和外汇对冲项目）也使其丰富了经验。与其他政府部门相比，中央银行具有比较优势。并且，在对冲项目中，中央银行在选择交易对手和制定法律框架等方面，也具有更多的理论和实践经验。

从项目的执行层面看，通过灵活的方式，将对冲项目对金融市场的影响最小化，已被实践证明是非常重要的。因此，中央银行已经构建了一个最优化执行对冲操作的框架，其主要措施是：当市场流动性处于有利情况时，进行交易；当市场处于不利情况时（例如，卖出期权中隐含的价格波动性突然上升），耐心等待。最后，与其他政府机构相比，墨西哥中央银行拥有更为完善的内部治理结构，可以保证对冲项目实施的高效率和透明度。

专栏 15-1　对冲项目执行前的重要步骤

选择交易对手

对冲项目的执行很有挑战性，因此，要特别关注交易对手和执行方式对项目成本的潜在影响。

选择交易对手通常开始于对日常市场中潜在交易对手的综合分析，这由中央银行的员工完成。一些机构是大宗商品市场的重要参与者，通过观察这些机构的客户，包括它们的每日市场评论、研究、策略及对一些金融市场的评论，可以辨别出哪些机构是市场领导者。只有市场领导者，才会被中央银行考虑参与对冲项目的执行。由于对冲项目涉及复杂金融衍生品的交易，因此，理解中间商的估值方法、建模技术和风险对冲策略也是十分重要的。墨西哥中央银行对这些机构在对冲工具方面的专业程度有清晰的认识，这些对冲工具被使用后，将在对冲策略中吸收风险，或者将风险转移给其他市场参与者。更深入地了解交易对手的交易平台也是很重要的，更好的硬件条件，可能会使交易对手更有效率地管理风险和更有竞争力（大宗商品市场的领导者，一般有完善的金融平台和较强的交易能力）。

评估交易对手的仓储风险和实际竞争力是非常复杂的，这通常需要与公司进行直接和公开的对话，对交易对手的内部组织结构提出了更高水平的要求。对冲项目的持续性是很重要的，由于交易对手想在未来数年中一直参与对冲项目，因此，对冲项目的持续性会激励交易对手提供优质服务。

建立合法的框架

保证对冲项目合约的合法性也是必不可少的。墨西哥中央银行与机构之间的交易由国际证券交易商协会（International Securities Dealers Association，ISDA）界定。采用国际证券交易商协会标准协议的主要目的之一是，通过实施抵押管理政策降低信用风险。其他的好处包括，确定合约的稳定性，包括哪些构成信用事件或违约事件，在这种情况下如何采取合法的应对措施。

石油对冲项目的实施

墨西哥石油对冲项目的实施目的是，保证石油出口收入的稳定，保证其与联邦预算法对财政年度的预算要求一致。

过去数年中，石油出口新市场的开发和流动性的改善，已经极大地改进了石油对冲项目。受益于国际石油市场的结构变化，墨西哥石油对冲项目的不断改进更好地满足了墨西哥政府的需求。例如，该对冲项目变得更加精确可控，更少地受国际市场中不同原油价格的影响。尽管如此，在合约执行和价格发现方面仍然存在严峻挑战。下面给出了一些近些年来一直使用的对冲策略，表 15–2 是详细的解释。

表 15–2　备选对冲策略的特征

工具	卖出期权
期权类型	亚洲
标的资产	玛雅原油
回报	执行价格与标的资产在一年中的平均收盘价格之差
结算	期间结算（在一年期结束时）

数据来源：墨西哥中央银行。

期权

之前提到，在过去数年中，石油对冲项目的执行规则不断完善。但卖出期权（Put Option）一直是对冲项目的主要工具。使用卖出期权的原理很简单。卖出期权对冲了国际石油价格下降的风险，同时保留了国际石油价格上涨的收益（见图 15–4）。

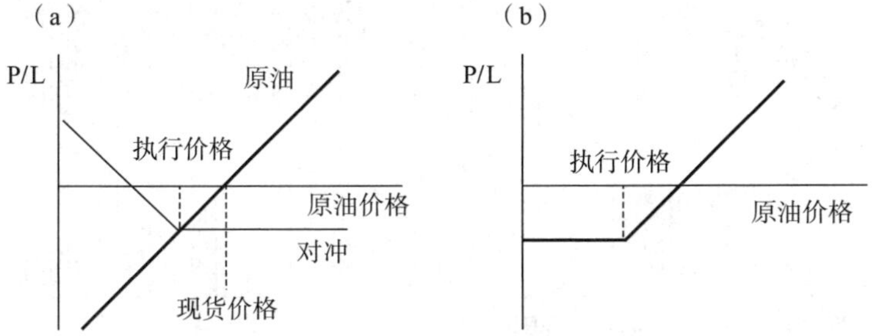

图 15–4　对冲策略

数据来源：墨西哥中央银行。

注：图（a）给出了卖出期权对国际石油价格的长期敞口。图（b）考虑对冲项目执行后的国际石油价格最终敞口。P/L：利润 / 损失。

亚洲期权

最近，亚洲期权（Asian Option）成为一个很受欢迎的选择，因为墨西哥政府需要在全年对冲石油出口收入，而不仅仅是在某个具体的日期（欧式期权或美式期权的情况）。亚洲期权的执行收益取决于，标的资产的期权执行价格和合约期内的平均价格之差。由于墨西哥的石油出口量很稳定，而且石油出口的平均价格也比较稳定，所以亚洲期权非常合适（见图 15–5）。图 15–6 描述了亚洲期权的收益。如图中描述的石油价格，实施欧式卖出期权不能获利，因为在期权存续期结束时，石油现货价格会高于执行价格（除非在期权存续期，石油价格一直低于执行价格）。相反，亚洲期权可以获利，因为期权存续期的平均石油价格是低于执行价格的，可以完全弥补平均石油价格下降的损失。

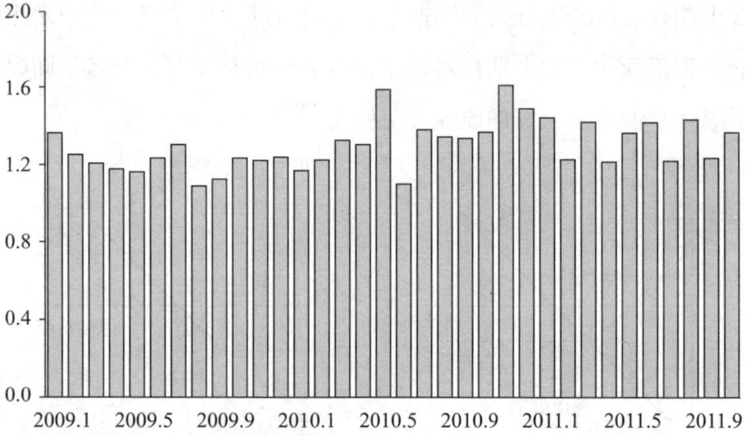

图 15–5　墨西哥：月度石油出口（百万桶 / 天）

数据来源：墨西哥中央银行。

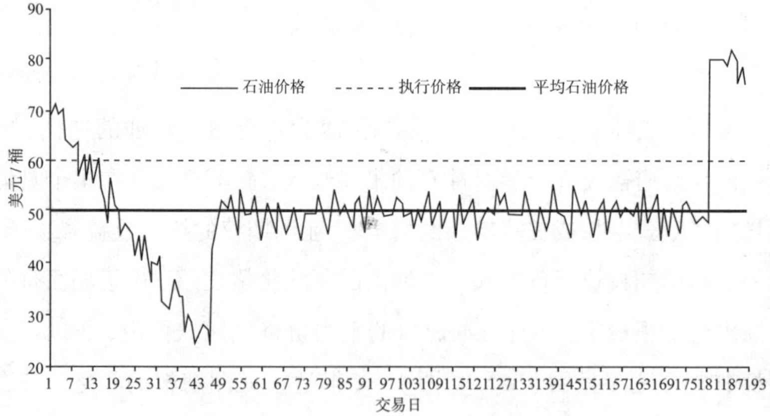

图 15–6　石油价格与执行价格

数据来源：墨西哥中央银行。

亚洲期权的合约特性使其更为关注平均价格，从而具有更低的隐含波动率，因此，与欧式期权或美式期权相比，亚洲期权的成本更低。同时，一年期年末清算的亚洲期权成本要低于连续12个月月末清算的亚洲期权成本（见表15-3）。

表15-3　WTI卖出期权的成本对比（一年期，执行价格为87.50美元）

期权类别	升水（美元/桶）	收益
亚洲期权年末清算	4.18	1次现金流：执行价格与存续期每日结算价格的算术平均值
欧式期权年末清算	5.21	1次现金流：执行价格与WTI卖出期权期末结算价格
亚洲期权月末清算	5.61	12次现金流：执行价格与每个月内日结算价格的算术平均值
欧式期权月末清算	8.31	12次现金流：执行价格与WTI卖出期权月末结算价格

数据来源：作者编制。

注：2011年12月13日。参考价格由大宗商品市场的机构提供；WTI：西得克萨斯中质油。参考价格：100.14美元/桶。使用执行价格（87.50美元/桶）举例说明 δ 为25的亚洲卖出期权的结算成本。

标的资产

墨西哥原油包括三种原油：玛雅（Maya）原油、依斯特莫（Istmo）原油和奥尔梅卡（Olmeca）原油。其中，玛雅原油为含硫重原油，后两个为低硫轻原油，类似于西得克萨斯轻油和布伦特原油。玛雅原油的产量占到了墨西哥石油总产量的80%以上。

西得克萨斯轻油和布伦特原油可能是最重要的国际原油价格基准，因此基于上述两种原油的金融衍生品具有最高的流动性和可交易性。但是，墨西哥原油有不一样的特征（从能源和化学角度），墨西哥原油的价格与西得克萨斯轻油和布伦特原油的价格有较大差异。

专栏 15-2 选择标的资产

在美洲原油市场中，西得克萨斯轻油是最重要的石油价格基准。因此，基于此类原油的金融衍生品更具流动性。尽管如此，西得克萨斯轻油的衍生品仍有缺陷。

- 西得克萨斯轻油的价格取决于本国情况和国际基本面。西得克萨斯轻油的交割中心在俄克拉何马州的库欣，该城市远离海岸线，并且储备能力有限。因此，存储量的突然变动会对西得克萨斯轻油价格产生重大影响。
- 西得克萨斯轻油期货合约的流动性较高，类似于大宗商品指数的投资工具，从而吸引了大量短期投资者参与。因此，西得克萨斯轻油价格更容易受到短期因素的影响，与其他种类的原油相比，这些短期波动会影响西得克萨斯轻油的价值。

在上述特征影响下，使用西得克萨斯轻油衍生品的对冲项目可能比较复杂，使用布伦特原油可能减弱这些不利影响。无论如何，石油品种的基差风险仍然存在。图 15-7 和图 15-8 表明，尽管存在高度相关性，但随着观察期的延长，西得克萨斯轻油、布伦特原油和玛雅原油之间的价格差异会发生较大变动。2011 年，三者之间的差异非常明显。从历史角度看，这三种原油之间的价格差别非常大，并且不稳定。

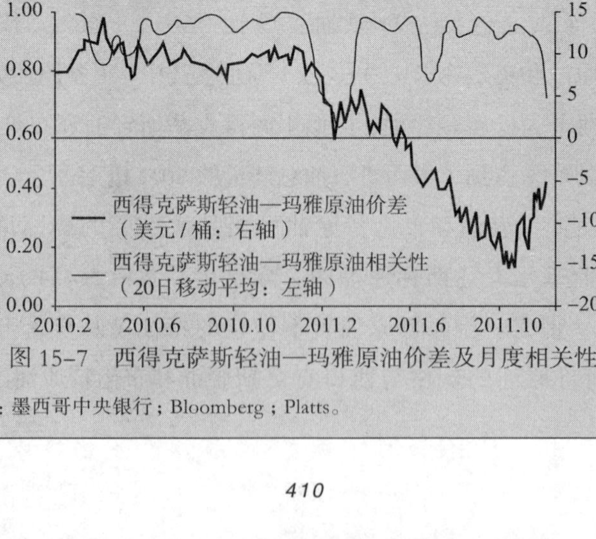

图 15-7 西得克萨斯轻油—玛雅原油价差及月度相关性

数据来源：墨西哥中央银行；Bloomberg；Platts。

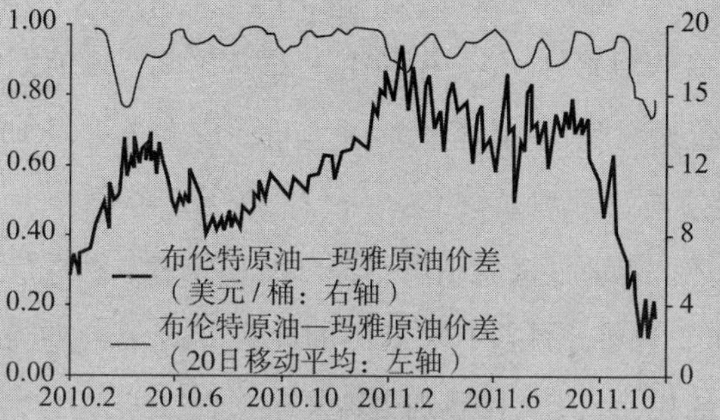

图 15–8　布伦特原油—玛雅原油价差及月度相关性

数据来源：墨西哥中央银行；Bloomberg；Platts。

因此，对于石油价格对冲项目下属委员会而言，重要挑战是权衡对冲组合的成本与收益，以及标的资产所带来的基差风险（标的资产与实际资产之间的差别）。如果使用西得克萨斯轻油和布伦特原油作为标的资产，对冲项目的基差风险将会增大。如果要降低对冲项目的基差风险，可能要选择那些流动性较差和透明性较低的衍生品。

玛雅原油卖出期权的执行价格

期权的执行价格主要由下一财政年度的预算决定。同时，参考下面几项的平均值：[2]

1. 取平均值

• 墨西哥混合出口指数的月度国际价格，在过去 10 年的算术平均值。

• 纽约商品交易所西得克萨斯轻油，至少 3 年期期货价格的平均值，同时，经墨西哥出口混合指数差分调整。

2. 在预算期内，纽约商品交易所西得克萨斯轻油的期货价格均值的 0.84%，经墨西哥出口混合指数差分调整。

一般情况下，确定期权的执行价格时，卖出期权为虚值期权，对标的资产价格的敏感性（δ）在 10%—25% 之间。虚值期权既能对冲极端不利的价格风险，又能降低对冲项目的成本（见表 15–4）。

玛雅原油卖出期权的定价

如前所述，如果直接使用玛雅原油卖出期权，就可以消除基差风险。但是，由于玛雅原油没有可观测的屏基市场，* 与西得克萨斯轻油和布伦特原油相比，其交易规则更加复杂。

表 15–4　西得克萨斯轻油卖出期权在不同执行价格时的成本

执行价	δ	升水
100	46.45	11.18
90	24.72	6.56
80	12.70	3.54
70	5.89	1.65

数据来源：作者编制。

注：2011 年 12 月 14 日，执行价和升水的单位为“美元 / 桶”，δ 为百分比。参考价格：94.95 美元 / 桶。

墨西哥国家石油公司的商业机构在国际市场上，采用代数公式对玛雅原油进行定价，公式中包括西得克萨斯轻油、燃料油、路易斯安那低硫原油、布伦特原油现货和调整因子 K。[3] 换句话讲，玛雅原油被视为不同原油种类的组合，因此玛雅卖出期权的价值也主要由上述组合决定（见图 15–9）。但是，部分原油种类可能没有公开交易的期货市场，金融机构必须采用自己的定义方法来决定玛雅原油的远期曲线，估计玛雅原油价格的潜在波动性和对冲风险。因此，评估卖出期

* 基于屏幕的在线交易。——译者注

权的价值是非常重要的，原油的定价也是非常有挑战性的。

事实上，在考虑风险偏好和波动性需求的情况下，不同交易对手的定价行为有明显的差别。对项目的执行者来说，很好地理解交易对手的定价行为从而确定什么是期权价值的主要决定因素，以及通过与不同交易对手进行交易，鼓励交易对手之间的竞争，以削减对冲项目的成本，都是十分关键的。

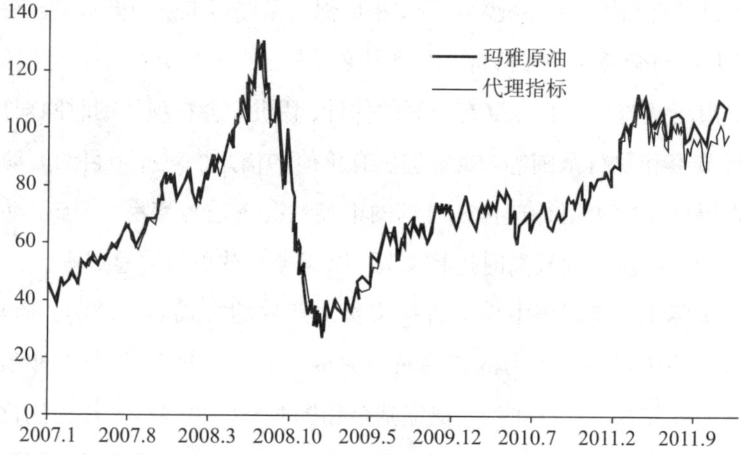

图 15–9　玛雅原油的代理指标（美元 / 桶）

数据来源：墨西哥中央银行；Bloomberg。

注：玛雅原油 =38% 西得克萨斯轻油 +47% 燃料油 +17% 布伦特现货原油 –4.98。

对冲项目的执行

对冲项目的执行是一项复杂且耗时的工作，需要一个团队的合作。在执行过程中，主要要求之一是，最小化对冲项目的成本，同时，尽可能地隐藏操作行为。除此之外，作为具体执行者的中央银行，要尽可能减小对冲项目对金融市场的冲击。

墨西哥中央银行和财政部，需要综合分析国际能源市场的发展状况。在此过程中，中央银行和财政部应当尽力找出国际能源市场的运行趋势，引入新的对冲工具或策略，决定购买期权的时机。同时，应当尽量详细地分析交易对手的交易能力和潜在竞争力。对于对冲项目的实施来讲，市场信息的收集工作也很重要。

购买对冲工具需要灵活的对冲策略，以适应最新的市场状况。墨西哥中央银行负责对冲项目的执行进度。在一定市场情况下，加快执行对冲项目是有利的；在其他情况下，采取保守策略可能是更合适的。在执行阶段，与交易对手保持持续联系是必要的。在大部分情况下，交易对手对市场的流动性和深度有很好的估计，因此，会在项目的时间安排、执行节奏和执行范围等方面，提供有价值的信息。对冲项目的流动性允许墨西哥中央银行选择在有利的市场情况下进行交易，例如，在波动性较低和流动性较高时进行交易，以减少对冲项目的总成本。

实际上，墨西哥中央银行购买卖出期权的方式非常透明。通常，买入交易由最有竞争力的交易对手完成（最低价格）。执行对冲项目的透明度较高，且石油收入稳定基金和墨西哥中央银行（作为执行项目的代理人）都有较为完善的内部治理结构，这些对于满足墨西哥政府审计机构的要求都是非常关键的。

对冲项目的执行面临重大挑战。事实上，一个时期以来，对冲项目的执行变得更加复杂了，不仅因为复杂的市场情况，也是由于 2009 年对冲项目的部分操作被公开了。[4] 关于对冲项目的新闻报道变得更加频繁，保持对冲项目的隐秘性变得更加困难。大部分媒体的新闻报道中包含了关于墨西哥对冲项目的许多错误信息。

抵押品管理

对冲项目执行之后，银行需要管理与卖出期权相关的抵押品，主要目的是，通过严格的抵押品和法定保证金，最小化交易对手的信用风险。抵押品管理包括每日追加保证金，以满足对冲项目的逐日盯市要求。换句话说，如果期权的价值上升，墨西哥中央银行将获得交易对手的额外抵押品；反过来说，如果期权的价值下降，中央银行将归还部分抵押品。合格抵押品通常被定义为，由政府发行的最具流动性的高信用等级定息证券。对追加抵押品的要求也与此相关；追加抵押品的临界值代表对信用风险的容忍程度，零临界值代表对信用风险的零容忍，抵押品的价值必须实时覆盖信用风险。一些机构可能倾向于更高的临界值，以避免每日追加保证金的复杂操作。对墨西哥中央银行而言，抵押品管理的最重要要求是，对任意交易对手引起的信用事件或违约事件（按照国际证券交易商协会的定义），通过出售抵押品，使中央银行能够弥补信用风险或违约所带来的损失。

最后，中央银行有义务发布报告，披露对冲项目的相关信息，包括大宗商品市场的重要事件、对冲项目的市值、操作报告、抵押品报告及其他事项。这些报告是中央银行、石油对冲项目下属委员会和财政部之间的官方沟通方式，同时，也代表了石油收入稳定基金的操作记录和政府部门的审计记录。

对冲项目的绩效

石油价格波动会对公共政策产生重要影响，因此，建立对冲项目是极其重要的。在不利的石油价格情况下，该项目可以弥补政府收入的下降。使用卖出期权有助于执行对冲操作。但是，如果卖出期权在到期日没有使用，那么这意味着石油价格比财政预算的参考价格要高。换句话说，石油收入比预期收入要高。

因此，仅仅使用对冲工具的收益来评估对冲项目的结果可能会产生误导。实施对冲项目有许多间接好处。例如，对冲项目已经成为墨西哥弥补经常项目逆差的保证，从而对金融绩效、国外直接投资和经济增长都有积极效果。此次全球金融危机之后，石油对冲项目仍将成为稳定墨西哥公共财政和金融市场的重要保证。

最后的评论

石油出口收入是墨西哥的重要收入来源。2000 年，墨西哥财政部建立了石油收入稳定基金。但是，由于基金规模较小，相对于该国经济和石油产业的重要性来说，基金的使用范围非常有限。因此，需要其他工具来应对石油价格的不利变动，而其中一个重要的应对途径就是石油对冲项目。

石油对冲项目的目标是，在某一价格对冲石油出口收入，使该年石油出口收入与财政年度预算保持一致。具体的对冲策略由石油价格对冲下属委员会决定，该委员会由财政部、墨西哥石油公司、能源部和中央银行的专家组成。近些年，为应对国际市场的新发展，对冲策略已经得到了重大改进，对冲工具及对冲策略的成本与收益分析都进行了更新。近期，玛雅原油的亚洲期权被用作主要的对冲工具。亚洲期权从根本上消除了基差风险，并允许墨西哥石油出口商在全年时间内对冲石油出口收入，而不仅仅是在某一个具体日期。由于专业能力出众，拥有外汇储备投资和其他对冲项目的丰富经验，墨西哥中央银行被公认为是石油对冲项目的合适执行（参与）者。

石油对冲项目的实施很具挑战性，但事实证明该项目非常成功。大宗商品对冲市场已经发生了很大变化，交易对手之间的竞争更加激烈，流动性和市场深度持续改善。墨西哥的经验表明，随着金融市场和大宗商品市场的变迁，墨西哥政府使用本国的原油种类完成对冲项目，提高了对冲项目的效率。尽管对冲项目非常成功，但墨西哥政府对石油产业的依赖程度依然较高。为此，应当通过综合改革，扩大石油收入稳定基金的规模和使用范围，使墨西哥政府的收入来源更加多元化，这些将是墨西哥政策制定者未来需要重点考虑的问题。

第五部分
国际社会能够做些什么？

第十六章　食品价格波动：国际政策面临挑战？

皮埃尔·雅凯

引言

食品价格波动和食品安全首次成为国际政策磋商和合作的主要议题。2011年，法国在担任二十国集团轮值主席国期间，二十国集团将上述议题列为首要事项，并在2011年11月的戛纳峰会上通过了《二十国集团戛纳宣言》，提出了一系列解决方案。一些人赞同《二十国集团戛纳宣言》，认为它有助于解决即将到来的问题，并勾画出了

本文是为萨科齐总统参加2011年二十国集团法国峰会而撰写，主要是探讨如何应对食品价格波动对发展中国家的影响。在这里，尽管无法一一列出给予我有益建议和意见的所有人，我仍要感谢与我进行深入讨论的法国开发署的同事们；感谢奥利维尔·卡塔尼奥（Olivier Cattaneo）、伊曼纽尔·科莫莱（Emmanuel Comolet）和皮埃尔-伊曼纽尔·达尔佩（Pierre-Emmanuel Darpeix）等给予的支持；感谢国际发展研究基金会（FERDI）的帕特里克（Patrick）及其同事们组织的极具价值的研讨会。

充满希望的行动路径；与此同时，另外一些人则批评《二十国集团戛纳宣言》，认为该宣言在诸如粮食市场投机、生物燃料定位等一些基础性问题上并没有给出解决方案（Voiuriez，2012）。

事实上，出现上述互相对立的两种看法是很自然的事情。在本章中，我们将从政策分析和政治经济学的视角，来讨论国际合作在粮食安全中的作用。本章将首先回顾一些事实和争论，然后转向应对政策的政治经济学分析上，最后就国际社会应当如何有效发挥作用，以及二十国集团应当做出什么贡献，给出我们的看法。

事实和争论

在过去的 25 年里，剔除物价因素后，食品价格经历了史无前例的大幅上涨（与工业品价格相比，见图 16–1）。食品价格在近期的变动，突出地表现为两个潜在的不同问题——价格水平上涨及价格波动加大。

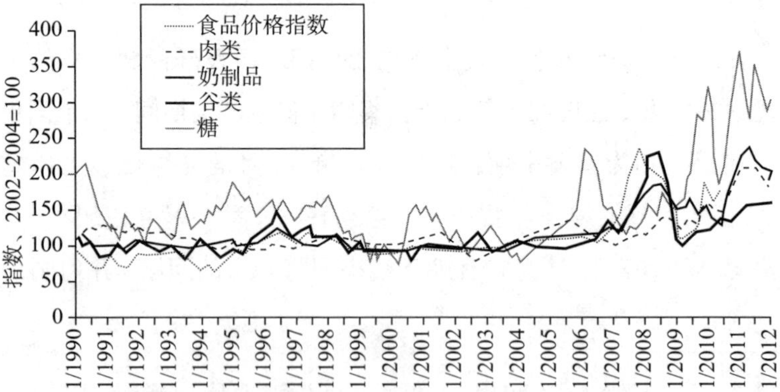

图 16–1　食品价格指数（1990—2012 年）

数据来源：粮农组织在线统计（2012 年 2 月）。

从图 16-1 可以看到，2005 年以来，食品价格水平和波动程度（至少在振幅上）均有显著增长。食品价格波动值得关注，因为它导致了未来价格和收入的不确定性，这对生产者和消费者都是非常重要的。在分析与价格水平及价格波动相关的问题之前，我们先来回顾一下相关概念和事实。

衡量价格波动有两种不同且互补的方法。最简单的方法是观察价格波动的历史情况，即观察观测期内的历史时间序列。任何指标的波动都可以用该指标的时间序列标准差来度量。但是，分析价格波动时，我们必须进行两方面的调整。首先，通常观察价格的对数时间序列，从而使序列的单位变化更加平稳。其次，必须区别价格变化的趋势和波动。趋势的确定取决于所选择的模型，首选的价格波动测量方法是，对价格序列进行对数变换后，再取标准差。为了将在不同时间段的测量进行对比，还需要将区间变化折算为年度变化。对历史价格的观察表明，在近期，历史价格出现了明显的波动。特别是，从 2004 年到 2008 年，小麦和玉米的价格波动幅度持续扩大，到 2008 年，其波动的幅度已经接近 40%。然而，价格走势最特殊的是大米，主要原因是泰国等一些大米出口国为保护国内粮食安全而限制大米出口。

但是，历史波动几乎无法告诉我们未来的变化趋势，因此，它只是一个不能进行预测、具有不确定性的较差的价格测度指标。测算价格波动中的隐含信息，可以借助两种技术手段。一种是建立时间序列的计量经济模型，确定价格波动中系统性的、可预测的部分，而不可预测的部分，可以用于对不确定性的测度。但是，这种方法依赖具体的模型，缺乏足够的稳健性，难以将预期的变化考虑在内。另外一种是，对具有衍生市场且市场深度充分的产品，可以利用衍生品的价格信息。例如，使用布莱克—斯科尔斯期权定价公式，可以测算期货价格的波动，反映市场参与者的预期。在过去的10年里，对拥有期权价格的所有产品而言，测算的隐含价格波动都有非常显著的上升。非常明显，市场已经变得愈发不稳定。

在这个背景下，现有的关于价格行为的研究，均集中在一系列与价格波动相关的政策上。首先，价格波动与价格水平之间存在正相关性（Sarris，2011）。当价格水平上升的时候，价格波动也趋于加大。其次，食品价格波动并不是一个新问题，其表现特征也不新奇。在供给与需求两端，食品价格的弹性较低，在面临外部冲击时，价格必须大幅波动，才能保持供需平衡。自18世纪以来，与工业品价格相比，食品价格更加多变，但食品价格的波动幅度并没有显著上升（Jacks, O'Rourke, Williamson, 2009）。与之相类似，罗奇（2010）最近的研究证实，食品价格的历史变化趋势表明，实际价格呈现出低波动周期和高波动周期的反复交替（见图16–2），其中，价格波动的显著上升主要出现在两次世界大战期间、20世纪70年代第一次石油危机期间和布雷顿森林体系解体期间，以及2007年的次贷危机之后。罗奇还区分了高频波动（主要包括季节性因素和气候冲击）和低频波动（波动中的持续变化）。极端波动周期看起来是反复出现的。特别是，在长期内（例如从19世纪末期至今），对食品的真实价格波动进行观察，似乎不能确定价格波动具有单一上升的趋势。

同时，价格波动也具有时间连续性——未来的价格波动取决于当前的价格波动。因此，在较长的时期内，价格波动周期是存在的（Sarris，2010）。吉尔伯特和摩根（2011）的记录显示，如果不考虑大米价格，就平均价格而言，过去20年里，农产品的价格波动要低于之前的两个 20 年。但近年来（2006 年以来），粮食价格的波动却明显加剧，特别是植物油、谷物和大豆。

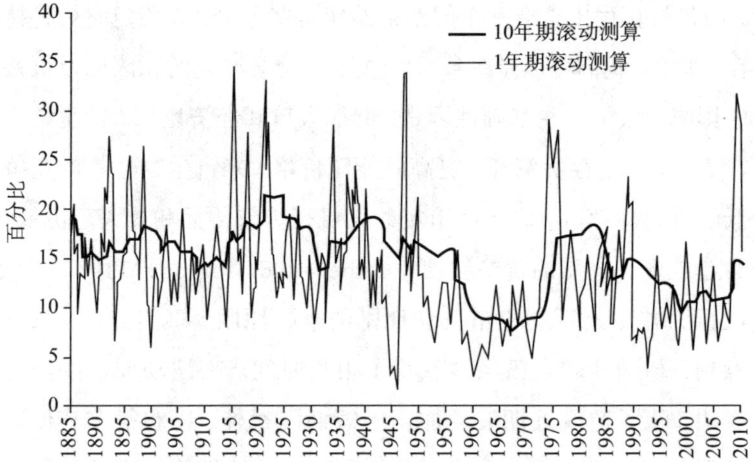

图 16–2　粮食实际价格在长期内的波动情况

数据来源：Roache（2010）。

注：图中显示的是食品价格的年波动率，其中，食品价格是以美元计价的玉米、棕榈油、大米、大豆和小麦价格进行等值加权平均后，经过美国消费者价格指数的平减调整得到的结果；主要包括两种测量方法：短期（1 年）和长期（10 年）。

最后，当前的价格取决于过去的价格。存货的动态变化可以部分解释价格的自相关性（Deaton and Laroque，1996），这是因为，存货支撑了当前的价格水平，并且平滑了数年内的价格冲击。即使来自生产端的冲击是完全独立的，存货也会导致价格的自相关性。实证研究表明，价格冲击具有持续性，有时会持续数年。卡欣和麦克德莫特（2002）发现，农产品价格冲击的半衰期（即冲击效应衰减到一半需要的平均时间）大概为 60 个月。这意味着，试图将价格水平稳定在固定的目标值，不仅成本高昂，而且难以实现。但这并不排除价格围绕一个移动平均水平相对稳定的可能性。

在最近关于政策选择的讨论中，众多争论再次引起关注。关于国内政策和国际政策的争论本就无法避免。本文不准备详细回顾这些争论，而是打算提出这样一个问题：给定这些争论，并假定它们将持续存在，那么，我们可以做些什么？这涉及价格波动的原因以及价格波动的影响。除了一些基础性因素，例如人口和经济增长、饮食结构变化、气候灾害、存货消耗、更高的能源价格、来自生物燃料的竞争及较低的食物库存等，农产品市场的投机行为将传播和放大恐慌情绪，进而造成更加剧烈的价格波动（Gilbert and Morgan，2010）。但是，投机行为并不是近期价格波动加剧的唯一原因，事实上，大家应该注意到，基础性因素已经被忽视了很长时间。高波动周期的历史重现表明，除了造成近期波动加剧的短期因素外，还有很多其他原因引发了价格波动。正如我们所知，由于食品的供给和需求均缺乏弹性，供给和需求的运行方向是背离的，而且存货并不总能有效缓冲供需矛盾，在此情况下，价格预期变得非常重要。受价格预期的影响，当市场面临冲击时，食品价格就会在市场再平衡过程中出现过度反应。但目前的理论研究还无法对价格波动的根本原因进行精确的细化分解。

争论的第二个方面是价格波动的影响。直观上看，主要分为两个问题。

第一个问题是，必须帮助那些贫穷和脆弱人群应对价格上涨的影响。意外的价格冲击将加剧贫穷，最贫困的人群受冲击最大，这些都少有争议。然而，也有人认为，与购买能力和食品可得性相比，食品安全问题同样重要。应将更多的注意力转向提高产出，以供养全球日益增长的人口。这个对策可能是有效的（这并不是因为在以农业为主的发展中国家，提高农业产出对提升这些国家的收入水平是至关重要的），但它忽略了食品安全的一个重要方面，即很多贫困家庭的食品购买能力问题。贫困家庭往往通过增加妇女儿童的劳动、出售资产、中断教育或医疗、减少热量的摄取等方式，来应对食品价格波动的冲击。食品价格波动的冲击在人力资本方面的成本非常高昂，在下次危机之前，如果居民家庭无法获得人力资本的调整机会，那么短暂的食品价格波动可能造成永久性的影响（Galtier，2012）。

第二个问题是，应对不确定性（这里更多的是不可预测性而非不稳定性，参见 Sarris，2011）对生产者的影响。这是一个更加宽泛的问题，也是价格波动和经济增长之间关系的问题。杰克斯、鲁尔克和威廉姆森（2009）指出，大量的微观经济证据表明，收入波动不利于物质和人力资本投资。大量的理论文献都证明，在很多金融市场不完全、不发达，投资者面临信贷约束且风险厌恶程度较高的国家，价格波动的经济成本也较高（参见 Prakas 在 2011 年的调查）。法肯姆普斯（1992）和波尔顿等人（2006）的研究也表明，食品价格波动会导致投资下降，并将穷苦的农民推入困境——他们不得不依靠自身供养家庭，从而将所有的努力集中在自我生产的主要农作物上，无法进行多样化选择，无法从事收益更高的产业。

国际公共政策面临挑战

2006—2008 年和 2010—2011 年，食品价格飞涨至历史高点，在很多发展中国家引起了食品危机和社会动荡。根据联合国粮农组织的数据，从 2007 年第一季度到 2008 年第一季度，国际小麦价格翻了一番。食品价格达到峰值是此次全球金融危机的另一特征（此次全球金融危机始于次贷风波和金融崩溃，及其引发的严重经济衰退）。2011年，非洲之角国家的食品供应形势急剧恶化，在索马里，很多地方都出现了严重的食品短缺。一直到2011年年底，仍然还有很多令人忧心的关于撒哈拉地区粮食供应形势的报告，这些地区的食品价格仍在继续上涨。国际机构的很多报告都记录了食品价格飞涨所导致的贫穷程度的显著加深。

往往是在危机时期，而不是在其他任何时期，政策制定者及选民们才会关注这些问题。之所以如此，有很多原因。由于人们无法将所有的注意力同时集中在所有的事情上，因此，优先关注短期内的问题具有合理性。对那些不是很急切的事情，总会有很多时间和空间去研讨和争论，任何行动方案都可能遇到强烈的反对意见。此外，面对媒体的压力，政策制定者为显示其正在履行自己的职能，总是对近期的事情做出回应。因此，近年来，特别是2011年的二十国集团峰会期间，国际食品安全问题成为国际事务的重要议程就不足为奇了。

然而，贫困人群要想在粮食价格大幅上涨期间获得足够的食品，可能更加困难一些——最近的全球金融危机彰显和放大了这一点。当然，这并不是一个新问题。价格波动的加剧突显了贫困人群的脆弱性，在获得食物成为问题之前，食品安全问题也是存在争议的。我们可以看一个例子（见图16-3）。根据联合国粮农组织的测算，发展中国家营养不良群体的比重在20世纪70年代和80年代显著下降了，但是，这一趋势在20世纪90年代中期开始放缓，并且进入15%左右的平台期。这意味，从那时起，营养不良人群的数量开始增加。根据联合国粮农组织测算，到2011年，全球营养不良人口接近10亿人（目前，整体测量方法还在修订中）。

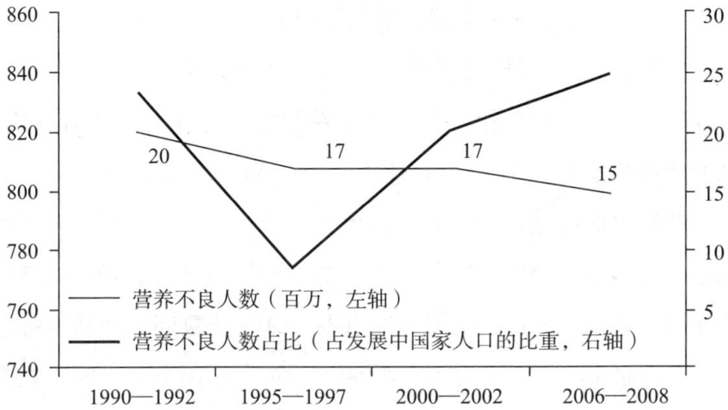

图 16-3　营养不良程度

数据来源：联合国粮农组织的在线统计（2012 年 2 月）。

尽管在此次全球金融危机之前，就普遍存在着食品安全问题，尽管当前对食品安全和食品价格波动的关注度仍然持续提升，但整体上讲还是不能令人满意。在危机压力下采取的行动，并不能解决长期的根本性问题。危机会重新进行洗牌（Bricas and Daviron, 2012），重新引发过去的争论，开启新一轮的劝诫游戏（games of persuasion）——斥责一个罪魁祸首，并反对其可能的盟友。在这种情况下，类似于很多历史情况，投机者是最显眼的罪魁祸首，而衍生品市场也被看作帮凶。不管投机者和衍生品市场是否应该承担所有的罪责，它们的确传递了不受欢迎的不稳定信息，而这些信息往往无法被早期的公共政策所注意。诚然，指定一个罪魁祸首，并归罪于它，可以显示危机已被完全认知，并且得到化解。然而出于以下观点，这些做法可能无法达到预期目的：上述指责将再次引发观念的对立；争论者会把当前的问题归罪于最容易发现的原因；为应对那些问题，他们会提出快速的解决方案，尽管这些问题不一定是危机的本质原因；

除此之外，他们的注意力会偏离基础性因素。

争吵不能消除分歧。我们需要达成共识并采取行动，但在问题根源和行动方案上，利益相关方仍然存在分歧。尽管有很多研究成果，但很少能够提出具有解释力的理论：衍生品市场到底发挥了什么作用？投机者的责任是什么？农产品市场“金融化”的影响应该如何评价？对市场紧张和食物短缺负有责任的生物燃料产品，究竟应该获得多少资助？在很多方面，这些争论引发了许多严重问题。其中有些是新问题（例如生物燃料和金融化问题）：在过去 10 年里，国际农产品市场发生了戏剧性的变化，大宗农产品已经部分地演化成为一种新型的金融资产。理解这些市场的隐含信息变得非常重要。其他则是一些老问题，例如，投机和衍生品市场对市场稳定的潜在破坏性。但矛盾之处在于，20 世纪下半叶，当衍生品被引入农产品市场后，恰恰缓和了价格的不确定性。

正因为如此，面对需要采取行动以应对危机的压力，在这些基础性问题（存在很多争论）上，政策制定者及其主要支持者很难达成一致。更进一步的困难在于，对于每一个问题的理论研究都存在差别，无法形成普遍真理或非此即彼的摩尼教观点（Manichean perspectives）。利益相关方无法达成共识以采取改革措施。此外，公众和政治压力也会加剧政策效果的短期化，也就是说，要采取明确的、看得见的、易于解释的政策措施，以尽快得到结果。例如，应对饥荒的措施中必须包含人道主义的内容，例如食物援助和调运，还包括采取措施改善物流，以方便未来人道主义行动。但是，政策制定者却很少反思，应该采取哪些措施来避免饥荒的再次发生，而这恰恰是饥荒发生的内在循环动因。

明确宣布全球解决方案将面临很多的压力，这成为危机管理的另一个限制。除了提升应对紧急状况的能力，采取一刀切的政策来解决食品安全和价格波动问题外，几乎没有可操作的余地。此外，很多政策都是在国内而非国际领域中制定的，因此，尚不清楚作为一个团体的二十国集团能够有何作为。在应对价格波动和不确定性方面，我们不止有一套方法，而是有一个工具箱，其中有多种基于市场和政策的工具。从19世纪60年代开始，芝加哥交易所（Chicago Board of Trade）就引入了交易工具来对冲交易风险，例如远期合约、期货和期权，目前这些交易工具已经得到了广泛应用。最近，保险产品也被开发出来，一种新型的指数型保险合约已经问世。

二十国集团的主要目标之一就是，促进发展中国家有效地运用这些市场化的交易工具。然而，这会面临很多困难：实体经济规模有限、缺乏对对冲工具和保险工具的认识、使用这些工具的成本、现有工具的不适用性（相对于其风险属性）等，都会制约发展中国家对工具的运用。很多因素会导致国内和国际面临的风险存在差异，也就是所谓的“基差风险”（basis risk），这些因素主要包括：汇率波动、不完全的贸易一体化、国内产品在属性和品质方面的差异性、国内冲击、与国内气候条件及基础设施状况有关的额外风险等等。“基差风险”对发展中国家的重要性在于，即使克服其他困难，现有的对冲工具也很难适用于一些发展中国家，对于这些国家而言，只有量身定做的政策才可能具有真正的价值。“基差风险”并非理论上的探讨，它已经通过在最近的食品价格危机期间，国际价格冲击向国内价格传导的渠道的多样性，得到了证实（参见Daviron and others，2011）。

在政策方面，20世纪下半叶，发达经济体尤其是美国和欧盟国家就已经制定了相关农业政策，并在大幅提升农业生产效率和产量方面发挥了重要作用。随着时间的推移，这些政策，特别是欧盟国家的共同农业政策已经被废除，主要是成本原因，此外还有农业政策在国内市场及国际市场造成的扭曲。在最近的25年中，主要的争论基本上集中在改革的性质和具体步骤方面。由于这些政策已经为农业发展做出了重大贡献，对它们的改革非常容易被误读，例如，被认为是否定公共政策的作用。

农业面临外部风险的普遍性一直是公共政策需要考虑的重要方面，在欠发达国家尤其如此。然而，我们可以从政策干预中汲取很多经验。这些政策阻止了国际价格冲击向发展中国家的快速扩散，但很多情况下，这些政策基于价格稳定目标，而该目标难以维持，且成本高昂。政策选择往往存在疑惑：是选择将价格稳定在目标水平，还是使价格围绕长期趋势平稳运行——前者可能造成价格偏离市场趋势，后者虽然会平滑市场价格，但仍会引起市场主体行为的变动。在目前的情况下，有必要构建更多以市场为基础、以公私合作为导向的公共政策。

媒体表达的失望，在一定程度上是错位的，它们对二十国集团可以做什么，应该做什么存在误解。更不幸的是，这种误解一再被官方声明强化。首先需要强调的是，作为最高级别的政治团体，二十国集团有能力制定共同愿景，提供政治领导力和强有力的激励。因此，与直接的决策主体相比，二十国集团更像是一个催化剂和引导者。其主要作用，与其说是亲自实施一些政策，不如说是让包括公共部门和私人部门在内的众多利益相关者把事情做好。本着这种精神，在2011年，二十国集团将关注点聚焦到食品价格波动上。

现在的困境是，如何从实证研究（这些研究的特点是，对所要解决的问题知之甚少，并且在诸如市场组织、投机的作用、对土地用途的冲突选择、环境的需求、气候变化的影响等问题上存在巨大争议）转向国际社会应该做些什么的规范研究，例如，可以通过二十国集团所凝聚的政治方面的推动力。

正如之前我们提出的观点一样，忽略这些争论，或者试图强制性地达成共识，都是于事无补的。最好的做法是鼓励多样化研究，寻求临时性的局部共识。然而，在大多数争论中，在某些时间和环境下，争论双方可能都是对的。因此，国际社会所能做的重要贡献之一就是，促成局部研究并形成部分解决方案，而不是试图制订整体规划，尽管媒体和政治集团可能更倾向于后者。从这个角度看，2011 年，二十国集团已经有所作为了。本章将着眼于二十国集团关注的三个方面，我们将在 2011 年二十国集团的后续决议上，以及二十国集团的墨西哥及其他会议上继续跟踪研究。

发展中国家支持农业和食品安全的政策

考虑到其他公共政策及食品安全，有非常多的理由支持发展中国家制定连贯一致的农业政策。[1] 在发达经济体中，农业政策在农业发展中一直发挥着至关重要的作用，很难想象，如果没有积极的农业政策，发展中国家会取得同样的成就。最近数十年来，这些政策的继续实施并没有带来相应的成功。当然，政策有时可能会出错，但这并不必然意味着政策是无用的。近来，农业危机的连续出现，表明农业发展已经饱受公共政策匮乏之苦难，农业不可能自发地走向成功的道路。

这里至少有两个核心问题需要解决。第一，在 2007—2009 年和 2010—2011 年的国际食品价格飙升期间，本国政府需要为弱势群体提供充分的安全网。第二，从危机管理模式转向风险管理和危机防范。危机防范意味着，不仅要采取行动降低危机发生的概率，还要采取一系列举措应对下次危机。

然而，在政策设计时会遇到一个重要问题，即所有权问题。对援助者和国际社会而言，基于强制建议，甚至带有约束条件的援助模式，介入发展中国家的政策制定是很有诱惑力的，但这种模式忽略了本国主动承担责任的重要性，而这对任何公共政策的制定都是不可或缺的；它也忽略了这样一个事实，即只有通过国内的实践和学习，政策才能进一步完善：外来的药方或许无法转换为可接受的观念，除非它就是本地化的学习过程的一个组成部分，而这个过程也是一个不断试错的过程。正因为如此，我们建议：应该转向以结果为导向而不是以过程为导向的政策支持框架，为发展中国家制定国内政策提供帮助。

在这个方面，在非洲发展新经济伙伴计划（the New Economic Partnership for African Development，NEPAD）下属的非洲综合农业发展计划（the Comprehensive African Agriculture Development Programme，CAADP）中，很多非洲国家已经取得了显著成效。非洲综合农业发展计划的重要工作之一就是，召开包括公共部门、私人部门、援助者在内的国家圆桌会议，形成支持农业发展的合约，并在援助者和实施投资计划的政府之间达成协议。

多方参与的协议必须重视四个主要的支柱，即土地和水资源管理、市场准入、食物供应和饥饿、农业研究。这些协议必须实现已被非洲国家广泛接受的目标：农业公共投资至少提升到国家预算的10%，农业生产率至少提高6%（根据2003年的马普托宣言，最终时限为2008年）。

非洲综合农业发展计划已经建立了很有价值的工作流程。目前，已有近30个国家签订了协议并制订了国家投资计划。更可贵的是，这些农业协议几乎不需要考虑风险评估和风险管理。它们提供了在农业生产中集成管理风险的难得机会。消费者和投资者都将从中获益，并进一步促进该投资计划的实施。2011年9月，非洲发展新经济伙伴计划向二十国集团寻求能力培养方面的援助，以提高其在国家农业投资计划（隶属于非洲综合农业发展计划）中的主流风险评估和管理能力，并且已经计划在东南非洲共同市场国家、西非国家经济共同体等两个地区项目，以及这些地区的部分志愿成员国中加以运用。

创建一个风险评估和管理的联合援助平台

在农业风险管理方面，援助者们已经积累了丰富的经验。过去许多年，世界银行的一个小组致力于开发风险管理工具和研究发展中国家的风险覆盖。最近，指数型保险工具得到了相当多的关注，一些试点项目也开始探索其在发展中国家的有效性。瑞士和荷兰共同为一个农业风险管理网站（农业风险管理发展论坛）[2]提供融资支持，该网站已经投入使用并由世界银行管理。2008年，国际农业发展基金会和世界粮食计划署联合发布了一个气候风险管理工具。作为二十国集团活动的一部分，世界银行集团的国际金融公司也发布了一个农业价格风险管理产品，它将促进发展中国家的实体部门通过企业与主要投资银行之间签订风险分担协议，进行风险对冲。

在非洲风险能力组织（African Risk Capacity，ARC）主动利用非洲气候风险的自然多样化的背景下，通过与非盟的合作，世界粮食计划署开发了一款非洲气候观察软件，将基于卫星观测的估计降雨量转化为实时的成本估算。法国发展署也致力于开发一些借贷工具，以充分考虑发展中国家借款人在应对外部冲击时的脆弱性。法国发展署的逆周期贷款可以使借款人获益——当借款人的出口收入面临冲击时（可定义为出口收入较 5 年移动平均水平低 5% 以上），可以获得（需要提出申请）五个额外的优惠期。还有其他的风险缓释工具，例如，法国发展署在布基纳法索资助的棉花价格平滑机制。因此，风险管理是一个充满活力的领域，而我们在这一领域已经做了很多事情。

然而，现在还存在一些约束。首先，缺乏政策协调和经验分享。由于没有系统性的共享评估体系，一个建立在系统基础之上，对现有做法进行仔细确认并对其作用进行严肃评估的网络，可能是非常有价值的。这也是像农业风险发展论坛网站这样的创举如此有价值，并应该被宣传、强化和扩展的原因。我们需要一个独具特色的网站，以查询风险管理方面的信息，包括工具、方法、创新以及与之相关的优点和缺点、现存的及过去的项目、新出现的好做法等等。

第二，过去的举措是建立在对工具和产品的试点基础上的。虽然这是必要和非常有益的，但却主要是由供给方面决定的，即从现有的对冲或保险产品出发，试图去评估其在发展中国家的适用性。通过评估，这些试点提供了更好的关于多种工具如何发挥作用的信息，进而明确了如何更好地改进它们以适应本地需求。然而，与一个全面的由需求决定的方法不同，由供给决定的工具仅仅涉及风险管理的局部内容。

考虑到发展中国家在农业发展和食品安全领域的多样性风险，以及这些风险所特有的异质性，有必要仔细谋划风险管理，进而明确哪种政策工具或哪种政策工具组合（例如，标准的以市场为基础的工具和量身定做的工具）更有助于管理多样性风险。换句话说，应该在建议、支持和能力建设方面给予发展中国家相应的支持，帮助它们进行风险管理谋划，以确定和运用相关的方法和工具。这在本质上是以需求为基础的本地化的方法，从根本上不是对工具的测试，而是从发展中国家风险结构产生的问题出发，寻求最佳的风险管理方法。

第三，不能基于国际事务，将创新性的方法应用在可能会从发展中国家获得巨大潜在利益的地方，与之相同，也不能将现有的风险管理工具和手段应用到目前不便于采用解决工具和方案的孤立问题上。例如，能提出任何建议去改善非洲大米进口商面临的价格风险管理问题吗?

最后，在农业风险管理领域，不存在系统性的方法。对发展中国家而言，提供一个在风险评估和管理方面获取信息及咨询服务的地方，是非常有用的。这也是二十国集团呼吁国际组织要共同工作，为低收入国家在风险管理方面提供经验和建议的原因。2011 年 9 月 22 日，在华盛顿特区召开的一次会议上，世界银行、国家农业发展基金、美洲开发银行和法国发展署共同决定探索设立一个风险评估和管理的联合平台，其主要目的是：收集和传播农业风险管理工具、方法、既有经验及现有试点评估方面的信息；建立发展中国家在风险评估管理方面的需求与既有经验的联系；组织提供建议和培训方面的服务；在需要的时候，也可以委托资助相关研究，对现有的问题开展研究。

除了上述协调机制外，援助者也将继续在金融创新方面投资，从而使农业金融在风险管理中更好地发挥作用。如果援助者能采用法国开发署开发的逆周期信贷，将会起到非常有趣的稳定效用：借款者在面临外部冲击时，将获得自动的、可选择的且无条件的流动性储备。

试图通过国家协议（例如稳定出口收入制度）为发展中国家提供安全网，在很大程度上无法实现逆周期目标，因为这些协议不是自动的，而是有条件的。将自动逆周期机制与现有的贷款工具相结合，对解决发展中国家的核心脆弱性特征具有非常重要的价值。

还有许多其他的金融创新工具被有效地开发出来，例如，贷款与保险工具或风险对冲工具的组合。前文提出的联合援助平台——其在发展中国家之间的经验和建议交流方面发挥着作用——将有助于推动以需求为基础的金融创新。

构建风险管理和食品安全的企业合作伙伴关系

国内外私人部门在整个食品价值链上扮演了重要角色，因而也将在加强食品安全方面发挥重要作用。即使不受慈善事业的驱使，很多私人部门也意识到，从商业角度看，进行负责任的投资和为食品安全做出贡献，都是值得追求的、有价值的目标，因为这些企业以服务公共利益的角色出现，将会提升它们的市场地位。所以当公共政策试图让私人部门参与公共利益目标（比如食品安全问题）时，创新型的公私合作伙伴关系是有发展空间的。这要求农业综合企业、当地企业、农户及政府部门之间进行交流，并形成某种合约框架。

沿着上述思路，2009 年以来，在二十国集团背景下，一些有价值的行动正在进行。世界经济论坛创立了一个农业新观察计划，通过该计划，有 17 家跨国企业在国际和地区基础上首创了一个多方参与方案，以促进以市场为基础、以商业为主导的解决方案应用于可持续的农业投资和发展中。其主要目标是希望农业能够沿着三个互补的方向发展：对环境有所贡献，创造经济机会，实现粮食安全。该方案令人感兴趣的特征是，其将公共部门、私人部门及援助部门的国家计划与个人意愿融合在一起，方案的制订以本国为基础，同时以本国所有的发展计划为背景。2011 年，世界经济论坛与二十国集团共同工作，开始推动该方案，并观察该方案是如何有助于实现二十国集团的目标，并为二十国集团的商业社团通过 B20[3] 表达意愿提供帮助的。在农业发展和粮食安全问题上，该方案强有力地促进了全球性公私合作伙伴关系的建立。

风险管理应得到更多的关注。对于农业风险管理，商业部门可以在许多方面帮助提出具体的、创新性的解决方案。例如，与现有工具相比，在设计更好地对冲本地风险的工具时，金融企业处于最有利的位置；在设计定制的指数型保险产品时，也是如此。除此之外，商业部门在调查合同农业发展方面，还发挥着重要作用。在给定的时间范围内，合同是管理风险的有力途径。合同决定于私人部门之间的协商，但在很多情况下，包括本地政府和可能的援助者在内的公共部门，可以通过多种方式推动私人合同的履行，例如，提供一个有传导性的监管框架，进行补充性投资，进行培训和能力建设，提供部分的保险。

结论

虽然没有非常明确的表述，在应对粮食安全和国际价格波动的政策方面，本章仍给出了五个重要启示。

第一，实现粮食安全目标和成功解决粮食价格波动问题需要积极的公共政策。目前这些政策尚不存在，需要制定和开发。合适的政策制定需要具备一些特征：不存在一刀切的模式，政策的设计和特性必须是本地化的，符合当地的基本需求是基本条件；这些政策将不同于以往的自上而下的排外的政策。不论是发达国家还是发展中国家，游戏规则都已经改变。当前，成功的公共政策必须建立在多方利益相关者共同参与的基础上。因此，公共政策将起到协调器和催化剂的作用。

第二，成功的企业合作伙伴关系是公共政策的关键要素。通过谅解备忘录和合同，私人部门与政府部门应当结合在一起。私人部门为政府部门的共同目标做出贡献，并以此获得特定的监管、定价权以及公共投资，从而提高私人部门的效率和赢利能力。

第三，发挥多方利益主体作用的方法，也可以应用在国际层面上。在这方面，二十国集团能够，也已经在协调行动和优先事务方面发挥了重要作用。二十国集团更像是一个由最高政治层面主导的推动者，而不是一个国家，它将提供独特的领导力、激励和方向。有必要通过大量的宣传，将相关政策的解读向媒体、大众及政府部门传播。

第四，必须给予农业风险更多的关注。迄今为止，基于风险的方法已经借助特定工具得到了广泛应用，并在发展中国家试点。然而，农业政策和很多援助（来自试点外部的资金）倾向于忽视农业风险。风险是农业发展和粮食安全的一个重要威胁，因此，风险管理不仅仅是一个使用正确的交易工具的问题，还是农业发展计划的核心方面。农业风险是多维的，需要从整体上考虑解决方案。它包括价格、天气、虫害、气候等各种风险，只应对其中的某一种显然是不够的。正确的风险管理要求一种新的公共政策文化，这远远超出了当前我们所掌握的金融工具的范围。

最后一个重要的启示是，必须加强各个部门参与者（国内和国际）之间的合作与协调。

参考文献

Balcombe, K., 2011, "The Nature and Determinants of Volatility in Agricultural Prices: An Empirical Study" in *Safeguarding Food Security in Volatile Global Markets*, ed. by A. Prakash（Rome: Food and Agriculture Organization）.

Bricas, N., and B. Daviron, 2012, "Food Crisis: A Reshuffling of Stakeholders, " in *Towards Agricultural Change?* ed. by P. Jacquet, R. K. Pachauri, and L.Tubiana, A Planet for Life Series（Delhi: Teri Press）.

Cashin, P., and C.J. McDermott, 2002, "The Long-Run Behavior of Commodity Prices: Small Trends and Big Variability" *IMF Staff Papers*, Vol.49, No.2, pp.175-99.

Daviron, B., N. N. Dembele, S. Murphy, and S. Rashid, 2011, *Report on Price Volatility: A Report by the HLPE Project Team*（Rome: Committee on World Food Security, High level Panel of Experts on Food Security and Nutrition）.

Deaton, A., and G. Laroque, 1992, "On the Behavior of Community Prices, " Review *of Economic Studies*, Vol. 59, No. 1, pp. 1-23.

——, 1996, "Competitive Storage and Commodity Price Dynamics," *Journal of Political Economy*, Vol. 104, No. 5, pp. 896-923.

Fafchamps, M. 1992, "Cash Crop Production, Food Price Volatility and Rural Market Integration in the Third World," *American Journal of Agriculture Economics*, Vol. 74, No. 1, pp. 90-9.

Galtier, F., 2012, "Note sur la Crise Alimentaire en Cours au Sahel"（unpublished; Paris: Centre de coopération international en recherche agronomique pour le development [CIRAD]）.

Gilbert, C. L., and C. W. Morgan, 2010, "Food Price Volatility," *Philosophical Transactions of the Royal Society of London Series B: Biological Sciences*, Vol. 365, No. 1554, pp. 3023-34.

Jacks, D. S., O'Rourke, K. H., and J. G. Williamson, 2009, "Commodity Price Volatility and World Market Integration since 1700," NBER Working Paper No.14748（Cambridge, Massachusetts: National Bureau of Economic Research）.

Poulton. C., J. Kydd, S. Wiggins, and A. Dorward, 2006, "State Intervention for Food Price Stabilization in Africa: Can It Work?" *Food Policy*, Vol. 31, pp. 342-56.

Prakash, A., 2011, "Why Volatility Matters," in *Safeguarding Food Security in Volatile Global Markets*, ed. by A.Prakash（Rome: Food and Agriculture Organization）.

Roache, S. 2010, "What Explains the Rise in Food Price Volatility?" IMF Working Paper

10/129（Washington: International Monetary Fund）.

Sarris, A., 2011, "Options for Developing Countries to Deal with Global Food Commodity Market Volatility," paper presented at the Annual Bank Conference on Development Economics, Paris, May.

Voituriez, T., 2012, "Instability in Agricultural Prices: A Comfortable Truth," *Towards Agricultural Change?* ed. by P. Jacquet, R. K. Pachauri, and L. Tubiana, A Planet for Life Series（Delhi: Teri Press）.

第十七章 贸易扭曲与粮价上涨

威尔·马丁 吉姆·安德森

引言

粮食及其他一些可存储商品的价格具有长期稳定趋势，但有时会出现短暂而剧烈的价格波动（Deaton and Laroque，1992）。粮食价格的上涨令人十分关注，因为它会对发展中国家的贫困人群造成重大影响（Ivanic and Martain，2008）。在 1973—1974 年、2006—2008 年、2010—2011 年的粮食价格上涨中，许多研究报告提到了供求的外部冲击、库存偏低、投机行为及贸易政策等一系列因素的影响。约翰逊（1975）研究了 1973—1974 年的粮食价格上涨，他也强

作者非常感谢西格尼·内尔根（Signe Nelgen）出色的辅助研究。作为本文的基础，该研究得到了多边贸易信托基金（the Multi-Donor Trust Fund for Trade）的支持。本文仅代表作者个人观点，与世界银行无关。本文的研究基于第5645号世界银行政策研究工作论文。

威尔·马丁（Will Martin）是世界银行发展研究集团农业与农村发展研究主管；吉姆·安德森（Kym Anderson）是澳大利亚阿德莱德大学的经济学教授。

调了上述因素的影响。其他研究者对 2006—2008 年价格冲击的研究，也有类似的看法（Robles，Torero and von Braun，2009；Baffes and Haniotis，2010；Bouët and Laborde，2010；Hochman and others，2010；Timmer，2010）。还有一些研究者认为，出口限制（或进口补贴）在价格上涨中扮演了重要角色，正如在 1986—1988 年国际粮食价格暴跌的过程中，提高出口补贴及进口限制等政策也发挥了重要影响一样。然而，据我们所知，目前还没有定量研究国际贸易政策对国际粮食价格总体影响的文献。

在本章中，我们将直面这个问题。根据弗罗因德和厄兹登（2008）的研究，我们假定，在一定程度上，国际贸易政策会将大宗农产品的国内市场与国际市场价格波动相隔离，以帮助市场参与者应对风险。这与很多国家的做法是一致的，并且为价格传导弹性的定量分析提供了经济学解释。我们运用标准的概念框架可以得到一个简单的方程，以分析对同一类农产品来说，市场隔离政策对国际价格波动的贡献度。随后，我们将以小麦和大米这两个重要农产品为例，选取 1973—1974 年、2006—2008 年两个价格上升时期的数据进行实证检验。在本章的最后一部分，我们将探讨相关政策含义。

国际价格波动和各国贸易政策

考虑这样一种情况，即国际农产品市场面临一个由气候因素或金融市场因素等导致的外部冲击，造成某一种大宗农产品价格快速上涨。假定作为应对措施，出口国将征收或提高出口关税，或收紧出口限制（或降低出口补贴）；与此同时，进口国将降低关税或减少其他进口限制（引入或提高进口补贴），以缓解国内价格上涨的压力。如果进出口双方都试图将对国内价格的冲击降低到同等程度，可能是一件较为困难的事情。面对最初的价格冲击，首先是出口国，然后是进口国，都力图消除食品价格上涨的影响，该情形可用以下图表简单描绘。

对一个以出口为主的小国而言，提高出口关税的效应（显性或隐性）是降低产品的国内价格，使之相对低于近期上涨的国际价格。对一个以进口为主的小国而言，降低其进口关税也会带来同样的效应（显性或隐性）。如果大部分的出口国都采取这样的方式进行干预，那么它们的出口限制政策将导致国际粮食价格进一步上涨，这将削弱各国政策对国内价格的最初影响。图 17–1 描绘了这种情形，在产生了外部冲击，但各国政府还未采取贸易限制政策之前，出口国集团的超额供给曲线为 *ES*，进口国集团的超额需求曲线为 *ED*。如果出口国集团开始征收出口关税，那么在任意给定的供给水平上，国际粮食价格都将出现不同程度的上涨，这是因为部分出口价格将由进口国支付。上述情况反映在图中，*ES* 曲线将上移到 *ES′*，[1] 将推动国际价格从 P_w 上涨到 P'_w，国内价格则由 P_w 下降到 P_d。

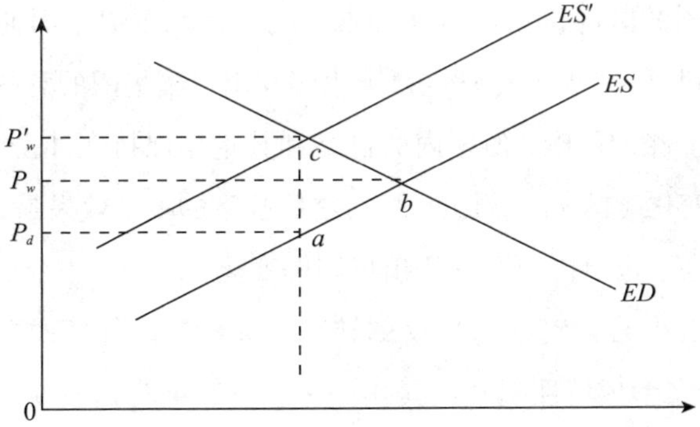

图 17–1　出口限制政策的效应

数据来源：作者的计算。

如图 17–1 所示，出口国通过提高出口价格获得收益。受出口关税影响，尽管产品出口价格上涨，但国内的生产热情将受到抑制，而国内消费者有动力增加需求。与之相关的社会福利损失为三角形 abc。具体可细分为进口国私人部门损失 bcP_wP_w、出口国私人部门损失 abP'_wP_d，及出口国政府或出口配额所有者的收益 acP'_wP_d。出口国作为一个集团能否从出口限制政策中获得净收益，取决于贸易收益是否大于社会福利损失。由于社会成本随着出口税，即（P'_w-P_d）的平方上升，而贸易收益大致与出口税率线性相关，因此，如果出口税率足够高，出口国集团的收益将会变成负值。与之相对应，进口国在面临出口限制政策时将遭受明确的损失，因为该国的收入转移到了出口国，并减少了净消费额。[2]

在图 17–2 中，出口国试图通过将供给曲线由 ES 移动到 ES'，从而完全抵消最初粮食价格上涨的影响。而进口国寻求通过降低关税（或给予进口补贴）等手段使需求曲线由 ED 移动到 ED'，进而实现相同的隔离效果。如图 17–2 所示，这些政策变化的组合效应是，使出口国和进口国的国内价格保持在冲击后的价格水平 P_w，而使国际价格水平从 P'_w 上升到 P''_w。尽管进口国集团和出口国集团的意图都是完全抵消价格上涨的影响，但国内的价格和数量均保持在冲击前的水平，没有发生变化（图 17–2 上的 P_0）。这些政策的唯一效果是，贸易条件发生了不利于进口国而有利于出口国的变化，即产生一个从进口国向出口国的大小为（$P''_w - P_0$）$\cdot Q$ 的转移（除最初的外部冲击引发的转移外）。与之形成鲜明对比的是由闭关自守转向自由贸易的过程。由于国家间商品产出冲击的相关性非常有限，自由贸易能通过多样化的市场销售渠道显著地降低国际价格波动的风险（Johnson，1975）。

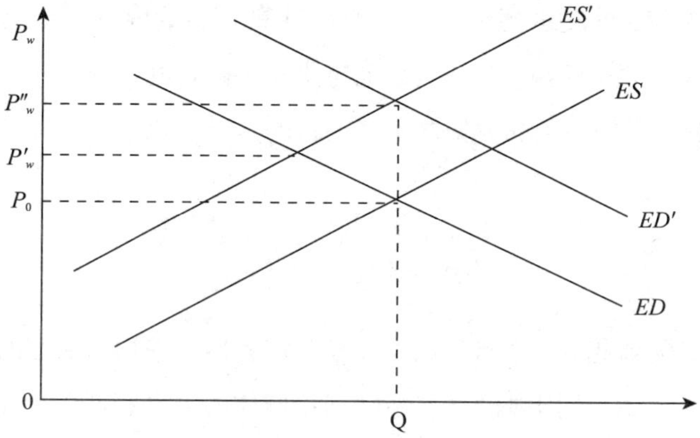

图 17-2　出口障碍和进口障碍同等增减的效应

数据来源：作者的计算。

采取部分隔离政策应对国际价格变化

运用比较价格法（Anderson，2008），基于发展中国家在1995—2007年的大样本数据，实证结果表明（Anderson，2009），在长期，单个产品的出口税率会发生变化，税率与实际价格呈负相关关系，因此，不同国家和产品之间的（因出口税率而导致的）农业扭曲存在显著差异。这些研究表明，为应对政治经济压力，不同产品在任意时点的平均保护税率都存在差异，并且平均保护税率根据政治经济压力的演变，而呈现向上或向下的趋势变化。此外，也有证据显示，相对于国际价格，政策制定者试图平滑某些关键产品的国内价格。这种使国内价格与围绕合意价格水平短期波动——该合意水平与国际价格不同，在某种程度上，其更有利于拥有政治影响力的利益集团——相隔离的政策偏好可以用平均保护税率和价格隔离系数的特定组合表示。构造一个满足上述政策偏好的福利函数似乎是可行的。

基于琼、拉波尔德和马丁（2009a）的研究，构造一个能满足上述政策偏好的目标函数，该函数也与弗罗因德和厄兹登（2008）密切相关。假定一个小国的政策制定者的目的是最小化福利损失函数（以货币度量）：

$$W=(p-\bar{p})'\alpha(p-\bar{p})-h'p+e(p,u)-g(p,v)-z_p(p-p^*)\,,\quad(17.1)$$

这里，W 的值越大，意味着偏离政策制定者偏好的均衡状态的成本越高，在该状态下，国内价格与不同利益群体的力量相匹配，且不会偏离利益群体最优的长期水平；p 是国内价格向量；$\bar{p}$ 是在干预政策下合意的国内价格水平向量；α 是一个向量矩阵，代表偏离合意水平的政治经济成本；h 是一个权重向量，分别代表对单个商品的较高、较低或平均水平的国内价格偏好；e 是支出函数；g 是国内生产总值，代表一国的产出；$z=e-g$ 是净支出函数；z_p 是该函数的导数，根据对偶性，也是这个国家的净进口向量；p^* 是世界价格向量；$(p-p^*)$ 是边界价格干预向量，如贸易税收和补贴，或定量的贸易限制。

需要注意的是，方程 17.1 的后三项是一个标准的安德森—内亚里贸易均衡函数。如果政策制定者想要最小化该函数，那么最优的关税水平 $p-p^*$ 应该为零；而贸易均衡函数可用来测度偏离零关税的成本。按照琼、拉波尔德和马丁（2010b）的研究，$h'p$ 的含义是，使政治经济福利损失函数与干预后的结果相一致。

函数 h 以简化的形式反映了大量干预贸易的政治经济激励因素，如特殊部门通过游说获得援助的相对能力（参见 Hillman，1982；Anderson and Hayami，1986；Lindert，1991；Anderson，2010）。这个公式化的表述以一个更加一般化而非特定的环境，描述了弗罗因德和厄兹登（2008）提出的寻求特定部门利益的政策本质。它使得下游用户的反补贴游说及贸易保护对于安德森（1995）所强调的要素回报的差异化影响等因素被纳入考虑。根据琼、拉波尔德和马丁（2010a，2010b）的研究，h 的取值，可以从不同部门贸易保护相对水平[3]的信息或交易数量的价格反应中推断出来。

方程 17.1 的第一项代表了偏离国内平均价格水平的成本。造成偏离的因素很多，包括特殊群体的内在风险厌恶、信用市场不完全——在面对收入和支出冲击时，使得经济主体难以平滑消费。第一项中，矩阵对角线元素一般是正的，因为对国内平均价格的偏离（包括选择的关税的效果）会增加某些集团的成本，并导致相关的政治压力。非对角线上的元素可能是正值或负值，主要取决于其他产品价格变化是降低还是提高了政治上的成本。

方程 17.1 与弗罗因德和厄兹登（2008）方程中的社会福利函数非常相似。一个主要的不同是，方程 17.1 是建立在国内期望价格，而非对参考价格的偏离基础上。第二个不同是，方程 17.1 从偏离预期价格的两个方向上考虑成本。第三个不同是，偏离成本的计算是二次项，而非线性的。公式的差异反映了农产品，特别是发展中国家农产品的特殊情况。期望价格可以看作是对应于弗罗因德和厄兹登（2008）参考价格的合理期望值。在贫穷国家，农产品价格会偏离期望价格，这涉及社会成本，因为，对面临融资约束的贫穷消费者，主要粮食作物在其收入中占有相当大的比重，而对某些贫穷生产者，也同样如此。

与工业品贸易中——经常会看到反对贸易干预的政策（Rodrik，1995）——令人疑惑的情形相比，在农产品市场的不同状态下，我们会看到诸如进口和出口限制等反贸易措施，也会看到出口和进口的补贴政策。看起来，偏离国内平均价格水平的成本，可能会随着偏离程度的增加而升高。该假设的证据之一是，当价格急剧上涨的时候，出口限制和进口补贴政策的出台频率会显著增大（World Bank，2008）。

如果方程 17.1 对价格求导，我们可以得到：

$$\partial W/\mathrm{d}p = 2\alpha\,(p-\bar{p}) - h - z'_{pp}\,(p-p^{*}) = 0。 \qquad (17.2)$$

由此可得：

$$(p-p^{*}) = z_{pp}^{-1}\,(2\alpha\,(p-\bar{p}) - h)。 \qquad (17.3)$$

因此，可以得到（$p-p^{*}$）的期望值：

$$E\,(p-p^{*}) = (\bar{p}-\bar{p}^{*}) = -z_{pp}^{-1}h。 \qquad (17.4)$$

由 17.4 得出 $\bar{p}$，代入 17.3，将 17.3 改写为：

$$z_{pp}\,(p-p^{*}) = 2\alpha\,(p - z_{pp}^{-1}b - \bar{p}^{*}) - h, \qquad (17.5)$$

进一步改写为：

$$z_{pp}\,(p-p^{*}) = 2\alpha\,(p-p^{*}+p^{*}-\bar{p}^{*}) - 2\alpha z_{pp}^{-1}h - h, \qquad (17.6)$$

$$(z_{pp}-2\alpha)\,(p-p^{*}) = 2\alpha\,(p^{*}-\bar{p}^{*}) - (2\alpha - z_{pp})\,z_{pp}^{-1}h, \qquad (17.7)$$

最终得到：

$$(p-p^{*}) = -(2\alpha - z_{pp})^{-1}2\alpha\,(p^{*}-\bar{p}^{*}) - z_{pp}^{-1}h。 \qquad (17.8)$$

直观上看，难以对 17.8 式的含义进行解释，在实际应用中，决策者或分析者似乎也无法获得关于进口需求函数斜率的完整矩阵（z_{pp}），和偏离国内平均价格的成本（α）的有效信息。在实际应用中，对这一问题的典型解决方法（参见 Feenstra，1995）是只关注相关系数矩阵的对角元素。如果我们也按照上述方法处理 17.8 式，那么我们要解决的，只剩下某一特殊产品的价格扭曲率与对国际平均价格的偏离之间关系的问题：

$$(p_i-p_i^{*}) = -\frac{2\alpha_i}{2\alpha - z_{ii}}\,(p_i^{*}-\bar{p}_i^{*}) - (\bar{p}_i-\bar{p}_i^{*})。 \qquad (17.9)$$

由于 α_i 是正的，z_{ii} 是负的，所以公式 17.9 中（$p_i^* - \bar{p}_i^*$）的系数介于 0 和 1 之间。这意味着与趋势值相比，国际价格越高，国内价格的扭曲程度就越低。这个系数实际上就是，1 减去泰尔斯和安德森（1992）提出的价格隔离系数。公式 17.9 给出了一个潜在的可验证假设：通过调整国内农产品的价格扭曲程度，政策制定者可以部分抵消国际价格对趋势值的偏离，以此最小化其目标函数，如公式 17.1。这为主流政策提供了基本原理，这些政策以运用简单、明确且特定的手段为特征，如价格传导弹性。

一些国家通过向其他国家传导风险而降低其面临的不稳定风险，这取决于是哪些国家寻求隔离政策及其他国家对隔离政策的反应。泰尔斯和安德森（1992）评估了国际市场主要参与者所采取的谷物及其他主要农作物的政策对国际价格和国内价格波动的影响。他们得出结论，如果所有国家都废除价格隔离政策，那么国际粮食价格变量的系数将从 34 下降到 10。在 16 个发展中国家中，如果所有国家都废除过去使用的价格隔离政策，那么，绝大多数国家的国内价格变量系数将出现显著下降。在大量的例子中，如孟加拉国、南非和泰国等，根据估算，其国内价格不稳定的下降程度是非常明显的，例如，孟加拉国的国内价格变量系数从 26 下降到 8。只在极少数国家，国内价格变量的系数有所增大，但增大的幅度非常小。

如果进口国的政策制定者首要关心的是出口限制政策对该国贸易条件的影响，那么他们采取的应对措施可能是提高进口关税。然而，在国际价格处于尖峰期间，典型的应对方式恰恰相反，进口国降低进口关税，以避免对国内消费者的不利影响。通过降低本国的贸易保护壁垒，这种应对措施降低了进口国集团的成本。然而，该政策却是对最初价格冲击导致国际价格上涨和出口国采取出口限制政策的妥协，并进一步改善了出口国集团的贸易条件。

价格隔离政策对全球的影响

价格隔离政策产生了一个经典的集体行动问题，这类似于，在体育场里的一群人都站起来，试图能看得更清楚一些，结果不仅是站起来的人没有达到目标，而且坐着的人会更加看不清楚。也就是说，这种集体行动不仅全无效果：它还会通过放大产品的国际价格波动，产生更加不利的后果，即随着贸易交换，引起收入波动的全球性扩散。

我们从国际市场均衡条件出发，评估某一同质产品（其国际价格为 p^*）的价格隔离政策：

$$\sum_i (S_i(p_i) + v_i) - \sum_i D_i(P_i) = 0, \qquad (17.10)$$

这里，S_i 是地区 i 的产出，p_i 是该地区的生产者价格，v_i 则是该地区的一个随机的产出移动变量；D_i 是地区 i 的需求（假定没有连续的冲击），P_i 则是该地区的消费者价格水平。我们假定：$p_i = (1+t_p) \cdot p^*$，t_p 是生产者价格与国际价格之间的扭曲率；$p_i = (1+t_c) \cdot p^*$，t_c 是消费者价格与国际价格之间的扭曲率。为将研究的重点放在贸易政策上，我们用单个变量表示贸易税，$T = (1+t)$，其中，$t = t_p = t_c$。

对公式 17.10 求全导数，重新改写，并用百分比变化的形式表示最终结果，得出如下表达式，该表达式代表一系列贸易扭曲对国际价格的影响：

$$\hat{p}^* = \frac{\sum_i H_i \hat{v}_i + \sum_i (H_i \gamma_i - G_i \eta_i) \cdot \hat{T}_i}{\sum_i (G_i \eta_i - H_i \gamma_i)}, \qquad (17.11)$$

这里，$\hat{p}^*$是国际价格的变化，$\hat{v}_i$是一个对产出的外部随机冲击，如气候可能比平均水平更好或更坏；η_i 和 γ_i 分别是需求弹性和供给弹性；G_i 为国家 i 的需求在全球需求中的比重；H_i 为国家 i 的产出在国际产出中的比重。也就是说，国家 i 的贸易扭曲对国际价格的影响，取决于该国在全球供给和需求中的重要性，及相对于国内价格变化，该国产出和消费的反应（在公式中用 η_i 和 γ_i 表示）。如果贸易政策和其他冲击发生大比例变化，其效应不再是简单地按照公式 17.11 进行累加，我们必须考虑两个变化之间的互相影响。

公式 17.11 的一个重要含义是，所有国家采取一致行动（对所有的国家，$\hat{T}$ 是相同的）将使供给弹性和需求弹性与国际价格影响无关。也就是说，如果所有国家都按照统一的数量改变贸易扭曲，那么国际价格将恰好发生相应数量的变动，而国内价格水平保持不变。

如果我们假定，产出在短期内不能变化，而库存水平非常低，以致调整存货的作用非常有限，那么 $\gamma_i = 0$。如果我们进一步假设，各国对产品的最终消费弹性（η_i）均相同，那么，公式 17.11 表明，我们可以用负的以消费为权重的国际平均$\hat{T}_i s$来衡量国内贸易政策变化对国际价格变动的贡献度。

如果我们可以假设如下情况，即相对于国际价格变化，贸易保护是内生变化的，则贸易扭曲不再是外生的冲击来源，并且国际价格的变化仅仅是对外部冲击（如气候条件引致的产出冲击等）的反应。在这种情况下，与公式 17.11 相对应的方程可以写为：

$$\hat{p}^* = \frac{\sum_i H_i \hat{v}_i}{\sum_i (G_i \eta_i \theta_i - H_i \gamma_i \Phi_i)}, \tag{17.12}$$

其中，θ_i 和 Φ_i 分别为国际价格向 i 国国内消费者价格和生产者价格的传导弹性。这里，我们只关注贸易政策。假定所有的价格传导弹性都是相同的，由此可以得到以下结论：价格隔离政策对国际价格的影响越大，则价格传导弹性就越小。如果所有国家的短期价格传导弹性是 0.5〔这一假定与安德森等（2010b）对大米、小麦等主要作物在 1985 年以来的研究结果一致；也与安德森和泰尔斯 (1992）在较早时期的研究结果一致〕，那么，任何外部冲击对国际价格的影响将是发生全部传导时的 2 倍。

在上述情况下，相比于没有价格隔离政策的情况，国际价格变化的方差提高了 4 倍。如果所有国家的价格传导弹性均为 0.15，即意味着采取赫特尔、马丁和莱斯特（2010）提议的特殊安全机制下 85% 的补偿性关税，那么，任何冲击对国际价格的影响将放大 6.7 倍，国际价格变动的标准差将放大 44 倍。

世界贸易组织乌拉圭回合谈判，试图通过禁止贸易保护措施解决该问题。这些保护措施主要包括多变的进口关税、其他直接隔离政策、涉及市场准入和国内支持政策的价格管制等。然而，在多数情况下，乌拉圭回合设定的进口关税和补贴水平远超历史实际水平，这为许多国家提高实际税率，而不违反世界贸易组织的规定留下了空间。此外，在出口限制政策的操作层面，国际贸易组织也存在一些无效的规则。考虑到这一点，我们转为考察价格隔离行为对国际大米和小麦价格波动的贡献度，观察的时间主要是乌拉圭回合前后，大米和小麦处于价格尖峰期的 1974 年和 2008 年附近。

大米和小麦的情况

大米和小麦是最重要的粮食作物，也是因为其价格急剧上涨而引起世界最大关注的两种粮食商品。其国际价格上涨周期的时间跨度，在 1974 年和 2008 年前后大体相当；但 1974 年价格峰值的高度要更高一些，特别是大米。最近大米和小麦的价格上涨已经变得较为平缓，所以，我们考察 2008 年价格峰值之前的一个特定年份。

当所有重要的大米和小麦生产消费国家获得国际援助时，$\hat{T}_i s$ 的估计值可以用作名义援助系数（nominal assistance coefficients, NACs）。安德森和巴伦苏埃拉（2008）给出了截止到 2004 年的发展中国家$\hat{T}_i s$的估计值，及截止到 2007 年的高收入国家估计值〔安德森（2009）的总结〕。对于高收入国家的估计值，经济合作与发展组织（2010）仍在使用。对发展中国家，基于法国农业发展署和世界银行的生产者及贸易数据，安德森和巴伦苏埃拉（2010b）分别给出了 2005—2008 年的估计值。由于一些原因，与安德森和巴伦苏埃拉（2008）给出的名义援助系数相比，最近关于发展中国家的估计值不再稳定可靠。一个原因是，一些国家的国内价格数据不可用，估算的覆盖范围也没有之前广泛。另一个原因是，法国农业发展署的生产者价格和世界银行的国际价格数据，并不总像国家统计机构的国内和贸易数据那样可靠。以美元现值计价的法国农业发展署（2010）生产者价格，已经转换为以 2004 年为 100 的指数，因此，安德森和巴伦苏埃拉（2008）也根据指数的变化进行更新，一直更新到 2008 年。与之类似，世界银行提供的泰国大米和加拿大小麦价格，也转换为以 2004 年为 100 的指数，安德森和巴伦苏埃拉（2008）的贸易数据也根据指数的变化进行了更新，同样更新到2008年。

表17-1列出了大米和小麦在两次价格上涨期中，上述名义援助系数的估计值。从各地区和全球整体看，名义援助系数的变化模式惊人地相似：国际价格上涨的时候，名义援助系数下降。然而，在每个高峰期的前半段，不同国家和产品名义援助系数的变化比例是不相同的。如图17-3所示，在20世纪70年代，高收入国家和发展中国家名义援助系数的变化比例非常相似，尽管小麦的变化率仅是大米的一

表17-1　大米和小麦的加权平均$\hat{T}_i s$值[1]，1972—1976年以及2005—2008年

	1972	1973	1974	1975	1976	2005	2006	2007	2008
大米									
世界	**1.30**	**0.93**	**0.54**	**0.90**	**0.98**	**1.33**	**1.24**	**1.15**	**0.72**
高收入国家	3.06	2.29	1.26	1.71	2.35	3.35	2.66	2.28	2.10
发展中国家	1.03	0.73	0.45	0.82	0.87	1.25	1.19	1.10	0.66
亚洲	1.03	0.71	0.42	0.82	0.86	1.24	1.17	1.08	0.66
非洲	0.97	0.60	0.38	0.66	0.86	0.99	1.09	1.29	0.70
拉美和加勒比地区	1.00	1.08	0.89	0.90	0.98	1.51	1.46	1.39	0.86
小麦									
世界	**1.15**	**0.81**	**0.81**	**0.95**	**0.94**	**1.19**	**1.14**	**1.02**	**0.86**
高收入国家	1.11	0.83	0.80	0.90	0.92	1.20	1.17	1.04	1.03
发展中国家	1.22	0.77	0.81	1.02	0.96	1.18	1.13	1.00	0.75
亚洲	1.33	0.82	0.88	1.02	0.94	1.21	1.15	1.01	0.70
非洲	1.03	0.75	0.63	0.82	0.92	1.15	1.03	0.93	1.08
拉美和加勒比地区	0.95	0.57	0.67	1.11	1.07	1.02	1.02	0.97	0.84

数据来源：Anderson and Nelgen（2010b）。

[1] 权重为样本国家消费占全球消费的比重。

半。在最近的上涨周期里观察名义援助系数的变化，高收入国家的变化比例却小于发展中国家的变化比例，其中，大米表现不明显，而小麦则表现得非常明显。

a. 大米

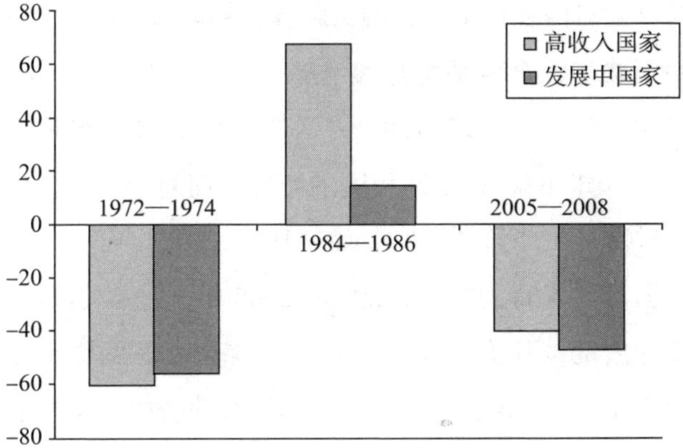

b.小麦

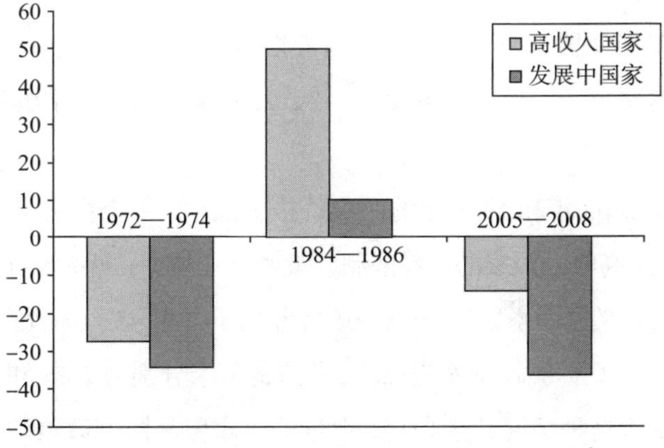

图 17-3　高收入国家和发展中国家大米和小麦的$\hat{T}_i s$

数据来源：Anderson and Nelgen（2010b）。

注：图中数据为 1972—1974 年、1984—1986 年、2005—2008 年的百分比变化。

假定在每个价格上涨周期的前半段，产出仅做出有限的反应，并且各国对每种产品的需求弹性（包括库存需求）都是相似的，我们设定 $\gamma_i s$ 为零，并使用公式 $\hat{p}^* = \frac{\sum_i H_i \hat{v}_i + \sum_i (H_i \gamma_i - G_i \eta_i) \cdot \hat{T}_i}{\sum_i (G_i \eta_i - H_i \gamma_i)}$ 估计价格隔离政策对国际价格变化的贡献度（隔离行为源于价格隔离政策，以负的消费加权全球平均 $\hat{T}_i s$ 变化表示）。表 17–1 中“世界”一行的数据显示，在 2005—2008 年，大米的估计值累计下降了 46%，这与 1972—1974 年下降 58% 是相同的幅度。而对小麦，全球加权的 $\hat{T}$ 在 2005—2008 年间下降了 28%，而在 1972—1974 年间下降了 30%。

根据世界银行的数据，2005—2008 年，大米的国际价格上涨了 127%，小麦的国际价格上涨了 114%。综合考虑贸易政策与其他冲击因素的相互影响，我们可以估计出非贸易冲击的大小。比较分析非贸易冲击与估计出的贸易冲击，可以发现，2005—2008 年，超过 45% 的可解释的国际大米价格变动，是由贸易限制政策引起的——这些国家试图借助贸易政策，隔离本国价格与最初国际价格。对小麦而言，相应的估值为 29%。仅在 2008 年，大米保护政策几乎解释了当年价格涨幅的 45%。

在 2008 年和 1974 年的两次价格上涨中，一个重要且令人鼓舞的不同是，高收入国家的贸易限制政策明显地减少。就大米而言，高收入国家的名义援助系数在 1973—1974 年间下降了 45%，而在 2007—2008 年间仅下降了 8%。对小麦而言，相应的数字分别为 28% 和 12%。

尽管这种情况让人期待，但这些国家贸易限制政策的减少，对国际大米市场的有益影响却十分有限，这是因为，在农业领域，高收入国家的消费仅占世界大米消费的 3%。而对小麦，上述国家的消费占世界消费的27%，贸易限制减少的好处可能要大一些。不管怎样，从贸易份额来看，发展中国家的贸易政策是国际市场稳定性的关键影响因素。

在发展中国家中，贸易限制政策也存在显著差异。如图17–4所示，与其他地区相比，在2006—2008年，亚洲国家的小麦国内价格上涨受到了明显抑制。这表明，与图17–1和图17–2不同，贸易限制政策在稳定部分地区价格方面，并非完全无效。事实上，贸易限制政策可能降低了某些地区的价格波动性，而增加了另一些地区的价格波动性。

在政府主导的贸易限制政策方面，大米和小麦能代表其他农产品吗？当前并没有反映最近的价格上涨周期且包含所有农产品的全球数据库，但有一个关于1972—1976年价格上涨周期和1984—1988年价格下跌周期的数据库。安德森和内尔根（2010a）将安德森和巴伦苏埃拉（2008）数据库里所有75个国家农业部门的名义援助系数分解为，对应于发展中国家和高收入国家的不同贸易政策和国内政策。表17–2总结了1972—1976年的价格上涨周期和1984—1988年的价格下跌周期的年度估计值。

在上述两个时期中，出口限制政策是发展中国家的主要政策工具，在价格上涨的1972—1996年，这些政策的重要性先上升后下降，而在价格下降的1984—1988年则相反。在高收入国家，几乎没有税收或其他出口限制政策，但出口补贴政策却类似于该时期的进口关税政策，即在价格上涨周期中呈U形，而在价格下降周期中呈倒U形。综合这些估计数据，大米和小麦的经验与其他农产品的经验在总体上是一致的，特别是，由于表17–2中的名义援助系数估计值包含了大量的非贸易产品，而这些产品的名义补贴比率通常倾向于等于零，因此，这会抑制总体估计值的同比波动。

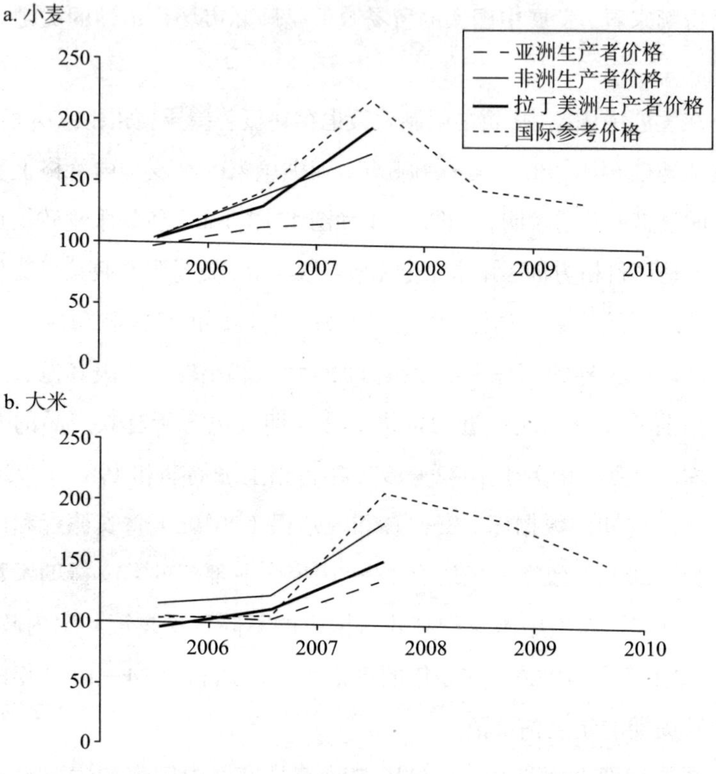

图 17–4　发展中国家：未加权的小麦和大米实际平均国际价格及生产者价格指数，2006—2010 年（2005=100）

数据来源：FAOSTAT（法国农业发展署统计数据）生产者价格（www.fao.org），以及来自世界银行展望报告的国际参考价格（www.econ.worldbank.org）。

结论与政策含义

作为国际粮食价格上涨的影响因素，贸易政策，特别是出口限制政策，经常得到广泛关注。本章研究了贸易壁垒在国际价格上涨中的负面作用。首先，本章强调了运用这些政策的集体行动问题，如果所有国家都采取这些措施，那么，其在稳定国内价格方面将是无效的，同时会放大外部冲击引起的国际粮价波动。我们设计了一个方法，用于测量价格隔离贸易政策对农产品国际价格波动的贡献，并使用该方法估算了贸易政策变化对大米和小麦等主要粮食作物国际价格上涨的贡献。

表 17–2　不同地区政策工具对全部农业 NRA[1] 的贡献（1972—1976 年、1984—1988 年）

	1972	1973	1974	1975	1976	1984	1985	1986	1987	1988
a. 发展中国家边境政策										
进口关税及等同政策	22	2	2	8	6	7	7	8	9	8
出口补贴	4	0	0	1	1	1	1	1	1	1
出口关税及等同政策	–26	–18	–24	–22	–9	–10	–10	–14	–19	–22
进口补贴及等同政策	–6	–5	–5	–2	–1	–1	–1	–1	–1	–2
所有边境政策	–22	–21	–28	–16	–4	–14	–3	–6	–11	–15
总体 NRA（含国内政策）	3	–14	–29	–17	–2	–15	–2	–5	–9	–13
b. 高收入国家边境政策										
进口关税及等同政策	25	18	15	21	30	33	34	50	49	42
出口补贴	4	2	1	2	2	2	4	7	7	5
出口关税及等同政策	0	–1	0	0	0	0	–1	0	0	0
进口补贴及等同政策	–1	–3	–3	–3	–1	0	0	0	0	0
所有边境政策	27	17	13	13	31	35	37	57	56	46
总体 NRA（含国内政策）	29	18	13	13	32	46	52	70	69	59

数据来源：Anderson and Nelgen（2010b）。

注：NRA 为名义援助比率。

[1] 所有数据是全部生产者补贴（包括国内价格、产品补贴等），除以非扭曲价格下的农业部门总产出。

我们的分析表明，对于主要粮食作物的国际价格在1973—1974年和2006—2008年的两次上涨，贸易政策的变化起到了显著作用。在2006—2008年的价格上涨中，价格隔离政策可以解释大米国际价格上涨的45%，而在2006—2008年的小麦国际价格上涨中，贸易保护政策几乎可以解释30%的涨幅。

图17-3中显示，与之前两次周期相比，在最近的价格上涨周期中，至少高收入国家调低了它们的名义援助系数。这与乌拉圭回合农产品协议相一致，这个随着1995年世界贸易组织创立而生效的协议，涉及绑定关税和补助的承诺。然而，我们发现发展中国家仍保留多种贸易政策，特别是它们依旧是出口限制政策的积极使用者，在协议要求的发展中国家关税和补贴远高于实际税率，而世界贸易组织在农产品出口政策方面缺乏有效约束的情况下，这一发现也并不矛盾。然而，在断言这些变化在多大程度上归咎于世界贸易组织规则的出现或缺失之前，必须对更多种类的粮食进行更具综合性的实证分析。

由于协议要求的进口关税和补助水平远高于历史实际税率（甚至很多高收入国家也是如此），充足的回旋余地使得这些国家可以提高税率，而不违反其对其他世界贸易组织成员的承诺。此外，由于缺乏出口限制的有效规则，世界贸易组织成员仍未解决出口方面“以邻为壑”的问题。如果引入一个特殊安全机制作为多哈发展议程协议的一部分，问题甚至可能变得更糟糕（Hertel，Martin and Leister，2010）。一个显而易见的解决方案是，达成一个集体协议以限制价格隔离政策的使用。或许最近发生在2006—2008年和2010—2011年的价格上涨，将促使世界贸易组织成员更努力地解决这一问题。

参考文献

Anderson, J. E., and J. P. Neary, 2005，*Measuring the Restrictiveness of International Trade Policy*（Cambridge, Massachusetts: MIT Press）.

Anderson, K., 1995, "Lobbying Incentives and the Pattern of Protection in Rich and Poor Countries," *Economic Development and Cultural Change*, Vol. 43, No. 2, pp. 401-23.

——, ed., 2009, *Distortions to Agricultural Incentives: A Global Perspective, 1955-2007*（Washington: Palgrave Macmillan and World Bank）.

——, ed., 2010, *The Political Economy of Agriculture Price Distortions*（Cambridge and New York: Cambridge University Press）.

Anderson, K., J. L. Croser, D. Sandri, and E. Valenzuela, 2010, "Agricultural Distortion Patterns since the 1950s: What Needs Explaining," in *The Political Economy of Agricultural Price Distortions*, ed. by K. Anderson（Cambridge and New York: Cambridge University Press）, pp. 25-78.

Anderson, K., and Y. Hayami, 1986, *The Political Economy of Agricultural Protection: East Asia in International Perspective*（London: Allen and Unwin）.

Anderson, K., M. Kurzweil, W. Martin, D. Sandri, and E. Valenzuela, 2008, "Measuring Distortions to Agricultural Incentives, Revisited," *World Trade Review*. Vol. 7, No.4, pp. 675-704.

Anderson, K., and S. Nelgen, 20l0a, "How Do Governments Respond to Food Price Spikes? Lessons from the Past," *Journal of International Commerce, Economics, and Policy*, Vol.1, No.2, pp. 265-85.

——, 20l0b, "Trade Barrier Volatility and Agricultural Price Stabilization," Policy Research Working Paper No. 5511（Washington: World Bank）.

Anderson, K., and E. Valenzuela, 2008, "Estimates of Distortions to Agricultural incentives, 1955 to 2007"（Washington: World Bank）.

Baffes, J., and T. Haniotis, 2010, "Placing the 2006/08 Commodity Price Boom into Perspective," Policy Research Working Paper No. 5371（Washington: World Bank）.

Bouët, A., and D. Laborde, 2010, "Economics of Export Taxation in a Context of Food Crisis: A Theoretical and CGE Approach Contribution," Discussion Paper No. 00994（Washington: International Food Policy Research Institute）.

Deaton, A., and G. Laroque, 1992, "On the Behavior of Commodity Prices," *Review of Economic Studies*, Vol. 59, No. 198, pp. 1-23.

FAO（Food and Agriculture Organization）, 2010, FAOSTAT database. Available via the

Internet: www.fao.org.

Feenstra, R., 1995, "Estimating the Effects of Trade Policy:" in *Handbook of International Economics*, Vol. 3, ed. by G. Grossman and K. Rogoff（Amsterdam: Elsevier）.

Freund, C. and C. Özden, 2008, "Trade Policy and Loss Aversion," *American Economic Review*, Vol. 98, No.4, pp.1675-91.

Hertel, T., W. Martin, and A. Leister, 2010, "Potential Implications of a Special Safeguard Mechanism in the World Trade Organization: The Case of wheat," *World Bank Economic Review*. Vol. 24, No. 2, pp. 330-59.

Hillman, A., 1982, "Declining Industries and Political Support Protectionist Motives," *American Economic Review,*, Vol. 72, pp. 1180-87.

Hochman, G., D. Rajagopaly, G. Timilsina, and D. Zilberman, 2010, "Quantifying the Causes of the Global Food Commodity Price Crisis, " Policy Research Working Paper（forthcoming; Washington: World Bank）.

Ivanic, M., and W. Martin, 2008, "Implications of Higher Global Food Prices for Poverty in Low-Income Countries," *Agricultural Economics*, Vol. 39, pp. 405-16.

Jean, S., D. Laborde, and W. Martin, 2010a, "Formulas and Flexibility in Trade Negotiations: Sensitive Agricultural Products in the WTO' s Doha Agenda," *World Bank Economic Review*, Vol. 24, No. 3, pp. 500-19.

——, 2010b, "Political Costs of Policy Reform," paper presented at the European Trade Study Group Annual Conference, Lausanne, September.

Johnson, D. G., 1975, "World Agriculture, Commodity Policy, and Price Variability," *American Journal of Agricultural Economics*, Vol. 57, No. 5, pp. 823-28.

Lindert, P., 1991, "Historical Patterns in Agricultural Policy" in *Agriculture and the State*, ed. by C. P. Timmer（Ithaca, New York: Cornell University Press）.

Martin, W., 1997, "Measuring Welfare Changes with Distortions," in *Applied Methods for Trade Policy Analysis: A Handbook*, ed. by J.Francois and K.Reinert（Cambridge: Cambridge University Press）.

OECD（Organisation for Economic Co-operation and Development）, 2010, Producer and Consumer Support Estimates database, 1986-2009. Available via the Internet: www.oecd.org.

Robles, M., M. Torero, and J. von Braun, 2009, "When Speculation Matters," Issue Brief No. 57（Washington: International Food Policy Research Institute）.

Rodrik, D., 1995, "Political Economy of Trade Policy," in *Handbook of International Economics*, Vol. 3, ed. by G. Grossman and K. Rogoff（Amsterdam: North Holland）, pp. 1457-95.

Timmer, P., 2010, "Reflections on Food Crises Past," *Food Policy*, Vol.35, pp. 1-11.

Tyers, R., and K. Anderson, 1992, *Disarray in World Food Markets: A Quantitative Assessment*（Cambridge and New York: Cambridge University Press）.

World Bank, 2008, "Rising Food Prices: Policy Options and World Bank Response," paper prepared as background to the meetings of the Development Committee, April. Available via the Internet: siteresources.worldbank.org/NEWS/Resources/risingfoodprices_backgroundnote_apr08.pdf.

第十八章　大宗商品管理的透明度与公民组织的作用

安托万·厄蒂

引言

2008年，世界各国及国际组织对撒哈拉以南非洲的援助总额达到360亿美元。与此同时，该地区的自然资源收入达到了2,400亿美元。非洲有超过3/4的地下资源有待开发。如果估计准确的话，石油、天然气以及矿产将有可能成为自然资源丰富的中低收入国家最重要的发展资金来源。获得矿产收入并有效运用，这需要许多自然资源丰富的国家加强制度与政策建设。为了确保资金运用于公共福利开支，

作者感谢卡琳·利萨克斯（Karin Lissakers）、阿克拉姆·叶萨诺夫（Akram Esanov）、亚历山德拉·吉利斯（Alexandra Gillies）、帕特里克·海勒（Patrick Heller）、丽贝卡·莫尔斯（Rebecca Morse）、罗伯特·露比（Robert Ruby）、约翰尼斯·斯克勒德（Johannes Schreuder）的评论和支持。

安托万·厄蒂（Antoine Heuty）是税收观察组织（Revenue Watch Institute）的副总干事。

政府、公民社会组织和媒体等都应发挥相应的关键作用。

最近，国际货币基金组织发表了一篇关于安哥拉的报告。这份报告指出，石油和矿产资源丰富，但经济和政治治理水平较低的国家，会因透明度和问责制的缺失而付出沉重的代价。国际货币基金组织发现，从2007年至2010年，安哥拉政府基金中有320亿美元不知去向，相当于该国国内生产总值的1/4。为此，安哥拉政府正在准备起草一篇报告，主要内容是研究安哥拉国家石油公司收入和预算的差额。

在安哥拉事件之前，曾发生过对西方公司腐败的指控（Global Witness，1999），该指控引发了安哥拉政府的重大改革。安哥拉政府希望通过改革，增强经营许可中的透明度和公开性。从目前情况看，尽管安哥拉拥有丰富的自然资源，但在2011年联合国开发计划署人类发展指数排名中，安哥拉却排在187个国家中的第148位。安哥拉以及其他自然资源丰富的低收入国家的石油部门，都因管理不善和缺乏透明度而付出了巨大的代价。透明度的缺失也会损害政府运用采掘部门收入，进而稳定经济、使其免受自然资源价格波动影响的能力。2008年的全球金融危机中，国际自然资源价格的剧烈波动迫使安哥拉政府开始寻求国际金融机构的援助。

透明度，对所有的利益相关者而言，都意味着能够及时、高质量和可信赖地获得有关经济、社会和政治的信息（Bellver and Kaufmann，2005），这对提高自然资源管理机构的能力具有重要作用（Arezki，Hamilton and Kazimov，2011）。国际货币基金组织在关于安哥拉的报告中，阐述了国际金融机构和国际社会组织在加强石油、天然气以及矿产收入管理透明度方面应起到的作用。该报告同时还强调，在安哥拉以及其他自然资源丰富的国家里，公民社会组织和媒体等都很难获得石油、天然气以及矿产方面的信息，因此，很难对政府进行问责和监督。

为采掘部门制定透明度准则，公民社会组织发挥了重要作用。自1998年以来，诸如全球证人组织、人权观察组织及财政观察研究所等公民社会组织发起了多个全球性的倡议，呼吁公司企业和政府组织公开石油和矿产收入数据（Global Witness，1998；Human Rights Watch，1999；Tsalik，2003）。2002年，多个公民社会组织成立了一个联盟——“企业公告支出促进联盟”（van Oranje and Parham, 2009）。目前该联盟在30个国家拥有超过600个机构成员。

通过世界银行的《采掘工业评论》（*Extractive Industry Review*）（Salim，2004；World Bank，2004）、国际金融公司可持续发展框架评论（*the review of the International Finance Corporation's Sustainability*）以及国际货币基金组织（2005）的《资源收入透明度指引》（Guide to Resource Revenue Transparency），国际货币基金组织和世界银行也致力于推进透明度的发展。《资源收入透明度指引》对自然资源丰富的国家设定了原则——该原则旨在管理自然资源收入，制定国际货币基金组织财政透明度行为规则，该行为规则能满足自然资源丰富国家的特殊需求，认定并解释在自然资源收入透明度管理方面被广泛认可的最佳管理行为。[1] 国际金融机构在促进石油、天然气以及矿产资金管理方面发挥了重要作用。

2002年，在约翰内斯堡的可持续发展峰会上，英国前首相托尼·布莱尔提出了采掘工业透明度倡议。志愿加入的国家需要承诺定期公开公司和政府资源收入的来源和支出数据。目前采掘工业透明度倡议已被35个国家实施，并且被大多数大型采掘公司、广大捐助国家以及相当数量的投资者认同。

近期发生的改革，可能为强化公共福利领域对石油、天然气和矿产收入的运用提供新机遇。2010 年，美国的《多德—弗兰克法案》要求在证券交易委员会登记的石油和矿产公司公布其对政府的支出数额。2011 年 10 月，欧盟委员会要求欧盟地区公司按国家和项目逐一公开其在石油、天然气、矿产和林木方面对政府的支出。

最近十年来，尽管已经取得了重大进展，但仍有许多国家还远远没有发挥其增长的潜能。在被国际货币基金组织划定为自然资源丰富的 50 多个国家里，超过 15 亿居民的生活水平不足每天 2 美元。自然资源丰富但政府弱势的国家，没有获得应该得到的自然资源收入，也没有将自然资源收入最大化地运用于经济发展。从 1981 年至 2006 年，尼日利亚的石油收入翻了一倍，而年人均收入却下降了 300 美元。东帝汶的石油储蓄账户有 80 亿美元，但该国却有近一半 5 岁以下儿童由于营养不足而发育不良。没有合理的收入管理，自然资源只能带来贫穷和冲突。

本章阐述了大宗商品价格波动管理及促进包容性增长中透明度的重要性，为理解监管者在石油、天然气以及矿产部门的职能提供了一个框架。本章要证明透明度的重要性，不仅因为透明度可以使财政政策更有效（以此减轻大宗商品价格波动的影响，并促进资源的合理配置），也因为透明度可以使社会公众相信，自然资源收入增长的福利会被再次分配而不会被少数人窃取。对现有透明度倡议的严格评价及自然资源管理改革的评论，都将为政府、公民社会组织以及媒体等将自然资源运用于经济发展提供帮助。

在自然资源管理中，为什么透明度和监管者如此重要？

有越来越多的国家依赖能源收入，这种趋势会对政府的透明度和问责制造成损害。在过去的十年间，许多石油生产国中，碳氢化合物收入占政府预算的比重大幅增加。从1996年至2010年，依赖大宗商品收入的中低收入国家的数量从46个增加至61个，增加了30%（Haglund，2012）。例如，在刚果民主共和国，石油收入占收入和捐赠总额的比重由1995年的50%上升至2009年的70%。在撒哈拉以南非洲自然资源丰富的国家，总预算中的自然资源收入占国内生产总值的比重由1980年的11.7%上升至2005年的24%。与自然资源丰富的国家相反，在撒哈拉以南的非洲国家，自然资源贫瘠国家的财政收入在同一时间段内几乎没有变化，这也证明自然资源收入推动了财政总收入的增长。

艾沙姆等（2005）发现，自然资源越集中、越丰富的国家，政府机构的管理能力越弱。萨拉－伊－马丁和苏布拉马尼（2003）证明，在尼日利亚，自然资源集中度与经济增长之间存在负相关关系。财政观察研究所的财政观察指数（2010）对41个自然资源丰富的国家公布的有关石油、天然气以及矿产的信息进行评价，它发现大部分国家自然资源部门很少公开披露信息。布罗迪加姆、菲耶尔斯塔和摩尔（2008）发现，发展中国家对自然资源收入的依赖程度与政府机构能力之间存在关联。石油生产国财政的不透明性与财政资金的来源有直接联系。政府通常需要承担的公共责任在自然资源丰富的国家中几乎不存在，这是因为政府的收入可以自给自足，而无须向公民征税。这也意味着，对自然资源收入的获得和使用需要更强有力的公共监督。还有一种更为彻底的方法，即将自然资源收入直接分配给全体公民，再以征税的方式支持公共支出，由此重新构建社会契约关系（Devarajan and others，2011）。[2]

在大多数国家（除了非常特殊的国家，例如美国）中，自然资源属于公共财产。在《公民权利和政治权利国际公约》（International Covenant on Civil and Political Rights）中，第一章就阐述了“所有人均可以按其目的自由处置所拥有的财富和资源”（Wenar，2008）。政府是自然资源财富的管理者。石油、天然气以及矿产资源丰富的国家面临诸多问题，这为对自然资源管理进行全面公民监督提供了充足的理由。考夫曼和贝尔维（2005）解释道：

> “经济发展的关键在于政府与公民之间的社会契约，即公民赋予政府行政权力，相应地，需要政府承担责任作为回报。然而，俘获式或掠夺式政府领导下的国家，增加透明度的改革可能受到社会利益团体或政府机构内部的利益团体的强烈抵制。这种情况下，改革的切入点在于公民社会组织，以及与信息披露的潜在受益者结成新联盟。”

我们需要对采掘公司、政府及公民之间的多种信息不对称进行认真研究，这样才能理解在自然资源丰富的发展中国家中，社会契约的不透明和脆弱性。低收入国家的政府往往并不了解本国自然资源的地理分布及经济信息，这会造成自然资源谈判中的信息不对称和力量不均等。[3] 同时，政府在石油、天然气以及矿产领域的开放度不够（Revenue Watch Institute，2010），进一步加剧了公民与政府、政府内部各部门之间信息的不对称。信息不对称影响了对政府的问责制，并且会诱使一些政府官员使用手中的权力为自己谋取私利，而不是为社会公众谋福利。在政府内部，信息不对称同样也会造成国有公司和资源管理部门的垄断，损害公共资源的合理配置。

对石油、天然气以及矿产资源的管理缺乏透明度，将会对大宗商品价格波动管理、长期经济增长产生不利影响。在石油、天然气和矿产等资源丰富的国家中，政府支出与大宗商品价格相关（Cuddington，1989）。大多数自然资源丰富的国家的财政状况都表现出顺周期性，制约了这些国家应对大宗商品价格冲击的能力。阿尔扎基、汉密尔顿和卡季莫夫（2011）认为，在应对大宗商品价格波动的冲击方面，政府应当发挥重要作用。由于缺少透明度而导致的信息不对称对财政政策带来了负面影响。

例如，由于有关石油部门的信息不明晰、不准确，尼日利亚财政部无法对石油收入做出准确估计，同时政策制定也受石油价格的制约，造成财政预算中石油收入的隐蔽性更强。2011 年尼日利亚石油收入的预测值与实际值之间的偏差高达 39%。尼日利亚的案例表明了在自然资源管理中透明度与问责制之间的联系。由于缺乏透明度，财政政策无法充分发挥逆周期的作用，这削弱了公共投资的有效性，并对经济增长造成了损害。

透明度和监管力度不足也带来了资源配置的无效率以及经济增长的低效率。自然资源收入的浪费和不合理配置会损害一国经济的增长与发展，最明显的例子是腐败问题。阿尔扎基和布鲁克纳（2011）发现，在 1992—2005 年，在 30 个石油出口国中，石油租金与腐败存在关联。缺少透明度使政府能够批准“白象”项目（white elephant）*（Robinson and Torvik，2005）。自然资源丰富的国家往往对教育投资不足（Gylfason，2001），这进一步说明了政府对自然资源的依赖性

* 无价值的项目。——译者注

会损害公共投资政策。自然资源丰富的经济体追求多元化发展，有时会催生一些不透明、不负责任的投资基金和投资机构。哈萨克斯坦国家福利基金（Samruk -Kazyna）不仅没有将自然资源部门的收入投入到生产性部门，相反，还助长了金融泡沫和房地产泡沫，迫使政府不得不对银行采取救助措施（Heuty，2011）。

透明度、问责制及不公平之间的内在联系，表明了在石油、天然气和矿产资源管理中公民的权利与监督的职能。博格和奥斯特里（2011）发现，在喀麦隆、厄瓜多尔和尼日利亚，经济增长与收入分配之间存在关联性。在上述三个国家中，自然资源部门的不透明使得自然资源收入被少数政治精英攫取，这不利于长期的经济增长。古普塔、达乌迪和阿朗索·提米（1998）以及伯伦蓬（2002）证明，在 21 个石油、天然气以及矿产资源丰富的非洲国家中，腐败、经济增长与收入不公平之间存在关联。

自然资源暴利与经济发展之间的关联，更加突出了在应对大宗商品价格波动及提高公共支出效率方面，透明度和问责制具有极端的重要性。为确保自然资源收入不被少数精英阶层攫取，公民、政府、社会组织及媒体都应充分发挥作用。下一部分，我们将对现有的透明度倡议（尤其是采掘工业透明度倡议）进行回顾和总结，以评价其对经济发展的现实影响和潜在影响。

当前的透明度倡议，尤其是采掘工业的透明度倡议，是否有助于低收入国家改善发展成果？

在过去五年中，采掘资源管理方面的透明度和问责制不仅已经被提上议事日程，而且被排在国家、地区和国际政策安排的最前面，这也是公民社会组织、创新型公司以及各国政府努力的结果。目前，对采掘部门的有效监管，被认为是自然资源丰富的国家成功的关键。自从2003年实施以来，采掘工业透明度倡议成为石油、天然气和矿产收入透明度的国际规范，已经被大部分自然资源丰富的国家所采用，包括印度尼西亚、伊拉克和挪威。最近美国也承诺实施该项倡议。

在国家层面上，采掘工业透明度倡议对公司支出和政府收入进行严格监督。各个国家都建立了自己的采掘工业透明度倡议流程，由政府、公司和公民社会组织组成的多方利益群体对该流程进行监督。国际委员会和秘书处对实施过程的政府公信力进行监督。采掘工业透明度倡议是提高自然资源部门透明度及披露石油、天然气和矿产巨额收入的主要途径。采掘工业透明度倡议的“确保一致过程”对不一致情况及收入流出的潜在途径进行确认，以保障经济的包容性增长。例如，利比里亚的第一份采掘工业透明度倡议报告发现，该国公司存在10万美元的支付缺口，之后由政府补足。2005年，尼日利亚的报告指出，超过5亿美元的石油税收没有收缴或者下落不明——该金额超出该国政府当年农业领域支出的7倍。坦桑尼亚的采掘工业透明度倡议报告指出，2008年该国公司缴纳的税收还不及员工收入的所得税。

除了收入透明度，采掘工业透明度倡议“多方利益相关者流程”提供了一个框架，以此进行利益相关者之间的政策对话，并确保倡议的一致性。与减贫战略文件（Unlike Poverty Reduction Strategy Papers，PRSPs）和环境影响评价（Environmental Impact Assessments）不同，采掘工业透明度倡议赋予公民社会组织在关键决策中的参与权与投票权。根据参与采掘工业透明度倡议的公民社会组织的一项调查（Dykstra，2011），在多方利益相关者框架下，公民社会组织的参与权和政策对话是采掘工业透明度倡议最为成功的一面。多方利益相关者论坛为讨论审计报告提供了一个平台，这有助于确保政府的问责机制，强化社会契约，提升公众对政府管理自然资源的信任度。

国家的决定权大于采掘工业透明度倡议，而且具体实施方法具有灵活性，这使得政府能够根据具体需求来制订实施方案，只要能够满足倡议标准的最低要求即可。利比里亚决定将林业纳入国家流程的范畴；而尼日利亚采用实体和流程审计，因此对国家石油和天然气部门的分析更加完整。尼日利亚和利比里亚通过采掘工业透明度倡议立法，将它们的改革形成法律，确保倡议的实施。

2011年，伊拉克发布的第一份采掘工业透明度倡议报告进行了创新，将确保一致流程应用于出口销售。该报告将政府出售原油的数量和价值与购买者收到的数量和支付的金额进行对比。通过这种方式，伊拉克成为第一个将出口销售纳入采掘工业透明度倡议体系的国家。然而，伊拉克发布的报告中并没有包含生产公司在支出方面的数据，与其他采掘工业透明度倡议报告及倡议的要求相比，这是伊拉克报告中的最大不足。

多数大型石油生产商的出口收入远远超过其缴纳的税收。通常国家石油公司获得原油收入的大部分，因为它们代表国家拥有部分或全部的所有权，或者因为它们从实际开采的公司那里获得石油作为利润。有两种交易可以确保石油收入。第一，国家石油公司决定石油的买家（选择范围包括大部分外国炼厂、大宗商品交易者及国内炼厂）及交易价格。这决定了国家石油公司将获得的石油收入。第二，国家石油公司会通过直接支付、分红及其他方式，将其一部分收入转移至国库。对石油出口国而言，国家石油公司转移的金额、时间及对象都会对石油收入产生影响。伊拉克政府在其采掘工业透明度倡议中强调其他国家缺少类似的报告（尤其是考虑到交易规模），同时，该国也强调信息完整的必要性，不仅应包括销售额的信息，而且还要包括石油收入如何转化为国家收入的信息。

采掘工业透明度倡议的实施，也可以被看作鼓励投资、降低借贷成本及刺激经济增长的“信号”。叶谢诺夫和赫勒（2011）指出，随着尼日利亚采掘工业透明度倡议的实施，及一些增加透明度政策的推出，国内利率相对于美国国债利率的溢价（在2002—2003年间）由13%下降至6.9%，2006年继续稳步下降。这与格兰内斯特和申（2008）的结论一致。他们发现，致力于增加透明度的国家，借款成本会逐渐降低。

然而，在对采掘工业透明度倡议（Ölcer，2009；Kolstad and Wiig，2009；Shaxson，2009）的评估中，一些人对该倡议在自然资源丰富的国家中的作用提出了质疑。例如，在采掘工业透明度倡议等透明度倡议中，预期到的改进（公信力、反腐、公共服务的提供、参与权等）恰好是透明度倡议中提出的目标（Mejia Acosta，2010）。吉利斯和厄蒂（2011）也强调，缺少一个清晰的转变模型来解释透明度与一系列积极结果之间的联系，同时衡量标准问题也需进一步讨论，这会给合理评价采掘工业透明度倡议等透明度倡议的实际作用带来影响。

出于国际公信力的考虑，有时一些国家的政府采用采掘工业透明度倡议，以此得到国际援助。因此，采掘工业透明度倡议的设计和实施，可能侧重于解决外部参与者与政府之间的信息不对称，而不是侧重于解决社会公众与政府之间的信息不对称。在实践中，对于一些国家（包括喀麦隆、乍得共和国、刚果民主共和国、刚果共和国以及塞拉利昂等）来说，采掘工业透明度倡议是借入外债的前提条件。尽管这些“制约条件”（governance conditioality）会带来必要的改革动力，但这些国家仍需要建立一个真正的民主制度，需要透明度的长期持续改善。媒体能获得的采掘工业透明度倡议信息、议员对信息的使用，好像十分有限。采掘工业透明度倡议规则要求，其结果要在公共媒体上公布。然而，关于采掘工业透明度倡议的公共宣传却简化成为一大堆原始财务数据，社会公众很难理解其中的含义。

公民社会组织、媒体等利用可得信息，保证对本国政府问责制的实施，这是采掘工业透明度倡议促进经济发展的重要条件。通常，国会缺少对应用性财政政策的理解，这成为分析石油和矿产投资决议的障碍。在大多数国家，由于公民社会组织缺少专业知识，很难真正理解采掘工业透明度倡议报告中的信息。

采掘工业透明度倡议的实施过程所受到的政治方面的制约和牵制会弱化倡议的公信力和适用性。例如，阿塞拜疆定期向地方政府公布自然资源基金信息和财政收支转移信息（Revenue Watch Institute，2010），然而却不给本国公民个人提供一些讨论石油和天然气收入管理及公共支出质量的机会。并且，政府推选的公民社会组织有时会在采掘工业透明度倡议实施的合法性方面妥协。高蒂尔和佐法克（2011）讨论了在喀麦隆发生的事情，即所有采掘工业透明度倡议的多方利益相关者因其获得的巨额收入而产生利益冲突。

采掘工业透明度倡议报告的质量和可用性较低，从而限制了报告的实用性。吉利斯和厄蒂（2011）通过对 23 个国家公布的 50 份报告中的收入数据进行分析，得出了如下结论：除非定期公布采掘工业透明度倡议报告，且报告包含综合、可靠的数据并有基本的可比性，否则，其作为信息来源的价值仍然十分有限。考虑到报告的外部导向，即无论报告的质量如何，发布报告的国家获得的信任水平都是相同的，报告的质量低、实用性差也就不奇怪了。

应赋予自然资源丰富国家的公民以权利，以确保该国政府在石油、天然气和矿产巨额收入的使用方面可以被问责。就此而言，目前采掘工业透明度倡议及其他透明度倡议的涵盖范围仍是主要障碍。采掘工业透明度倡议限定于税收收入方面的透明度，仅仅包括采掘部门的部分收入，通常不包括对经营权和特许权审批、募集收入管理（尤其是自然资源基金和国有控股公司）及预算过程中租金的实际分配的检查。科尔斯塔德和威格（2009）强调，采掘工业透明度倡议可能仅仅对预算领域的收支腐败问题进行追踪，这明显弱化了该倡议在限制收入漏损及促进资源配置效率方面的作用。采掘工业透明度倡议仅仅关注预算内的资金流动，对预算外资金的限制进一步减弱了该倡议的适用性。2006 年，委内瑞拉国家石油公司在特别项目、国家发展基金的发展投资项目及其他转移机制上的支出，占石油总收入的 1/3 还多，这相当于政府预算支出的 37%（Manzano and Scrofina，即将出版）。《国家资源宪章》[4] 为如何提高自然资源管理的透明度提供了指引。它以现有的倡议（例如采掘工业透明度倡议和赤道原则）为基础，为政府和公民社会组织提供了必需的工具和知识，以避免对逐渐减少的自然资源的不当管理，确保当前利益和未来收益。相对于已存在的倡议，该宪章是一种在石油、天然气和矿产资源管理方面更加综合的方法。然而，对于推进自然资源丰富的国家的改革，它仍旧缺少一个清晰的、可操作的框架。

对于自然资源基金（主权财富基金的分支）的管理，采掘工业透明度倡议也存在一些局限，从而无法帮助自然资源丰富的国家建立起抵御大宗商品价格波动的有效财政缓冲。截止到 2010 年 12 月，全球主权财富基金管理的资产为 4 万亿美元。经济合作与发展组织预计，到 2015 年，主权财富基金管理的资产将达到 10 万亿美元。在主权财富基金管理的资产中，大约有 70% 来自于石油、天然气和矿产方面的收入（Preqin，2010）。这些基金大部分缺少透明度，而且一些政府投资的目的有可能是基于政治的或者地缘政治的角度，而不是纯粹地基于收益的角度，这些都引起了市场参与者的广泛关注。2008 年 10 月，26 个主权财富基金签订了一项自愿性的原则，即主权财富基金公认的准则和实践，也称作圣地亚哥原则（Santiago Priciples），承诺要努力达到透明、良好治理和问责制的标准。

透明度框架的核心要求是，主权财富基金披露其法律框架、定义及政治目的，并且公布投资和撤回资金的安排。然而，透明度框架的具体实施则由主权财富基金自主进行，这也解释了为什么该框架的实施有多种版本。例如，巴林、科威特、卡塔尔、俄罗斯主权财富基金的信息披露非常少。在非洲地区的 15 个主权财富基金中，只有 3 个（博茨瓦纳、赤道几内亚、利比亚）签署了圣地亚哥原则（Triki and Faye，2011）。相对于圣地亚哥原则的基本标准，签署圣地亚哥原则的非洲国家排名非常靠后。

透明度框架为市场而非自然资源丰富的国家的问责制提供了一个例证（Heuty，2011）。由于自然资源是公共财产，自然资源的收入和管理理应接受公共的监督。对自然资源基金管理的黑箱操作在理论上是站不住脚的。最近，一份由主权财富基金国际论坛（2011）发布的报告指出，“一些成员国在披露信息方面仍然面临制约”，在 26 个成员国中，只有一半国家“确定资金的转移和撤回是年度预算的一部分”。

2011 年 2 月，采掘工业透明度倡议国际委员会，对倡议提出了更加严格的要求。这些新规定能够填补目前框架的空白、增加倡议的影响力吗？新的框架确定了更为严格的规定，以此建立采掘工业透明度倡议中公民社会组织的地位和影响力，并改善采掘工业透明度倡议报告中信息披露的及时性和可用性（Saunders，2011）。目前，一国必须拥有包含多方利益相关者的群体，而且在该项进程的初始群体成员中要有公民社会组织代表，这样可以保证公民社会组织参与到最初阶段，包括工作计划的设计和批准。在“同意阶段”之后，国家必须每年发布报告，所使用的数据为前两个财政年度的数据。新的规定也对自然资源支出进行了明确定义，并且要求更为综合性的报告，包括地方政府转移支付、易货贸易及相关社会支出等信息。

新框架的实施应加强采掘工业透明度倡议的适用性，并赋予公民社会组织更多的参与权。然而，只有按照公司、收入流（特许权税、利润税等）、大宗商品（石油、天然气等）及项目划分时，采掘工业透明度倡议报告才最有用。按照公司和项目划分的数据，有助于确定报告中差异的来源，可能会在政府与公司之间的合同是否公平、是否对当地居民有利等方面提供信息。已经有12个自愿实施采掘工业透明度倡议的国家[5]公布了按照公司划分的数据，但还有很多国家没有这么做，而且新的规定也没有强制要求。这些缺陷制约了采掘工业透明度倡议报告的实用性，同时也表明了美国《多德—弗兰克法案》（Dodd-Frank Act）和欧洲相关法案的不足。

透明度和问责制的改革为包容性增长提供了新选择

美国和欧盟按国家划分的报告

透明度和问责制的改革（通常由公民社会组织推动）为改善石

油、天然气和矿产资源管理，将自然资源收入用于公共福利提供了机遇。2010 年 7 月，美国国会通过了《多德—弗兰克法案》的第 1504 条款，要求所有在美国证券交易委员会注册的公司，公开披露其为获取石油、天然气和矿产资源而支付给政府的金额，该法案要按照公司运营所在国及单个项目逐一划分金额。2011 年，欧盟也发布了相关法案，要求在欧洲证券交易所上市的公司和总部设在其成员国的大型私人公司，公开披露其为获取石油、天然气、矿产和林木而向政府支付的金额，同样按照国家和项目逐一划分。整体来看，这些要求涵盖了国际采掘行业市值的一半左右。

上述法案有助于遏制腐败。尤其是欧盟的法案，要求公司必须对与地方政府和当地团体有重要关系的收入做出说明，以确保公民能够对其进行监督，也赋予了投资者合理评估发展风险的权利。

但是，在美国的法律和欧盟的法案中，有关披露政府特许税、分红及税收支出的条款还存在缺陷，从而无法保障自然资源丰富的国家获得发展红利。同样重要的是，需要建立监管和保障制度，以确保石油、天然气和矿产公司向政府支付应缴纳的税款。研究表明，除了政府的腐败行为之外，逃税和跨国公司的避税行为也给发展中国家造成了巨大的损失，每年的收入损失超过 1 万亿美元（Dev and Freitas, 2011）。采掘公司最有动力利用避税手段及积极的税务筹划。同时也有理由相信，自然资源丰富国家（尤其在非洲）的非法资本外流水平高于发展中国家的整体水平。

除了公开政府的账面支出之外，详尽、可靠的公司财务信息也有助于税务管理机构和公民监督该公司履行财政义务。基于这个原因，具有国际性质的公告支出促进联盟（Publish What You Pay campaign）及其他机构都建议，按国家划分的强制报告标准，不应该仅局限于向政府的支付，还应该拓展至在凡是公司经营涉及的国家，公司都应按照该标准公布利润、生产规模、销售收入、集团内部交易或融资、资产和人员信息。

合约透明度标准的提出

在公民社会组织和社会公众的压力之下，政府正逐步使采掘领域的合约公开化。为了确保公民有能力评价自然资源交易是否合算，合约透明度至关重要。财政观察研究所（2010）已经对合约透明度做了说明，并引发了关于黑箱操作的讨论。企业公告支出促进联盟及其他公民社会组织也呼吁建立合约透明度标准，以确保对政府和采掘行业公司之间的交易进行公共监督。利比里亚、秘鲁和东帝汶已经对本国的相关合约进行了公开披露，并没有对自然资源部门的投资造成任何负面影响。另外，许多公司也做出承诺，将公开其最重要的石油和矿产协议。

地方公民社会组织开展声势浩大的倡议运动之后，尼日利亚出台了新的规章，要求所有石油和矿产合约在官方报纸上公开刊登。[6] 塞拉利昂通过了新的石油法案，要求公布所有石油合约。加纳能源部公开了最重要的能源协议，使社会公众可以从互联网上下载。刚果民主共和国公布了一系列矿产和石油合约。几内亚通过新的矿产法案，要求对所有合约在官方报纸和政府网站上进行公开。在伊拉克，库尔德斯坦作为一级地方政府也公开了其石油共同开采的协议。那些已经将合约在互联网或公共媒体上披露的国家必须确保这一行动能够持续进行，而且新协议必须接受公众监督。公民社会组织和研究者可以利用这些机会，对相关合约进行更好的分析。

通过透明度以及公民参与，私人部门也可以获得收益。赫尼什、多罗班特和纳尔泰（2011）发现，在26个公开交易的黄金矿产公司中，其市场份额的近2/3与利益相关者的政治或经济利益有关。

对国家主权财富基金的监管

更大范围的透明度倡议可以赋予公民以更加积极的角色，使其对石油、天然气和投入自然资源基金的收入进行监管。公民和国会的监管能够对圣地亚哥原则提供一些补充，由此改善主权财富基金抵御大宗商品价格波动的能力，并且确保将主权财富基金的收益应用于公共福利。加纳公共利益和问责制委员会的成立（见专栏18-1），说明公民社会组织能够对自然资源进行有效的财务监督和管理。

专栏18-1　加纳公共利益和问责制委员会

2007年，加纳海岸发现了具有巨大商业价值的原油，2010年12月开始开采。由于探明的石油储量为5亿桶，每天最高产量为12万桶，加纳由此成为一个小有名气的石油生产国。2011年4月，加纳国会颁布《石油收入管理法案》（Petroleum Revenue Management Act, PRMA），以此对新的石油部门取得的收入进行管理。法律规定，国家应当将石油收入的30%以上的份额储蓄起来，由遗产和稳定基金（Heritage and Stabilization Funds）管理，使之能够用于促进经济可持续增长、抵御石油价格波动，并且让这种有限资源所带来的收入惠及子孙。

该项法案规定，石油收入的剩余部分不能转移至海外账户，而应当投资于加纳经济体的生产性部门。由于公民社会组织参与到石油收入管理方面的讨论中，因此最终出台了更为严格的透明度和监管条款。石油收入管理法案对石油基金资产和投资的报告制度进行了严格规定，包括创立一个独立的监管机构，即多方利益相关者公共利益和问责制委员会（Public Interest and Accountability Committee, PIAC），来对法律的遵守情况进行监督。

公共利益和问责制委员会的主要目标包括三个方面的内容。第一，“对政府和其他相关机构遵守该法案的情况进行监督和评价”。第二，“为公共讨论提供空间和平台……讨论内容为（石油）收入的应用是否以经济发展为导向”。第三，“对石油收入的管理和使用提供一个独立的评价”（Government of Ghana，2011）。

公共利益和问责制委员会只有建议权，不具有正式权力，不能强迫政府改变支出政策。由于公共利益和问责制委员会中的13个成员是加纳社会中的权威人士，因此他们有很大的社会影响力，会对政府的政策制定产生影响。公共利益和问责制委员会的成员包括宗教、风俗和专业组织，公民社会组织和社团群体，交易协会以及加纳采掘行业透明度倡议组织。加纳公共利益和问责制委员会每两年发布一次报告，主要内容为政府业绩以及社会所关注的问题。

加强地方政府的透明度

随着透明度的提高，地方政府的石油、天然气以及矿产租金的转移和使用受到了监督，这强化了问责机制，促进了公共服务领域改革。尽管自然资源收入披露与实际公共服务（健康和教育等）之间的因果关系比较复杂（Gillies and Heuty，2011），但诸如采掘业透明度倡议之类的多方利益相关者倡议，如果能够拓展到地方层面，将为地方建立起一种新的问责机制。

政府会将石油、天然气和矿产收入中的很大一部分分配给州政府或者地方政府，让其承担提供公共服务的责任。然而这些收入的转移方式通常是不透明的，也不属于常规性的计划，而且州政府或者地方政府管理资金的能力通常较低。

秘鲁国内采掘业透明度倡议是在国家层面实施的，对于在地方政府层面实施采掘业透明度倡议并没有样本可以借鉴。公民提案组织

（Grupo Propuesta Ciudadana，GPC）建立了一个综合体系，用来监督地方政府和市政当局的石油、天然气及矿产租金的转移和使用。公民提案组织与地方管理机构建立了合作关系，使得政府能够提高预测收入、减少价格波动的能力。在印度尼西亚，地方信息和研究中心在两个新的石油产区（布劳拉和博佐内格罗）建立起一个区域性的多方利益相关者的平台，以确保预算定期披露。在这两个地区，地方倡议的建立均增加了收入转移的可预测性，并对政府形成压力以确保将石油收入运用于当地经济发展中去。例如，2011 年博佐内格罗的教育预算增加了 27%。印度尼西亚地方层面实施相关的透明度和问责机制，为国家层面实施采掘业透明度倡议提供了借鉴和动力来源。这些倡议作为问责机制的一部分，有效地促进了良好的管理和更好的公共服务。[7]

透明度和问责制的新技术

新技术可以增加采掘业透明度倡议和其他透明度倡议披露的信息的及时性、可使用性和适用范围。采掘业透明度倡议成员国已经公布了 50 多份报告，这些报告包括了有关石油和矿产收入的数据。但是，由于能力所限，社会公民组织并没有对其完全利用；而且由于报告质量较低，投资者也不能很好地使用。财政观察研究所在互联网上建立了一个数据库，用来查阅和共享报告数据，并分析报告质量。这个工具[8]提供了采掘业透明度倡议报告的记分卡，允许用户浏览各国概要、按指标查看分析以及国别比较结果。采掘业透明度倡议数据和新的数据来源（例如国际货币基金组织第四条款的磋商报告中的收入数据）之间的联系，可以使公民通过比较采掘业透明度倡议过程中所报告的数据和进入预算的资金流，增强问责能力。

国际货币基金组织更常规性、系统性的数据（标准化、电子化）披露，也能够使公民将其用于与流入主权财富基金的收入、国家采掘公司保留的收入或者转移至其他预算外机构的收入等数据进行比较。这些信息会引起关于流入国家自然资源基金和国家采掘公司保留的石油、天然气和矿产收入的讨论。《多德—弗兰克法案》将带来额外的公司数据，这可以为倡议者和投资者提供信息，引起关于采掘部门收入的政策讨论。创新性的方法赋予了社会公众追踪财政转移的权利。

结论

我们正处于新机遇——为自然资源丰富但通常实力较弱、较为贫穷的国家建立起石油、天然气和矿产资源方面的透明度、问责制、有效管理——的起步阶段。这个过程的公信力和适用性需要公民社会组织的积极和主动参与。公民社会组织联盟的发展对采掘业透明度倡议的采纳起到了关键作用。然而透明度倡议对经济增长的影响力依然很有限。为解决公民、政府与企业之间的信息不对称问题，需要建立一个更加完善的透明和问责规范标准。

提升公民社会组织、议员和媒体的能力是增强透明度、建立问责制的前提条件。允许公民使用可得信息，以方便对政府进行问责的环境，同样也是建立强有力制度的主要条件之一。国际经济机构有责任鼓励各国政府赋予公民更多的言论自由和信息自由。

更大范围的透明度倡议有助于为石油、天然气和矿产管理建立全球性的透明度规范。由于现有的框架对预算外的大额资源流出的监管有限，公民社会组织、议员和媒体追踪资金的使用也还有诸多限制，因此，要使国有企业、主权财富基金等组织更加透明、可以问责，仍有许多工作要做。

石油、天然气和矿产带来的收入远远超过了外国援助，这些收入在减贫和对发展目标进行资金支持方面具有很大的潜力。政府必须对这些收入进行有效管理，使之得到充分合理运用。赋予公民社会组织、议员和媒体更多的权力，这对于将丰富的自然资源应用于公共福利来说至关重要。

参考文献

Arezki, R., and M. Bruckner, 2011, "Oil Rents, Corruption, and State Stability: Evidence from Panel Data Regressions," *European Ecornomic Review*, Vol. 55, No. 7, pp. 955-63.

Arezki, R., K. Hamilton, and K. Kazimov, 2011, "Resource Windfalls, Macroeconomic Stability, and Growth: The Role of Political lnstitutions." Working Paper 11/142（Washington: International Monetary Fund）.

Auty, R. M., and A. H. Celb, 2001, "Political Economy of Resource-Abundant Starts," in *Resource Abundance and Economic Development*, ed. by R. M. Auty（Oxford: Oxford University Press）, pp. 126-44.

Beblawi, H., and G. Luciani, 1987, *The Rentier State*（Kent, U.K.: Croom Helm）. Bellver, A., and D. Kaufmann, 2005, "Transparenting Transparency: Initial Empirics and Policy Applications"（Washington: World Bank）.

Berg, A. G., and J. D. Ostry, 2011, "Inequality and Unsustainable Growth: Two Sides of the Same Coin?" IMF Staff Discussion Note No. 11/08（Washington: International Monetary Fund）.

Brautigam, D., O. H. Fjeldstad, and M. Moore, eds., 2008, *Taxation and State-Building in Developing Countries*（Cambridge, U.K.; Cambridge University Press）.

Cuddington, J., 1989, "Commodity Export Booms in Developing Countries," *World Bank Research Observer*, Vol. 4, pp. 143-65.

Darby, S., 2009, "The Case for Company-by-Company Reporting of Data in the Extractive Industries Transparency Initiative（EITI）"（New York: Revenue Watch Institute）.

Dev, K., and S. Freitas, 2011, "Illicit Financial Flows from Developing Countries over the Decade Ending 2009"（Washington: Global Financial Integrity）. Available via the Internet: www.gfintegrity.org/storage/gfip/documents/reports/IFFDec2011/illicit_

financial_flows_from_developing_countries_over_the_decade_ending_2009.pdf.

Devarajan, S., H. Ehrhart, T.M. Le, and G. Raballand, 2011, "Direct Redistribution, Taxation, and Accountability in Oil-Rich Economies: A Proposal," Working Paper No. 281（Washington Center for Global Development）.

Dykstra, P., 2011, "EITI 2011: Learning from Success and Challenges"（New York: Revenue Watch Institute）.

Eifert, B., A. Gelb, and N. B. Tallroth, 2002 "The Political Economy of Fiscal Policy and Economic Management in Oil-Exporting Countries," Policy Research Working Paper No. 2899（Washington: World Bank）.

Esanov, A., and P. Heller, 2011,"Transparency and the Cost of Capital,"Working Paper(New York: Revenue Watch Institute）.

Gauthier, B., and A. Zeufack, 2011, "Governance and Oil Revenues in Cameroon," in *Plundered Nations? Successes and Failures in Natural Resource Extraction*, ed. by P. Collier and A. Venables（London: Palgrave Macmillan）, pp. 27-78.

Gillies, A., and A. Heuty, 2011, "Does Transparency Work? The Challenges of Measurement and Effectiveness in Resource Rich Countries," *Yale Journal of International Affairs*（September）, pp.25-42.

Glennerster, R., and Y. Shin, 2008, "Does Transparency Pay?" *IMF Staff Papers*, Vol. 55, No. 1, pp. 183-209.

Global Witness, 1998, "A Rough Trade: The Role of Companies and Governments in the Angolan Conflict"（London）.

——, 1999, "A Crude Awakening: The Role of Oil and Banking Industries in Angola's Conflict"（London）.

Government of Ghana, 2011, *Public Annual Report on the Management of Petroleum Revenues in 2011*（Accra: Interest and Accountability Committee, Republic of Ghana）.

Gupta, S., H. Davoodi, and R. Alonso-Terme, 1998, "Does Corruption Affect Income Inequality and Poverty" IMF Working Paper 98/76（Washington: International Monetary Fund）.

Gyimah-Brempong, K., 2002, "Corruption, Economic Growth and Income Inequality in Africa," *Economics of Governance*, Vol. 3, No. 3, pp. 183-209.

Gylfason, T., 2001, "Natural Resources, Education, and Economic Development," *European Economic Review*, Vol. 45, Nos. 4-6, pp. 847-59.

Haglund, D., 2012, "Blessing or Curse? The Rise of Mineral Dependence among Low- and Middle-Income Countries"（Oxford: Oxford Policy Management）.

Heller, P., 2007, "Turning Wealth into Development: Comparison of Angola and Nigeria," paper presented at the conference "Oil Dependent Producer States," Center for Democracy, Development, and the Rule of Law, Stanford University Stanford, California, May.

Henisz, W. J., S. Dorobantu, and L. J. Nartey, 2011, "Integrating Corporate Strategy and Social Responsibility-Market Returns from Stakeholder Engagement," paper presented at the First International Seminar on Social Responsibility in Mining, Santiago, Chile, October.

Heuty, A., 2011, "Can Creating Natural Resource Funds Address the Fiscal Challenges of Resource-Rich Developing Countries?" in *Getting It Right: Lessons from the South in Managing Hydrocarbon Economies*, ed. by A. Bressand（New York: United Nations Development Programme）, pp. 169-92.

Human Rights Watch, 1999, "The Price of Oil: Corporare Responsibility and Human Rights Violations in Nigeria's Oil Producing Communities"（New York）.

——, 2011, "Angola: Explain Missing Government Funds"（New York）. Available via the Internet: www.hrw.org/news/2011/12/20/angola-explain-missing-government-funds.

International Forum of Sovereign Wealth Funds, 2011, "IFSWF Members' Experiences in the Application of the Santiago Principles." Available via the Internet: www.ifswf.org/pst/ stp070711.pdf.

IMF（International Monetary Fund）, 2005, *Guide on Resource Revenue Transparency*（Washington）.

——, 2011, "Angola-Fifth Review under the Stand-By Arrangement, Request for Waiver of Applicability of Performance Criteria, and Request for Modification of Performance Criteria-Staff Report," Country Report No. 11/346（Washington）.

Isham, J., L. Pritchert, M. Woolcock, and G. Busby, 2005, "The Varieties of Resource Experience: How Natural Resource Export Structures Affect the Political Economy of Economic Growth," *World Bank Economic Review*. Vol. 19, No, 2, pp. 141-74.

Karl, T.L., 1997, *The Paradox of Plenty*（Berkeley and Los Angeles: University of Califonia Press）.

Kaufmann,D.,and A.Bellver, 2005, "Transparenting Transparency: Initial Empirics and Policy Applications, " paper presented at the IMF conference on Transparency and Integrity, Washington,July.

Kolstad,I., and A. Wiig,2009, "Is Transparency the Key to Reducing Corruption in Resource-Rich Countries?" *World Development*. Vol. 17, No. 3, pp. 521-32.

Li, H., L. C. Xu, and H. Zou, 2000, "Corruption, Income Distribution and Growth," *Economics and Politics*, Vol. 12, No.2, pp. 155-85.

Manzano, O. and J.S. Scrofina. forthcoming, "Resource Revenue Management in Venezuela: A Consumption Based Poverty Reduction Strategy"（New York: Revenue Watch Institute）.

Mejia Acosta, A., 2010, "Natural Resource Governance-Review of Impact and Effectiveness of Transparency and Accountability Initiatives"（London: Institute for Development Studies）.

Ölcer, D., 2009, "Extracting the Maximum from EITI," OECD Development Centre Working Paper No.276,（Paris: Organization for Economic Cooperation and Development）.

Preqin, 2010, "Preqin Special Report: Sovereign Wealth Funds"（New York）. Available via the Internet:www.preqin.com/docs/reports/Preqin_Sovereign_Wealth_Fund_2010_Research_Report.pdf.

Revenue Watch Institute, 2010, "2010 Revenue Watch Index-Transparency: Governments and the Oil, Gas and Mining Industries"（New York）Available via the Internet: www.revenuewatch.org/rwindex2010/index.html.

Robinson, J. A., and R. Torvik, 2005, "White Elephants," *Journal of Public Economics*, Vol. 89, Nos. 2-3, pp. 197-210.

Rosenblum, P. and S.Maples, 2009, "Contracts Confidential: Ending Secret Deals in the Extractive Industries"（New York: Revenue Watch Institute）. Available via the Internet: www.revenuewatch.org/publications/contracts-confidential-ending-secret-deals-extractive-industries.

Ross, M., 2001, "Does Oil Hinder Democracy?" *World Politics*, Vol. 53（April）, pp. 325-61.

——, 2012, *The Oil Curse: How Petroleum Wealth Shapes the Development of Nations*（Princeton, New Jersey: Princeton University Press）.

Sala-i-Marcin, X., and A. Subramanian, 2003, "Addressing the Natural Resource Curse: An Illustration from Nigeria," NBER Working Paper No. 9804（Cambridge, Massachusetts: National Bureau of Economic Research）.

Salim, E., 2004, "Striking a Better Balance: The World Bank Group and Extractive Industries," Extractive Industries Review Project（Washington: World Bank）. Available via the Internet: http://go.worldbank.org/PIW55278X0.

Saunders, A., 2011, "The 2011 EITI Rules: A Guide for Civil Society"（New York: Revenue Watch Institute）. Available via the Internet: www.revenuewatch.org/sites/

default/files/rwi_bp_eiti_rules_0.pdf .

Shaxson, N., 2009, "Nigeria's Extractive Industries Transparency Initiative: Just a Glorious Audit?"（London: Chatham House）.

Tsalik, S., 2003, "Caspian Oil Windfalls: Who Will Benefit?"（New York: Caspian Revenue Watch）.

Triki,T. , and I. Faye, 2011, "Africa's Quest for Development: Can Sovereign Wealth Funds Help?" Working Paper No. 142（Tunis: African Development Bank）.

UNDP（United Nations Development Programme）, 2011 *Human Development Report 2011—Sustainability and Equity: A Better Future for All*（New York）.

van Oranje, M., and H. Parham, 2009, "Publish What We Learned: An Assessment of the Publish What You Pay Coalition"（London: Publish What You Pay）. Available via the Internet: http://www.publishwhatyoupay. org/resources/publishing-what-we-learned.

Wenar, L., 2008, "Property Rights and the Resource Curse," *Philosophy and Public Affairs* 36, No. l, pp. 1-32.

World Bank, 2004, "The World Bank Group Management Response to the Extractive Industries Review"（Washington）.

注　释

论大宗商品价格波动与包容性增长

1. 更多信息，参见美国人口普查历史数据，表格 H-9，http://www.census.gov/hhes/www/income/data/historical/household/index.html。
2. 多米尼克·斯特劳斯·卡恩，2011 年 4 月 13 日在华盛顿发表演讲，“全球就业危机——以就业和公平增长推动经济复苏”，http://www.imf.org/external/np/speeches/2011/041211.html。
3. 本书第九章也是基于 Berg 和 Ostry 在 2011 年的文章。
4. 经济衰退之前，关于储蓄率的讨论可参见 Dynan 等人在 2004 年发表的文章。作者发现，储蓄率的分布是从美国居民收入分布中最低 20% 人群的 0，到最高 20% 人群的超过 25%。
5. 需要说明的是，收入分配更加不公平引起的总需求降低，会被其他途径抵消，例如更为激进的税收。但是收入分配不公平的增长会使得这些政策的实施变得更困难。
6. 会议的成果由国际货币基金组织在 2012 年出版，收录进《危机的觉醒》（*In the Wake of the Crisis*）一书。
7. 参见 Dasgupta and Stiglitz（1977）和 Newbery and Stiglitz（1984），事实上，如果没有完善的保险市场，贸易自由化可能恶化所有人的处境。类似地，资本市场自由化可能加剧经济的波动（Stiglitz，2008）。

第二章　自然资源诅咒：问题与对策

1. 不安全的自然资源所有权导致过快的资源消耗，本书第五部分将更深入地研究该问题。

2. 虽然石油、矿产和农产品的价格并不总是一起变动，但三者仍存在高度的相关性：参见 Pindyck and Rotemberg（1990）。
3. 从 1850 年到 2000 年的 150 年里，Guddington and Jerrett（2008）发现金属价格存在三个“超级周期”，第四个“超级周期”紧随其后。
4. 自然资源诅咒是通过这种方式起作用的，Wijnbergen（1984）、Sachs and Warner（1995）也对这方面有所研究。
5. 主要的计量研究包括 Barro(1991)；Acemoglu and others（2001）；Easterly and Levine（2003）；Hall and Jones（1999）；Rodrik, Subramanian and Trebbi（2003）。
6. Hodler（2006）和 Caselli（2006）通过研究所有权争斗，发现了自然资源诅咒。Leite and Weidmann（1999）发现，一国经济对自然资源的依赖性，在统计学上，对该国的腐败程度有明显的影响。同时，Gylfason（2000）、Papyrakis and Gerlach（2004）、Arezki and Bruckner（2009）发现一国石油收入的上升加剧了该国的腐败程度。
7. 参见 Barro（2000）、Ross（2001、2006）、Wantchekon（2002）、Jensen and Wantchekon（2004）、Smith（2004，2007）和 Ulfelder（2007）。同时，其他一些研究不认同自然资源与政治民主之间的联系，如 Karl（1997）、Noland（2008）、Dunning（2008）、Wacziarg（2009）和 Haber and Menaldo（2011）。
8. 参见 Dasfwpte and Hea（1985）。
9. Brander and Taylor（1997）提到的硬木森林，就是一个有力的例证。
10. Barbier（2005a，2005b，2007）论证了对于自然资源的先前开采会导致以繁荣—萧条循环和长期的低收入水平为特征的不可持续发展。Firdlay 和 Lundahl（1994，2001）研究了 19 世纪后期和 20 世纪前期，发达国家的经济发展。
11. Desoysa（2000）、Fearon and Laitin（2003）、Collier and Hoeffler（2004）、Humphreys（2005）and Collier（2007，第二章）都发现，依赖石油和矿产资源的经济体与内战有关联。
12. 由 *Economist* 杂志命名；Kremers（1986）、Gregory（1976）、Gorden（1984）、Neary and Van Wijnbergen（1986）建立了最早的模型。
13. 可参见 Edwads(1986)。在 2001—2010 年的繁荣时期，对固定汇率的石油出口国来说，资金流动和本国通货膨胀表明了实际汇率水平的上升，例如沙特阿拉伯、波斯湾的阿拉伯国家。而对实行浮动汇率的拥有丰富自然资源的国家来说，实际汇率水平的上升表现为本币升值，例如澳大利亚、智利、哈萨克斯坦、墨西哥、挪威、俄罗斯和南非（Chen and Rogoff，2003，在澳大利亚和新西兰的例子中，作者证明了汇率对大宗商品价格的敏感性。Frankel，2007，也对南非进行了类似的研究）。
14. Mazano and Rigobon（2008）认为，1970—1990 年，出口商品价格较高，国际债务影响了该时期的经济增长率，从而导致负面的 Sachs-Warner 效应（指对自然资源的过度依赖，削弱了一国的创新能力。——译者注)。Arezki and Bruckner（2012a, 2010b）发现，出口商品价格的上涨，增加了专制国家的政府支出、外部债务和违约风险。但是，民主国家不受以上影响。

15. Gudding（1989）和 Arezki，Hamilton and Kazimov（2011）研究了出口商品繁荣和政府支出增加之间的关系。
16. Røed Larsen（2004）。在人类发展指数中，挪威在 182 个国家中排名第一，在实际收入项中，挪威排名第五，排在卡塔尔和阿拉伯联合酋长国之后。相比之下美国在实际收入项中排名第九，在人类发展指数中排名第 13。
17. Engelbert（2000），Sarraf and Jiwanji(2001)，Acemogu，Johnson and Robinson（2003）和 Iimi（2006）都指出博茨瓦纳明显地逃避了它的邻国出现的自然资源诅咒。
18. 2000—2010 年，大部分非洲国家的经济增长更强劲，部分原因是国际矿产价格的上涨（Beny and Cook，2009)。但是，像刚果民主共和国和乍得这样的国家，仍然位于人类发展指数的最低 5% 之列，在 169 个国家中，拥有丰富石油资源的尼日利亚排名第 142 位（联合国开发计划署，2010)。
19. Mehulum，Moene and Torvik（2006)，Robinson and Verdier（2006)，Mcsherry（2006)，Smith（2007)，Collier and Godenis（2009)，Boschin，Pettersson and Roine（2007)，Bhattacharyya and Hodler（2009）发现，在缺乏民主制度的情况下，自然资源会导致该国的腐败程度加深。
20. 参见 Maloney（2009）和 Wright and Czelusta（2003, 2004，2006)。即使有完整的储存记录，最常使用的自然资源禀赋计算方法，在一定程度上也是内生的。因为计算结果将影响自然资源勘探，从而在国内和国际两个层面上，影响自然资源的国际价格和开采部门的生产率。
21. Norman（2009）指出，就经济效率而言，发现和开采石油并不完全是外生的。
22. Broda（2004）支持教科书上的观点，在面对贸易波动时，相比于固定汇率制，浮动汇率制更有利于稳定经济。

第三章　关于低收入国家石油财富的政治经济学

1. Ross 提出了对这个观点更加全面的理解，并且在统计学上列举了许多例子。
2. 在接下来几年，有潜力成为石油或天然气出口国的国家包括加纳、几内亚、几内亚比绍、圭亚那、肯尼亚、利比里亚、马里、圣多美和普林西比、塞内加尔、塞拉利昂、坦桑尼亚、多哥、乌干达、印尼、突尼斯——原先的石油进口国，可能再一次成为石油出口国。
3. 这里和本章的其他地方，我们定义石油生产国为，石油和天然气至少可以带来 100

美元的人均收入，使用不变的2000年美元。2009年，有56个石油生产国符合这个定义。

4. 石油财富的反民主效应，参见Ross（2011）、Jensen and Wantchekon（2004）、Aslaksen（2010）和Tsui（2011）。
5. 关于自然资源财富对内战的影响，参见Collier and Hoeffler（2004）、Fearon and Latin（2003）、Lujala（2009）和Ross（2004，2006）。
6. 石油收入的隐蔽性和腐败问题不仅仅局限于低收入国家。在20世纪90年代中期，一系列审计措施揭示了法国国家石油公司（Elf-Aquitaine）是政治献金的重要来源，特别是Gaullist Rally对共和党的资助。Heilbrum（2005，第277页）解释道，检察官发现，法国国家石油公司的管理者已挪用了近4亿美元，用来资助竞选，贿赂国外政治家和中饱私囊。2003年，对与丑闻相关的37个人的审判开始，这一丑闻事件牵连到几个前任部长和法国宪法委员会主席，以及德国前总理赫尔穆特·科尔、加蓬总统奥马尔·邦戈和刚果总统德尼·萨苏-恩格索。
7. 在不忽视自然资源的负面政治效果时，国家也要努力最优化正面的经济结果。最近许多书中讨论了该问题，并且讨论了石油国家面对的挑战和机遇。参见Collier(2011）和Humphreys，Sachs and Stiglitz（2007）。
8. 参见Birdsall and Subramanian（2004）、Sala-i-Martin and Subramanian（2003）和Moss and Young（2009）。质疑的观点，参见Hjort（2006）和Morrission（2007）。
9. 在阿拉斯加，移民不是问题，部分原因是每年的奖金相对较少——只占平均家庭收入的6%，另外的原因在于阿拉斯加的严冬和地理上遥远的距离。在加利福尼亚，直接分配方法也许不会运行得那么好。
10. 阿拉伯联合酋长国是一个显著的例外。
11. 应当特别关注住在矿产开采地区的原居民和土著居民，在任何新项目开始前，应当考虑他们的意见。
12. 关于阿根廷的论述，参见Gervasioni（2010）；关于巴西的论述，参见Brollo and others（2010）；关于俄罗斯的论述，参见Deasai，Freinkman and Goldberg（2005）。
13. 更多专业建议，参见Brosio（2003）、Ahmad and Mottu（2003）和Ross（2007）。
14. 可参见Dewenter and Malatesta（2001）；Eller，Hartly and Medlock（2010）。
15. Willian Aschers著名的“未来带给我们什么”（2009）提出了关于在充满政治挑战的环境中建立长期政策的一系列更加详细的策略。
16. 政府可以用其他方法对冲国际价格的波动。2008年，墨西哥政府支付了15亿美元购买期权，以增强应对国际石油价格下降的能力。2009年，国际石油价格下降时，财政部获得了50亿美元的额外收益。尽管如此，在繁荣时期买保险以抵制国际价格下降，是一笔新支出，在政治上可能有困难。也可参见Frankel（2010），关于债务负担与石油价格的讨论。

17. Fung，Granhalm and Weil（2007）。对于怀疑的观点，Kolstad and Wiig（2009）明显地论证了，透明度需要其他补足措施。
18. 关于该倡议的更多内容，参见 www.naturalresourcecharter.org。
19. 类似团体的更多内容，参见 www.globalwitness.com、www.publishwhatyoupay.org、www.revenue-watch.org、www.eiti.org。
20. 国际预算促进会（2010），有关报道参见 www.internationalbudget.org。
21. 相关信息参见 Reinikka and Svennson（2004）。

第四章　大宗商品价格波动：对低收入国家的冲击和挑战

1. 本章节广泛地吸收了国际货币基金组织的报告，*Managing Global Growth Risks and Commodity Price Shocks—Vulnerabilities and Policy Challenges for Low-Income Countries*（IMF，2011d）。
2. 本章提到的低收入国家包括所有符合 IMF 降低贫穷和增加信用计划中优惠金融条件的国家，索马里除外，该国因缺乏数据而被排除。
3. 对低收入国家宏观经济波动的详细分析，参见 IMF（2011a）。
4. 在 IMF（2011a）的描述中，该分析框架可以用来分析外部环境变动的新兴风险和缺陷。分析框架主要关注低收入国家在受到外部冲击时，经济增速的急剧下滑。这里的研究主要基于 IMF（2011d），包括低收入国家使用新的分析框架和第一次“脆弱性训练”的结果。
5. 该分析假定，从国际到国内的价格传导延续传统模式，并且与过去一样，只采用温和的货币政策。
6. 我们假定，针对石油价格和食品价格的上涨，国家会采取与 2007—2008 年间相同的财政政策。
7. 代理方法检验是指在实践中，用家庭特征辨别出贫穷者，而不是直接使用收入水平。
8. 参见 IMF（2011d）和其他参考文献。
9. 关于这方面更多的信息，参见 IMF（2010，2011d）。

第六章　自然资源丰富的低收入国家：储蓄与投资

1. 功利主义框架认为，贫穷的当代人以消耗后代的自然资源为代价提高当代人的消费不存在道德问题。然而，尽管这种道德问题能被经济学家理解，但是很多普通人不能接受。特别是一些年轻人，可能认为政府对管理自然资源负有一定的责任——如果自然资源被开采，应该将相等数量的资源留给后代。正如我在 *The Plundered Planet*（Collier and Venables，2011）一书中提到的，对资本稀缺的国家来说，相比于将自然资源留在地下，恰当的投资和储蓄可以产生更高的收益（相比于霍特林法则提到的国际利率）。例如，如果投资收益率是国际利率的两倍，当代人只需要 50% 的储蓄率，就能将等量的自然资源留给后代。因此，不论是功利主义还是道德伦理都暗含了相同的策略：自然资源收入的储蓄率应该高于其他收入的储蓄率，但要低于 100%。

2. 佩恩世界表提供了一些生产资料价格较高的证据，但该数据不适用于与改进措施进行对比分析。
3. 感谢几内亚财政部部长 Kerfalla Yansane 的建议。

第七章 大宗商品出口国的财政政策：智利的经验

1. 这个政策只是部分地与永久性收入方法一致，换句话说，是政府支出与周期性调整的政府收入一致。因此，造成暂时收入与永久收入之间区别的其他因素，如税收或利率的暂时性变动，在周期性调整的政府收入估计中就不做考虑。除了采用周期性调整规则的国家，其他国家部分采用了永久性收入估计，这些国家调整本国的财政规则，以应对相关财政预算变量的暂时性波动。
2. 到目前为止，铜的税收及转移收入远高于钼。矿产税收入主要来自私人矿产公司，转移到中央政府的矿产收入主要来自大型国有矿产公司。
3. 近几年，预测方法及预测数据质量都有改善。值得注意的是，是由财政部而不是由独立委员会来预测实际及趋势产出，从而预测产出缺口。
4. 图 7-6 给出了 1990—2000 年的周期性调整盈余和周期性盈余比率，对未实施财政规则的年份，我们使用 2001 年之后的方法进行预测。

第八章 什么是包容性增长？

1. 关于扶贫式增长，该说法与经济合作与发展组织发展援助委员会的观点是一致的。但是，扶贫式增长和包容性增长的一个不同点是，扶贫式增长主要研究贫困者的福利问题，而包容性增长主要研究大部分劳动力、贫困者和中产阶级的机会问题。
2. Imbs and Wacziarg（2003）的研究表明，许多国家在经济发展中经历了经济多元化。许多国家很晚才开始专业化的发展进程，转折点是在人均收入高水平时期（1985 年，人均收入大概在 10,000 美元)。他们总结道，经济发展中的部门专业化适用于高收入国家。值得注意的是，由于特殊的经济条件，一些国家（例如一些小国）可能只专注于发展部分产业。

3. 鼓励拥有广泛基础的包容性增长，并不意味着退回到由政府主导规划相关的产业政策，而是把重点放在创造一个公平竞争的投资环境上。

4. Romer（1986）和 Lucas（1988）引入了内生增长模型，该模型反映了人力资本、创新和知识溢出在经济增长中的核心作用，但仍保留了平衡增长特征。

5. 根据增长和发展委员会的报告可知，政府将持久而坚定的关注重点放在包容性增长上，是一个成功增长战略的重要组成部分之一。

6. “共享式增长”可能会导致外界的误解，以为我们重点关注收入分配政策；“包容性增长”则不会引起歧义。

7. 这 13 个国家或地区分别是博茨瓦纳、巴西、中国、中国香港、印度尼西亚、日本、马来西亚、马耳他、阿曼、韩国、新加坡、中国台湾和泰国。

8. White and Anderson（2001）的数据来自 Deininger and Squire 数据库。他们确定了 143 个增长期，其中，约半数来自发展中国家。非洲国家数量较少，只有赞比亚一个国家，来自撒哈拉以南非洲地区。苏联和东欧部分国家的数据只在 20 世纪 80 年代有所上升，因此，大量不平等性的增加最早发生在 20 世纪 90 年代早期。

9. Alesina and Rodrik（1994）和 Alesina and Perotti（1996）发现，经济增长和收入分配不平等之间是负相关关系；Li and Zhou（1998）和 Forbes（2000）发现，两者之间是正相关关系；Barro and Lopez（2004a）发现，两者之间没有关系。

10. 对增长源泉的分析，如增长分解和贫困分解，对于理解特定的国家背景和过去的增长源泉都是非常重要的。

11. 在正式表达式中，$\mathrm{d}u / \mathrm{d}\tau_i = -\lambda_i + \sum_j \lambda_i \ \partial (\mu_j^s - \mu_j^p) / \partial \tau_i$，其中 u 是福利水平，τ_i 是行为 i 中的经济扭曲问题，λ_i 是与之对应的拉格朗日乘数，μ_i^s 代表 s 社会中行为 i 的边际价值，μ_i^p 代表私人部门。直接效应总是改进福利水平，但是间接效应并非如此，这表明，如果间接效应为负，并且比直接效应更大，那么，存在福利水平下降的可能。

12. 最大的经济扭曲问题是紧约束。

13. 这是拉姆齐最优增长模型的汉密尔顿函数。它假定所有家庭都有完美的远见；需要决定租借给企业的劳动和资本数量;同时要决定消费和储蓄量，从而在预算约束下，最大化效用水平。企业只生产一种商品，并时时实现利润最大化。在生产函数中，技术、生产补充要素及外部性的指标都是外生变量。政府开支是固定的，也是外生变量；政府对资本借贷征税，因此，资本的税后回报率为 — $(1-\tau)$。

14. 因为一国进入国际资本市场的限制或国内金融市场问题，金融成本 ρ 可能会很高。该国无法进入国际资本市场的原因包括：较高的国家风险，没有吸引力的外国直接投资情况，债务期限结构的漏洞，过度的资本账户管制。地方财政水平较差，可能的原因包括国内储蓄率较低或国内金融中介不健全，抑或是这两方面的原因都存在。资本回报率 r 很低的原因可能是，生产性补充要素的投资不足，如基础设施或人力资本的投入不足；土地生产率较低，原因是自然资源管理不完善；私人资本回报率较低，原因是高税收、产权不清晰、腐败、人力资本冲突、宏观经济不稳定、市场失灵（如影响新技术能力的负外部性）。

15. 该框架来源于“扶贫式增长的综合经济分析”框架（Sida，2006）。
16. 经济增长与发展委员会的报告（2008）表明，持续的经济高速增长要求快速地增加生产性就业。
17. 对自我雇佣的情况，劳动技能分析作为一种潜在的约束因素，包含在经济环境分析中，在这里，该约束被看作小企业的约束因素。
18. 这并不意味我们重新采用“条目清单”，而是要关注一些约束条件。然而，要逐步解决这些约束问题，可能需要对具体政策的可行性和成本进行更深入的研究。

第九章　自然资源丰富的国家如何实现包容性增长

1. 价格水平为各部门的国内生产总值平减指数。

第十章　不公平与不可持续增长：一枚硬币的两面？

1. Berg,Ostry and Zettelmeyer（2012）也观察了最短 5 年的增长期，以测量这些结果的敏感性。同时，从经济含义上考虑增长期，一个增长期开始于一个统计学意义上的向上突破，随后人均实际增长至少高于 2%；结束于样本期末，或者一个统计学意义上的向下突破，随后人均实际增长低于 2%。
2. 许多增长期还没有结束，它们的最终长度也没有确定。然而，采用统计学的技术，这一部分把不完整的增长期也考虑在内。如果一些因素经常出现在较长的完整增长期，而不是短期的完整增长期，我们应该认为这些因素延长了增长期。
3. 即使是这些二元回归估计在利息变量之外也包括初始收入变量，以避免错误地估计待检验变量，但是，变量之间可能是相关的。事实证明，初始低收入是更长增长期的重要独立预测变量。这种估计也提示了，增长期的长度是否为一个风险因素——看起来是这样的（增长期越长，风险越大），即使考虑了其他一些潜在的决定因素后。
4. 以基尼系数为例，样本中值是 40。一国的基尼系数降低 10 个百分位，即减少至 37，这代表，在所有样本国家中，该国比 60% 以上的国家更公平。

5. 制造业出口对增长期长度的影响并不明显，这点可能反映了制造业出口主要通过完善相关制度和变革相关团体的观念起作用，Johnson,Ostry and Subramanian（2007）提出了这个观点。宏观稳定变量也不是非常稳健，这可能反映了通货膨胀引起收入分配矛盾的问题（Taylor, 1991）。
6. 例如，Easterly and Levine（1997）指出了一些重要的公共政策和经济指标之间的差别，例如较低的教育水平、不稳定的政治、不完善的宏观管理、民族分裂。但是，它们都不能控制收入分配状况。

第十一章　撒哈拉以南非洲国家的商品价格波动、贫困与包容性增长

1. 关于大宗商品价格上涨对撒哈拉以南非洲国家影响的文献有很多，具体参考 Deaton（1999）、Spata-fora and Tytell（2009）、Collier and Goderis（2007），大宗商品价格的短期影响和长期影响有明显差异。
2. Mckinsey Global Institute（2010）有一种不同的乐观观点。有关撒哈拉以南非洲国家近期的政策参见 Arbache and Page（2010）和 Collier and Goderis（2007）。
3. 例如，Cogneau and Jedwab（2012）讨论了 20 世纪 80 年代咖啡豆价格的下降对科特迪瓦的影响。
4. 这种弹性与之前研究的估计值相同。具体参考 Hnatkovska and Loayza（2005）。
5. 发展中国家经济波动的规模、传导途径和政策含义，参见 Loayza and others（2007）。经济波动的结构性原因，参见 Easterly，Islam and Stiglitz（2001）。
6. 对撒哈拉以南非洲国家社会保障的详细分析，参见 European Commission（2010）。拉丁美洲实行的有限制的现金转移支付计划是否适用于非洲，参见 Schubert and Slater（2006）的早期分析。
7. 有关公开的储备积累政策面临的贸易条件不确定性，参见 Barnichon（2009）。
8. 该项优惠贷款的基本原则由 Cohen 等（2007）提出。
9. Collier and Venables（2007）首次提出该观点。

第十二章　自然资源、波动性与包容性增长：中东与北非的视角

1. 我们认为，包容性增长是这样一种增长，即能够大量持续地减贫，并允许人们参与到经济增长之中，且从中获益（参考第八章）。在第九章中，Warner 同样讨论了包

容性增长的概念，并证明了自然资源丰富的样本国家缺乏包容性增长。

2. 前期研究文献表明，丰富的自然资源更容易导致收入分配的不平等〔参见 Ross（2007）和 Goderis and Malone（2008）〕。然而，关于中东及北非地区收入分布的数据质量仍然很低。带着这样的数据局限性，Bibi and Nabli（2009）证明了，与其他地区相比，中东及北非地区的家庭支出存在巨大的不平等，且该地区各国之间的家庭支出也存在巨大差异。然而，我们需要更多的调查，准确记录中东及北非地区自然资源丰富国家的收入分布变动。
3. 真实的储蓄和国民经济核算的计算标准是不同的，因为国民经济核算扣除了消耗的自然资源的价值。
4. 尽管 Hartwick 规则是一种常用的基本准则，我们仍认为其存在限制。事实上，该规则并没有将潜在"收入储蓄"考虑在内。如果该储蓄水平非常高，那么在可持续基础上，会有相当大比例的收入用于消费。然而，拥有众多人口资源的非富裕国家可能无力保持"食利国"的状态，因此，这些国家需要扶持本国私人部门的发展，创造财富和就业岗位，支撑本国经济的发展。
5. 这种特别的情况存在于不完全市场，即商品出口国无法运用金融工具应对波动。
6. 反对自然资源收入分散的政策，更容易导致寻租行为的发生。在自然资源收入及支出方面，对政府实施监管是十分困难的。
7. 货币政策主要针对汇率目标，海湾合作委员会国家的汇率制度是紧紧钉住美元，该政策有时有助于缓和这些国家的商业周期。
8. 许多自然资源丰富的国家建立了主权财富基金，解决代际公平和可持续发展问题。
9. 接下来，我们将交替使用"财政规则"与"财政制度"。
10. Arezki and Ismail（2010）发现，在经济萧条时期，样本石油出口国被迫调整财政支出，人们会对该国的经济增长前景产生忧虑。这引出了另一个问题，即财政政策的设计必须考虑到繁荣时期和萧条时期的财政支出调整的不对称。

第十三章　撒哈拉以南非洲国家的包容性增长：经济高速增长的经验

1. 可将 Collier and Gunning（1999a，1999b）和 Artadi and Sala-i-Martin（2003）与 Sala-i-Martin and Pinkovskiy（2010）和 Young（2010）的论文或 Kenny（2011）、Miguel（2009）和 Radelet（2010）进行比较。
2. 关于撒哈拉以南非洲地区国内生产总值很难精确估计的例子可参见 Jerven（2009，2010a，2010b，2011a，2011b）。
3. 本章我们根据数据的可得性，选择样本国家进行分析，特别是，要使用相同的方法对这些样本国家至少进行两次家庭数据调查。这样，抽样方案、问卷调查、相关定义、数据采集程序的变化才不会引起家庭总消费的变化和家庭特征的变化。

4. 在其他情况（如乌干达）下，我们发现实际收入的增长被明显高估。
5. 非洲公共调查机构是一个独立的、无党派调查小组，该机构由英国国际发展部和美国国际开发署资助，每隔三年在撒哈拉以南非洲的 20 个样本国家进行具有全国代表性的、随机的、分层概率抽取的调查。
6. 尽管在喀麦隆和乌干达，诊所的情况似乎陷入停滞，但喀麦隆的问题在调查中并没有可比性，因为在 2007 年，喀麦隆的医院和诊所数量已经被合并。
7. 来自卫星的光照数据和人体测量指标，如年龄、身高、体重，提供了福利水平的另一种测量方法，但这些反映撒哈拉以南非洲国家福利水平的指标喜忧参半。参见 Chen and Nordh-aus（2011），Deaton（2010）以及 Henderson，Storeygard and Weil（2011）的讨论。
8. 如上所述，莫桑比克家庭调查数据为计算该国的价格指数提供了基础，可以利用该指数来计算 2008—2009 年的真实家庭人均消费，并与 2002—2003 年的情况进行比较。如果采用该价格指数，而不是消费者价格指数，得到的增长率曲线是下移的，最低消费十分位的家庭实际上经历了消费的负增长。在计算实际消费水平时，区域价格指数一般优选消费者价格指数，因为众所周知，不同区域间的价格有明显的差异。由于区域价格指数不适用于其他国家，本章采用消费者价格指数计算实际消费，与其他国家使用统一标准。
9. 随着时间的推移，系数稳定性为增长发生曲线的估算提供了支持，这种估算基于家庭的横截面数据，它假设随着时间的推移，相同的一组家庭在消费分布中处于相同的位置。
10. 两次调查显示：在加纳，非劳动力与在校生的比例从 7% 上升到 50%；喀麦隆由 38% 上升至 80%；在莫桑比克，该比例稳定在 60%。
11. Nakamura（1997）首次提出，恩格尔定律可以用来推断实际收入的变化。他认为，20 世纪 70 年代初期，美国与其他发达国家出现的生产率下滑现象可能是因为高通货膨胀率，最终导致实际收入增长率的下降。Costa（2001）和 Hamilton（2001）利用回归分析将 Nakamura 的直觉更加理性地表述出来，在控制家庭特征后，他们分析了食品支出与家庭实际总支出之间的关系。特别是，他们采用 Deaton and Muellbauer's（1980）的完美需求理论，得出了类似的结论，因为他们发现，美国使用消费者价格指数衡量通货膨胀，人们生活成本的增加会被高估。
12. 根据定义，恩格尔曲线要求其他所有变量保持不变。特别是，恩格尔曲线一般采用如下函数形式：$w=f(p,y,z)$，w 表示食品支出占家庭总资源（收入、支出或消费）的份额，p 表示价格（包括商品价格指数），y 代表家庭总收入，z 代表家庭特征。虽然可以认为，当使用家庭调查的横截面数据（只要一价定律成立）时，价格保持不变，但有些家庭特征会随着时间发生变化，因此，回归分析必须要控制这些特征。

13. 相反，如果该年虚拟变量的系数是正的，那对每一个家庭的总的实际消费水平来说，细线代表食品支出占家庭支出的份额更高，使用消费者价格指数测量通货膨胀会产生向下的偏差，家庭实际总消费可能被高估。
14. 所有的回归分析均采用普通最小二乘法，样本家庭的食品支出占家庭总支出份额为5%—90%。与原始规模相比，这个限制使样本规模最多下降2%，估计得出的偏差，其符号和大小对样本选择的规则并不敏感。
15. 回归结果只能显示每个国家的情况。然而，随着时间的推移，所有人均消费的十分位数、平均食品消费份额会有相似的变化（见图13–6），这表明偏差并不受任何特别群体的消费模式变化的影响，它是一个普遍的现象。因此在原则上，没有理由相信，与平均人口相比，最贫穷1/4人口的实际收入有些被低估了。

第十四章　粮价上涨的收入分配后果及政策应对：亚洲发展中国家的情况

1. 可能会有人质疑，与1974年的观察值相比，2007—2008年的实际粮食价格要更低。但在2008年，粮食价格的波动（使用标准差衡量）更大。
2. 此外，自然灾害的发生频率也在增加，并且更多地发生在亚洲和太平洋地区。2001—2010年，该地区的自然灾害结果占全球受灾人数的90%、死亡人数的65%、经济损失的38%，均超过该地区在全球GDP中的份额（UN-ESCAP, 2011）。
3. 根据大宗商品期权价格预测，与2011年9月发布的《世界经济展望》相比，在2011年和2012年，国际粮食价格将分别上涨25%和31%，燃料价格将分别上涨21%和48%，金属价格将分别上涨21%和36%。
4. 大部分国家的粮食价格仍然受到抑制，但是，由于本国的供给因素，其他国家的粮食价格涨幅超过了国际粮食价格涨幅。
5. 在这个模型中，价格传递机制和货币政策均是内生的。模型假设，国际价格对进口国家有100%的传递，同时，为把通胀水平控制在目标区间中，假设亚洲的利率是给定的。
6. 2013年，韩国和中国台湾的经济增长受通胀水平降低利好的带动。
7. 粮食储备不是为了将粮食价格稳定在某一区间，更像是中央银行的公开操作，用于价格超过上下限的紧急情况。
8. 东盟十加三包括10个东盟成员国，再加上中国、日本和韩国。

第十五章　墨西哥的石油对冲项目

1. 2007 年 5 月，墨西哥官方期刊阐述了建立石油收入稳定基金的目的。
2. 石油价格的计算公式，可以参考预算与财政职责联邦法的第 31 条。
3. 玛雅原油的实际计算公式是 0.40（西得克萨斯含硫原油 +3% 含硫量的六号燃料油）+0.10（路易斯安那低硫轻质原油 + 定期布伦特原油）+*K*。
4. 2009 年，石油对冲项目非常成功地抵消了石油价格下降的影响。同时，对冲操作也被高度公开。

第十六章　食品价格波动：国际政策面临挑战？

1. 2011 年 2 月 16 日，Alain de Janvry 在国际发展研究基金会（FERDI）的一次研讨会上提出该建议。该方法作为一种重要的协调机制，可以与减贫战略相提并论。正如本章所述，其成功的关键是具有本地所有权。
2. www.agriskmanagementforum.org.
3. B20 是由来自二十国集团的企业和商业代表组成的国际团体。它致力于当前的国际问题，提出具体建议，并提交二十国集团峰会讨论。

第十七章　贸易扭曲与粮价上涨

1. 如果采取数量型的出口限制政策，出口权就很有价值，而在出口关税政策下，政府获得的收益将由拥有出口权的企业获得。
2. 参见 Martin（1997）对类似福利效应的分析方法。
3. 在当前情境下，h 取决于贸易保护的平均水平。

第十八章　大宗商品管理的透明度与公民组织的作用

1. 指引中的良好行为从四个角度进行划分：法律框架、财政制度、收入和借贷、国家资源公司及地方政府等明确的职能和责任；财政政策和自然资源收入等多方面的预算公开；涉及从预算文件至债务、从资产至财政风险等方面财务信息的公共可获得性；内部控制和审计、税收管理、公司监管以及公司和政府收入方面的完整性。

2. 针对阿拉斯加、玻利维亚、蒙古以及东帝汶的先进财政转移体制，财政观察研究所进行了一系列案例研究（即将出版）（www.revenuewatch.org/cashtransfer）。针对“石油换现金”，全球发展中心发起了一项倡议，发表了一系列论文。
3. 财政观察研究所、国际高级律师项目、国际货币基金组织、世界银行及其他国际组织为低收入国家的政府提供技术支持和能力建设帮助，以提高政府在采掘项目谈判中的实力。
4. 国家资源宪章（www.naturalresourcecharter.org）由一批自然资源管理领域的顶尖学者和企业家起草，为政府和社会组织提供了如何有效运用自然资源禀赋的一系列原则。
5. 这些国家是中非共和国、刚果民主共和国、加纳、几内亚、利比里亚、蒙古、尼日尔、尼日利亚、挪威、秘鲁、塞拉利昂和东帝汶。
6. 实际合约可以在 http://www.revenuewatch.org/news/blog/emerging-norm-contract-transparency 上获得。
7. 更详细的关于社会问责机制手段的讨论，见 Gillies and Heuty（2011）。
8. 见 www.revenuewatch.org/eitireports。

译后记

其实这本书是从 2014 年年初开始翻译的。2015 年春天，当迎春花迎风怒放时，翻译初稿已经放在家中书房的案头上。今天当我完成此书最后一页审校时，已经是漫天雪花了。望着书桌上厚厚的书稿，我内心并没有太多的轻松，相反，是一种深深的歉意，没有按时将书稿交给商务印书馆，我对许多人心怀歉意。今年，由于国际、国内金融市场都发生了大幅波动，我的确是太忙了，放弃年假，没有周末，将我所有时间和全部精力都用在了单位的工作上。每天在办公室工作连续十四五个小时，深夜回到家，先下一碗挂面充饥，这是我每天的晚餐。然后点亮台灯，打开电脑，翻开这本书工作到凌晨二点甚至三点，这是我每天的功课。

这本书是在许多人共同努力下完成的，在此书即将付梓的时候，我心中充满感激。

感谢朱民博士，他是国际货币基金组织副总裁。他向我推荐了这本书，并建议翻译一套丛书，将国际经济金融最前沿的学术思想介绍给国内读者。他欣然同意担任丛书的总顾问，他说，他有两个目的：

一是为中国改革开放事业提供理论参考；二是为中国金融事业培养优秀的翻译人才。

感谢金鹏辉博士和彭江波博士，他们分别是中国人民银行济南分行行长和研究处处长。本书译者大都是他们的部下，这本书的主要翻译工作是与他们的大力支持分不开的。

感谢这本书的翻译者。他们大都很年轻、有理想、有追求，爱学习、勤思考，在繁忙的工作之余，他们翻译了这本书。下面是这本书的翻译者（以章节为序）：王宇（前言和第一章）、耿欣（第二、第三、第四章）、王馨（第五、第六、第七章）、王媛（第八、第九、第十章）、王震（第十一、第十二、第十三章）、邹磊（第十四、第十五章）、王兆旭（第十六、第十七、第十八章）。

感谢这本书的校对者，他们是国家发改委规划司的邹磊先生和中国人民银行济南分行的王兆旭先生。他们具有较高的理论素养、专业水平和翻译能力，为本书付出了许多心血和辛劳。尤其是邹磊先生，他承担了本书出版的相关技术工作和主要联络工作。

感谢陈小文博士，他是商务印书馆副总编辑、中国资深翻译家。多年以来，我在商务印书馆出版了多部学术著作和译著，总是得到陈总真诚的帮助。感谢商务印书馆学术中心的李彬先生，他是这本书的责任编辑，他的专业水准和敬业精神给我留下了十分美好的印象。

感谢所有阅读此书的人。对于那些能够在下班后和节假日走进图书馆或书店、阅读学术著作的人们，我一直心怀敬意。

最后，需要说明的是，学术翻译是一个个体化的思考和写作过程，由于这套译丛承载着为中国金融事业培养优秀翻译人才的使命，初稿是由多个年轻人共同完成的。为了保证翻译质量、为了保证译著在内容、结构和风格上的完整性，我对全书进行了统一翻译、审校和定稿。对于译文中可能存在的错误由我个人负责。

请大家多多批评指正。

王宇

2015年11月于北京康乐里